Leistungsbestimmung des Arbeitnehmers

Schriften zum Arbeitsrecht und Wirtschaftsrecht

Herausgegeben von Abbo Junker

Band 41

PETER LANG
Frankfurt am Main · Berlin · Bern · Bruxelles · New York · Oxford · Wien

Femke Reinecke

Leistungsbestimmung des Arbeitnehmers

PETER LANG
Europäischer Verlag der Wissenschaften

Bibliografische Information Der Deutschen Bibliothek
Die Deutsche Bibliothek verzeichnet diese Publikation in der Deutschen Nationalbibliografie; detaillierte bibliografische Daten sind im Internet über <http://dnb.ddb.de> abrufbar.

Zugl.: Göttingen, Univ., Diss., 2006

D 7
ISSN 1433-4666
ISBN 3-631-55565-2

www.peterlang.de

Meinen Eltern

Vorwort

Die vorliegende Arbeit wurde im Wintersemester 2005/2006 von der Juristischen Fakultät der Georg-August-Universität Göttingen als Dissertation angenommen.

Mein besonderer Dank gilt meiner Doktormutter, Frau Prof. Dr. Barbara Veit, die mich seit meiner Studienzeit gefördert hat. Herrn Prof. Dr. Gerald Spindler danke ich für die rasche Zweitbegutachtung der Arbeit.

Außerdem danke ich dem Cusanuswerk, Bischöfliche Studienförderung, für die ideelle und materielle Förderung und Unterstützung während des Promotionsstudiums.

Mainz, im Juli 2006

Femke Reinecke

Inhaltsverzeichnis

Teil 1. Einführung

A. Individualisierung und Flexibilisierung im Arbeitsrecht

Im Arbeitsrecht zeichnet sich die Entwicklung ab, bestimmte Entscheidungen zum Inhalt und zur Ausgestaltung von Arbeitsverhältnissen nicht mehr nur durch generelle Regelungen, etwa im Arbeits- oder Tarifvertrag, zu treffen, sondern flexible Lösungen in Anpassung an die jeweils gegebenen Umstände zuzulassen. Dabei wird die Entscheidungskompetenz im Einzelfall dem betroffenen Arbeitnehmer überlassen, wodurch dieser eine individuelle Bestimmung, insbesondere in Fragen der Arbeitszeitverteilung und anderen Modalitäten der Arbeitserbringung, treffen kann. Das betrifft Bereiche, die ursprünglich dem einseitigen Direktions- oder Weisungsrecht des Arbeitgebers unterstanden haben[1], welches es dem Arbeitgeber gestattet, die Arbeitsleistung nach Inhalt, Ort und Zeit festzulegen[2].

I. Individualisierung und Flexibilisierung bei der Arbeitsleistung

Für die Modalitäten der Arbeitsleistung haben seit einigen Jahren sogenannte arbeitsrechtliche Zielvereinbarungen an Bedeutung gewonnen. Bei ihnen geht es darum, dass ein Vorgesetzter mit seinem Mitarbeiter bestimmte Ziele vereinbart, die dieser eigenständig voranbringen und erreichen soll[3]. Als fachliche Ziele kommen in Betracht, dass bestimmte Umsatzziele erreicht werden sollen, ein neues Produkt entwickelt, ein neuer Arbeitsbereich aufgebaut oder auch die Kundenzufriedenheit gestärkt werden soll[4].

---

1 BAG v. 27.3.1980, AP Nr. 26 zu § 611 BGB Direktionsrecht (III 1 der Gründe); v. 20.12.1984, AP Nr. 27 zu § 611 BGB Direktionsrecht (B III 2 c bb der Gründe); v. 7.12.2000, AP Nr. 61 zu § 611 BGB Direktionsrecht (I 2 der Gründe); *Lakies*, BB 2003, S. 364; Münchener Handbuch I - *Richardi*, § 12 Rn 50, 52; MünchKomm - *Gottwald*, BGB, § 315 Rn 69; *Schaub*, Arbeitsrechts - Handbuch, § 31 Rn 67; Soergel - *Wolf*, BGB, § 315 Rn 18; Staudinger - *Rieble*, BGB, § 315 Rn 108.

2 *§ 106 Satz 1 GewO*: Der Arbeitgeber kann Inhalt, Ort und Zeit der Arbeitsleistung nach billigem Ermessen näher bestimmen, soweit diese Arbeitsbedingungen nicht durch den Arbeitsvertrag, Bestimmungen einer Betriebsvereinbarung, eines anwendbaren Tarifvertrages oder gesetzlicher Vorschriften festgelegt sind.

3 *Behrens / Rinsdorf*, NZA 2003, S. 364; *Plander*, ZTR 2002, S. 155 (159 f.).

4 *Bauer / Diller / Göpfert*, BB 2002, S. 882 (884); *Behrens / Rinsdorf*, NZA 2003, S. 364; *Breisig*, Entlohnen und Führen mit Zielvereinbarungen, S. 29; *Mauer*, NZA 2002, S. 540 (542).

Beispiel: Arbeitsrechtliche Zielvereinbarung

Der Mitarbeiter ist in der Marketing-Abteilung eines Süßwarenherstellers beschäftigt. Man plant dort den Aufbau einer neuen Marke. Innerhalb der nächsten 12 Monate soll der Mitarbeiter den Produkt-Launch vorbereiten. In seiner Zielvereinbarung heißt es dazu: „Im Geschäftsjahr 2005 / 2006 ist Ihre Hauptaufgabe, der Geschäftsleitung bis zum 30.6.2006 einen Markennamen sowie das dazugehörige Label zu präsentieren". Wie der Mitarbeiter diese Aufgabe bewältigt, insbesondere, welche Texter und Grafikdesigner er heranzieht, bleibt ihm überlassen

Eine solche Form von Autonomie braucht nicht auf den einzelnen Arbeitnehmer beschränkt zu bleiben, sondern mehrere Arbeitnehmer, die zum Beispiel in einer Abteilung eng zusammenarbeiten, können Arbeitsabläufe auch gemeinsam als Gruppe selbständig steuern. Bezogen auf den Aufgabenkreis der Gruppe ist insofern die Rede von einer teilautonomen Arbeitsgruppe.

II. Individualisierung und Flexibilisierung bei der Arbeitszeit

Vielfältige Selbstbestimmungsmöglichkeiten bieten sich Arbeitnehmern des Weiteren im Bereich der individuellen Arbeitszeitgestaltung. Wenn es darum geht, Arbeitsplätze attraktiver und krisenfester zu machen, geraten in der Regel flexible Arbeitszeiten in den Blickpunkt[5]. Um flexible Arbeitszeiten als dem Gegensatz zu starren Arbeitszeiten handelt es sich, wenn eine bestimmte Arbeitszeitmenge flexibel auf einen bestimmten Zeitraum verteilt wird[6]. Die Arbeitszeit kann dadurch zum Beispiel an den Arbeitsanfall oder auch an persönliche Verhinderungen des Arbeitnehmers, zum Beispiel wegen Kinderbetreuung, angepasst werden. Im Ergebnis gibt es dann keine betriebseinheitlich festgelegten Arbeitszeiten mehr, sondern die Gestaltung der Arbeitsabläufe erfolgt individuell und situationsbezogen. Zur Umsetzung solcher Arbeitszeiten hat sich eine Vielzahl flexibler Arbeitszeitmodelle entwickelt, in denen jeweils unterschiedliche Aspekte der Zeitverteilung eine Rolle spielen. Aus Arbeitnehmersicht sind vor allem Gleitzeitmodelle, Telearbeit sowie Arbeitsplatzteilung, auch Job Sharing genannt, interessant.

---

5 *Dercks / Heikaus*, BArbBl 2005, Nr. 2, S. 4 f.

6 *von Hoyningen - Huene*, NZA 1985, S. 9 f.; Münchener Handbuch Ergänzungsband - *Schüren*, § 165 Rn 2; *Reichold*, NZA 1998, S. 393 (394).

Beispiel: Gleitzeit

Ein Unternehmen in der Pharmaindustrie hält weltweite Kontakte. Um eine hinreichende zeitliche Erreichbarkeit sowohl für Kunden von der amerikanischen Westküste als auch für Kunden aus den asiatischen Ländern zu gewährleisten, können die Mitarbeiter ihre Arbeitszeit je nach dem von ihnen betreuten Kundenstamm innerhalb eines Rahmens von 6.00 bis 21.00 Uhr frei platzieren. Derart offene Arbeitszeiten ermöglichen es dem einzelnen Arbeitnehmer zudem, an einem Tag beispielsweise länger als gewöhnlich zu arbeiten, um dafür an einem anderen Tag früher zu gehen oder der Arbeit ganz fernzubleiben, um einen privaten Termin wahrzunehmen. Entscheidend ist nur, dass der Arbeitnehmer am Ende des Monats die vorgegebene Anzahl von Arbeitsstunden erreicht hat.

Beispiel: Telearbeit

Ein Automobilhersteller hat für seine Arbeitnehmer mit Kleinkindern die Möglichkeit eingerichtet, ihre Arbeitsleistung von zu Hause aus zu erbringen, so dass sie nebenbei ihre Kinder betreuen können. Dafür sind Telefon- und Internetverbindungen zwischen Heimbüro und dem zugehörigen Betrieb geschaffen worden. Einmal wöchentlich sollen die Arbeitnehmer jedoch im Betrieb erscheinen, damit auch der persönliche Austausch mit den Kollegen und die direkte Anbindung an das Unternehmen gepflegt werden können. Mit Ausnahme dieser Anwesenheitspflicht können die sogenannten Telearbeitnehmer frei entscheiden, zu welchen Zeiten sie sich der Arbeit für ihr Unternehmen widmen.

Beispiel: Arbeitsplatzteilung

Bei einem Softwarehersteller teilen sich zwei Programmierer einen Arbeitsplatz. Dies läuft nicht so ab, dass lediglich zwei Teilzeitstellen hintereinander gelegt werden, sondern der eine Arbeitsplatz mit seiner einheitlichen Aufgabe wird im Wechsel von beiden Arbeitnehmern ausgefüllt. Sowohl die inhaltliche als auch die zeitliche Koordination sprechen die beiden Programmierer untereinander ab. Ihr Chef macht ihnen keine Vorgaben. Für den Erfolg ihrer Arbeit ist dabei wichtig, dass die beiden in ihrer jeweiligen Arbeitsweise miteinander harmonieren, schließlich sind sie zusammen für diesen einheitlichen Arbeitsplatz verantwortlich.

Ein Merkmal dieser Arbeitszeitformen ist, dass der Arbeitnehmer grundsätzlich nicht an bestimmte vorgegebene Zeiten gebunden ist, sondern seine konkrete Arbeitszeit selbst bestimmen kann. Einschränkungen ergeben sich allerdings , wenn bestimmte Zeiträume am Tag vorgegeben sind, in denen der Arbeitnehmer persönlich anwesend sein oder in denen zumindest eine ausreichende Besetzung seiner Abteilung gewährleistet sein muss. Solche Zeiten werden als Kern-, Funktions- oder Servicezeiten bezeichnet[7].

III. Individualisierung und Flexibilisierung bei der Vergütung

Einseitigen Einfluss kann der Arbeitnehmer auch in Fragen der Vergütung geltend machen. Hierfür kommen zum einen Leistungslohnsysteme in Betracht, in denen er nicht nach Zeitabschnitten, sondern nach dem Ergebnis seiner Arbeitsleistung bezahlt wird. So ist es beispielsweise, wenn er beim Akkordlohn seine Vergütung entsprechend einer von ihm produzierten Menge und nicht nach bestimmten Zeitabschnitten erhält[8]. Wie schon bei den arbeitsrechtlichen Zielvereinbarungen tritt hier eine gewisse Ergebnisorientierung zutage. Das deutet darauf hin, dass das Ergebnis beziehungsweise die Qualität seiner Arbeit zur Schaltstelle für den Arbeitnehmer wird, über die er auf die Höhe seines Entgeltes einwirken kann.

Selbstbestimmungsmöglichkeiten für Arbeitnehmer liegen zudem in sogenannten Cafeteria-Systemen begründet. In solchen Systemen kann der Arbeitnehmer sein Entgelt aus verschiedenen angebotenen Komponenten nach seinen Wünschen zusammenzustellen, so dass er also nicht mehr nur durch eine Geldzahlung entlohnt wird[9].

Beispiel: Cafeteria-System

Am Anfang des Jahres wird dem Mitarbeiter ein Cafeteria-Plan vorgelegt. Hieraus kann er sich Sach- und / oder Geldleistungen aussuchen, gegen die er seine übliche Vergütung, die er sonst als Geldzahlung auf

---

[7] *Kutscher / Weidinger / Hoff*, Flexible Arbeitszeitgestaltung, S. 152; Münchener Handbuch II - *Anzinger*, § 218 Rn 58; dass. Ergänzungsband - *Schüren*, § 168 Rn 8.

[8] AR - Blattei (SD) 40 - *Schwab*, Akkordarbeit, Rn 16; *Hromadka / Maschmann*, Arbeitsrecht I, § 7 Rn 17; Münchener Handbuch I - *Kreßel*, § 67 Rn 1, 4.; *Schaub*, Arbeitsrechts - Handbuch, § 64 Rn 1; *Wiedemann*, TVG, § 1 Rn 380.

[9] Beispiel in AuA 1993, S. 274; *Dycke / Schulte*, DBW 1986, S. 577.

sein Konto erhält, in entsprechender Höhe austauschen möchte. Zur Wahl stehen folgende Komponenten[10]: 1. Transport: Firmenwagen, 2. Risikovorsorge: Direktversicherung, 3. Finanzen: Kreditkarte, Beitrag für Verbände, 4. Unterbringung: Dienstwohnung, Baufinanzierungshilfe. Da der Mitarbeiter darüber nachdenkt, ein eigenes Haus zu bauen, bietet es sich für ihn an, die Baufinanzierungshilfe in Anspruch nehmen. Darüber hinaus entscheidet er sich für einen Firmenwagen, damit seine Ehefrau den privaten Pkw zur völlig freien Verfügung nutzen kann, ohne dass sie sich selbst ein weiteres Auto kaufen müssen. Die Wünsche des Arbeitnehmers werden auf seinen Vergütungsanspruch angerechnet, so dass von nun an monatlich ein geringerer Betrag auf seinem Konto eingeht.

B. Problemstellung der Arbeit

Bei den aufgezeigten Fällen wird nicht mehr jede konkrete Modalität der Arbeitserbringung individual- oder kollektivvertraglich geregelt oder dem Weisungsrecht des Arbeitgebers unterstellt, sondern die Entscheidung zur Arbeitsleistung, zur Arbeitszeit oder zur Vergütung trifft der einzelnen Arbeitnehmer selbst. Wenn man in diesem Zusammenhang von einem eigenverantwortlichen Spielraum, von Selbstbestimmungsmöglichkeiten und von Entscheidungskompetenzen des einzelnen Arbeitnehmers spricht, stellt sich die Frage, wie diese neue Form in die Reihe der bekannten Gestaltungsfaktoren einzuordnen ist. Dabei geht es darum, ob die Bestimmung von Arbeitsbedingungen durch den Arbeitnehmer rechtsgeschäftlichen Charakter hat und deshalb Verbindlichkeit gegenüber dem Arbeitgeber erzeugen kann, oder ob es sich vielmehr nur um eine rein tatsächliche Gelegenheit oder Mitwirkung an Entscheidungen handelt, der aber keine rechtliche Um- und Durchsetzungsmacht innewohnt. Eine echte rechtsgeschäftliche Leistungsbestimmung des Arbeitnehmers hätte dagegen vor allem im Konfliktfall mit dem Arbeitgeber konkrete Auswirkungen. Dies verdeutlicht folgendes Beispiel:

<u>Beispiel</u>

Im Unternehmen wird mit einem Gleitzeitmodell gearbeitet. Die Mitarbeiter können danach ihre Arbeitszeit innerhalb eines Rahmens von 7.00 bis 19.30 Uhr frei platzieren. Die Sekretärin in einer der Abteilungen kommt in der Regel um 7.00 Uhr und verlässt das Büro gegen 16.00 Uhr, um sich am Nachmittag um ihre Kinder kümmern zu können. Mit

[10] Beispiele bei *Wolf*, BB 1993, S. 928 (931).

ihrem Vorgesetzten kommt es deshalb regelmäßig zum Konflikt. Dieser beginnt nämlich gegen 9.00 Uhr mit der Arbeit und hat regelmäßig noch bis in die späten Abendstunden zu tun. Er ist verärgert, dass seine Sekretärin ab dem Nachmittag für ihn nicht mehr verfügbar ist und seine Aufträge deshalb stets erst am folgenden Tag ausführt. Als es in dieser Angelegenheit wieder einmal zu einem heftigen Wortwechsel kommt, gibt der Vorgesetze zu erkennen, dass er über eine verhaltensbedingte Kündigung nachdenke. Die Sekretärin erwidert darauf, dass es keinen Grund dafür gebe, schließlich gestatte ihr die Gleitzeitregelung, ihre Arbeitszeit zwischen 7.00 und 19.30 Uhr selbst festzulegen. Wenn gelegentlich einmal etwas Wichtiges anfalle, sei sie durchaus bereit, auch einmal länger zu bleiben, es könne jedoch nicht sein, dass sie regelmäßig verpflichtet sein sollte, sich nach dem Arbeitsanfall ihres Chefs zu richten.

Für die Berechtigung zur Kündigung kommt es in diesem Fall entscheidend darauf an, ob man das Verhalten der Sekretärin als intensive und beharrliche Pflichtwidrigkeit im Leistungsbereich bewerten kann, mit der sie den reibungslosen Betriebsablauf beeinträchtigt und ob der Vorgesetzte von ihr verlangen kann, ihre Arbeitszeit anders zu verteilen. Möglicherweise hat die Sekretärin ihre Arbeitszeit berechtigterweise, nämlich aufgrund der geltenden Gleitzeitregelung, rechtsverbindlich festgelegt, so dass der Vorgesetzte ihre Planung zu akzeptieren hat und daran gebunden ist.

An diese Problematik knüpft die Thematik der Arbeit an. Im Mittelpunkt der Untersuchungen steht, welche einseitigen rechtsverbindlichen Gestaltungsmöglichkeiten es für einen Arbeitnehmer in seinem Arbeitsverhältnis gibt. Dabei ist zu analysieren, ob und in welchem Umfang es sich um Rechtsgeschäfte handelt, wenn der Arbeitnehmer Inhalte seines Arbeitsverhältnisses bestimmt.

C. Gang der Untersuchung

Um das Vorkommen von Leistungsbestimmungsrechten für Arbeitnehmer untersuchen zu können, gilt es zunächst, eine Basis zu schaffen und die rechtlichen und tatsächlichen Grundlagen von Gestaltungs- und Leistungsbestimmungsrechten darzulegen (Teil 2 der Arbeit). Im Anschluss daran werden Inhalte, die kraft Gesetzes oder kraft vertraglicher Vereinbarung Gegenstand einer arbeitnehmerseitigen Leistungsbestimmung sein können, analysiert (Teil 3 der Arbeit). Und schließlich geht es darum, die bis dahin gewonnenen Ergebnisse einer rechtsdogmatischen Auseinandersetzung zu unterziehen. Dies soll im Hinblick darauf erfolgen, welchen Grenzen die als solche erarbeiteten Leistungsbestimmungsrechte in Inhalt und Ausgestaltung unterliegen, um zu einer endgültigen Bewertung ihrer Rechtsnatur zu gelangen. (Teil 4 und 5 der Arbeit)

I. Einseitige Leistungsbestimmung in einem Rechtsverhältnis

Am Beginn der Arbeit steht die grundlegende Überlegung, wo und wie einseitige Bestimmungsmacht in der Zivilrechtsordnung überhaupt vorkommt. Diese Überlegungen führen zu den sogenannten Gestaltungsrechten, da gerade sie die Macht gewähren, einseitig auf ein Rechtsverhältnis einwirken zu können. Die Gestaltungsrechte bieten somit den Anknüpfungspunkt für den Gang der Untersuchungen und werden auf ihr Vorkommen im BGB sowie hinsichtlich ihrer Bedeutung und ihrer Rechtsfolgen in vertraglichen Beziehungen in den Blick genommen. (Teil 2 der Arbeit)

Mit Gestaltungsrechten können Rechtsverhältnisse begründet und beendet und auch mit Inhalt gefüllt werden[11]. Speziell dieser inhaltliche Aspekt ist hier von Interesse, geht es doch darum, herauszufinden, wie ein Arbeitnehmer auf den Inhalt seines Arbeitsverhältnisses einwirken kann. In dieser Hinsicht ist vor allem ein Gestaltungsrecht von Bedeutung, und zwar das Leistungsbestimmungsrecht im Sinne des § 315 Abs. 1 BGB, denn es handelt sich dabei um das Recht einer Vertragspartei, einseitig eine vertragliche Leistung zu bestimmen[12]. Diese Definition bringt genau das zum Ausdruck, wonach für den Arbeitnehmer gesucht wird, nämlich das Recht, Leistungen, das heißt Inhalte des Vertrages, festlegen zu können. (Teil 2 der Arbeit)

II. Einseitige Leistungsbestimmung durch den Arbeitnehmer

Im Anschluss daran werden Regelungen, die dem Arbeitnehmer kraft Gesetzes einseitigen Einfluss einräumen, daraufhin untersucht, ob es sich um echte inhaltliche Gestaltung handelt, der Arbeitnehmer also selbst Rechtsfolgen auslösen kann. Das Ergebnis erlaubt die Einschätzung, wie der Gesetzgeber die Rolle des Arbeitnehmers innerhalb der

---

[11] *Becker*, AcP 188 (1988), S. 24 (25); *Enneccerus / Nipperdey*, BGB AT I,1, § 73 I 3 (S. 441); *Esser / Schmidt*, Schuldrecht I / 1, § 5 III (S. 91); *Köhler*, BGB AT, § 17 Rn 12; *Kress*, Schuldrecht AT, § 3, 1 (S. 15); *Larenz / Wolf*, BGB AT, § 15 Rn 65.

[12] *Hromadka*, DB 1995, S. 1609; MünchKomm - *Gottwald*, BGB, § 315 Rn 3, 33; Soergel - *Wolf*, BGB, § 315 Rn 31; Staudinger - *Rieble*, BGB, § 315 Rn 73.

arbeitsrechtlichen Beziehung erachtet, das heißt welchen Einfluss er hier von Gesetzes wegen zulässt. (Teil 3 der Arbeit)

Hauptsächlich werden die Fälle im Mittelpunkt stehen, in denen Arbeitnehmern Einfluss auf bestimmte Elemente ihres Arbeitsverhältnisses nicht von Gesetzes wegen, sondern kraft Vereinbarung eröffnet ist. Es handelt sich dabei um die Konstellationen der oben vorgestellten Beispielsfälle zur Arbeitsleistung, Arbeitszeit und Vergütung, also arbeitsrechtliche Zielvereinbarungen, flexible Arbeitszeitmodelle und Cafeteria-Systeme. Das Interessante an diesen Formen der flexiblen Ausgestaltung von Arbeitsverhältnissen ist gerade, dass sie nicht Produkt gesetzgeberischer Tätigkeit sind, es vielmehr um Modelle und Systeme geht, die sich aus den Bedürfnissen und Notwendigkeiten des praktischen Alltags heraus in den Betrieben entwickelt haben. Wenn bei der Analyse der rechtlichen Auswirkungen nach Grund und Bedeutung solcher Modelle gefragt wird, dürfte dieser Gesichtspunkt aufschlussreich sein. Entsprechend den Beispielsfällen wird die Leistungsbestimmung des Arbeitnehmers in den Bereichen Organisation der Arbeit beziehungsweise Art und Weise der Arbeitsleistung, Arbeitszeit und Vergütung untersucht, zudem auch noch für den Ort der Arbeitsleistung. (Teil 3 der Arbeit)

III. Arbeitszeit als Gegenstand arbeitnehmerseitiger Leistungsbestimmung

Ein deutlicher Hinweis auf die Möglichkeiten des Arbeitnehmers findet sich von vornherein bei der Arbeitszeit, denn in diesem Bereich existiert der Begriff von der Arbeitszeitsouveränität. Von dieser spricht man, wenn dem Arbeitnehmer anstelle des Arbeitgebers die Arbeitszeitplanung überlassen wird[13]. Damit verbunden ist ein Zugewinn an Selbstbestimmung im Hinblick auf die individuelle Gestaltung der Arbeitszeit[14]. Angesichts einer solchen konkreten Bezeichnung scheint die Leistungsbestimmung des Arbeitnehmers zur Arbeitszeit von hervorgehobener Bedeutung zu sein. Unterstrichen wird diese Annahme jedenfalls dadurch, dass gerade für die Arbeitszeit im Vergleich zu den anderen zu untersuchenden Bereichen eine Vielzahl flexibler Modelle mit spezifischen Namen entwickelt worden ist, wie sich bereits bei den obigen Beispielen

---

[13] *Heinze*, NZA 1997, S. 681 (684, 688); *Klevemann*, AiB 1984, S. 90; *Linnenkohl*, BB 1985, S. 1920; Münchener Handbuch Ergänzungsband - *Schüren*, § 165 Rn 15, 27, 30; *Reichold*, NZA 1998, S. 393 (395, 397 f.); *Rieble*, NZA 2000, Beilage 3, S. 34 (41).

[14] *Frey*, Flexible Arbeitszeit, S. 8; *Klevemann*, AiB 1984, S. 90; *Seifert*, Arbeitszeitgestaltung jenseits der Normalarbeitszeit, S. 271 (272).

gezeigt hat. Insofern ist es gerechtfertigt, die Leistungsbestimmung zur Arbeitszeit und konkret die flexible Arbeitszeit einer intensiveren Betrachtung zu unterziehen. Zunächst soll geklärt werden, was unter solchen flexiblen Arbeitszeitmodellen zu verstehen ist und welches die Gründe für ihre Praktizierung sind. Überdies werden die existierenden flexiblen Arbeitszeitmodelle, in denen Arbeitnehmer Leistungsbestimmungen vornehmen können, erläutert und mit anschaulichen Beispielsfällen aus der betrieblichen Praxis unterlegt. Auf diese Weise sollen die Voraussetzungen und Anwendungsbereiche flexibler Arbeitszeiten als möglichem Gegenstand arbeitnehmerseitiger Leistungsbestimmung aufgezeigt werden. (Teil 3 der Arbeit)

IV. Inhalt und Grenzen der einseitigen Leistungsbestimmung des Arbeitnehmers zur Arbeitszeit

Im Anschluss daran ist zu untersuchen, wie weit ein Leistungsbestimmungsrecht des Arbeitnehmers zur Arbeitszeit überhaupt reichen kann. Insofern sind die Grenzen berührt, die der Leistungsbestimmung sowohl kraft Gesetzes als auch vertraglich gezogen sein können.

Insbesondere vertragliche Einschränkungen treten auf, wenn in einem Betrieb trotz flexibler Arbeitszeiten, bestimmte Vorgaben bestehen, die der einzelne Arbeitnehmer bei der individuellen Zeitverteilung beachten muss. Ein häufiges Beispiel dafür sind die bereits erwähnten Kern-, Funktions- oder Servicezeiten, durch die von vornherein bestimmte Zeiträume am Tag feststehen, in denen der Arbeitnehmer auf jeden Fall persönlich anwesend sein oder in denen zumindest eine ausreichende Besetzung seiner Abteilung gewährleistet sein muss[15].

Der Aufhänger für die gesetzlichen Grenzen der Leistungsbestimmung ergibt sich aus der Definition flexibler Arbeitszeiten. Um solche handelt es sich, wenn eine bestimmte Arbeitszeitmenge flexibel auf einen bestimmten Zeitraum verteilt wird[16]. Fraglich ist, was es mit der bestimmten Arbeitszeitmenge auf sich hat, denn die Leistungsbestimmung zur Arbeitszeit scheint danach nur in beschränktem Umfang möglich zu sein. Es bedarf näherer Untersuchung, warum und vor welchem gesetzlichen Hintergrund sich die Definition so entwickelt hat.

---

15 *Kutscher / Weidinger / Hoff*, Flexible Arbeitszeitgestaltung, S. 152; Münchener Handbuch II - *Anzinger*, § 218 Rn 58; dass. Ergänzungsband - *Schüren*, § 168 Rn 8.

16 *von Hoyningen - Huene*, NZA 1985, S. 9 f.; Münchener Handbuch Ergänzungsband - *Schüren*, § 165 Rn 2; *Reichold*, NZA 1998, S. 393 (394).

Entscheidend ist, ob und inwieweit unter solchen konkreten Vorgaben zur Zeitverteilung überhaupt noch von der Ausübung eines echten Leistungsbestimmungsrechts gesprochen werden kann. Von dem Ergebnis hängt wiederum die Relevanz der neuen Entscheidungskompetenzen für Arbeitnehmer in Arbeitszeitangelegenheiten ab. (Teil 4 und 5 der Arbeit)

1. Gesetzliche Grenzen: Arbeitszeit als Gegenstand einer einseitigen Bestimmung

Speziell für die Leistungsbestimmung des Arbeitnehmers geben Literatur und Rechtsprechung keine Antwort darauf, warum die einseitige Bestimmung zur Arbeitszeit auf der Grundlage einer bestimmten Arbeitszeitmenge, das heißt auf einer bestimmten Dauer der Arbeitszeit zu erfolgen hat. Ein anderes Bild bietet sich jedoch zum Arbeitgeber. Da nämlich Leistungsbestimmung im Arbeitsverhältnis bisher ausschließlich für den Arbeitgeber eine Rolle gespielt hat, finden alle Überlegungen zu deren Inhalt und Ausgestaltung hier ihren Ursprung. Ansatzpunkte dafür, warum flexible Arbeitszeiten auf einer bestimmten Arbeitszeitmenge aufbauen, können der Rechtsprechung und Gesetzgebung zur kapazitätsorientierten variablen Arbeitszeit, kurz KAPOVAZ genannt, entnommen werden. Dabei handelt es sich um ein flexibles Arbeitszeitmodell, bei dem nicht dem Arbeitnehmer, sondern dem Arbeitgeber ein Leistungsbestimmungsrecht zur Arbeitszeit zusteht[17]. Die gesetzliche Regelung dazu findet sich in § 12 TzBfG.

<u>Beispiel: KAPOVAZ</u>

In einer Druckerei liegt den Arbeitsverhältnissen ein KAPOVAZ-Modell zugrunde. Dies erfolgte aus Zweckmäßigkeitserwägungen, weil man dort zwar einen regelmäßigen, dennoch aber jeweils nur kurzfristigen und von der Zahl der eingehenden Aufträge abhängigen Bedarf an Arbeitskräften hat. Mit jedem Arbeitnehmer ist ein wöchentliches Arbeitszeitvolumen von 25 Stunden vereinbart. Unter Beachtung des § 12 Abs. 2 TzBfG erfahren die Arbeitnehmer jeweils in der Vorwoche ihre Einsatzzeiten vom Betriebsleiter.

---

[17] ErfK - *Preis*, § 12 TzBfG Rn 10; *Kilz / Reh*, Innovative Arbeitszeitsysteme, S. 44; Münchener Handbuch Ergänzungsband - *Schüren*, § 166 Rn 32; *Schaub*, Arbeitsrechts - Handbuch, § 44 Rn 103.

Wichtiger Einfluss auf die Entwicklung zu einem bestimmten Arbeitszeitvolumen bei flexibler Arbeitszeit kann einem Urteil des BAG vom 12.12.1984 zugeschrieben werden. Das Gericht hatte eine KAPOVAZ-Vereinbarung für nichtig erklärt, weil dieser keine feste Gesamtarbeitszeitmenge zugrunde lag, wodurch zwingende Normen des Kündigungsschutzrechts umgangen und Beschäftigungsrisiken auf den Arbeitnehmer überbürdet würden[18]. Ausgehend von diesem Urteil und der weiteren Rechtsprechung sowie unter Einbeziehung der daran anknüpfenden Gesetzgebung und der Reaktionen in der Rechtslehre soll deshalb auseinandergesetzt werden, wie flexible Arbeitszeitmodelle ausgestaltet sein müssen, um vor der Rechtsordnung Bestand zu haben. (Teil 4 der Arbeit)

Der Gang der Gesetzgebung zur Abrufarbeit wirft insofern ein interessantes Bild auf, als in dem ersten in den 80er Jahren hierzu vorgesehenen Gesetzesentwurf von einem bestimmten festzulegenden Arbeitszeitvolumen noch keine Rede war, wohingegen mittlerweile nach § 12 TzBfG nicht nur eine bestimmte Dauer der Arbeitszeit, sondern sogar eine bestimmte Dauer „der wöchentlichen und täglichen Arbeitszeit" vereinbart werden muss. Diese Entwicklung gilt es nachzuvollziehen und dabei herauszuarbeiten, welche Anforderungen der Gesetzgeber heute an einseitig bestimmbare Arbeitszeit stellt. Dass die einseitige Leistungsbestimmung durch eine Partei zulässig ist, steht dabei außer Frage. Entscheidend ist der inhaltliche Aspekt, nämlich welche Komponenten von Arbeitszeit einseitig bestimmbar sind, welche nicht und warum. Unter diesem Gesichtspunkt muss man auch das angesprochene Urteil betrachten. Dort war die Rede davon, dass Beschäftigungsrisiken auf den Arbeitnehmer überbürdet würden. Diesem Risikogedanken soll nachgegangen und untersucht werden, um welche Risiken es sich bei Arbeitszeitregelungen handelt, wer sie im Arbeitsverhältnis trägt und schließlich auch, ob eine für den Arbeitnehmer an sich nachteilige Risikoverschiebung ausgeglichen, also gleichsam neutralisiert werden kann. (Teil 4 der Arbeit)

Die Untersuchungen zielen darauf ab, die Definition flexibler Arbeitszeiten mit ihrer bestimmten Arbeitszeitmenge zu klären und dadurch abzustecken, in welchem Umfang einseitige Bestimmungen zur Arbeitszeit überhaupt getroffen werden dürfen. In einem letzten Schritt muss das gefundene Ergebnis auf den speziellen Fall der Leistungsbestimmung des Arbeitnehmers übertragen werden, um festzustellen,

---

[18] BAG v. 12.12.1984, AP Nr. 6 zu § 2 KSchG 1969.

was dieser in Arbeitszeitangelegenheiten bestimmen kann. (Teil 4 der Arbeit)

2. Vertragliche Grenzen: Leistungsbestimmungsrecht trotz Rahmenregelung zur Arbeitszeit

Die Aspekte von Individualität - die Bestimmung durch den einzelnen Arbeitnehmer - und Flexibilität - die Veränderung von Arbeitsbedingungen - laufen letztlich zusammen in der Fragestellung, inwiefern es sich bei der Festlegung der Arbeitszeit durch den Arbeitnehmer überhaupt um rechtsgeschäftliche Leistungsbestimmung handeln kann. Die Zweifel liegen darin begründet, dass die Rahmenregelungen, die flexiblen Arbeitszeitgestaltungen im Regelfall zugrunde liegen, bestimmte Zeitvorgaben und Eingrenzungen der verfügbaren Zeiträume vorsehen. Je intensiver derartige Reglementierungen sind, desto eingeschränkter ist letztlich der überhaupt zur Verfügung stehende Entscheidungsspielraum. Das betrifft die sogenannten Kern-, Funktions- oder Servicezeiten, die zugunsten reibungsloser Betriebsabläufe häufig in den ansonsten flexiblen Modellen eingesetzt werden[19]. Die Schwierigkeit, in der Ausfüllung eines Arbeitszeitrahmens mehr als nur eine tatsächliche Bestimmung, sondern vielmehr ein Rechtsgeschäft zu erblicken, liegt im Wesen der Leistungsbestimmung an sich begründet. Denn anders als Gestaltungsrechte zur Begründung oder Beendigung eines Rechtsverhältnisses eine deutliche Zäsur setzen, erfolgt die Leistungsbestimmung innerhalb einer bestehenden rechtlichen Beziehung. Dementsprechend wird sich die Bestimmung häufig in die gegebenen Regelungen einfügen, so dass rechtlich relevante Veränderungen nicht offensichtlich zutage treten. Um diesbezüglich Klarheit zu schaffen, ist es letztlich notwendig, herauszustellen, welche Bedeutung der konkreten Arbeitszeit als Leistungsmodalität in einem Arbeitsverhältnis zukommt und unter welchen Umständen es sich auch bei einer solchen bloß konkretisierenden Leistungsbestimmung um einen Gestaltungsakt handeln kann. (Teil 5 der Arbeit)

---

[19] *Kutscher / Weidinger / Hoff*, Flexible Arbeitszeitgestaltung, S. 152; Münchener Handbuch II - *Anzinger*, § 218 Rn 58; dass. Ergänzungsband - *Schüren*, § 168 Rn 8.

Teil 2. Rechtsmacht zu einseitiger Gestaltung

A. Der Begriff des Gestaltungsrechts

Arbeitsrechtliche Zielvereinbarungen, flexible Arbeitszeitmodelle und Cafeteria-Systeme sind Beispiele dafür, wie einzelnen Arbeitnehmern bestimmte Entscheidungskompetenzen in ihrem Arbeitsverhältnis überlassen werden. Was bedeutet es aber, wenn Arbeitnehmern auf diese Weise eigenverantwortlicher Spielraum eingeräumt wird? Handelt es sich um eine neue arbeitsrechtliche Gestaltungsform? Kann dadurch Rechtsverbindlichkeit erzeugt werden? Einseitige rechtsverbindliche Erklärungen sind dem Arbeitsrecht jedenfalls nicht fremd, zu denken ist beispielsweise an das Weisungsrecht des Arbeitgebers, mit welchem dieser gemäß § 106 Satz 1 GewO Inhalt, Ort und Zeit der Arbeitsleistung näher bestimmen kann oder auch an die einseitige Willenserklärung zur Auflösung des Arbeitsvertrags, die Kündigung. Letztere ist sogar ein typischer Fall von einseitiger Rechtsmacht, die unzweifelhaft auch ein Arbeitnehmer ausüben kann. Folglich ist der Gedanke nicht fernliegend, dass auch Arbeitnehmer einseitig rechtsverbindliche Bestimmungen treffen können.

Die einseitige Ausformung einer Vertragsbeziehung ist keine Besonderheit des Arbeitsrechts, sondern Regelungsinstrument des Bürgerlichen Rechts an sich, und zwar hat die Macht, einseitig auf ein Rechtsverhältnis einzuwirken, derjenige inne, dem ein sogenanntes Gestaltungsrecht zusteht[1]. Mögliche Rechte des Arbeitnehmers, gewisse Inhalte des Arbeitsverhältnisses selbst zu bestimmen, könnten sich daher in das System zivilrechtlicher Gestaltungsrechte einordnen lassen. Dazu muss man wissen, was es überhaupt bedeutet, ein Gestaltungsrecht inne zu haben beziehungsweise auszuüben und worauf es sich beziehen kann, was in einer rechtlichen Beziehung also gestaltet werden kann. Aus diesem Grund soll zunächst untersucht werden, wo und wie eine Vertragspartei nach der Zivilrechtsordnung dergestalt Einfluss nehmen kann, dass sie einseitig rechtsverbindlich über den Inhalt des gemeinsamen Rechtsverhältnisses entscheidet.

---

1 *Becker*, AcP 188 (1988), S. 24 (25); *Enneccerus / Nipperdey*, BGB AT I,1, § 73 I 3 (S. 441); *Esser / Schmidt*, Schuldrecht I / 1, § 5 III (S. 91); *Köhler*, BGB AT, § 17 Rn 12; *Kress*, Schuldrecht AT, § 3, 1 (S. 15); *Larenz / Wolf*, BGB AT, § 15 Rn 65; *Medicus*, BGB AT, Rn 79; *Seckel*, Die Gestaltungsrechte des bürgerlichen Rechts, S. 12 f.

I. Einseitige Gestaltung in einem Rechtsverhältnis

Ein Gestaltungsrecht ist das Recht, ohne Mitwirkung des anderen Teils, des Gestaltungsgegners[2], durch Willenserklärung ein Rechtsverhältnis zustande zu bringen, inhaltlich näher zu bestimmen, zu ändern oder aufzuheben[3]. Häufig genannte Beispiele sind das Recht zur Anfechtung, zur Aufrechnung, zur Kündigung und zum Rücktritt[4]. Im BGB sind zwar diese und auch andere Gestaltungsrechte normiert, der Begriff des Gestaltungsrechts findet sich dort dennoch nicht.

Im Gegensatz dazu bringt § 311 Abs. 1 BGB zum Ausdruck, dass „zur Begründung eines Schuldverhältnisses durch Rechtsgeschäft sowie zur Änderung des Inhalts eines Schuldverhältnisses ein Vertrag zwischen den Beteiligten erforderlich [ist], soweit nicht das Gesetz ein anderes vorschreibt". Nach dem BGB werden Rechtsbeziehungen folglich prinzipiell durch Vertrag geregelt[5]. Als Ergebnis mindestens zweier aufeinander bezogener Willenserklärungen setzt ein Vertrag voraus, dass die betroffenen Parteien eine Willensübereinstimmung herbeiführen, das heißt sich einigen[6]. Ziel dieses Verhandlungsprozesses muss demnach sein, die jeweils eigenen Interessen und möglicherweise gegenläufigen Vorstellungen der einzelnen Beteiligten soweit auszuhandeln, bis der notwendige Kompromiss gefunden ist[7]. Wenn eine Partei dem Willen der anderen unterworfen ist, erfährt dieser Grundsatz des Verhandelns und Aushandelns eine Einschränkung[8].

Dabei ist jedoch zu differenzieren: Eingeschränkt ist der Interessenausgleich insbesondere dann, wenn einer der Vertragspartner aus tatsächlichen Gründen gar keine Chance hatte, seine Vorstellungen und Ziele hinreichend in die Verhandlungen einzubringen. Diese Lage zeich-

---

2 *Becker*, AcP 188 (1988), S. 24 (25); *Bötticher*, FS Dölle Bd. I (1963), S. 41 (42 f.); *Larenz / Wolf*, BGB AT, § 15 Rn 65; *Medicus*, BGB AT, Rn 81.

3 *Becker*, AcP 188 (1988), S. 24 (25); *Enneccerus / Nipperdey*, BGB AT I,1, § 73 I 3 (S. 441); *Esser / Schmidt*, Schuldrecht I / 1, § 5 III (S. 91); *Köhler*, BGB AT, § 17 Rn 12; *Kress*, Schuldrecht AT, § 3, 1 (S. 15); *Larenz / Wolf*, BGB AT, § 15 Rn 65; *a.A. Adomeit*, Gestaltungsrechte, Rechtsgeschäfte, Ansprüche, S. 13 - 16: Einbeziehung auch mehrseitiger Rechtsgeschäfte.

4 *Köhler*, BGB AT, § 17 Rn 12; *Medicus*, BGB AT, Rn 80; Palandt - *Heinrichs*, BGB, Überbl v § 104 Rn 17; Staudinger - *Dilcher*, BGB, Einl zu §§ 104 - 185 Rn 48 (12. A.).

5 *Köhler*, BGB AT, § 8 Rn 1; *Medicus*, Schuldrecht I, Rn 58 f., 63; Palandt - *Heinrichs*, BGB, Einf v § 145 Rn 1.

6 *Medicus*, Schuldrecht I, Rn 59; Palandt - *Heinrichs*, BGB, Einf v § 145 Rn 1, 3.

7 *Medicus*, BGB AT, Rn 472.

8 *Bötticher*, FS Dölle Bd. I (1963), S. 41 (45); *Medicus*, BGB AT, Rn 81.

net sich durch eine faktische Überlegenheit der anderen Partei aus. Die Überlegenheit kann aber auch auf Rechtsgründen beruhen, und zwar dann, wenn das Gesetz selbst dem Einzelnen gestattet, einseitige Maßnahmen zu ergreifen, wie es beispielsweise bei der schon erwähnten Kündigungserklärung der Fall sein kann. Eine rechtliche Überlegenheit kommt zudem in Betracht, wenn sich die beiden Vertragspartner gerade darauf einigen, dass einer von ihnen einen bestimmten Gesichtspunkt ihrer Rechtsbeziehung alleine festlegen soll.

1. Faktische Überlegenheit

Grundsätzlich kann der Einzelne seine Rechtsverhältnisse individuell und selbstbestimmt regeln. Diese Freiheit wird als Privatautonomie bezeichnet[9]. Sie lässt sich zurückführen auf die nach Art. 2 Abs. 1 GG zu gewährleistende allgemeine Handlungsfreiheit[10]. Wesentlicher Aspekt der Privatautonomie ist im Zivilrecht die Vertragsfreiheit[11]. Diese räumt dem Einzelnen das Recht ein, frei über Abschluss, Partner und Inhalt eines Vertrags zu entscheiden[12]. Insofern ist es eine natürliche Folge, wenn sich Einfluss und Durchsetzungsfähigkeit der Beteiligten im Vertrag widerspiegeln und dessen Inhalt prägen. Besteht deshalb ein unausgewogenes Kräfteverhältnis, dem sich das Selbstverwirklichungs- und Selbstbestimmungsrecht des einen beugen muss, so ist dies nicht von vornherein problematisch, sondern resultiert aus der gewährten Freiheit.

Der Umstand, dass eine Seite die Vertragsbedingungen ganz oder teilweise allein vorgibt, kann aus umfangreicheren Erfahrungen in geschäftlichen Angelegenheiten oder aus größeren geistigen Fähigkeiten resultieren. Es handelt sich also um eine intellektuelle Überlegenheit[13]. Bestimmender Einfluss auf den Vertrag kann darüber hinaus gegeben

---

[9] *Flume*, FS Deutscher Juristentag (1960), S. 135 (136); *Köhler*, BGB AT, § 5 Rn 1; *Medicus*, Schuldrecht I, Rn 59; Palandt - *Heinrichs*, BGB, Überbl v § 104 Rn 1, Einf v § 145 Rn 1.

[10] BVerfGE (v. 19.101993) 89, 214 (231); BVerfG (v. 5.8.1994) NJW 1994, S. 2749 (2750); (v. 2.5.1996) NJW 1996, S. 2021; Maunz / Dürig - *Di Fabio*, GG, Art. 2 Abs. 1 Rn 101.

[11] *Flume*, FS Deutscher Juristentag (1960), S. 135 (138); *Köhler*, BGB AT, § 5 Rn 1; Maunz / Dürig - *Di Fabio*, GG, Art. 2 Abs. 1 Rn 101; Palandt - *Heinrichs*, BGB, Einf v § 145 Rn 7.

[12] Bamberger / Roth - *Eckert*, BGB, § 145 Rn 8; *Köhler*, BGB AT, § 5 Rn 1; Maunz / Dürig - *Di Fabio*, GG, Art. 2 Abs. 1 Rn 101; *Medicus*, Schuldrecht I, Rn 64 - 68; Soergel - *Wolf*, Vor § 145 Rn 19.

[13] *Raiser*, JZ 1958, S. 1 (7); Soergel - *Wolf*, BGB, Vor § 145 Rn 30.

sein, wenn jemand Anbieter einer knappen Ressource ist oder aufgrund seiner Stellung im Hierarchiegefüge oder auf dem Markt von vornherein eine stärkere Verhandlungsposition innehat. Dies lässt sich als wirtschaftliche Überlegenheit bezeichnen[14]. Den geschilderten Konstellationen ist gemeinsam, dass der jeweils Unterlegene in rechtlicher Hinsicht zwar an der Bildung eines gemeinsamen Willens mitwirkt und somit seinen Teil zum Vertragsschluss beiträgt, ihm in tatsächlicher Hinsicht jedoch eine vollwertige Einflussmöglichkeit auf den Inhalt des Vertrags fehlt, so dass von einer faktischen Überlegenheit des anderen Teils gesprochen werden kann, durch welche das Verhandlungsgleichgewicht gestört ist. Ein solches Ungleichgewicht zeigt sich dann zum Beispiel an einem Missverhältnis von Leistung und Gegenleistung oder daran, dass eine Partei sich, etwa durch ihre allgemeinen Geschäftsbedingungen, einseitig vorteilhafte Leistungsmodalitäten einräumen lässt. Das wirft die Frage nach den Konsequenzen ungleichwertiger Durchsetzungskraft für eine vertragliche Beziehung auf.

Ebenso wie Art. 2 Abs. 1 GG einerseits die Vertragsfreiheit eröffnet, gebieten eine dem Art. 2 Abs. 1 GG selbst innewohnende Schutzpflicht sowie das Sozialstaatsprinzip andererseits, den Unterlegenen vor schrankenloser Fremdbestimmung zu bewahren[15]. Das Sozialstaatsprinzip ist in Art. 20 Abs. 1 GG und Art. 28 Abs. 1 Satz 1 GG zugrunde gelegt[16]. Einer seiner Aspekte ist das Postulat, soziale Gerechtigkeit herzustellen[17]. In dieser Hinsicht kann es erforderlich werden, den Schwächeren im Rechtsverkehr zu schützen und ihm ein Mindestmaß an Hilfe bei der Verwirklichung seiner Freiheit aus Art. 2 Abs. 1 GG zuteil werden zu lassen[18]. Im Ergebnis soll ein Ausgleich zwischen der Freiheit des einen und dem Schutzbedürfnis des anderen Vertragspartners gefunden und somit Konstellationen, in denen typischerweise eine ungleiche Verhandlungsstärke, die gestörte Vertragsparität, zutage tritt, abgeholfen werden[19].

---

[14] *Köhler*, BGB AT, § 13 Rn 9; Soergel - *Wolf*, BGB, Vor § 145 Rn 30.

[15] BVerfGE (v. 19.10.1993) 89, 214 (231 f.); BVerfG (v. 5.8.1994) NJW 1994, S. 2749 (2750); (v. 2.5.1996) NJW 1996, S. 2021.

[16] Maunz / Dürig - *Herzog*, GG, Art. 20, VIII. Rn 5.

[17] Maunz / Dürig - *Herzog*, GG, Art. 20, VIII. Rn 10.

[18] BVerfGE 89, 214 (231 f.); BVerfG (v. 5.6.1994) NJW 1994, S. 2749 (2750); Soergel - *Wolf*, BGB, Vor § 145 Rn 45.

[19] BVerfGE (v. 19.10.1993) 89, 214 (232 f.); BVerfG (v. 5.8.1994) NJW 1994, S. 2749 (2750); (v. 2.5.1996) NJW 1996, S. 2021; (v. 6.2.2001) NJW 2001, S. 957 (958).

Grundlegende Rechtsnormen, die einem Ungleichgewicht entgegenwirken, sind die §§ 104 ff., §§ 116 ff. und § 134 BGB[20]. Darüber hinaus wurde im Laufe der Zeit sogenanntes Verbraucherschutzrecht entwickelt, etwa AGB-Gesetz, FernAbsG, HausTWG, VerbrKrG, welches mittlerweile ins BGB integriert worden ist[21]. Im Übrigen sind im Hinblick auf das Verhandlungsungleichgewicht gerade im Arbeitsrecht zahlreiche Gesetze zu finden, die Mindestarbeitsbedingungen festlegen und bestimmte Arbeitnehmergruppen besonders schützen[22]. Beispiele sind AÜG, ArbZG, BUrlG, EFZG, JArbSchG, KSchG, MuSchG und TzBfG. Vertragshilfe wird nach der Rechtsprechung des BVerfG aber auch geleistet, indem der Inhalt zivilrechtlicher Verträge mit den Generalklauseln des BGB, insbesondere § 138 BGB und § 242 BGB, überprüft wird, denn durch diese Normen entfalten etwaige berührte Grundrechte mittelbar auch in privaten Rechtsbeziehungen Wirkung[23]. Auf diese Weise sollen auch in einem privatrechtlichen Vertrag grundrechtliche Vorgaben und Wertungen beachtet werden. Ziel ist es, dem schwächeren Vertragspartner so weit Hilfe bei der Verwirklichung seiner Privatautonomie zu leisten, dass ein ausgewogenes Verhältnis zwischen den Parteien entsteht und jede ihre Freiheit in größtmöglichem Umfang ausüben kann.

2. Rechtliche Überlegenheit

Während die faktische Überlegenheit auf intellektuellen oder wirtschaftlichen, also außerrechtlichen Gegebenheiten beruht und sich im Rahmen des vertraglichen Verhandelns selbst auswirkt[24], handelt es sich bei einem Gestaltungsrecht um die rechtliche Macht, den anderen Vertragspartner dem eigenen Willen zu unterwerfen und ihm Einfluss auf einen Teil des Rechtsverhältnisses zu nehmen. Es geht also nicht mehr darum, ein Verhandlungsungleichgewicht zu beseitigen, sondern eine überlegene Rechtsposition wird erst geschaffen. Die rechtliche Überlegenheit in Form des Gestaltungsrechts stellt somit eine bewusste Abkehr vom Ver-

---

20 *Köhler*, BGB AT, § 5 Rn 2, § 13 Rn 8; *Medicus*, BGB AT, 480 - 485.

21 K/M/R/T/W - *Kothe*, Das neue Schuldrecht, Vor §§ 488 ff. BGB Rn 5; dies. - *Micklitz*, dass., Vor §§ 305 ff. BGB Rn 1; dies. - *Rott*, dass., § 312 BGB Rn 1, § 312b BGB Rn 1; *Medicus*, Schuldrecht I, Rn 46, 49; *Olzen / Wank*, Die Schuldrechtsreform, Rn 488 f.; Palandt - *Heinrichs*, BGB, Einf v § 145 Rn 13; Soergel - *Wolf*, BGB, Vor § 145 Rn 38.

22 Soergel - *Wolf*, BGB, Vor § 145 Rn 36; *Schaub*, Arbeitsrechts - Handbuch, § 2 Rn 5, § 31 Rn 3.

23 BVerfGE (v. 19.10.1993) 89, 214 (234); BVerfG (v. 5.8.1994) NJW 1994, S. 2749 (2750).

24 *Flume*, BGB AT Bd. 2, § 33, 6 a (S. 609).

tragsprinzip dar[25]. Der Umstand, dass es sich bei einem Gestaltungsrecht um Überlegenheit aus Rechtsgründen handelt, impliziert, dass eine solche Macht zur Fremdbestimmung stets auf eine Rechtsgrundlage, das heißt Gesetz oder Vertrag, zurückzuführen ist. Diese Grundlage ermächtigt einerseits den Gestaltenden und stellt somit andererseits die Rechtfertigung gegenüber dem unterworfenen Gestaltungsgegner dar, dem ja das Recht zur gleichberechtigten Mitwirkung genommen ist[26].

Auf der Gratwanderung von Vertragsfreiheit und staatlichem Schutzauftrag muss sich auch ein Gestaltungsrecht an den oben genannten Grundsätzen messen lassen, damit der jeweiligen Privatautonomie zur Geltung verholfen werden kann[27]. Darüber hinaus sind einige ungeschriebene Voraussetzungen zu beachten, die darauf hinwirken sollen, den Gestaltungsgegner vor einer unsicheren oder ungeklärten Rechtslage zu schützen[28]. Damit der Gestaltungsgegner von der Veränderung der Rechtslage überhaupt Kenntnis erlangt, handelt es sich deshalb bei der Willenserklärung, durch die ein Gestaltungsrecht ausgeübt wird[29], um eine empfangsbedürftige, welche gemäß § 130 Abs. 1 BGB mit Zugang wirksam wird[30]. Einmal ausgeübt, ist das Gestaltungsrecht sodann grundsätzlich verbraucht, kann also nicht noch einmal ausgeübt werden[31]. Einige Gestaltungsrechte erlöschen allerdings auch bereits vor Ausübung, wenn sie nämlich nicht innerhalb einer bestimmten Frist, der Ausschlussfrist, geltend gemacht worden sind[32]. Eine Ausschlussfrist ist eine Frist, innerhalb der eine Handlung vorgenommen werden muss und nach deren Ablauf ein Rechtsnachteil, insbesondere der Verlust eines Rechts eintritt[33]. In diesem Sinne ist etwa die Anfechtung gemäß § 121 Abs. 2 BGB beziehungsweise § 124 Abs. 3 BGB „ausgeschlossen, wenn seit der Abgabe der Willenserklärung zehn Jahre verstrichen sind". Dar-

---

[25] *Bötticher*, FS Dölle Bd. I (1963), S. 41 (45); *Medicus*, BGB AT, Rn 81.

[26] *Bötticher*, Gestaltungsrecht und Unterwerfung im Privatrecht, S. 4; *Flume*, BGB AT Bd. 2, § 11, 3 (S. 137); *Joussen*, AcP 203 (2003), S. 429 (443 f.); *Larenz / Wolf*, BGB AT, § 15 Rn 79; *Medicus*, BGB AT, Rn 81.

[27] Siehe Teil 2, A I 1.

[28] *Larenz / Wolf*, BGB AT, § 15 Rn 73; *Medicus*, BGB AT, Rn 89.

[29] *Enneccerus / Nipperdey*, BGB AT I,1, § 73 I 3 (S. 441); *Larenz / Wolf*, BGB AT, § 15 Rn 65; *Medicus*, BGB AT, Rn 83; *Seckel*, Die Gestaltungsrechte des bürgerlichen Rechts, S. 45.

[30] *Larenz / Wolf*, BGB AT, § 15 Rn 75; *Medicus*, BGB AT, Rn 83; *Seckel*, Die Gestaltungsrechte des bürgerlichen Rechts, S. 48.

[31] *Bötticher*, Gestaltungsrecht und Unterwerfung im Privatrecht, S. 6; *Larenz / Wolf*, BGB AT, § 15 Rn 76; Palandt - *Heinrichs*, BGB, Überbl v § 104 Rn 17.

[32] *Köhler*, BGB AT, § 17 Rn 12; *Larenz / Wolf*, BGB AT, § 15 Rn 76.

[33] RGZ (v. 17.3.1930) 128, 46 (47); BGHZ (v. 15.6.1960) 32, 375 (383); MünchKomm - *Grothe*, BGB, § 194 Rn 7.

über hinaus ist die Gestaltungserklärung, sobald sie zugegangen ist, auch unwiderruflich, um den Empfänger vor wechselnden Rechtslagen zu bewahren[34]. Schutz vor Unklarheiten soll schließlich auch die Bedingungsfeindlichkeit derartiger Erklärungen gewährleisten[35]. Ausgenommen davon sind indes eindeutige Befristungen sowie Potestativbedingungen, wenn also der Bedingungseintritt nicht zufällig erfolgt, sondern vom Willen einer Partei abhängt. Kann nämlich der Gestaltungsgegner die zugrunde liegenden Ereignisse leicht überschauen oder sogar von seinem eigenen Willen abhängig machen, bietet ihm dies bereits hinreichend Sicherheit[36].

II. Abgrenzung zu anderen Rechten

Wenn es darum geht, ohne Mitwirkung des Gegners auf die Rechtsbeziehung einzuwirken, so ist das Gestaltungsrecht nicht das einzige Recht, dass dies ermöglicht. Daneben existieren Ansprüche sowie Gestaltungsklagerechte, denen der Vertragspartner ausgesetzt werden kann. Sie unterscheiden sich vom Gestaltungsrecht dadurch, dass dieses sowohl Ausübung als auch Vollstreckung des Rechts zugleich darstellt. Das bedeutet, dass der Gestaltende selbst die Rechtslage verändern kann, und zwar nicht nur ohne Mitwirkung des anderen sondern darüber hinaus auch ohne Hilfe eines Gerichts[37]. Da gemäß Art. 20 Abs. 2 Satz 2 GG die Staatsgewalt unter anderem durch die Rechtsprechung, und zwar nach Art. 92 GG durch die Richter, ausgeübt wird, beansprucht der Staat grundsätzlich für sich die Durchsetzung des Rechts, das Rechtsprechungsmonopol, und schließt insoweit den Einzelnen von der eigenmächtigen Erzwingung seiner Rechte aus[38]. Dementsprechend kommt dem Gestaltungsrecht innerhalb der Rechtsordnung Ausnahmecharakter zu[39], vergleichbar der Selbsthilfe nach § 229, § 562b

---

34 BAG v. 21.6.1971, AP Nr. 13 zu § 315 BGB (II 1 der Gründe); *Bötticher*, Gestaltungsrecht und Unterwerfung im Privatrecht, S. 6; Bruns, ZZP 78 (1965), S. 264 (273 f.); *Larenz / Wolf*, BGB AT § 15 Rn 75; *Medicus*, BGB AT, Rn 90; Palandt - *Heinrichs*, BGB, Überbl v § 104 Rn 17.

35 *BGHZ* (v. 15.6.1960) 32, 375 (383); *Medicus*, BGB AT, Rn 90; *Larenz / Wolf*, BGB AT, § 15 Rn 75.

36 BGHZ (v. 21.3.1986) 97, 264 (267); *Larenz / Wolf*, BGB AT, § 15 Rn 75.

37 *Becker*, AcP 188 (1988), S. 24 (26, 28); *Bötticher*, FS Dölle Bd. I (1963), S. 41 (43); *Medicus*, BGB AT, Rn 83; Staudinger - *Dilcher*, BGB, Einl zu §§ 104 - 185 Rn 48 (12. A.).

38 BVerfGE (v. 12.2.1992) 85, 337 (347); Schmidt - Bleibtreu / Klein - *Schmidt = Bleibtreu / Hopfauf*, GG, Art. 92 Rn 8.

39 *Becker*, AcP 188 (1988), S. 24 (26, 28); *Bötticher*, FS Dölle Bd. I (1963), S. 41 (43); *Medicus*, BGB AT, Rn 83, 149.

Abs. 1, § 859 f., § 904, § 910 Abs. 1 und § 962 Satz 1 und 2 BGB, wenn ein Recht ohne sofortiges eigenmächtiges Tätigwerden vereitelt werden würde[40].

1. Abgrenzung zum Anspruch

Der Anspruch wird in § 194 Abs. 1 BGB definiert. Er ist „das Recht, von einem anderen ein Tun oder Unterlassen zu verlangen". Kommt der andere dem Begehren nicht nach, so bedarf es zur Durchsetzung eines Richterspruchs. In einem Leistungsurteil stellt der Richter fest, ob das Recht tatsächlich besteht und erteilt gegebenenfalls den „Befehl" zu dessen Erfüllung[41]. Demzufolge kann der Betroffene die Rechtslage nicht selbst verändern, sondern er muss sich bemühen, ein Gericht, also eine staatliche Stelle, hierzu zu veranlassen. Zumindest mittelbar löst er dabei aber doch gewisse materiellrechtliche Wirkungen aus, und zwar solche, die mit Rechtshängigkeit der streitigen Angelegenheit gemäß § 261 Abs. 1 ZPO kraft Gesetzes eintreten. Die Rechtshängigkeit hat unter anderem zur Folge, dass nach § 204 Abs. 1 Nr. 1 BGB die Verjährung des streitgegenständlichen Anspruchs gehemmt ist, sie kann gemäß § 286 Abs. 1 Satz 2 BGB Verzug auslösen oder auch bestimmte Haftungsverschärfungen bewirken, wie zum Beispiel gemäß § 292, § 818 Abs. 4 und §§ 987, 989 BGB.

Verhält sich der Verpflichtete auch nach einem Urteil nicht dementsprechend, so kann der Berechtigte wiederum auf staatliche Hilfe zurückgreifen, durch welche der Leistungsbefehl dann letztlich gemäß §§ 704 ff. ZPO vollstreckt wird[42]. Eine Ausnahme stellt die Leistungsklage auf Abgabe einer Willenserklärung dar. In diesem Fall gilt nach § 894 Abs. 1 Satz 1 ZPO die Erklärung als abgegeben, sobald das Urteil rechtskräftig ist. Die Rechtslage wird also bereits kraft Gesetzes gestaltet und weitere Zwangsmittel sind nicht nötig.

2. Abgrenzung zum Gestaltungsklagerecht

Anders als die Leistungsklage zielt die Gestaltungsklage nicht darauf ab, bereits bestehendem Recht zur Durchsetzung zu verhelfen, sondern sie

---

40 *Medicus*, BGB AT, Rn 150.

41 Baumbach / Lauterbach / Albers / Hartmann - *Hartmann*, ZPO, Grundz § 253 Rn 8; Thomas / Putzo - *Reichold*, ZPO, Vorbem § 253 Rn 3.

42 Baumbach / Lauterbach / Albers / Hartmann - *Hartmann*, ZPO, Grundz § 704 Rn 1; Thomas / Putzo - *Putzo*, ZPO, Vorbem § 704 Rn 1, 3.

kann zu einem Gestaltungsurteil führen, welches selbst rechtserzeugend ist und die Vollstreckung bereits in sich trägt[43]. Somit ist wiederum die Erhebung einer Klage nötig[44]. Durch die Einschaltung des Gerichts soll die Rechtsausübung kontrolliert sowie Unsicherheit hinsichtlich der Rechtslage vermieden werden[45]. Das Gestaltungsklagerecht kommt vorrangig im Gesellschafts- und im Familienrecht zur Anwendung, so beispielsweise bei der Ehescheidung gemäß § 1564 Satz 1 und 2 BGB, bei der Anfechtung der Vaterschaft gemäß § 1599 Abs. 1 BGB, bei der Auflösung einer Gesellschaft gemäß § 133 Abs. 1 HGB oder bei der Anfechtung von Beschlüssen der Hauptversammlung einer Aktiengesellschaft nach §§ 243 Abs. 1 AktG[46]. Die Veränderung der Rechtslage erfolgt in diesen Fällen also ebenfalls nicht durch privates Rechtsgeschäft, sondern unmittelbar durch staatliches Urteil.

III. Fazit für die Gestaltung des Arbeitsverhältnisses durch den Arbeitnehmer

Es ist deutlich geworden, dass Gestaltung in einem Rechtsverhältnis ein breites Spektrum ausfüllen kann. Sie erstreckt sich zum einen auf die Möglichkeit, durch eine Willenserklärung ausdrücklich oder konkludent eine rechtliche Veränderung innerhalb einer Rechtsbeziehung herbeizuführen. Gestaltung im Sinne von Einflussnahme zeigt sich aber auch, wenn eine Partei gegenüber der anderen rein tatsächlich ihre Wünsche und Vorstellungen durchsetzen kann. Neben echten Gestaltungsrechten kommt also auch die faktische Gestaltung zum Tragen.

Die Gestaltungsrechte sind entweder vom Gesetzgeber vorgesehen oder als Ausfluss der Vertragsfreiheit von den Parteien einer Rechtsbeziehung vereinbart. Man kann sie somit als Instrumente der Rechtsordnung bezeichnen. Die faktische Gestaltung scheint demgegenüber eher beiläufig eine Rolle zur spielen, und zwar immer dann, wenn einer der Vertragspartner aus intellektuellen Gründen oder wegen seiner schwächeren Position im Wirtschaftsleben zurückstecken muss.

Man wird der faktischen Gestaltung jedoch nicht gerecht, wenn man ihr ausschließlich diese Nebenrolle, noch dazu eine eher negativ zu

---

43 Thomas / Putzo - *Reichold*, ZPO, Vorbem § 253 Rn 5.

44 *Becker*, AcP 188 (1988), S. 24 (30); *Larenz / Wolf*, BGB AT, § 15 Rn 72; *Medicus*, BGB AT, Rn 84; Thomas / Putzo - *Reichold*, ZPO, Vorbem § 253 Rn 5; *Wieser*, Prozessrechtskommentar zum BGB, Gestaltungsklagen Rn 5.

45 *Larenz / Wolf*, BGB AT, § 15 Rn 71; *Medicus*, BGB AT, Rn 84 f.

46 *Larenz / Wolf*, BGB AT, § 15 Rn 72; *Medicus*, BGB AT, Rn 85.

bewertende, zuschreibt. Faktische Gestaltungsmöglichkeiten könnten durchaus auch von den Vertragspartnern vereinbart werden, wenn nämlich einem von beiden ein stärkeres Gewicht bei der Festlegung bestimmter inhaltlicher Fragen ihrer Rechtsbeziehung zukommen soll, ohne dass damit zugleich die rechtliche Umsetzungsmacht oder Rechtsfragen berührt sind. Und gerade dies ist ja auch die Frage, die für die eingangs genannten Beispiele zu arbeitsrechtlichen Zielvereinbarungen, flexiblen Arbeitszeitmodellen oder Cafeteria-Systemen noch beantwortet werden muss, nämlich ob die inhaltlichen Entscheidungen des Arbeitnehmers ein rein tatsächlicher Vorschlag sind oder ob es sich bereits um eine rechtliche Gestaltung handelt, an der der Arbeitgeber nichts mehr ändern kann. Damit ist ein Kriterium gewonnen, anhand dessen die Einflussnahmemöglichkeiten eines Arbeitnehmers untersucht und unterschieden werden können, nämlich die Differenzierung zwischen faktischer und rechtlicher Macht. Trotz einer solchen Unterteilung muss das Hauptaugenmerk im Folgenden aber auf die echte rechtliche Gestaltung gelegt werden, denn nur wenn es sich bei der Bestimmung durch den Arbeitnehmer um ein Rechtsgeschäft handelt, wird die Ebene einer bloßen Berücksichtigung von Arbeitnehmerwünschen verlassen und kommt man zu einer selbständigen Durchsetzung von Arbeitnehmerrechten, die aufgrund ihres rechtsgeschäftlichen Charakters als neue Form neben Individual-, Kollektivvertrag und Weisungsrecht tritt.

Es soll nunmehr zusammengetragen werden, in welchen Bereichen und mit welchen inhaltlichen Vorgaben Gestaltungsrechte nach dem BGB ausgeübt werden können. Auf diese Weise kann ermittelt werden, welche vorhandenen Formen für die Arbeitnehmergestaltung in Frage kommen.

B. Gestaltungsrechte im BGB

Je nachdem in welcher Phase einer Rechtsbeziehung und mit welcher Zielsetzung Gestaltungsmacht ausgeübt wird, kann Unterschiedliches bewirkt werden. Die Gestaltungsrechte lassen sich daher nach ihren Rechtsfolgen einteilen, und zwar nach Begründung eines Rechtsverhältnisses, dessen inhaltlicher Ausgestaltung sowie Änderung bis hin zur Aufhebung[47]. Die Gestaltungsrechte, die auf der Grundlage des BGB praktiziert werden, sind entweder als Recht gesetzlich angeordnet oder zwischen den Vertragsparteien vereinbart worden. Zum Teil existieren

---

47 *Becker*, AcP 188 (1988), S. 24 (27 f.); *Joussen*, AcP 203 (2003), S. 429 (451); *Larenz / Wolf*, BGB AT, § 15 Rn 66; *Seckel*, Die Gestaltungsrechte des bürgerlichen Rechts, S. 14 f.

auch Vorschriften und Auslegungsregeln, welche die vertragliche Vereinbarung eines Gestaltungsrechts und dessen Folgen steuern.

Nachdem zu Beginn das grundsätzliche Vorkommen von Gestaltungsrechten festgestellt worden ist, soll nunmehr anhand der bestehenden Rechte konkret dargelegt werden, wie sich eine solche Gestaltung in einem Rechtsverhältnis auswirkt. Dadurch sollen letztlich die Gestaltungsrechte, die für die Arbeitnehmergestaltung in Betracht kommen, herausgefiltert werden. In diesem Zusammenhang weckt von vornherein die Regelung des § 315 BGB besonderes Interesse, ist sie doch mit „Bestimmung der Leistung durch eine Partei" überschrieben und kommt dadurch der inhaltlichen Ausgestaltung des Arbeitsverhältnisses durch den Arbeitnehmer schon sehr nahe.

I. Gestaltungsrechte kraft gesetzlicher Anordnung

Ist das Recht zur Gestaltung dem Gesetz selbst zu entnehmen, so kann es bei Vorliegen seiner Voraussetzungen ausgeübt werden, ohne dass der Gestaltungsgegner dieser Möglichkeit zuvor hätte zustimmen können oder müssen.

1. Begründung eines Rechtsverhältnisses

Durch ein derartiges gesetzliches Gestaltungsrecht könnte es zur Begründung eines Rechtsverhältnisses kommen, wenn zwar schon ein rechtsgeschäftlich intendierter Kontakt zwischen den Parteien vorhanden, das Rechtsgeschäft jedoch noch nicht zustande gekommen ist, weil es noch an dem letzten erforderlichen Akt, der Annahme des Vertragsangebots, fehlt. Wer einem anderen ein Vertragsangebot anträgt, ist gemäß § 145 BGB an diesen Antrag gebunden. Der andere kann das Angebot nach §§ 146 - 148 BGB durch Willenserklärung annehmen, er hat also die Möglichkeit, durch seine Erklärung ein Rechtsverhältnis, den Vertrag, zur Entstehung zu bringen. Das deutet darauf hin, dass es sich bei dem Recht, die Annahme eines Vertragsangebots zu erklären, um ein Gestaltungsrecht handeln könnte[48].

---

[48] RGZ (v. 9.2.1931)132, 6 (7); *Becker*, AcP 188 (1988), S. 24 (27) Fn 12; *Enneccerus / Nipperdey*, BGB AT I,1, § 73 I 3 a (S. 442); *Joussen*, AcP 203 (2003), S. 429 (451); *Kress*, Schuldrecht AT, § 3, 3 (S. 17); *Lorenz*, FS Dölle Bd. I (1963), S. 103 (107); Palandt - *Heinrichs*, BGB, § 145 Rn 5.

Zweifelhaft erscheint indes, ob dieser Vorgang tatsächlich ohne Mitwirkung des anderen Teils vonstatten geht. Dagegen spricht, dass die Annahme gerade die Reaktion auf das Angebot des vermeintlichen Gestaltungsgegners darstellt. Die Annahme setzt ein Angebot zwingend voraus, weshalb derjenige, der durch seine Willenserklärung letztlich den Vertrag zustande kommen lässt, auf jeden Fall der Mitwirkung des anderen, nämlich dessen Angebots bedurfte[49]. Es handelt sich folglich um ein notwendiges Zusammenwirken zweier Parteien.

Darüber hinaus ist fraglich, ob überhaupt von einer Unterwerfung des Antragenden unter den Willen des Annehmenden gesprochen werden kann. Sollte sich der Wille des Antragenden ändern, nachdem seine Erklärung gemäß § 130 Abs. 1 Satz 1 BGB wirksam geworden ist, so ist er zwar aufgrund der Bindung nach § 145 BGB rechtlich unterworfen, diese Unterworfenheit weist jedoch einen qualitativen Unterschied zu derjenigen auf, die sich ergibt, wenn der Erklärungsempfänger etwa eine Kündigung oder Anfechtung akzeptieren muss. In diesen Fällen korrespondiert die Bindung des einen an den fremden Willen, den Vertrag zu lösen, mit der Rechtsmacht des anderen zur Gestaltung. Soweit es aber um die Bindung an ein Vertragsangebot geht, wird der Gebundene an seinem eigenen ursprünglichen Willen festgehalten[50]. Diese Bindung ist indes nicht Gegenstück zur Rechtsmacht des Annehmenden, sondern ihre Funktion ist schlichtweg, den Angebotsempfänger zu schützen und Rechtssicherheit zu gewährleisten[51]. Und schließlich gilt gemäß § 150 Abs. 2 BGB „eine Annahme unter Erweiterungen, Einschränkungen oder sonstigen Änderungen [...] als Ablehnung verbunden mit einem neuen Antrag". Damit die Annahme überhaupt die Wirkung entfalten kann, einen Vertrag endgültig zu begründen, muss sie sich also inhaltlich genau auf die erste Erklärung, das Angebot, beziehen. Im Ergebnis kennzeichnet der Bezug der beiden als Angebot und Annahme bezeichneten Willenserklärungen zueinander die vertragliche Einigung, im Gegensatz zu einer einzelnen Willenserklärung, die aus sich selbst heraus rechtserzeugende Wirkung entfaltet. Die vertragliche Einigung stellt deshalb nicht gleichzeitig ihre eigene Ausnahme dar[52], so dass es sich bei der Annahme eines Vertragsangebots nicht um die Ausübung eines Gestaltungsrechts handelt.

---

[49] Erman - *Armbrüster*, BGB, § 145 Rn 19; *Köhler*, BGB AT, § 8 Rn 14; Soergel - *Wolf*, BGB, § 145 Rn 16; Staudinger - *Bork*, BGB, § 145 Rn 34.

[50] *Bötticher*, FS Dölle Bd. I (1963), S. 41 (53).

[51] *Bötticher*, FS Dölle Bd. I (1963), S. 41 (53); Soergel - *Wolf*, BGB, § 145 Rn 9.

[52] *Steinbeck*, Die Übertragbarkeit von Gestaltungsrechten, S. 36 f.

2. Änderung oder Aufhebung eines Rechtsverhältnisses

Um ein Rechtsverhältnis zu ändern, in ein Rückgewährschuldverhältnis umzuwandeln oder aufzuheben, gibt es gesetzliche Gestaltungsrechte wie Anfechtung, Aufrechnung, Rücktritt, Widerruf, Kündigung und Minderung[53]. Regelungen dazu finden sich für die Anfechtung in § 142 Abs. 1, § 143, § 119 f., § 123 BGB beziehungsweise für die Aufrechnung in §§ 387 - 389 BGB. Für den Fall, dass die Geschäftsgrundlage gestört ist, gibt es ein Rücktritts- und Kündigungsrecht gemäß § 313 Abs. 3 BGB und zur Kündigung von Dauerschuldverhältnissen aus wichtigem Grund besteht eine allgemeine Vorschrift in § 314 BGB. Diese Gestaltungsrechte ergeben sich also aus dem Allgemeinen Teil oder den Vorschriften des allgemeinen Schuldrechts des BGB. Für den Rücktritt mit den Voraussetzungen und Wirkungen der §§ 346 Abs. 1, 349 BGB und den Widerruf gemäß § 355 Abs. 1 BGB sowie für Kündigung und Minderung sind die Rechtsgrundlagen hingegen in Anlehnung an den jeweiligen Vertragstyp zum Beispiel Kauf-, Miet-, Dienst- oder Werkvertrag in den Vorschriften zum besonderen Schuldrecht des BGB geregelt.

Daneben könnten möglicherweise auch die Einreden den Gestaltungsrechten zugeordnet werden[54]. Mit der Erhebung einer Einrede kann die Durchsetzung eines Anspruchs abgewendet werden[55]. Demzufolge besteht das Schuldverhältnis zwar weiterhin, es ist aber in ein nicht durchsetzbares umgewandelt worden. Man unterscheidet dauernde und vorübergehende oder aufschiebende Einreden, je nachdem, wie lange die Geltendmachung des Anspruchs abgewendet werden kann[56]. Zu den vorübergehenden können die sogenannten anspruchsbeschränkenden Einreden[57] gezählt werden, welche die Art und Weise der Durchsetzung beschränken. Dauerhaft wirken die Einrede der Verjährung gemäß § 214 Abs. 1 BGB, die Einrede der praktischen Unmöglichkeit beziehungsweise der persönlichen Unzumutbarkeit einer Leistung nach § 275 Abs. 2 und Abs. 3 BGB, die Einrede der Mangelhaftigkeit gemäß § 438 Abs. 4 Satz 2 BGB und § 634a Abs. 4 Satz 2 BGB, mit welcher die Zahlung verweigert werden kann, die Notbedarfseinrede des Schenkers nach § 519 Abs. 1 BGB, darüber hinaus die Einrede der Bereicherung nach

---

[53] *Becker*, AcP 188 (1988), S. 24 (28); *Larenz / Wolf*, BGB AT, § 15 Rn 67.

[54] *Ennecerus / Nipperdey*, BGB AT I,1, § 73 I 3 c (S. 442); *Jahr*, JuS 1964, S. 293; Staudinger - *Dilcher*, BGB, Einl zu §§ 104 - 185 Rn 48, § 222 a.F. Rn 12 (12. A.).

[55] *Esser / Schmidt*, Schuldrecht I / 1, § 5 III (S. 92); *Larenz / Wolf*, BGB AT, § 18 Rn 55; *Wieser*, Prozessrechtskommentar zum BGB, Einreden Rn 1.

[56] *Esser / Schmidt*, Schuldrecht I / 1, § 5 III (S. 92); *Medicus*, BGB AT, Rn 93; *Roth*, Die Einreden des Bürgerlichen Rechts, S. 38.

[57] *Köhler*, BGB AT, § 18 Rn 13 f.; *Larenz / Wolf*, BGB AT, § 18 Rn 61 - 65.

§ 821 BGB, außerdem die Arglisteinrede gemäß § 853 BGB. Aufschiebende und damit nur zeitweilige Wirkung entfalten insbesondere das Zurückbehaltungsrecht gemäß § 273 Abs. 1 BGB sowie die Einrede des nichterfüllten Vertrags nach § 320 Abs. 1 BGB, ferner die Einrede der Vorausklage gemäß § 771 BGB.

Bereits die Ausübung einer Einrede widerspricht jedoch grundsätzlich derjenigen eines Gestaltungsrechts. Während die Gestaltung erst mit Zugang der entsprechenden Erklärung beim Gegner wirksam wird, muss eine Einrede nicht zwingend ausgeübt werden, um auf die Rechtslage einzuwirken. Eine Ausnahme stellt das Zurückbehaltungsrecht nach § 273 Abs. 1 BGB dar, denn es muss ausgeübt werden, um eine Verbindung zwischen den betroffenen Forderungen zu schaffen. Notwendig wird die Ausübung für alle übrigen Einreden aber auch spätestens in einem Prozess, damit sie vom Richter berücksichtigt werden können[58]. Des Weiteren ist ein Gestaltungsrecht unwiderruflich, führt demnach zur dauernden Umgestaltung des Rechtsverhältnisses. Dies ist nicht in Einklang zu bringen mit der Tatsache, dass es aufschiebende, das heißt nur vorübergehende Einreden gibt, nach deren Ablauf oder Beseitigung wieder die ursprüngliche Rechtslage gilt. Außerdem kann die Partei, welche die Einrede erhoben hat, später im Prozess davon absehen und somit die ursprüngliche Durchsetzbarkeit des Anspruchs wieder herstellen[59]. Wäre jedoch unwiderruflich umgestaltet worden, existierte der alte Anspruch in dieser Form nicht mehr und könnte nicht mehr erfüllt werden. Die Zeitweiligkeit einer Einrede stellt zudem in Frage, ob der Gestaltungsgegner wirklich einem fremdem Willen unterworfen wird, denn eine Einrede kann der Betroffene abwenden. Wenn ein Gestaltungsrecht rechtmäßig ausgeübt worden ist, so muss die neue Rechtslage im Prozess hingenommen werden. Das Zurückbehaltungsrecht und die Einrede des nichterfüllten Vertrags hingegen kann der Gegner durch Herbeiführung eines Leistungsurteils gerichtet auf Leistung Zug-um-Zug gemäß § 274 Abs. 1 BGB beziehungsweise § 322 Abs. 1 BGB vollständig beseitigen lassen[60]. Im Übrigen kann das Zurückbehaltungsrecht nach § 273 Abs. 3 BGB durch Sicherheitsleistung abgewendet werden. Im Ergebnis stimmen die Einreden in Ausübung und Wirkung nicht mit den Gestal-

---

[58] Geltendmachung entweder außergerichtlich oder im Prozess: BGHZ (v. 1.3.1951) 1, 234 (239); Erman - *Schmidt = Räntsch*, BGB, § 214 Rn 3; *Larenz / Wolf*, BGB AT, § 18 Rn 55 f.; *Medicus*, BGB AT, Rn 98; MünchKomm - *Grothe*, BGB, § 222 a.F. Rn 3.

[59] BGHZ (v. 29.11.1956) 22, 267 (269 - 271); *Larenz / Wolf*, BGB AT, § 18 Rn 55; *Medicus*, BR, Rn 732; *Roth*, Die Einreden des Bürgerlichen Rechts, S. 134 f.; *Wieser*, Prozessrechtskommentar zum BGB, § 214 Rn 4, § 274 Rn 8.

[60] *Wieser*, Prozessrechtskommentar zum BGB, § 274 Rn 3, § 322 Rn 3.

tungsrechten überein, weshalb sie nicht in diese Gruppe eingeordnet werden können.

3. Inhaltliche Bestimmung

Schließlich kommen Gestaltungsrechte zur inhaltlichen Ausgestaltung eines Rechtsverhältnisses vor. Dabei kann entweder zwischen verschiedenen Leistungsvarianten ausgewählt werden oder aber der Berechtigte selbst eine eigene inhaltliche Entscheidung treffen.

a. Wahlrecht

Eine Möglichkeit, ein Schuldverhältnis inhaltlich auszugestalten, eröffnet die Wahlschuld im Sinne des § 262 BGB. Eine Partei erlangt dabei das Wahlrecht, zwischen mehreren möglichen Leistungsinhalten zu wählen[61]. Bei diesem Wahlrecht handelt es sich um ein Gestaltungsrecht[62]. Gesetzlich begründete Wahlrechte sind indes rar[63]. Ein Beispiel stellt immerhin § 546a Abs. 1 BGB dar[64], nach welchem der Vermieter im Falle verspäteter Rückgabe der Mietsache nach Beendigung des Mietverhältnisses entweder die vereinbarte oder die ortsübliche Miete verlangen kann.

Ebenso scheinen die Wahlmöglichkeiten zwischen Erfüllung und Schadensersatz nach § 179 Abs. 1 BGB, zwischen Vertragsstrafe und Erfüllung gemäß § 340 Abs. 1 BGB oder zwischen Rücktritt und Minderung nach § 437 Nr. 2 BGB, ferner zwischen Mangelbeseitigung und Lieferung beziehungsweise Herstellung einer neuen Sache in § 439 Abs. 1 BGB und § 635 Abs. 1 BGB auf Wahlrechte hinzudeuten. In diesen Fällen handelt es sich indes nicht nur um ein einzelnes Recht mit variablem Inhalt, sondern es konkurrieren verschiedene Rechte miteinander, die

---

[61] Bamberger / Roth - *Grüneberg*, BGB, § 262 Rn 2; MünchKomm - *Krüger*, BGB, § 262 Rn 2; Palandt - *Heinrichs*, BGB, § 262 Rn 1; Soergel - *Wolf*, BGB, § 262 Rn 3.

[62] Bamberger / Roth - *Grüneberg*, BGB, § 262 Rn 14; *Erler*, Wahlschuld und Ersetzungsbefugnis, S. 20; MünchKomm - *Krüger*, BGB, § 262 Rn 14; Palandt - *Heinrichs*, BGB, § 262 Rn 2; Soergel - *Wolf*, BGB, § 262 Rn 28; Staudinger - *Bittner*, BGB, § 262 Rn 19.

[63] Bamberger / Roth - *Grüneberg*, BGB, § 262 Rn 11; Palandt - *Heinrichs*, BGB, § 262 Rn 3.

[64] MünchKomm - *Krüger*, BGB, § 262 Rn 13; Soergel - *Wolf*, BGB, § 262 Rn 24; *a.A.* Bamberger / Roth - *Grüneberg*, BGB, § 262 Rn 11; Palandt - *Heinrichs*, BGB § 262 Rn 3: Elektive Konkurrenz.

sich zudem gegenseitig ausschließen. Solche Konstellationen werden nicht als Wahlrecht, sondern als elektive Konkurrenz bezeichnet[65].

b. Ersetzungsbefugnis

Im Gegensatz zu einem Wahlrecht, mit welchem eine anfänglich noch unbestimmte Forderung inhaltlich konkretisiert wird, kann es ebenfalls vorkommen, dass ein bereits bestimmter Leistungsinhalt feststeht, eine der Parteien jedoch die Möglichkeit erhält, diese geschuldete Leistung gegen eine andere auszutauschen; es handelt sich um eine Ersetzungsbefugnis[66], zu der sich im Gesetz keine allgemeinen Regeln finden. Beispiel für die Ersetzungsbefugnis des Schuldners ist die Möglichkeit, gemäß § 244 Abs. 1 BGB eine Geldschuld, die im Inland zu zahlen ist, in Euro zu begleichen, auch wenn sie ursprünglich in einer anderen Währung ausgedrückt worden ist. Und was den Gläubiger betrifft, kann beispielsweise der Gläubiger eines Schadensersatzanspruchs nach § 249 Abs. 2 Satz 1 BGB „statt der Herstellung" den dazu erforderlichen Geldbetrag verlangen. Während die Erklärung des Gläubigers ein Gestaltungsrecht sein soll[67], ist strittig, wie es sich für den Schuldner, der von der Ersetzungsbefugnis Gebrauch macht, verhält. Man könnte annehmen, dass auch er sich durch vorherige Erklärung oder konkludent bei Leistungserbringung rechtsgestaltend betätigt[68]. Vorwiegend geht man demgegenüber davon aus, dass der Schuldner die Befugnis lediglich durch einen tatsächlichen Akt, nämlich das Bewirken der Ersatzleistung, ausübt[69].

Zweifelhaft ist jedoch generell, also auch bezüglich des berechtigten Gläubigers, ob die Ersetzungsbefugnis überhaupt ein Gestaltungs-

---

[65] Bamberger / Roth - *Grüneberg*, BGB, § 262 Rn 5 f., 11; MünchKomm - *Krüger*, BGB, § 262 Rn 11; Palandt - *Heinrichs*, BGB, § 262 Rn 6; Staudinger - *Bittner*, BGB, § 262 Rn 6.

[66] BAG v. 17.1.1995, AP Nr. 15 zu § 611 BGB Mehrarbeitsvergütung (II 2 a der Gründe); Bamberger / Roth - *Grüneberg*, BGB, § 262 Rn 7 - 10; *Erler*, Wahlschuld und Ersetzungsbefugnis, S. 57; *Medicus*, Schuldrecht I, Rn 188; MünchKomm - *Krüger*, BGB, § 262 Rn 8; Palandt - *Heinrichs*, BGB, § 262 Rn 7 - 9; Staudinger - *Bittner*, BGB, § 262 Rn 8.

[67] Bamberger / Roth - *Grüneberg*, BGB, § 262 Rn 10; *Erler*, Wahlschuld und Ersetzungsbefugnis, S. 42, 44; *Larenz*, Schuldrecht AT I, § 11 III b (S. 161); *Seckel*, Die Gestaltungsrechte des bürgerlichen Rechts, S. 24, Fn 57; Soergel - *Wolf*, BGB, § 262 Rn 20.

[68] *Erler*, Wahlschuld und Ersetzungsbefugnis, S. 43.

[69] Erman - *Kuckuk*, BGB, § 263 Rn 1; *Larenz*, Schuldrecht AT I, § 11 III a (S. 160); *Medicus*, Schuldrecht I, Rn 189; Staudinger - *Bittner*, BGB, § 262 Rn 11.

recht darstellt. Zwei Gründe sprechen dagegen. Zum einen ist eine Gestaltungserklärung, sobald sie zugegangen ist, unwiderruflich, um somit den Empfänger vor wechselnden Rechtslagen zu schützen[70]. Für die Ersetzungsbefugnis hingegen steht keinesfalls fest, dass der Ausübende an sie gebunden ist, sondern ob eine solche Bindung besteht oder nochmals eine Neubestimmung vorgenommen werden kann, ergibt sich je nach Auslegung der zugrunde liegenden Regelung[71]. Insofern kann im einen Fall von Gestaltungswirkung ausgegangen werden, im anderen nicht; eine einheitliche Aussage lässt sich jedenfalls nicht treffen. Entscheidend gegen die Gestaltung der Rechtslage sprechen jedoch die Umstände bei Unmöglichkeit der gewählten Ersatzleistung im Sinne des § 275 Abs. 1 BGB, und zwar wirkt sich die Unmöglichkeit der Ersatzleistung nicht auf den Anspruch auf die ursprüngliche Primärleistung aus[72]. Mit der Entscheidung für die Ersatzleistung ist die Rechtslage folglich keineswegs dauerhaft umgestaltet worden, da die anfängliche Primärleistung - wenn auch vorerst nur ruhend - fortbesteht, damit notfalls wieder auf sie zurückgegriffen werden kann. Vielmehr ist nur einer anderen Leistungsart der Vorrang eingeräumt worden. Aus diesem Grund muss der Ersetzungsbefugnis der rechtsgestaltende Charakter abgesprochen werden.

c. Leistungsbestimmungsrecht

Inhaltliche Fragen können darüber hinaus durch Leistungsbestimmung im Sinne des § 315 Abs. 1 BGB geregelt werden. Ein Leistungsbestimmungsrecht ist das Recht einer Vertragspartei, einseitig eine Leistung zu bestimmen[73]. In § 660 Abs. 1 Satz 1 BGB und § 661 Abs. 2 Satz 1 BGB werden derartige Leistungsbestimmungsrechte für einseitige Rechtsgeschäfte begründet. Nach § 660 Abs. 1 Satz 1 BGB hat ein Auslobender die Belohnung nach billigem Ermessen zu verteilen, wenn zu dem von ihm gewünschten Erfolg mehrere Personen mitgewirkt haben. Er legt insoweit seine eigene Leistungspflicht gegenüber den Berechtigten fest[74].

---

70 *Bötticher*, Gestaltungsrecht und Unterwerfung im Privatrecht, S. 6; *Larenz / Wolf*, BGB AT § 15 Rn 75; *Medicus*, BGB AT, Rn 90; Palandt - *Heinrichs*, BGB, Überbl v § 104 Rn 17.

71 Bamberger / Roth - *Grüneberg*, BGB, § 262 Rn 7; Palandt - *Heinrichs*, BGB, § 262 Rn 7.

72 RGZ (v. 19.10.1918) 94, 58 (60); Bamberger / Roth - *Grüneberg*, BGB, § 262 Rn 9 f.; *Erler*, Wahlschuld und Ersetzungsbefugnis, S. 58; Palandt - *Heinrichs*, BGB, § 262 Rn 8 f.; *Ziegler*, AcP 171 (1971), S. 193 (203).

73 *Hromadka*, DB 1995, S. 1609; MünchKomm - *Gottwald*, BGB, § 315 Rn 3, 33; Soergel - *Wolf*, BGB, § 315 Rn 31; Staudinger - *Rieble*, BGB, § 315 Rn 73.

74 Staudinger - *Rieble*, BGB, § 315 Rn 116.

Leistungsbestimmung ist ferner die sogenannte Preisrichterentscheidung[75] gemäß § 661 Abs. 2 Satz 1 BGB. Wird für bestimmte Leistungen ein Preis ausgelobt, so entscheidet der benannte Preisrichter oder der Auslobende selbst über die Preiswürdigkeit der erbrachten Leistungen; außerdem wählt er, wenn nötig, den Preisträger unter mehreren aus. Ein weiteres Leistungsbestimmungsrecht bringt § 2048 Satz 2 BGB zum Ausdruck. Es geht um die Auseinandersetzung des Nachlasses nach der Bestimmung eines Dritten. Dabei handelt es sich aber nicht um ein kraft Gesetzes begründetes Bestimmungsrecht, sondern dieses muss durch letztwillige Verfügung des Erblassers, also rechtsgeschäftlich, eingeräumt worden sein. Ebenso verhält es sich mit der Bestimmung der Leistung eines Zweckvermächtnisses durch den Beschwerten oder einen Dritten gemäß § 2156 Satz 1 BGB. Nach § 2156 Satz 2 BGB sind überdies die §§ 315 - 319 BGB entsprechend anzuwenden. Leistungsbestimmungsrechte kraft Gesetzes kommen demnach im BGB fast nicht vor.

4. Fazit für die Leistungsbestimmung durch den Arbeitnehmer

Gestaltungsmacht kraft Gesetzes sieht das BGB hauptsächlich für den Bereich der Änderung und Aufhebung eines Rechtsverhältnisses vor. Der Gesetzgeber hat also einige Gelegenheiten geschaffen, damit man sich unter Umständen und ohne vorherige Vereinbarung von dem einmal vereinbarten Vertrag lösen oder dessen Inhalt ändern kann. In Fragen der Begründung oder inhaltlichen Ausgestaltung hat er hingegen Zurückhaltung geübt. Das ist richtig, da jedes staatliche Eingreifen neben seiner Intention, einen der Vertragspartner zu schützen, stets auch den privatautonomen Spielraum der Parteien beschneidet. Inhaltliche Bestimmungsrechte kraft Gesetz müssen deshalb die Ausnahme bleiben und bedürfen besonderer Rechtfertigung. Unter diesen Vorzeichen dürften sich spezielle gesetzliche Gestaltungsrechte für den Arbeitnehmer kaum finden lassen.

II. Gestaltungsrechte kraft vertraglicher Einräumung

Ergibt sich das Recht zur Gestaltung nicht aus dem Gesetz sondern aus einer vertraglichen Vereinbarung, dann hat sich der Gestaltungsgegner darauf eingelassen, unter Umständen eine Veränderung des Vertragsverhältnisses hinnehmen zu müssen.

---

75 Erman - *Ehmann*, BGB, § 661 Rn 3; Palandt - *Sprau*, BGB, § 661 Rn 2.

1. Begründung eines Rechtsverhältnisses

Ein solches vereinbartes Gestaltungsrecht liegt zum einen vor, wenn einer der Parteien die Macht eingeräumt wird, durch Erklärung einen Vertrag zustande zu bringen. Es handelt sich dabei um ein Optionsrecht[76]. Für Optionen stehen dreierlei Wege offen[77]: Entweder schließen beide Parteien einen Vorvertrag, in welchem sich eine der beiden zum Abschluss des Hauptvertrags verpflichtet. Oder aber eine Partei gibt ein bindendes Angebot ab, das ist ein Angebot, bei dem die Annahmefrist über einen längeren Zeitraum als üblich läuft, die sogenannte Festofferte. Und schließlich kann ein aufschiebend bedingter Vertrag geschlossen werden, nämlich unter der Potestativbedingung, dass die dafür bestimmte Partei sich zur Durchführung des Vertrags entscheidet. Bei den ersten beiden Möglichkeiten wird im Ergebnis das Vertragsprinzip umgesetzt, nur im Wege der Potestativbedingung ist ein Gestaltungsrecht zur einseitigen Begründung eines Rechtsverhältnisses gegeben[78]. Als vom Gesetz vorgesehenen Fall einer solchen Option kann das Wiederkaufsrecht gemäß § 456 Abs. 1 Satz 1 BGB erachtet werden[79]. Zwar wird es teils als Kaufvertrag, der unter der Bedingung stehe, dass der Verkäufer sein Wiederkaufsrecht ausübe[80], teils als Gestaltungsrecht, dass den Wiederkaufvertrag zustande bringe[81] angesehen, in der Sache widersprechen sich beide Ansichten jedoch nicht. Sie finden sich deshalb auch vereint in einem Urteil des BGH, nach welchem es sich um die Ausübung eines Gestaltungsrechts handele, durch die der im Kaufvertrag bereits bedingt abgeschlossene Wiederkaufsvertrag infolge Eintritts der Bedingung wirksam werde[82].

---

76 BGHZ (v. 25.2.1985) 94, 29 (31); MünchKomm - *Kramer*, BGB, Vor § 145 Rn 50; Palandt - *Heinrichs*, BGB, Einf v § 145 Rn 23.

77 *Köhler*, BGB AT, § 8 Rn 53, 56; *Larenz / Wolf*, BGB AT, § 23 Rn 104 - 106; MünchKomm - *Kramer*, BGB, Vor § 145 Rn 52 - 54.

78 Palandt - *Heinrichs*, BGB, Einf v § 145 Rn 23; Staudinger - *Bork*, BGB, Vorbem zu §§ 145 - 156 Rn 73.

79 BGHZ (v. 17.12.1958) 29, 107 (110); Bamberger / Roth - Eckert, BGB, § 145 Rn 28; Palandt - *Heinrichs*, Einf v § 145 Rn 23; Staudinger - *Bork*, BGB, Vorbem zu §§ 145 - 156 Rn 69.

80 Palandt - *Putzo*, BGB, § 456 Rn 4; Soergel - *Huber*, BGB, § 497 a.F. Rn 8.

81 *Larenz*, Schuldrecht BT II, 1, § 44 II (S. 147); MünchKomm - *Westermann*, BGB, § 497 a.F. Rn 4.

82 BGHZ (v. 17.12.1958) 29, 107 (110); ebenfalls umfassend BGH (v. 14.1.2000) NJW 2000, S. 1332.

2. Änderung oder Aufhebung eines Rechtsverhältnisses

Schließlich kommen Aufhebungen und Änderungen eines Rechtsverhältnisses in Betracht. Diese können durch ein vertraglich vereinbartes Kündigungsrecht oder Rücktrittsrecht gemäß §§ 346 Abs. 1, 349 BGB und auch durch ein Widerrufsrecht herbeigeführt werden[83].

3. Inhaltliche Bestimmung

Begründung und Aufhebung eines Rechtsverhältnisses sind vor allem formale Rechtsakte, die primär den Bestand des Vertrags berühren. Das Wesentliche, über das die Parteien nachdenken, wenn sie einen Vertrag anstreben, ist hingegen die inhaltliche Ausformung desselben. Hier können sie von ihrer Privatautonomie am ehesten Gebrauch machen, indem sie, innerhalb der bestehenden Grenzen[84], ihre inhaltlichen Vorstellungen bezüglich des Vertragsgegenstandes einbringen und individuelle, speziell auf ihr Verhältnis zugeschnittene Lösungen suchen. Die geeignete Ermächtigungsgrundlage zu einseitiger inhaltlicher Gestaltung ist daher weniger ein abstrakt-generelles Gesetz als vielmehr die konkrete Vereinbarung zwischen den Vertragsparteien.

a. Wahlrecht im Sinne der §§ 262 - 265 BGB

Ein Gestaltungsrecht, mit dem eine inhaltliche Bestimmung für das Schuldverhältnis getroffen werden kann, ist das bereits erwähnte Wahlrecht im Rahmen einer Wahlschuld[85]. Danach steht einem der Vertragspartner das Recht zu, aus mehreren verschiedenen Leistungen eine zu wählen[86]. Dem Wahlrecht können darüber hinaus ebenfalls die möglichen Leistungsmodalitäten wie Ort und Zeit unterliegen[87]. Gesetzlich geregelt sind Wahlschuld und Wahlrecht in den §§ 262 - 265 BGB. § 262 BGB, nach welchem „das Wahlrecht im Zweifel dem Schuldner zu[steht]“, wird als Auslegungsregel oder als Ergänzung des Parteiwil-

---

[83] *Seckel*, Die Gestaltungsrechte des bürgerlichen Rechts, S. 22, Fn 51.

[84] Siehe oben, A I 1.

[85] Siehe oben, B I 2 a.

[86] MünchKomm - *Krüger*, BGB, § 262 Rn 2; Palandt - *Heinrichs*, BGB, § 262 Rn 1; Soergel - *Wolf*, BGB, § 262 Rn 3.

[87] RGZ (v. 25.2.1904) 57, 138 (141); Bamberger / Roth - *Grüneberg*, BGB, § 262 Rn 2; Palandt - *Heinrichs*, BGB, § 262 Rn 1; Soergel - *Wolf*, BGB, § 262 Rn 5; Staudinger - *Bittner*, BGB, § 262 Rn 4; *a.A. Larenz*, SchuldR AT I, § 11 II (S. 145).

lens erachtet[88]. Eine Rechtsgrundlage für die Ausübung des Wahlrechts enthalten die §§ 262 - 265 BGB selbst demzufolge nicht, sondern jene ist, entweder ausdrücklich vereinbart oder mit Hilfe des Gesetzes erschlossen, Teil der vertraglichen Vereinbarung der Wahlschuld. Die Bedeutung der §§ 262 - 265 BGB ist allerdings nicht zuletzt deshalb gering, da § 262 BGB „im Zweifel dem Schuldner" das Wahlrecht zuschreibt, wohingegen in der Praxis zumeist der Gläubiger auswählt[89]. Anschauliche Beispiele für die Wahlschuld nennt *Ziegler*, etwa „Beförderungsverträge[...], bei denen der Fahrgast zwischen mehreren Fahrstrecken, Zügen und Fahrzeiten wählen kann" oder „Speisekarten mit alternativen Menüvorschlägen zum jeweils gleichen Gesamtpreis"[90].

Der Umstand, dass die Möglichkeit besteht, zwischen Leistungsgegenständen auszuwählen, erinnert im Übrigen an die Gattungsschuld. Von einer Gattungsschuld unterscheidet sich die Wahlschuld jedoch dadurch, dass bei jener vom Schuldner aus einer Anzahl gleichartiger Gegenstände einer von mittlerer Art und Güte gewählt werden muss, wohingegen bei dieser unter ungleichartigen Gegenständen frei gewählt werden kann, und zwar vom Schuldner oder vom Gläubiger[91]. Da der Gestaltungsgegner abschätzen kann, welchen Leistungen er ausgesetzt oder unterworfen sein wird, ist der bestimmende Einfluss des Gestaltenden beim Wahlrecht aber nur ein begrenzter.

b. Leistungsbestimmungsrecht im Sinne der §§ 315 - 319 BGB

Ein Leistungsbestimmungsrecht ist das Recht einer Vertragspartei, einseitig eine Leistung zu bestimmen[92]. Es handelt sich um ein Gestaltungsrecht, welches einer Partei die Macht gibt, Rechte und Pflichten des Vertragsverhältnisses unmittelbar festzulegen oder zu ändern[93]. Anders als bei der Wahlschuld sind keine verschiedenen Leistungsvarianten verein-

---

88 MünchKomm - *Krüger*, BGB, § 262 Rn 15; Staudinger - *Bittner*, BGB, § 262 Rn 16; *Ziegler*, AcP 171 (1971), S. 193 (198 f.).

89 MünchKomm - *Krüger*, BGB, § 262 Rn 1; Palandt - *Heinrichs*, BGB, § 262 Rn 4; Soergel - *Wolf*, BGB, § 262 Rn 26; *Ziegler*, AcP 171 (1971), S. 293 (216 f.).

90 *Ziegler*, AcP 171 (1971), S. 193 (194).

91 RGZ (v. 25.2.1904) 57, 138 (141); Bamberger / Roth - *Grüneberg*, BGB, § 262 Rn 3; MünchKomm - *Krüger*, BGB, § 262 Rn 5 f.; Palandt - *Heinrichs*, BGB, § 262 Rn 5; Soergel - *Wolf*, BGB, § 262 Rn 11 f.; Staudinger - *Bittner*, BGB, § 262 Rn 3.

92 *Hromadka*, DB 1995, S. 1609; MünchKomm - *Gottwald*, BGB, § 315 Rn 3, 33; Soergel - *Wolf*, BGB, § 315 Rn 31; Staudinger - *Rieble*, BGB, § 315 Rn 68.

93 MünchKomm - *Gottwald*, BGB, § 315 Rn 3, 33; Soergel - *Wolf*, BGB, § 315 Rn 31; Staudinger - *Rieble*, BGB, § 315 Rn 73; *a.A.* noch *Kornblum*, AcP 168 (1968), S. 450 (458 - 466): Rechtsfeststellung.

bart worden, zwischen denen ausgewählt werden könnte, sondern der Bestimmungsberechtigte fällt die Entscheidung nach seinem eigenen Willen. Der Leistungsbestimmung können sämtliche Aspekte des Leistungsinhalts unterstellt werden: Das sind vor allem die Hauptpflichten, insbesondere Gegenstand, Qualität und Umfang der Leistung oder der Gegenleistung, zum anderen sämtliche Nebenleistungspflichten und auch Leistungsmodalitäten wie Zeit und Ort der Leistungserbringung[94].

Als unmittelbar auf den Inhalt bezogenes Recht unterscheidet sich das Leistungsbestimmungsrecht von den begründenden oder aufhebenden beziehungsweise ändernden Gestaltungsrechten. Letztere betreffen den Bestand des Vertrages, weshalb es für ihre Rechtsfolgen allein auf den Ausübungsakt an sich ankommt. Das Leistungsbestimmungsrecht hingegen verändert nicht das rechtliche Verhältnis zwischen den Parteien, sondern wirkt sich auf den Inhalt dieser Beziehung aus. Ebenso verhält es sich bei dem bereits erörterten Wahlrecht, nur in schwächerem Maße. In Anbetracht dieses qualitativen Unterschieds zwischen den Gestaltungsrechten ist auf *Bötticher* zu verweisen, der diejenigen, welche den Bestand der vertraglichen Grundlage betreffen, als „einbrechende“[95], diejenigen, die den Inhalt eines bestehenden Vertrages näher bestimmen, als „ausfüllende Gestaltungsrechte“[96] bezeichnet.

Geregelt ist das Leistungsbestimmungsrecht in den §§ 315 - 319 BGB. Dabei handelt es sich nicht um gesetzliche Ermächtigungen zur Leistungsbestimmung, sondern lediglich um Auslegungsregeln hinsichtlich der Berechtigung zu der und des Maßstabs für die Bestimmung[97], die „im Zweifel [...] nach billigem Ermessen zu treffen ist“. Die Leistungsbestimmung kann entweder nach § 315 Abs. 1 BGB durch eine der Vertragsparteien vorgenommen werden oder nach § 317 Abs. 1 BGB durch einen Dritten.

4. Fazit für die Leistungsbestimmung durch den Arbeitnehmer

Die inhaltliche Gestaltung in einem Rechtsverhältnis bleibt nicht auf die begrenzten Möglichkeiten gesetzlicher Gestaltungsrechte beschränkt.

---

94 Jauernig - *Stadler*, BGB, § 315 Rn 9; MünchKomm - *Gottwald*, BGB, § 315 Rn 23; Soergel - *Wolf*, BGB, § 315 Rn 13; Staudinger - *Rieble*, BGB, § 315 Rn 106.

95 *Bötticher*, FS Dölle Bd. I (1963), S. 41 (45, 49, 51 f.).

96 *Bötticher*, FS Dölle Bd. I (1963), S. 41 (51).

97 Bamberger / Roth - *Gehrlein*, BGB, § 315 Rn 5; Jauernig - *Stadler*, BGB, § 315 Rn 1; Palandt - *Heinrichs*, BGB, § 315 Rn 5; Staudinger - *Rieble*, BGB, § 315 Rn 11.

Bei Bedarf können Wahl- oder Leistungsbestimmungsrechte von den Parteien vereinbart werden. Diese beiden Instrumente könnten dadurch in der Hand des Arbeitnehmers zu neuen arbeitsrechtlichen Gestaltungsfaktoren werden, um Arbeitsleistung, Arbeitszeit oder Vergütung auszugestalten.

Da das Leistungsbestimmungsrecht im Unterschied zum Wahlrecht relativ offen ist, den Berechtigten also nicht nur auf eine Auswahl festlegt, sondern ihm in bestimmten Grenzen eine freie Entscheidung ermöglicht, erscheint es interessanter, was den Umfang seines Regelungsspielraums betrifft, und zugleich auch vielfältiger einsetzbar als das Wahlrecht, bei dem alle denkbaren Konstellationen bereits von Beginn an vorgegeben sein müssen. Vor diesem Hintergrund dürften sich die Zielsetzungen von Eigenverantwortung und Entscheidungskompetenzen für Arbeitnehmer durch ein Leistungsbestimmungsrecht nachhaltiger verwirklichen lassen.

C. Ergebnis: Das Leistungsbestimmungsrecht gemäß § 315 BGB als Gestaltungsrecht des Arbeitnehmers

Wenn innerhalb einer vertraglichen Beziehung Entscheidungen von nur einer Partei getroffen werden, so kann diese einseitige Einflussnahme auf tatsächlichen oder rechtlichen Gründen beruhen. Handelt es sich um Rechtsmacht, dann wird diese als Gestaltungsrecht bezeichnet. Gestaltungsrechte, die eine Rechtsbeziehung inhaltlich ausgestalten, sind sogenannte Wahl- und Leistungsbestimmungsrechte, wobei die Leistungsbestimmungsrechte der individuellen inhaltlichen Gestaltung mehr Raum geben und nicht nur eine Auswahl ermöglichen.

Mit arbeitsrechtlichen Zielvereinbarungen, flexiblen Arbeitszeitmodellen und Cafeteria-Systemen werden einzelnen Arbeitnehmern bestimmte Entscheidungskompetenzen in ihrem Arbeitsverhältnis überlassen, so beispielsweise wenn der Arbeitnehmer in einem flexiblen Arbeitszeitmodell seine tägliche Arbeitszeit bestimmt oder wenn er eigenverantwortlich entscheidet, auf welche Weise und mit welchen Methoden er eine arbeitsrechtliche Zielvereinbarung umsetzt. Das betrifft inhaltliche Fragen des Arbeitsverhältnisses. Sollte es sich um rechtliche Gestaltung handeln, so ist es deshalb naheliegend, die Maßnahmen des Arbeitnehmers inhaltlich als Leistungsbestimmungsrechte im Sinne des § 315 BGB zu qualifizieren. Ist die Entscheidung des Arbeitnehmers weniger als ein Rechtsgeschäft, aber doch mehr als ein bloßer Vorschlag, so kommt eine faktische Gestaltung in Betracht, welche die rechtsverbindliche Bestimmung des Arbeitgebers beeinflusst. Im Folgenden kommt es also darauf an herauszufinden, ob und in welchen Bereichen ein Arbeitnehmer sein Arbeitverhältnis durch Leistungsbestimmungsrechte selbständig ausgestalten kann.

Teil 3. Leistungsbestimmung im Arbeitsverhältnis: Inhalte und Einwirkungsmöglichkeiten für Arbeitnehmer

A. Leistungsbestimmung des Arbeitnehmers kraft Gesetzes

Zielvereinbarungen, Arbeitszeitmodelle und Vergütungssysteme sind keine Produkte gesetzgeberischer Tätigkeit, sondern sie haben aufgrund vertraglicher Vereinbarungen Einzug in die Arbeitsverhältnisse gehalten. Das entspricht dem Befund, dass auch Leistungsbestimmungsrechte einer Vertragspartei hauptsächlich durch Vertrag eingeräumt werden, wohingegen das BGB gesetzliche Leistungsbestimmungsrechte kaum vorsieht[1]. Das schließt aber keineswegs aus, dass solche gesetzlichen Leistungsbestimmungsrechte in anderen Gesetzen vorkommen. Jedenfalls weisen einige arbeitsrechtliche Vorschriften auf besonderen Einfluss des Arbeitnehmers hin, so zum Beispiel § 7 Abs. 1 Satz 1 BUrlG, nach welchem „bei der zeitlichen Festlegung des Urlaubs [...] die Urlaubswünsche des Arbeitnehmers zu berücksichtigen [sind]" oder stärker noch § 8 Abs. 1 TzBfG, demzufolge „ein Arbeitnehmer [...] verlangen [kann], dass seine vertraglich vereinbarte Arbeitszeit verringert wird" und schließlich § 16 Satz 1 BErzGG, wonach Arbeitnehmer dem Arbeitgeber „erklären, für welche Zeiten [...] sie Elternzeit nehmen werden".

In den genannten Fällen werden jeweils inhaltliche Regelungen für das Arbeitsverhältnis getroffen, und zwar vom Arbeitnehmer. Ob diese gesetzlichen Möglichkeiten rechtlicher oder bloß faktischer Natur sind, bleibt zu überprüfen. Relevant wird die Bedeutung der Frage, ob es sich um echte Leistungsbestimmungsrechte handelt wie bei den vertraglichen im Konfliktfall, wenn nämlich der Arbeitgeber die Entscheidung des Arbeitnehmers nicht akzeptiert oder von sich aus bereits bestimmte Vorgaben macht. Im Streit oder Prozess wird sich letztlich derjenige durchsetzen, dem von Gesetzes wegen die jeweilige Rechtsmacht zusteht.

Eigenverantwortlicher Spielraum und Entscheidungskompetenzen würden den Mitarbeitern somit nicht nur von Seiten des Unternehmens eingeräumt werden, sondern es würde ihnen bereits kraft Gesetzes ermöglicht, sich in bestimmten Angelegenheiten von dem vertragsspezifischen Erfordernis der Einvernehmlichkeit zu lösen und einseitige Maßnahmen zu ergreifen, die der Arbeitgeber dulden müsste. Vor diesem Hintergrund wäre Leistungsbestimmung des Arbeitnehmers keine bloße

---

[1] Siehe Teil 2, B I 4.

vertragliche Neuerung mehr, sondern sie könnte sich, auch vom Gesetzgeber aufgegriffen, zu einem neuen Prinzip im Arbeitsrecht entwickeln und als solches Bedeutung erlangen. In welchem Maße dies geschieht, dürfte vom wirtschaftspolitischen Konzept, das der jeweilige Gesetzgeber verfolgt, abhängen. So ist anzunehmen, dass es weniger Leistungsbestimmungsmöglichkeiten gibt, wenn vor allem die Position der Arbeitgeber gestärkt werden soll. Stehen demgegenüber Arbeitnehmerrechte im Vordergrund des politischen Programms, dürfte die Leistungsbestimmung der Arbeitnehmer eine größere Rolle spielen.

Um den Stellenwert des Phänomens Leistungsbestimmungsrechte für Arbeitnehmer einschätzen zu können, kann sich die Prüfung, inwieweit einseitige Bestimmungen eines Arbeitnehmers Rechtsgeschäfte sind, nicht mehr nur auf die angesprochenen vertraglichen Bereiche beschränken. Deshalb sollen nun zunächst die verschiedenen Bereiche, in denen Leistungsbestimmung für einen Arbeitnehmer von Gesetzes wegen in Betracht kommt, herausgearbeitet und untersucht werden. Dabei wird sich zeigen, wie stark oder schwach die Position des Arbeitnehmers im Vergleich zum Arbeitgeber nach der gesetzgeberischen Intention ist.

I. Zurückbehaltungs- und Leistungsverweigerungsrechte

Einige Normen gestatten dem Arbeitnehmer, einseitig seine Arbeitsleistung einzustellen, das heißt die Arbeitszeit auf null herabzusetzen. Er kann sich auf die Leistungsverweigerungsrechte nach § 4 Abs. 2 BeschSchG[2] sofern Schutzmaßnahmen gegen sexuelle Belästigung unterbleiben und nach § 21 Abs. 6 Satz 2 GefStoffV[3] in Fällen mangelhaf-

---

[2] *§ 4 Abs. 2 BeschSchG*: Ergreift der Arbeitgeber oder Dienstvorgesetzte keine oder offensichtlich ungeeignete Maßnahmen zur Unterbindung der sexuellen Belästigung, sind die belästigten Beschäftigten berechtigt, ihre Tätigkeit am betreffenden Arbeitsplatz ohne Verlust des Arbeitsentgelts und der Bezüge einzustellen, soweit dies zu ihrem Schutz erforderlich ist.

[3] *§ 21 Abs. 6 GefStoffV*: Wird die Maximale Arbeitsplatzkonzentration oder die Technische Richtkonzentration oder der Biologische Arbeitsplatztoleranzwert nicht unterschritten und hilft der Arbeitgeber der dagegen erhobenen oder veranlassten Beschwerde nicht unverzüglich ab, so kann sich der einzelne Arbeitnehmer nach Ausschöpfung der innerbetrieblichen Möglichkeiten unmittelbar an die für die Überwachung zuständigen Stellen wenden. Besteht durch die Überschreitungen nach Satz 1 eine unmittelbare Gefahr für Leben oder Gesundheit, hat der einzelne Arbeitnehmer das Recht, die Arbeit zu verweigern. Aus der Ausübung der in den Sätzen 1 und 2 genannten Rechte dürfen dem Arbeitnehmer keine Nachteile entstehen.

ten Gesundheitsschutzes[4] berufen. Fraglich ist, ob der Arbeitnehmer auf diese Weise den Inhalt des Arbeitsverhältnisses gestaltet. Zwar trifft er eine Entscheidung, welche sich auf die Art und Weise seiner Aufgabenerfüllung auswirkt, allein diese Möglichkeit, sich also gegen Arbeits- und für Freizeit zu entscheiden, macht die eingeräumte Rechtsmacht jedoch nicht zu einem Bestimmungsrecht, welche die Arbeitspflicht im Einzelfall konkretisiert. Als Leistungsverweigerungsrechte können § 4 Abs. 2 BeschSchG und § 21 Abs. 6 Satz 2 GefStoffV vom Arbeitnehmer einredeweise geltend gemacht werden. Um Gestaltungsrechte handelt es sich bei Einreden jedoch nicht[5].

II. Verringerung der Arbeitszeit

Größere Gestaltungsmacht könnten demgegenüber diejenigen gesetzlichen Rechte mit sich bringen, mit denen der Arbeitnehmer eine Veränderung des Volumens sowie der Lage seiner Arbeitszeit herbeiführen kann.

1. Verringerung gemäß § 8 Abs. 1 TzBfG

In Betracht kommt der Anspruch auf Verringerung der Arbeitszeit gemäß § 8 Abs. 1 TzBfG. Nach dieser Vorschrift „[kann] ein Arbeitnehmer, dessen Arbeitsverhältnis länger als sechs Monate bestanden hat, [...] verlangen, dass seine vertraglich vereinbarte Arbeitszeit verringert wird". Diesem steht § 8 Abs. 4 Satz 1 TzBfG zur Seite, dem zufolge der Arbeitgeber „der Verringerung der Arbeitszeit zuzustimmen und ihre Verteilung entsprechend den Wünschen des Arbeitnehmers festzulegen [hat, ...]". Diese Vorschrift bringt einen bestimmenden Einfluss des Arbeitnehmers auf Volumen und Lage seiner Arbeitszeit zum Ausdruck. Das wirft die Frage auf, ob es sich dabei um ein Leistungsbestimmungsrecht handelt[6]. Für die Beurteilung ist § 8 Abs. 3 TzBfG heranzuziehen, denn in diesem werden ähnliche Aussagen zu Umfang und Verteilung der Arbeitszeit getroffen, und zwar dass „der Arbeitgeber [...] mit dem Arbeitnehmer die gewünschte Verringerung der Arbeitszeit mit dem Ziel zu erörtern [hat], zu einer Vereinbarung zu gelangen" und dass „er [...] mit dem Arbeit-

---

4 *Heilmann*, Gefahrstoffe am Arbeitsplatz, Teil I, 1. Verordnung über gefährliche Stoffe, § 21 GefStoffV Rn 171; S/B/D/F/K=S/M - *Buhr / Klein = Schonnefeld*, Frauengleichstellungsgesetze, § 4 BeschSchG Rn 2802 (1. A.).

5 Siehe Teil 2, B I 3.

6 *Geyer*, FA 2001, S. 162.

nehmer Einvernehmen über die von ihm festzulegende Verteilung der Arbeitszeit zu erzielen [hat]“.

a. Wortlautinterpretation

Dem Wortlaut nach kann genau zwischen der Verringerung des Arbeitszeitvolumens einerseits sowie der Neuverteilung der Arbeitszeit andererseits differenziert werden.

aa. Verringerung des Arbeitszeitvolumens

Die Grundlage bildet der Wortlaut des § 8 Abs. 3 und Abs. 4 Satz 1 TzBfG. Hinsichtlich der Reduzierung der Arbeitszeit ergibt sich folgendes Bild: Der Arbeitnehmer kann die Verringerung gemäß § 8 Abs. 1 TzBfG verlangen, wohingegen der Arbeitgeber ihr unter bestimmten Umständen nach § 8 Abs. 4 Satz 1 TzBfG zuzustimmen hat. Grundsätzlich soll der gesamte Prozess der Entscheidungsfindung gemäß § 8 Abs. 3 Satz 1 TzBfG auf eine Vereinbarung hinauslaufen[7]. Der Kontrahierungszwang, welchem der Arbeitgeber durch die Zustimmungspflicht gewissermaßen unterliegt[8], ändert nichts daran, dass Verlangen und Zustimmung aufeinander bezogen sind und eine Rechtsfolge, die Veränderung der Arbeitszeit, auslösen. Folglich stellen sie Angebot und Annahme dar[9], die in einen Vertrag, genauer in einen Änderungsvertrag[10], die „Vereinbarung“, münden. Die Verringerung des Arbeitszeitvolumens erfolgt demnach im Konsens.

---

7 Vorrang der Verhandlungslösung: *Boewer*, TzBfG, § 8 Rn 8; Buschmann / Dieball / Stevens = Bartol - *Buschmann*, TZA, § 8 TzBfG Rn 26; *Preis / Gotthardt*, DB 2001, S. 145.

8 *Boewer*, TzBfG, § 8 Rn 14; Buschmann / Dieball / Stevens = Bartol - *Buschmann*, TZA, § 8 TzBfG Rn 30; *Sievers*, TzBfG, § 8 Rn 13.

9 *Geyer*, FA 2001, S. 162.

10 ArbG Bonn (v. 20.6.2001), NZA 2001, S. 973 (974); ArbG Mönchengladbach v. 30.5.2001, NZA 2001, S. 970 (971); Annuß / Thüsing - *Mengel*, TzBfG, § 8 Rn 101, 120; Buschmann / Dieball / Stevens = Bartol - *Buschmann*, TZA, § 8 TzBfG Rn 27; *Hansen / Kelber / Zeißig*, Neues Arbeitsrecht, Rn 70, 111; *Preis / Gotthardt*, DB 2001, S. 145 (146); *Rolfs*, RdA 2001, S. 129 (134); *Sievers*, TzBfG, § 8 Rn 13.

bb. Verteilung der Arbeitszeit

Fraglich ist, ob es sich mit der anschließenden Verteilung der Arbeitszeit ebenso verhält[11], denn für die Verteilung des Volumens soll der Arbeitnehmer nach § 8 Abs. 2 Satz 2 TzBfG lediglich „die gewünschte Verteilung [...] angeben". Der Arbeitgeber hat hierüber gemäß § 8 Abs. 3 Satz 2 TzBfG „Einvernehmen [...] zu erzielen", ferner aber nach § 8 Abs. 4 Satz 1 TzBfG die Verteilung wiederum „entsprechend den Wünschen des Arbeitnehmers festzulegen". Insofern kommt zwar eine recht hohe Bewertung der Anliegen des Arbeitnehmers zum Ausdruck, anders als bei der Reduzierung ist aber nicht die Rede von Anspruch und Zustimmung. Da der Arbeitnehmer somit nicht einmal mehr an einer vertraglichen Einigung mitwirken kann, scheint sein rechtlicher Einfluss bei der Verteilung der Arbeitszeit schwächer zu sein als bei der Verringerung des Arbeitszeitvolumens.

Demgegenüber lässt sich einwenden, dass „Vereinbarung" aus § 8 Abs. 3 Satz 1 TzBfG für das Volumen und „Einvernehmen" aus § 8 Abs. 3 Satz 2 TzBfG für die Verteilung der Arbeitszeit jedenfalls über den Begriff der Einigung synonym sind[12]. Das könnte als Hinweis auf dieselbe rechtliche Einordnung zu werten sein. Eine solche Erwägung hieße, außer Acht zu lassen, dass sogar zweimal, in § 8 Abs. 3 Satz 2 und in § 8 Abs. 4 Satz 1 TzBfG, bestimmt wird, dass der Arbeitgeber die Verteilung festzulegen habe. Demnach erfordert diese gerade kein zweiseitiges Rechtsgeschäft, sondern die Lage der Arbeitszeit ist der einseitigen rechtlichen Gestaltungsmacht des Arbeitgebers unterworfen[13]. Die rechtliche Umsetzungsmacht liegt also beim Arbeitgeber. Davon zu unterscheiden ist die inhaltliche Gestaltungsmacht, welche trotz des Einvernehmlichkeitspostulats der Arbeitnehmer hat, da der Arbeitgeber seinen Wünschen entsprechen muss.

Ein Leistungsbestimmungsrecht zeichnet sich dadurch aus, dass der Ausübende eine Änderung in dem betreffenden Rechtsverhältnis herbeiführen kann[14]. Dies soll hier dem Wortlaut nach nur dem Arbeitge-

---

[11] Dafür ArbG Bonn (v. 20.6.2001), NZA 2001, S. 973 (975); ErfK - *Preis*, § 8 TzBfG Rn 6; *Preis / Gotthardt*, DB 2001, S. 145 (146 f.); *Hansen / Kelber / Zeißig*, Neues Arbeitsrecht, Rn 71.

[12] Duden, Sinn- und Sachverwandte Wörter, „Abmachung", „Einigung", „einmütig", „Einvernehmen", „Übereinstimmung", „Vereinbarung".

[13] Annuß / Thüsing - *Mengel*, TzBfG, § 8 Rn 93, 120; *Meinel / Heyn / Herms*, TzBfG, § 8 Rn 43; *Preis / Gotthardt*, DB 2001, S. 145 (146); *Sievers*, TzBfG, § 8 Rn 16.

[14] *Hromadka*, DB 1995, S. 1609; Soergel - *Wolf*, BGB, § 315 Rn 31; Staudinger - *Rieble*, BGB, § 315 Rn 73.

ber obliegen, weshalb es sich also nicht um ein Leistungsbestimmungsrecht des Arbeitnehmers handelt. Unverkennbar schränken aber die inhaltlichen Präferenzen des Arbeitnehmers das arbeitgeberseitige Weisungsrecht ein[15]. Es könnte deshalb zumindest ein Fall von faktischer Leistungsbestimmung gegeben sein[16].

b. Teleologische Interpretation

Vor dem Hintergrund der Richtlinie 97/81/EG des Rates vom 15.12.1997[17] zur Durchführung der zwischen den europäischen Sozialpartnern (Union der Europäischen Industrie- und Arbeitgeberverbände, Europäischer Gewerkschaftsbund, Europäischer Zentralverband der öffentlichen Wirtschaft) geschlossenen Rahmenvereinbarung über Teilzeitarbeit, welche Arbeitnehmern unter anderem den Wechsel von Voll- zu Teilzeit erleichtern will, wurde am 21.12.2000 das TzBfG verabschiedet, welches das bisherige BeschFG ablöst[18]. Zweck des Gesetzes ist unter anderem, den Ausbau der Teilzeitarbeit zu fördern, um somit Arbeitsplätze zu sichern sowie neue zu schaffen[19]. Um diesem Anliegen zur Durchsetzung zu verhelfen, sieht § 8 Abs. 1 TzBfG einen Rechtsanspruch auf Verringerung der Arbeitszeit vor[20]. Dabei handelt es sich nicht um einen unbedingten Anspruch, sondern dieser kommt nur dann zum Tragen, wenn zuvor keine Einigung bezüglich der Teilzeitarbeit mit dem Arbeitgeber erreicht werden konnte[21]. Das Bestreben des Gesetzgebers, die Position der Arbeitnehmer in Sachen Teilzeitarbeit zu stärken, ließe sich zwar durch ein einseitiges Gestaltungsrecht des Arbeitnehmers umsetzen, in den Gesetzgebungsmaterialien kommt dies jedoch nicht zum Ausdruck, sondern die Rede ist von einem Anspruch[22].

c. Systematische Interpretation

Weitere Erkenntnisse können sich aus dem Zusammenhang, in den § 8 Abs. 3 und Abs. 4 Satz 1 TzBfG eingebettet ist, ergeben. Dem Abschnitt

[15] Annuß / Thüsing - *Mengel*, TzBfG, § 8 Rn 94; *Meinel / Heyn / Herms*, TzBfG, § 8 Rn 43; *Preis / Gotthardt*, DB 2001, S. 145, 146.
[16] Siehe Teil 2, A III.
[17] ABlEG 1998, Nr. L 14 / 9 (10, 14).
[18] BGBl I v. 28.12.2000, S. 1966 - 1970.
[19] BT - Drucksache 14 / 4374 v. 24.10.2000, S. 1.
[20] BT - Drucksache 14 / 4374 v. 24.10.2000, S. 2.
[21] BT - Drucksache 14 / 4374 v. 24.10.2000, S. 2.
[22] BT - Drucksache 14 / 4374 v. 24.10.2000, S. 2.

des TzBfG zur Teilzeitarbeit ist in § 6 TzBfG vorangestellt, dass der „Arbeitgeber [...] den Arbeitnehmern [...] Teilzeitarbeit nach Maßgabe dieses Gesetzes zu ermöglichen" hat. Dadurch wird sowohl der Arbeitgeber in die Pflicht genommen als auch darauf hingedeutet, dass die Umsetzung, jedenfalls primär, nicht ohne denselben ablaufen kann[23]. In diesem Sinne folgt § 8 Abs. 1 TzBfG, der dem Arbeitnehmer zumindest nicht explizit das Recht einräumt, selbst die Zeit zu reduzieren. Er kann lediglich verlangen, dass „verringert wird". Somit ist aus den grundlegenden Normen, welche der Art und Weise der Verringerung beziehungsweise Verteilung vorausgehen, ein Argument gegen ein arbeitnehmerseitiges Leistungsbestimmungsrecht gewonnen.

Von besonderem Interesse sind schließlich noch Satz 2 und 3 des nachfolgenden § 8 Abs. 5 TzBfG, in welchen geregelt ist, was geschieht, wenn der Arbeitgeber mit dem Begehren nicht einverstanden ist. Hat er nicht frist- und formgerecht seine Ablehnung erklärt, so gilt danach der Veränderungswunsch kraft gesetzlicher Fiktion. Für eine Neugestaltung der individuellen Arbeitszeit ist demzufolge also entweder die Rechtsmacht des Arbeitgebers oder die Kraft des Gesetzes vonnöten.

d. Historische Interpretation

Die vorausgehende Rahmenvereinbarung in der Richtlinie 97/81/EG besagt, dass die Arbeitgeber Anträge auf einen Wechsel in ein Teilzeitarbeitsverhältnis berücksichtigen sowie Maßnahmen in Erwägung ziehen sollten, die den Zugang zur Teilzeitarbeit erleichtern[24]. Sie bringt somit zum Ausdruck, dass die Einführung und Umsetzung der Teilzeit in der Hand des Arbeitgebers liegt, wohingegen von einer starken Arbeitnehmerposition keine Rede ist[25].

Den Materialien des Gesetzgebungsverfahrens ist schließlich zu entnehmen, dass der zugrunde liegende Entwurf des § 8 Abs. 3 TzBfG noch um einen Satz 2 ergänzt wurde[26]. Dieser soll das zu erzielende Einvernehmen zwischen Arbeitgeber und Arbeitnehmer über die Verteilung der Arbeitszeit besonders hervorheben[27]. Dessen ungeachtet wurde

---

23 Buschmann / Dieball / Stevens = *Bartol - Buschmann*, TZA, § 6 TzBfG Rn 5.

24 ABlEG 1998, Nr. L 14 / 9 (14).

25 *Kliemt*, NZA 2001, S. 63 (64); *Rolfs*, RdA 2001, S. 129 (132).

26 BT - Drucksache 14 / 4625 v. 15.11.2000, S. 7; BGBl I v. 28.12.2000, S. 1966 (1967); *§ 8 Abs. 3 Satz 2 TzBfG*: Er hat mit dem Arbeitnehmer Einvernehmen über die von ihm festzulegende Verteilung der Arbeitszeit zu erzielen.

27 BT - Drucksache 14 / 4625 v. 15.11.2000, S. 20.

aber in dem Zusatz der bereits in § 8 Abs. 4 Satz 1 TzBfG zu findende Wortlaut sogar wiederholt, nach welchem die Verteilung vom Arbeitgeber festzulegen ist[28]. Dadurch wird gleichermaßen die Arbeitgeberposition verfestigt. Mithin kommt ein Zugewinn von Rechtsmacht des Arbeitnehmers gegenüber dem Arbeitgeber nicht zum Ausdruck.

e. Durchsetzung des Teilzeitverlangens

Schließlich kommt hinzu, dass in § 8 Abs. 7 TzBfG, ausdrücklich die Rede ist von einem „Anspruch auf [...]". Bei einem Anspruch handelt es sich nach § 194 Abs. 1 BGB um „das Recht, von einem anderen ein Tun oder Unterlassen zu verlagen". Kennzeichnend für den Anspruch im Unterschied zum Gestaltungsrecht ist, dass der Betroffene die Rechtslage nicht selbst verändern kann, sondern er eines richterlichen Urteilsspruchs bedarf[29]. Weigert sich der Arbeitgeber also, dem Anspruch des Arbeitnehmers auf Verkürzung und Neuverteilung der Arbeitszeit nachzukommen, so muss dieser eine entsprechende Klage vor dem Arbeitsgericht erheben[30]. Eigenmächtig umsetzen darf er das Gewollte nicht.

f. Zwischenergebnis

Die Arbeitszeitverkürzung und -neuverteilung nach dem TzBfG kann der Arbeitnehmer im Ergebnis nicht eigenmächtig herbeiführen. § 8 TzBfG sieht kein Leistungsbestimmungsrecht für ihn vor. Was die rechtliche Kompetenzverteilung betrifft, fügt sich die Vorschrift vielmehr in die arbeitsrechtliche Rollenverteilung ein, wonach grundsätzlich das Volumen der Arbeitszeit im Arbeitsvertrag oder in einem Tarifvertrag vereinbart werden muss, also immer einen Konsens voraussetzt, wohingegen die Lage der Arbeitszeit auch einseitig bestimmt werden kann. Diese Bestimmung der Lage nimmt der Arbeitgeber aufgrund eines sogenannten

---

28 *§ 8 Abs. 4 Satz 1 TzBfG*: Der Arbeitgeber hat der Verringerung der Arbeitszeit zuzustimmen und ihre Verteilung entsprechend den Wünschen des Arbeitnehmers festzulegen, soweit betrieblichen Gründe nicht entgegenstehen.

29 Siehe Teil 2, A II 1.

30 So mit Bezug auf die zu wählende Klageart: Buschmann / Dieball / Stevens = Bartol - *Buschmann*, TZA, § 8 TzBfG Rn 40; ErfK - *Preis*, § 8 TzBfG Rn 51; *Gotthardt*, NZA 2001, S. 1183; *Grobys / Bram*, NZA 2001, S. 1175 (1178); *Meinel / Heyn / Herms*, TzBfG, § 8 Rn 121.

Weisungs- oder Direktionsrechts vor[31]. Es ist als Prinzip des Arbeitsrechts anerkannt, nicht zuletzt seitdem der Gesetzgeber es im Jahre 2003 ausdrücklich in § 106 GewO normiert hat[32]. Danach kann der Arbeitgeber die Arbeitsleistung nach Inhalt, Ort und Zeit festlegen sowie die Ordnung und das Verhalten der Arbeitnehmer im Betrieb bestimmen, wobei er billiges Ermessen zu wahren hat.

Grundsätzlich entsprechen § 8 Abs. 3 und Abs. 4 Satz 1 TzBfG zwar dieser Systematik, dennoch kommt die Vorschrift einem Leistungsbestimmungsrecht für Arbeitnehmer in tatsächlicher Hinsicht sehr nahe[33]. Der Grund dafür ist, dass die Beschränkungen, welche die Entscheidung des Arbeitgebers binden, dem Arbeitnehmer die faktische Macht gewähren, den Inhalt der Arbeitszeitregelung nicht nur zu beeinflussen, sondern maßgeblich zu „bestimmen". Der Einfluss des Arbeitnehmers wirkt schließlich dadurch umso stärker, dass ihm das Gesetz in § 8 Abs. 5 TzBfG im äußersten Fall das Recht zur Teilzeitarbeit nach seinen Vorstellungen kraft Fiktion einräumt.

Entgegen der ursprünglichen Vermutung ist der Gesetzgeber nicht so weit gegangen, dem Arbeitnehmer ein echtes Leistungsbestimmungsrecht einzuräumen. Die Interpretation der Norm hat aber deutlich gemacht, dass der Arbeitnehmer trotzdem mehr als ein bloßes Mitspracherecht hat, weil er sich unter Umständen tatsächlich mit seinen Wünschen und Vorstellungen zur Teilzeitarbeit gegenüber dem Arbeitgeber durchsetzen kann. Es handelt sich also immerhin um einen Fall der faktischen Gestaltung beziehungsweise der faktischen Leistungsbestimmung[34]. Hierin spiegelt sich zumindest im Ansatz die Bereitschaft des Gesetzgebers wider, sich auf ein verändertes Kompetenzgefüge innerhalb der arbeitsrechtlichen Beziehung einzulassen.

---

[31] BAG v. 12.12.1984, AP Nr. 6 zu § 611 KSchG 1969 (II 3 b der Gründe); AR - Blattei (SD) 600 - *Hunold*, Direktionsrecht, Rn 224; Buschmann / Dieball / Stevens = *Bartol - Buschmann*, TZA, § 8 TzBfG Rn 2, 28; Münchener Handbuch I - *Richardi*, § 12 Rn 56; dass. - *Blomeyer*, § 48 Rn 143; Münchener Handbuch Ergänzungsband - *Schüren*, § 162 Rn 23, § 165 Rn 1.

[32] BGBl I v. 30.8.2002, S. 3412 (3414); nach ErfK - *Preis*, § 611 BGB Rn 274 soll sich das Direktionsrecht weiterhin aus dem Arbeitsvertrag ergeben.

[33] *Preis / Gotthardt*, DB 2001, S. 145; *Richardi*, Stellungnahme wiedergegeben in BT - Drucksache 14 / 4625 v. 15.11.2000, S. 18.

[34] Siehe Teil 2, A III.

2. Verringerung gemäß § 15 Abs. 6 und 7 BErzGG in der Elternzeit

Die Möglichkeit, in Teilzeit zu arbeiten, gewährt ebenfalls § 15 Abs. 6 BErzGG[35] während der Elternzeit. Durch die Elternzeit können Eltern zur Betreuung und Erziehung bis zur Vollendung des 3. Lebensjahres des Kindes nach § 15 Abs. 1 - 3 BErzGG von der Arbeitspflicht befreit werden. Früher sprach man von Erziehungsurlaub[36], seit dem 2.1.2001 wird die Möglichkeit, die Erwerbstätigkeit zur Erziehung eines Kindes gemäß §§ 15, 16 BErzGG zu unterbrechen, nunmehr als Elternzeit bezeichnet[37]. Elternzeit bedeutet, dass ein erwerbstätiger Elternteil unter bestimmten Voraussetzungen von der Arbeitsleistung befreit werden kann. In diesem Fall ruhen die beiderseitigen Hauptleistungspflichten, also die Arbeits- und die Vergütungspflicht, nicht jedoch das Arbeitsverhältnis an sich[38].

Nichtsdestotrotz ist eine Erwerbstätigkeit auch während der Elternzeit gemäß § 15 Abs. 4 Satz 1 BErzGG möglich, und zwar in einem Umfang von maximal 30 Wochenstunden. Ist der Elternteil neben der Erziehung berufstätig, so steht es ihm offen, sich gemäß § 15 Abs. 5 Satz 1 BErzGG mit seinem Arbeitgeber „auf eine Verringerung der Arbeitszeit" zu einigen und wenn dies nicht erreichbar ist, nach § 15 Abs. 6 BErzGG die Verringerung zu verlangen.

a. Verringerung des Arbeitszeitvolumens

Dem Wortlaut entsprechend handelt es sich bei § 15 Abs. 6 BErzGG wie in § 8 Abs. 1 TzBfG um einen Anspruch auf Verringerung des Arbeitszeitvolumens und nicht um ein Gestaltungsrecht, mit welchem der Arbeitnehmer die Rechtsänderung selbst herbeiführen könnte. § 15 Abs. 7 Satz 5 BErzGG verweist den Arbeitnehmer sogar ausdrücklich auf den Rechtsweg, wenn der Arbeitgeber einer Verkürzung der Arbeitszeit während der Elternzeit nicht zustimmt.

---

35 *§ 15 Abs. 6 BErzGG*: Der Arbeitnehmer kann gegenüber dem Arbeitgeber, soweit eine Einigung nach Abs. 5 nicht möglich ist, unter den Voraussetzungen des Absatzes 7 während der Gesamtdauer der Elternzeit zweimal eine Verringerung seiner Arbeitszeit beanspruchen.

36 BErzGG v. 6.12.1985, BGBl I v. 12.12.1985, S. 2154 (2157).

37 BGBl I v. 5.12.2000, S. 1638 - 1645.

38 BAG v. 10.5.1989, AP Nr. 2 zu § 15 BErzGG (B II 1 f der Gründe); ErfK - *Dörner*, § 15 BErzGG Rn 36; *Wiegand*, BErzGG, § 15 Rn 7.

Eine andere Lösung des Konflikts schlägt *Stevens - Bartol* vor, indem er dem Arbeitnehmer während der Elternzeit eine Art Selbsthilferecht zur Verkürzung der Arbeitszeit einräumt. Seine Argumentation ist folgende: Sofern die Voraussetzungen für eine Verkürzung nach § 15 Abs. 7 Satz 1 BErzGG erfüllt seien, der Arbeitgeber der Verkürzung dennoch nicht zustimme, habe der Arbeitnehmer einen Rechtsanspruch auf die beantragte Verkürzung[39]. Es sei dann weder Vertragsverstoß noch Kündigungsgrund, wenn sich der Arbeitnehmer „entsprechend" verhalte[40]. *Stevens - Bartol* spricht somit zwar nicht ausdrücklich von einem Selbsthilferecht des Arbeitnehmers zur Umsetzung der bevorzugten kürzeren Arbeitszeit, die in Erwägung gezogenen Konsequenzen lassen indes vermuten, dass er ein solches im Sinn hat. Er rechtfertigt das Vorgehen des Arbeitnehmers mit der Verfahrensdauer, die sich zudem durch eine anschließende Berufung noch weiter ausdehnen könne, so dass letztlich die Elternzeit abgelaufen und der Anspruch damit zunichte gemacht worden sein könne[41]. Der Rechtsstreit hätte sich dann erledigt.

Es liegt in der Natur der Sache, dass die Möglichkeit der Arbeitszeitverkürzung gemäß § 15 Abs. 6 BErzGG an der verstreichenden Elternzeit hängt und daher mit Zeitablauf bedeutungslos werden kann. Im Unterschied zu § 8 TzBfG hat der Gesetzgeber in § 15 Abs. 7 Satz 5 BErzGG aber sogar deutlich zum Ausdruck gebracht, dass Klage vor dem Arbeitsgericht zu erheben ist, wenn der Arbeitgeber sich weigert. Dies entspricht dem Rechtsprechungsmonopol, welches den Einzelnen von der eigenmächtigen Erzwingung seiner Rechte ausschließt[42]. Ein Selbstverkürzungsrecht des Arbeitnehmers ist daher abzulehnen, vielmehr muss er das Urteil eines neutralen Dritten, des Richters, abwarten. In dringenden Fällen kann die einstweilige Verfügung gemäß §§ 935, 940 ZPO weiterhelfen[43].

Dieser Ansatz wird zum Teil für unzulässig gehalten, da das Ziel, die Zustimmung des Arbeitgebers zu der Vertragsänderung zu erlangen, zu einer Vorwegnahme der Hauptsache führe[44] und überdies die begehr-

---

[39] Buschmann / Dieball / Stevens = Bartol - *Stevens = Bartol*, TZA, §§ 15, 16 BErzGG Rn 15.

[40] Buschmann / Dieball / Stevens = Bartol - *Stevens = Bartol*, TZA, §§ 15, 16 BErzGG Rn 15.

[41] Buschmann / Dieball / Stevens = Bartol - *Stevens = Bartol*, TZA, §§ 15, 16 BErzGG Rn 15.

[42] Siehe Teil 2, A II.

[43] So auch Buschmann / Dieball / Stevens = Bartol - *Stevens = Bartol*, TZA, §§ 15, 16 BErzGG Rn 15.

[44] *Leßmann*, DB 2001, S. 94 (99).

te Erklärung nach § 894 Abs. 1 Satz 1 ZPO erst mit Rechtskraft des Hauptsacheverfahrens fingiert werde[45]. Beschreitet man den Weg einer Regelungsverfügung gemäß § 62 Abs. 2 ArbGG in Verbindung mit § 940 ZPO, stellt sich diese Problematik jedoch nicht. Dann geht es nicht darum, wie in einer Leistungsverfügung die Willenserklärung des Arbeitgebers vorwegzunehmen, sondern durch eine solche Regelungsverfügung ordnet der Richter selbst die Rechtsbeziehung der Arbeitsvertragsparteien vorläufig, nachdem er die Vor- und Nachteile beider Seiten gegeneinander abgewogen hat[46]. Die Vorläufigkeit ist dadurch gewahrt, dass nach dem Wegfall der Verfügung der frühere Rechtszustand, also die bisherige Arbeitszeitregelung, automatisch wieder eintreten kann.

b. Verteilung der Arbeitszeit

Zur Arbeitszeitverteilung sieht § 15 BErzGG in Abs. 7 Satz 3 lediglich vor, dass „die gewünschte Verteilung der verringerten Arbeitszeit im Antrag angegeben werden [soll]". Das weist darauf hin, dass die Verteilung auch hier wie in § 8 TzBfG gleichfalls dem Weisungsrecht des Arbeitgebers anheim gestellt ist. Anders als in § 8 Abs. 4 Satz 1 TzBfG findet sich jedoch nicht die Maßgabe, dass der Arbeitgeber auch „die Verteilung entsprechend den Wünschen des Arbeitgebers festzulegen [hat], soweit betriebliche Gründe nicht entgegenstehen". § 15 Abs. 7 Satz 1 Nr. 4 BErzGG stellt diese Voraussetzung nur für den Anspruch auf Verringerung auf. Infolgedessen könnte der Anspruch auf Arbeitszeitverkürzung für den betroffenen Elternteil wertlos sein, wenn die dann vom Arbeitgeber bestimmte zeitliche Lage nicht seinen Bedürfnissen gerecht wird[47].

Nach den Gesetzgebungsmaterialien war es das Ziel des Gesetzgebers, die Möglichkeiten der Teilzeitarbeit während der Erziehungszeit zu erleichtern, um einem gestiegenen Bedarf an Flexibilität gerecht zu werden und dadurch Verbesserungen für Familien zu schaffen[48]. Unter diesen Umständen ist es kaum vorstellbar, dass die Chance, die eigenen Wunscharbeitszeiten nach Umfang und Verteilung durchzusetzen, in der Phase der Erziehung eines Kindes schwächer sein sollte, als in den

---

[45] Baumbach / Lauterbach / Albers / Hartmann - *Hartmann*, ZPO, § 940 Rn 46; MünchKomm - ZPO - *Schilken*, § 894 Rn 8; dass. - *Heinze*, § 935 Rn 11.

[46] *Kaiser*, ZTR 1996, S. 107 (114) zum ähnlichen § 15b Abs. 1 Unterabs. 1 lit. a BAT.

[47] *Leßmann*, DB 2001, S. 94 (97).

[48] BT - Drucksache 14 / 3553 v. 7.6.2000, S. 1, 11, 22.

Normalfällen des TzBfG[49]. Es dürfte sich deshalb in § 15 Abs. 7 Satz 1 BErzGG um eine planwidrige Regelungslücke handeln, welche mit einer Analogie zu § 8 Abs. 4 Satz 1 TzBfG geschlossen werden könnte, um sachgerechte Ergebnisse zu erzielen[50].

Dennoch lassen sich Zweifel an einer solchen Lösung nicht völlig ausräumen. Die Novellierung des BErzGG und das TzBfG wurden im Abstand von nur etwa zwei Monaten verabschiedet[51]. Beide Gesetze waren somit vermutlich zeitgleich in Bearbeitung. Aus diesem Grund müsste den Beteiligten der abweichende Wortlaut mit seinen Konsequenzen bewusst gewesen sein, so dass Bedenken bestehen, ob die Regelungslücke tatsächlich eine planwidrige, das heißt eine dem Regelungszweck des Gesetzes widersprechende[52] ist. Aus diesem Grund bleibt es letztlich dabei, dass der Arbeitnehmer lediglich einen Anspruch auf Verringerung, nicht jedoch auf eine bestimmte Verteilung gegenüber dem Arbeitgeber geltend machen kann[53].

c. Zwischenergebnis

Im Ergebnis ist der Teilzeitanspruch in der Elternzeit nach dem BErzGG kein Leistungsbestimmungsrecht des Arbeitnehmers, denn die rechtliche Umsetzungsmacht liegt beim Arbeitgeber. Sofern die Voraussetzungen nach § 15 Abs. 7 BErzGG erfüllt sind, kann sich der Arbeitnehmer aber jedenfalls mit seinem Wunsch nach Verringerung der Arbeitszeit durchsetzen, so dass auch hier ein Fall der faktischen Leistungsbestimmung gegeben ist. Der Einfluss ist jedoch ein schwächerer als derjenige nach § 8 TzBfG, da weder über die Verteilung der Arbeitszeit Einvernehmen zu erzielen ist, noch der Arbeitgeber diese entsprechend den Wünschen des Arbeitnehmers festzulegen hat.

---

49 § 15 Abs. 6, 7 BErzGG ist eine Sonderregelung für den Teilzeitanspruch während der Elternzeit.

50 *Leßmann*, DB 2001, S. 94 (97).

51 BGBl I v. 26.10.2000, S. 1426 - 1432; BGBl I v. 28.12.2000, S. 1966 - 1970.

52 *Larenz*, Methodenlehre der Rechtswissenschaft, S. 373 f.

53 H/W/K - *Gaul*, Arbeitsrecht Kommentar, § 15 BErzGG Rn 23; W/W/M/W/H - *Will*, Teilzeitarbeit und befristete Arbeitsverträge, B § 15 Abs. 4 - 7 BErzGG, 2.5.2.2.2 (S. 351).

3. Verringerung gemäß § 81 Abs. 5 Satz 3 SGB IX bei Schwerbehinderung

Nach § 81 Abs. 5 Satz 3 SGB IX steht auch schwerbehinderten Arbeitnehmern ein Anspruch auf Teilzeitbeschäftigung zu[54]. Dies ist ebenfalls kein echtes Gestaltungsrecht, sondern nur eine faktische Bestimmung, die derjenigen gemäß § 15 Abs. 6, 7 BErzGG entspricht, denn wie bei dem Anspruch während der Elternzeit kann der Arbeitnehmer keinen Einfluss auf eine bestimmte Verteilung der neuen Arbeitszeit nehmen.

III. Job Sharing: Arbeitsplatzteilung gemäß § 13 Abs. 1 TzBfG

Gemäß § 13 Abs. 1 Satz 1 TzBfG „[können] Arbeitgeber und Arbeitnehmer [...] vereinbaren, dass mehrere Arbeitnehmer sich die Arbeitszeit an einem Arbeitsplatz teilen". Diese Form der Arbeitsteilung bezeichnet man als Job Sharing. Zeitliche Gestaltungsmacht als Wesensmerkmal des Job Sharing wird den Arbeitnehmern von § 13 Abs. 1 TzBfG jedoch noch nicht eingeräumt. Die Rechtsmacht, ihre Arbeitszeit selbständig untereinander aufzuteilen, erwächst den Arbeitnehmern bereits dem Wortlaut nach nicht aus dem Gesetz, sondern sie erfordert eine entsprechende arbeits-[55] oder tarifvertragliche[56] Vereinbarung. Um Leistungsbestimmung des Arbeitnehmers kraft Gesetzes handelt es sich somit nicht.

IV. Unterbrechung der Arbeit durch Urlaub

Um einseitige Entscheidungsmacht geht es jedoch, wenn die Arbeitsleistung völlig ausgesetzt wird und an ihre Stelle der Urlaub tritt. Der Anspruch des Arbeitnehmers auf bezahlten Erholungsurlaub gemäß § 1 BUrlG[57] ist vom Arbeitgeber zu erfüllen[58]. Dies geschieht, indem er den

---

[54] *§ 81 Abs. 5 BErzGG*: Die Arbeitgeber fördern die Einrichtung von Teilzeitarbeitsplätzen. [...] Schwerbehinderte Menschen haben einen Anspruch auf Teilzeitbeschäftigung, wenn die kürzere Arbeitszeit wegen Art oder Schwere der Behinderung notwendig ist; [...].

[55] *Boewer*, TzBfG, § 13 Rn 7; ErfK - *Preis*, § 13 TzBfG Rn 6; *Meinel / Heyn / Herms*, TzBfG, § 13 Rn 13.

[56] Buschmann / Dieball / Stevens = Bartol - *Buschmann*, TZA, § 13 TzBfG Rn 18.

[57] *§ 1 BUrlG*: Jeder Arbeitnehmer hat in jedem Kalenderjahr Anspruch auf bezahlten Erholungsurlaub.

[58] ErfK - *Dörner*, § 7 BUrlG Rn 5; *Hiekel*, NZA 1990, Beilage 2, S. 32 (33); H/W/K - *Schinz*, Arbeitsrecht Kommentar, § 7 BUrlG Rn 2; *Leinemann / Linck*, Urlaubsrecht, § 7 BUrlG Rn 11; *Weber*, RdA 1995, S. 229 (230).

Arbeitnehmer für eine gewisse Zeit von der Arbeitsleistung freistellt[59]. Umstritten ist, wie die Festlegung des Urlaubstermins rechtlich einzuordnen ist, und zwar ob der Arbeitnehmer selbst den Termin bestimmt und der Arbeitgeber sich diesem Verlangen beugen muss oder ob das Bestimmungsrecht dem Arbeitgeber zusteht. Im Hinblick auf Gestaltungsrechte des Arbeitnehmers stellt sich also die Frage, welche Macht dieser im Zusammenhang mit dem Anspruch nach § 1 BUrlG ausüben kann.

Um die entsprechende Problematik geht es bei der sogenannten Elternzeit gemäß § 15 Abs. 1 - 3, § 16 Abs. 1 BErzGG, die zur Pflege und Erziehung eines Kindes in Anspruch genommen werden kann und früher als Erziehungsurlaub bezeichnet wurde. Zu erörtern ist schließlich der Bildungsurlaub.

1. Bestimmung des Urlaubstermins gemäß § 7 Abs. 1 Satz 1 BUrlG

Der Streit um die rechtliche Einordnung der Bestimmung des Urlaubstermins kreist um die Frage, ob es sich dabei um ein Recht oder um eine Pflicht des Arbeitgebers handelt. Auf die Perspektive des Arbeitnehmers übertragen, kann daraus Unterschiedliches folgen: Bei einem Recht des Arbeitgebers würde die rechtliche Macht bei diesem liegen, so dass nicht zugleich auch ein echtes Gestaltungsrecht des Arbeitnehmers gegeben sein könnte. Was es mit sich bringen würde, von einer Pflicht auszugehen, bedarf noch weiterer Erörterung. Durchaus möglich erscheint es aber, dass der Arbeitgeber unter solchen Umständen verpflichtet sein könnte, sich der rechtlichen Gestaltung, und zwar der Festlegung des Urlaubstermins, durch den Arbeitnehmer zu unterwerfen. Welche Interpretation des Gesetzes vorzugswürdig ist, bedarf näherer Auseinandersetzung.

a. Meinungsstand

In Übereinstimmung mit der älteren Rechtsprechung wird einerseits die konkrete Bewilligung des Urlaubs durch den Arbeitgeber als Ausübung

---

[59] BAG v. 18.12.1986, AP Nr. 19 zu § 11 BUrlG (2 b der Gründe); v. 7.7.1988 AP Nr. 22 zu § 11 BUrlG (I 2 b der Gründe); GK - BUrlG - *Bachmann*, § 7 Rn 1; H/W/K - *Schinz*, Arbeitsrecht Kommentar, § 7 BUrlG Rn 2; HzA - *Schütz*, Gruppe 4 Rn 211; *Leinemann / Linck*, Urlaubsrecht, § 7 BUrlG Rn 5; Münchener Handbuch I - *Leinemann*, § 88 Rn 1, § 89 Rn 6, 77.

seines Direktionsrechts erachtet[60]. Demgegenüber wird andererseits geltend gemacht, dass es sich bei der Urlaubserteilung nicht um eine Frage des Direktionsrechts handele, da ein solches in der Regel nur die Schuld des Arbeitnehmers konkretisiere[61]. Die Festlegung des Urlaubszeitpunkts sei vielmehr eine eigene Schuld des Arbeitgebers, zu deren Erfüllung er verpflichtet sei[62].

Dieser Streit um Recht oder Pflicht setzt sich fort in der Beurteilung des § 7 Abs. 1 Satz 1, 2. Halbsatz BUrlG. Nach § 7 Abs. 1 Satz 1 BUrlG „[sind] bei der zeitlichen Festlegung des Urlaubs [...] die Urlaubswünsche des Arbeitnehmers zu berücksichtigen, es sei denn, dass ihrer Berücksichtigung dringende betriebliche Belange oder Urlaubswünsche anderer Arbeitnehmer, die unter sozialen Gesichtspunkten den Vorrang verdienen, entgegenstehen". Der 2. Halbsatz wird, der jeweiligen Ausgangsposition entsprechend, als Einschränkung des Direktionsrechts[63] oder aber als Leistungsverweigerungsrecht des Arbeitgebers[64] angesehen.

Auslöser der Diskussion ist ein Urteil des BAG vom 18.12.1986, in welchem es seine bis dahin verfolgte Charakterisierung der Urlaubserteilung als Ausübung des Direktionsrechts durch den Arbeitgeber nicht mehr aufgegriffen hat[65]. Das Gericht bezieht sich nunmehr auf ein „Leistungsverweigerungsrecht[...] nach § 7 Abs. 1 BUrlG" und führt dazu aus, dass sich der Arbeitgeber „seiner Verpflichtung zur Urlaubserteilung [...] im Urlaubsjahr nur und nur so lange entziehen [kann], wie [...]" die Voraussetzungen nach § 7 Abs. 1, 2. Halbsatz BUrlG gegeben sind[66]. Im Übrigen ist die Rede davon, dass „der Arbeitgeber [...] als Schuldner des

---

60 BAG v. 4.12.1970, AP Nr. 5 zu § 7 BUrlG; *Gerauer*, NZA 1988, S. 154 (155); *Künzl*, BB 1991, S. 1630 f.; *Leipold*, Anmerkung zu BAG v. 18.12.1986, AP Nr. 10 zu § 7 BUrlG (1); *Lepke*, DB 1988, Beilage Nr. 10, S. 4.

61 BAG v. 18.12.1986, AP Nr. 10 zu § 7 BUrlG (I 1 der Gründe); H/W/K - *Schinz*, Arbeitsrecht Kommentar, § 7 BUrlG Rn 19; HzA - *Schütz*, Gruppe 4 Rn 231; *Leinemann / Linck*, Urlaubsrecht, § 7 BUrlG Rn 28.

62 BAG v. 18.12.1986, AP Nr. 10 zu § 7 BUrlG (I 1 der Gründe); H/W/K - *Schinz*, Arbeitsrecht Kommentar, § 7 BUrlG Rn 19; HzA - *Schütz*, Gruppe 4 Rn 231; *Leinemann / Linck*, Urlaubsrecht, § 7 BUrlG Rn 28.

63 *Leipold*, Anmerkung zu BAG v. 18.12.1986, AP Nr. 10 zu § 7 BUrlG (1); *Lepke*, DB 1988, Beilage Nr. 10, S. 4; *Neumann / Fenski*, BUrlG, § 7 Rn 6.

64 BAG v. 18.12.1986, AP Nr. 10 zu § 7 BUrlG (I 1 der Gründe); ErfK - *Dörner*, § 7 BUrlG Rn 22; H/W/K - *Schinz*, Arbeitsrecht Kommentar, § 7 BUrlG Rn 26; HzA - *Schütz*, Gruppe 4 Rn 214, 243; *Leinemann / Linck*, Urlaubsrecht, § 7 BUrlG Rn 36; *Weber*, RdA 1995, S. 229 (230).

65 BAG v. 18.12.1986, AP Nr. 10 zu § 7 BUrlG.

66 BAG v. 18.12.1986, AP Nr. 10 zu § 7 BUrlG (I 1 der Gründe).

Urlaubsanspruchs verpflichtet [ist], nach § 7 Abs. 1, 1. Halbsatz BUrlG die Urlaubswünsche des Arbeitnehmers zu berücksichtigen und daher auch den Urlaub für den vom Arbeitnehmer angegebenen Termin festzusetzen"[67]. Die Vermutung liegt nahe, dass hier ein Leistungsbestimmungsrecht des Arbeitnehmers hinsichtlich seines Urlaubstermins geschaffen wurde, da dessen Terminwunsch für den Arbeitgeber bindend sein soll[68].

b. Stellungnahme

Der Unterschied zwischen beiden Ansichten ist folgender: Geht man von einem Direktionsrecht aus, so liegt die Entscheidungsmacht bezüglich des Urlaubstermins beim Arbeitgeber, denn das Direktionsrecht ist ein besonderes Leistungsbestimmungsrecht des Arbeitgebers nach § 106 GewO[69]. Legt man hingegen ein Leistungsverweigerungsrecht des Arbeitgebers zugrunde, so bestimmt der Arbeitnehmer den Urlaubstermin, welchen der Arbeitgeber nur in den Fällen des § 7 Abs. 1 Satz 1, 2. Halbsatz BUrlG ablehnen kann, also bei entgegenstehenden dringenden betrieblichen Belange oder vorrangigen Urlaubswünschen anderer Arbeitnehmer.

Trotz der aufgezeigten Differenzen besteht jedoch in einem wesentlichen Punkt Einigkeit, und zwar soll nach übereinstimmender Auffassung die rechtliche Umsetzungsmacht auf jeden Fall bei Arbeitgeber liegen, da er den Urlaub zeitlich festlegt[70]. Was den Arbeitnehmer betrifft, käme echte Leistungsbestimmung damit sowieso nicht mehr in Frage. Unter dieser Voraussetzung kann es nur noch darum gehen, ob ihm zumindest ein faktisches Bestimmungsrecht zusteht, er also einen bestimmten Urlaubstermin faktisch erzwingen kann oder ob sein Wunsch in dieser Hinsicht nur ein bloßer Vorschlag ist. Das ist nun im Folgenden zu

---

67 BAG v. 18.12.1986, AP Nr. 10 zu § 7 BUrlG (I 1 der Gründe).

68 *Leipold*, Anmerkung zu BAG v. 18.12.1986, AP Nr. 10 zu § 7 BUrlG (1).

69 BAG v. 20.12.1984, AP Nr. 27 zu § 611 BGB Direktionsrecht (B III 2 c bb der Gründe); v. 7.12.2000, AP Nr. 61 zu § 611 BGB Direktionsrecht (I 2 der Gründe); H/W/K - *Lembke*, § 106 GewO Rn 6; *Lakies*, BB 2003, S. 364; MünchKomm - *Gottwald*, BGB, § 315 Rn 69; Soergel - *Wolf*, BGB, § 315 Rn 18; Staudinger - *Rieble*, BGB, § 315 Rn 171 f.

70 ErfK - *Dörner*, § 7 BUrlG Rn 5; *Gerauer*, NZA 1988, S. 154 (155); GK - BUrlG - *Bachmann*, § 7 BUrlG Rn 2; *Hiekel*, NZA 1990, Beilage 2, S. 32 (33); *Leinemann / Linck*, Urlaubsrecht, § 7 BUrlG Rn 3, 11, 26; Münchener Handbuch I - *Leinemann*, § 89 Rn 77; *Neumann / Fenski*, BUrlG, § 7 Rn 1; *Weber*, RdA 1995, S. 229 (230).

untersuchen. Dabei soll zugleich überprüft werden, ob die rechtliche Umsetzungsmacht wie allgemein angenommen tatsächlich beim Arbeitgeber liegt und deshalb ein Leistungsbestimmungsrecht für den Arbeitnehmer ausgeschlossen ist.

aa. Wortlautinterpretation

Zur Beantwortung der Frage nach Bestehen und Umfang der inhaltlichen Gestaltungsmacht des Arbeitnehmers ist zunächst vom Wortlaut des § 7 Abs. 1 Satz 1 BUrlG auszugehen. Wenn „bei der zeitlichen Festlegung des Urlaubs [...] die Urlaubswünsche des Arbeitnehmers zu berücksichtigen [sind]", spricht das dafür, dass nicht der Arbeitnehmer selbst der Festlegende ist, sondern ein anderer, welcher dessen Wünsche zu berücksichtigen hat, und zwar der Arbeitgeber. Wegen dieser Berücksichtigungspflicht kommt den Vorstellungen des Arbeitnehmers bedeutendes Gewicht zu, dem sich der Arbeitgeber nicht verschließen darf. Ob der Arbeitnehmer aber sogar eine Erklärung abgibt, die den Arbeitgeber rechtlich oder faktisch auf einen bestimmten Termin verpflichtet, ist nicht gesagt. Ein eindeutiges Ergebnis zur inhaltlichen Gestaltungsmacht liefert die Wortlautinterpretation folglich nicht.

bb. *Systematische Interpretation*

Weiterhelfen könnte die Systematik, in die § 7 Abs. 1 BUrlG eingebettet ist. Nach der Ausgangsvorschrift § 1 BUrlG hat jeder Arbeitnehmer einen Anspruch auf Erholungsurlaub. Bei einem Anspruch handelt es sich gemäß § 194 Abs. 1 BGB um „das Recht, von einem anderen ein Tun oder Unterlassen zu verlangen". Als „anderer" kommt der Arbeitgeber in Betracht, ohne dass dadurch geklärt ist, wie bindend die Terminvorgabe des Arbeitnehmers inhaltlich ist. Eindeutiger erscheint § 7 Abs. 1 Satz 2 BUrlG, denn nach dieser Vorschrift ist der Urlaub im Anschluss an medizinische Vorsorge oder Rehabilitation ohne Ausnahme zu gewähren. Demzufolge könnte in allen anderen Fällen eine Gewährungspflicht entfallen, wenn dem Arbeitgeber der Zeitpunkt nicht passt. Der systematische Zusammenhang des § 7 Abs. 1 Satz 1 BUrlG deutet somit eher auf ein bloßes Vorschlags- oder Mitspracherecht des Arbeitnehmers hin.

cc. Teleologische Interpretation

Der Gesetzgeber des § 7 BUrlG hat zu dessen Sinn und Zweck zum einen erläutert, dass der Arbeitgeber verpflichtet sei, den Wünschen des Arbeitnehmers zu entsprechen[71]. Im Gegensatz zum „berücksichtigen" des Wortlauts der Norm selbst bliebe dem Arbeitgeber nach dieser Stellungnahme somit keine andere Möglichkeit, als den Willen des Arbeitnehmers umzusetzen. Danach stände dem Arbeitnehmer faktische inhaltliche Gestaltungsmacht zu. Dies ist aber nur ein Teil der gesetzgeberischen Intention. Zum anderen ist nämlich die Rede davon, dass der Arbeitgeber kraft seines Direktionsrechts den Urlaubszeitpunkt „bestimmen" könne[72]. Das impliziert, dass sich der Arbeitgeber nicht lediglich auf einen fremden Wunsch einlassen muss, sondern dass er selbst die volle Entscheidungsmacht hat.

Die teleologische Interpretation stützt somit zweierlei: Einerseits die Pflicht des Arbeitgebers, den inhaltlichen Willen des Arbeitnehmers umzusetzen und damit zugleich die Macht des Arbeitnehmers, inhaltliche Vorgaben zum Urlaubstermin machen zu können, andererseits das Recht des Arbeitgebers, den Zeitpunkt kraft Direktionsrechts zu bestimmen. Auch unter teleologischen Gesichtspunkten ist nicht eindeutig, bei welcher Partei nach dem Zweck des Gesetzes die Entscheidungsmacht liegt.

dd. Historische Interpretation

Vor Inkrafttreten des BUrlG am 1.1.1963 wurde die Urlaubserteilung insbesondere von der Rechtsprechung dem Direktionsrecht des Arbeitgebers zugewiesen[73]. Somit ist ein weiterer Anhaltspunkt dafür gegeben, dass die Urlaubserteilung tatsächlich dem Direktionsrecht des Arbeitgebers untersteht. Allerdings bietet sich auch hier kein einheitliches Meinungsspektrum, denn bereits vor der Zeit des BUrlG gab es ebenfalls Stimmen aus der Rechtslehre, die den Gedanken von der eigenen Pflicht des Arbeitgebers vorzogen[74]. Es ist also keineswegs so, dass sich die Entwicklung bis hin zur Verabschiedung des BUrlG in unbestrittener Linie vollzogen hätte.

---

71 BT - Drucksache 4 / 785 v. 30.11.1962, S. 3.

72 BT - Drucksache 4 / 785 v. 30.11.1962, S. 3.

73 BAG v. 12.10.1961, AP Nr. 84 zu § 611 BGB Urlaubsrecht (I 4 a der Gründe); *Hueck / Nipperdey*, Arbeitsrecht I (6. Auflage), § 49 IV 1 (S. 407); *Köst*, BB 1956, S. 564 (567); *Molitor*, FS Nipperdey (1955), S. 83 (89).

74 *Klein*, BB 1960, S. 251 (252); *Nikisch*, Arbeitsrecht I, § 39 Fn 76 (S. 534); *Zöllner*, DB 1957, S. 508.

Ausschlaggebend ist letztlich das klare Bekenntnis des Gesetzgebers zur damaligen Rechtsprechung des BAG bezüglich der Urlaubsgewährung: In § 7 BUrlG solle an der bisherigen Praxis festgehalten werden, nach welcher der Arbeitgeber kraft seines Direktionsrechts tätig werde[75]. Demzufolge führt die historische Interpretation zu dem Ergebnis, dass dem Arbeitgeber bezüglich des Urlaubstermins nicht lediglich ein Leistungsverweigerungsrecht zusteht.

ee. Zwischenergebnis

Im Ergebnis ist die Bestimmung des Urlaubstermins kein Leistungsbestimmungsrecht des Arbeitnehmers, sondern ein Recht des Arbeitgebers. Da dem Arbeitgeber der Entscheidungsinhalt nach der Intention des Gesetzgebers durch § 7 Abs. 1 Satz 1 BUrlG jedoch weitestgehend vorgegeben ist[76], ist sein Bestimmungsrecht nur ein beschränktes. Insofern treten Parallelen zu § 8 TzBfG zutage[77]. Wie im Rahmen des Teilzeitanspruchs ist der Arbeitgeber derjenige, der rechtserheblich tätig ist, der also die rechtliche Umsetzungsmacht innehat. Er ist dabei jedoch an die Zeitwünsche des Arbeitnehmers gebunden. Damit hat die Beschränkung des Arbeitgebers ebenso wie bei § 8 TzBfG die faktische inhaltliche Gestaltungsmacht beziehungsweise Leistungsbestimmungsmacht des Arbeitnehmers zur Folge. Im Vergleich zu § 8 TzBfG ist diese Bestimmungsmacht bei § 7 Abs. 1 Satz 1 BUrlG aber schwächer. Während der Arbeitgeber dem Teilzeitwunsch gemäß § 8 Abs. 4 Satz 1 TzBfG nur betriebliche Gründe entgegensetzen kann, kann ein Urlaubswunsch gemäß § 7 Abs. 1 Satz 1 BUrlG nicht nur an dringenden betrieblichen Belangen scheitern, sondern ebenfalls an Urlaubswünschen anderer Arbeitnehmer.

2. Herbeiführung der Fälligkeit des Urlaubsanspruchs

Der Urlaubsanspruch ergibt sich aus § 1 BUrlG, denn danach hat „jeder Arbeitnehmer [...] in jedem Kalenderjahr Anspruch auf bezahlten Erholungsurlaub". Wann dieser Anspruch realisiert wird, wann also vom Arbeitgeber die Freistellung für einen bestimmten Zeitraum verlangt werden kann, steht damit noch nicht fest. Das ist eine Frage der Fälligkeit

---

75 BT - Drucksache 4 / 785 v. 30.11.1962, S. 3.
76 Siehe Teil 3, A IV 1 b cc.
77 Siehe Teil 3, A II 1.

des Anspruchs, denn die Fälligkeit ist der Zeitpunkt, ab dem der Gläubiger gemäß § 271 Abs. 1 BGB die Leistung fordern kann[78].

a. Rechtsgeschäftliche Erklärung des Arbeitnehmers nach *Weber*

Nach *Weber* führt der Arbeitnehmer selbst mit der Benennung des Termins die Fälligkeit seines Urlaubsanspruchs herbei, gibt er also eine rechtsgeschäftliche Erklärung ab[79]. Der Umstand dass der Arbeitnehmer vom Arbeitgeber die zeitliche Freistellung von der Arbeitspflicht verlangen könne, betreffe nicht nur einen abstrakten Anspruch auf Urlaub, sondern einen konkreten Zeitraum. Denn schließlich könne nur der Arbeitnehmer selbst darüber befinden, wann genau er Erholung brauche[80]. *Weber* geht also von einer Gestaltungserklärung des Arbeitnehmers aus, so dass sich ein weiterer Ansatzpunkt für die Leistungsbestimmung des Arbeitnehmers eröffnet.

b. Stellungnahme

Die vorhandenen gesetzlichen Regelungen machen eine solche gestaltende Erklärung des Arbeitnehmers jedoch überflüssig. Geht man davon aus, dass der Anspruch des Arbeitnehmers ohne die Festlegung eines konkreten Termins noch nicht fällig ist, dann könnte der Arbeitnehmer vom Arbeitgeber nie die Urlaubserteilung verlangen. Deshalb verbietet es sich jedenfalls, die Fälligkeit des Anspruchs an die Festlegung durch den Arbeitgeber zu knüpfen[81]. Ebenso wenig ist es aber notwendig, den Arbeitnehmer mit einem entsprechenden Leistungsbestimmungsrecht auszustatten. Gemäß § 271 Abs. 1 BGB „kann der Gläubiger die Leistung sofort verlangen, der Schuldner sie sofort bewirken [, wenn] „eine Zeit für die Leistung weder bestimmt noch aus den Umständen zu entnehmen [ist]". Als eine solche nähere Zeitbestimmung kann man § 4 BUrlG verstehen. Überwiegender Auffassung zufolge wird der volle Urlaubsanspruch „nach sechsmonatigem Bestehen des Arbeitsverhältnisses" gemäß § 4 BUrlG und anschließend mit Beginn jedes Urlaubsjahres

---

[78] MünchKomm - *Krüger*, BGB, § 271 Rn 2; Palandt - *Heinrichs*, BGB, § 271 Rn 1; Soergel - *Wolf*, BGB, § 271 Rn 2.
[79] *Weber*, RdA 1995, S. 229 (230 f.).
[80] *Weber*, RdA 1995, S. 229 (230).
[81] So aber *Gerauer*, NZA 1988, S. 154 (155); *Künzl*, BB 1991, S. 1630 (1631 f.); *Lepke*, DB 1988 Beilage 10, S. 3; *Neumann / Fenski*, BUrlG, § 7 Rn 3.

fällig[82]. Obwohl dies nur den abstrakten Anspruch auf Erteilung von Urlaub und nicht eine konkrete Zeit betrifft, ist der Arbeitnehmer vor willkürlicher Urlaubserteilung geschützt, denn nach § 7 Abs. 1 Satz 1 BUrlG sind ja die Wünsche des Arbeitnehmers zu berücksichtigen[83].

Angesichts vorhandener Regelungen im BUrlG besteht somit keine Notwendigkeit, mit dem Gedanken des Arbeitnehmerschutzes eine konkrete Herbeiführung der Fälligkeit durch den Arbeitnehmer zu begründen. *Webers* Ansatz belegt demzufolge nicht, dass der Arbeitnehmer ein Bestimmungsrecht hat, mit dem er die Fälligkeit seines Urlaubsanspruchs herbeiführen kann.

3. Selbstbeurlaubung des Arbeitnehmers

Von Brisanz ist die eigenmächtige Umsetzung eines Anspruchs durch den Arbeitnehmer für den Bereich der sogenannten Selbstbeurlaubung des Arbeitnehmers. Obwohl nach einhelliger Auffassung die rechtliche Umsetzungsmacht auf jeden Fall beim Arbeitgeber liegt, da er den Urlaub zeitlich festlegt[84], wird vereinzelt erwogen, in bestimmten Fällen dem Arbeitnehmer ein solches Selbstbeurlaubungsrecht zu gewähren. Dadurch könnte er letztlich doch noch ein echtes Leistungsbestimmungsrecht zur Umsetzung seines Urlaubsanspruchs erhalten.

a. Meinungsstand

Die Befürworter des Selbstbeurlaubungsrechts wollen dem Arbeitnehmer in einigen Fällen gestatten, sich entweder im Wege der Selbsthilfe nach § 229 BGB[85] oder durch ein Zurückbehaltungsrecht gemäß § 273 Abs. 1

---

82 BAG v. 18.12.1986, AP Nr. 10 zu § 7 BUrlG (I 1 der Gründe); ErfK - *Dörner*, § 1 BUrlG Rn 27; GK - BUrlG - *Bachmann*, § 7 BUrlG Rn 55, 107; *Hiekel*, NZA 1990, Beilage 2, S. 32 (33); HzA - *Schütz*, Gruppe 4 Rn 213; Münchener Handbuch I - *Leinemann*, § 89 Rn 72.

83 GK - BUrlG - *Bachmann*, § 7 Rn 10; *Hiekel*, NZA 1990, Beilage 2, S. 32 (33); HzA - *Schütz*, Gruppe 4 Rn 214; *Leinemann / Linck*, Urlaubsrecht, § 7 BUrlG Rn 79.

84 ErfK - *Dörner*, § 7 BUrlG Rn 5; *Gerauer*, NZA 1988, S. 154 (155); GK - BUrlG - *Bachmann*, § 7 BUrlG Rn 2; *Hiekel*, NZA 1990, Beilage 2, S. 32 (33); *Leinemann / Linck*, Urlaubsrecht, § 7 BUrlG Rn 3, 11, 26; Münchener Handbuch I - *Leinemann*, § 89 Rn 77; *Neumann / Fenski*, BUrlG, § 7 Rn 1; *Weber*, RdA 1995, S. 229 (230).

85 KR - *Fischermeier*, § 626 BGB Rn 452; *Neumann / Fenski*, BUrlG, § 7 Rn 43: Selbstverwirklichungsrecht.

BGB[86] von der Arbeitspflicht zu befreien, und zwar wenn der Arbeitgeber während der Kündigungsfrist grundlos den Urlaub verweigert[87], wenn dringende betriebliche Belange im Sinne des § 7 Abs. 3 BUrlG nicht entgegenstehen[88] oder wenn das Urlaubsjahr abläuft[89].

Gegen ein Selbstbeurlaubungsrecht des Arbeitnehmers wird vorgebracht, dass die Urlaubsgewährung alleinige Angelegenheit des Arbeitgebers sei[90]. Gleichfalls wird auf den Wortlaut des § 7 Abs. 1 BUrlG verwiesen, nach welchem der Arbeitgeber der Festlegende sei[91], beziehungsweise dass § 7 Abs. 1 und 2 BUrlG Spezialregelungen seien und daher § 229 BGB und § 273 BGB verdrängten[92].

b. Stellungnahme

Dass die Urlaubserteilung grundsätzlich durch den Arbeitgeber zu erfolgen hat, steht nicht im Zweifel. Mit diesem Argument lässt sich das Selbstbeurlaubungsrecht auch nicht ausschließen, denn entscheidend ist gerade, ob das bestehende Recht des Arbeitgebers in Ausnahmefällen durchbrochen werden kann. Das BUrlG enthält eine solche Gestattung nicht, weshalb das angesprochene Selbsthilferecht sowie das Zurückbehaltungsrecht näher zu hinterfragen sind.

aa. Selbsthilfe gemäß § 229 BGB

Selbsthilfe gemäß § 229 BGB ist die Durchsetzung oder Sicherung eines Anspruchs durch private Gewalt[93]. Der Arbeitnehmer könnte davon Gebrauch machen, wenn der Arbeitgeber seinen Anspruch auf Urlaub gemäß § 1 BUrlG nicht erfüllen will.

---

86 KR - *Fischermeier*, § 626 BGB Rn 452; *Neumann / Fenski*, BUrlG, § 7 Rn 43.
87 KR - *Fischermeier*, § 626 BGB Rn 452; *Neumann / Fenski*, BUrlG, § 7 Rn 43, 47.
88 *Neumann / Fenski*, BUrlG, § 7 Rn 44.
89 *Neumann / Fenski*, BUrlG, § 7 Rn 43, 44.
90 *Gerauer*, NZA 1988, S. 154 (155).
91 *Gerauer*, NZA 1988, S. 154 (155).
92 ErfK - *Dörner*, § 7 BUrlG Rn 12; *Leinemann / Linck*, Urlaubsrecht, § 7 BUrlG Rn 22.
93 *Larenz / Wolf*, BGB AT, § 19 Rn 43; *Medicus*, BGB AT, Rn 168.

(1) Tatbestand des § 229 BGB

Ein Selbsthilferecht auszuüben bedeutet, auf Personen oder auf Sachen einwirken zu dürfen, sofern obrigkeitliche Hilfe nicht rechtzeitig zu erlangen ist und der Anspruch anderenfalls vereitelt oder wesentlich erschwert wird. Wenn der Arbeitnehmer der Arbeit fernbleibt, wirkt er nur auf sich selbst ein, indem er sich nicht zur Arbeitsstelle begibt. Die Einwirkung auf eine Person ist demnach zur Durchsetzung des Urlaubs kein adäquates Mittel. Ebenso wenig wirkt der Arbeitnehmer durch seine Abwesenheit auf eine Sache ein. Angesichts seiner Voraussetzungen ist das Selbsthilferecht nach § 229 BGB daher mit der eigenmächtigen Selbstbeurlaubung des Arbeitnehmers nicht zu vereinbaren.

(2) Teleologische Extension des § 229 BGB

Es liegt in der Natur des Urlaubsanspruchs, dass er keinen vermögensrechtlichen Aspekt aufweist, der sich durch Einwirkung auf eine Person oder Sache erzwingen beziehungsweise durchsetzen ließe, sondern schlichtweg auf Befreiung von der Arbeitspflicht gerichtet ist. Aus diesem Grund könnte man noch an eine teleologische Extension des § 229 BGB denken, welche die selbständige Freistellung in den genannten Fällen rechtfertigte. Durch eine teleologische Extension wird eine Vorschrift erweitert, um ihrem Sinn gerecht zu werden[94]. Das Selbsthilferecht stellt jedoch nur eine Ausnahme vom Rechtsprechungsmonopol dar, zugunsten der Rechtssicherheit und des Rechtsfriedens ist dem Einzelnen Selbstjustiz ansonsten untersagt[95]. Das Selbsthilferecht kann folglich nicht zu Lasten des Arbeitgebers ausgedehnt werden.

bb. Zurückbehaltungsrecht gemäß § 273 Abs. 1 BGB

Des Weiteren könnte die Arbeitsleistung gemäß § 273 Abs. 1 BGB zurückbehalten werden. Der Schuldner kann danach seine Leistung unterlassen, um die Bewirkung einer ihm vom anderen Teil geschuldeten fälligen Leistung zu erzwingen.

---

94 *Canaris*, Die Feststellung von Lücken im Gesetz, S. 89 f.

95 BVerfGE (v. 12.2.1992) 85, 337 (347); *Larenz / Wolf*, BGB AT, § 19 Rn 42; *Leinemann / Linck*, Urlaubsrecht, § 7 BUrlG Rn 23; *Lepke*, DB 1988, Beilage Nr. 10, S. 3; *Medicus*, BGB AT, Rn 150; Schmidt - Bleibtreu / Klein - *Schmidt = Bleibtreu / Hopfauf*, GG, Art. 92 Rn 8.

(1) Die Fälligkeit des Urlaubsanspruchs

Sofern man davon ausgeht, dass die Fälligkeit mit der Entstehung des Anspruchs gemäß § 4 BUrlG eingetreten ist[96], besteht im Hinblick auf diese Voraussetzung nach Ablauf der Wartezeit kein Hindernis. Anders verhält es sich, wenn die Fälligkeit erst mit der Bestimmung der zeitlichen Lage durch den Arbeitgeber eintreten soll[97]. Zwar soll der Arbeitnehmer den Arbeitgeber auffordern können, den Urlaub zu einem bestimmten Termin festzulegen, dennoch bleibt offen, mit welchem Recht der Arbeitnehmer die Urlaubserteilung verlangen kann, wenn sich der Arbeitgeber verweigert und der Anspruch deshalb nicht fällig wird.

In den sich hier gegenüberstehenden Auffassungen spiegelt sich ein unterschiedliches Verständnis vom Urlaubsanspruch wider: Geht man von einer automatischen Fälligkeit aus, so wird der Urlaubsanspruch verstanden als das abstrakte Recht, für eine bestimmte Zeit von der Arbeitsleistung befreit zu werden. Lässt man die Fälligkeit demgegenüber erst durch die Festlegung des Arbeitgebers eintreten, dann ist der Urlaubsanspruch das konkrete Recht, für eine bestimmte Zeit befreit zu sein. Das Gesetz ist nach einhelliger Auffassung so zu verstehen, dass der Anspruch des Arbeitnehmers auf bezahlten Erholungsurlaub gemäß § 1 BUrlG vom Arbeitgeber zu erfüllen ist[98], indem dieser den Arbeitnehmer für eine gewisse Zeit von der Arbeitsleistung freistellt[99]. Der Anspruch des Arbeitnehmers ist demnach darauf gerichtet, befreit zu werden. Aus diesem Grund muss die Fälligkeit bereits der Leistungshandlung des Arbeitgebers vorgelagert sein, weshalb von einer Fälligkeit mit Entstehung des Urlaubsanspruchs auszugehen ist. Die vom Arbeitgeber geschuldete Leistung ist folglich fällig und könnte deshalb gemäß § 273 Abs. 1 BGB erzwungen werden.

---

96 BAG v. 18.12.1986, AP Nr. 10 zu § 7 BUrlG (I 1 der Gründe); ErfK - *Dörner*, § 1 BUrlG Rn 27; GK - BUrlG - *Bachmann*, § 7 BUrlG Rn 55, 107; *Hiekel*, NZA 1990, Beilage 2, S. 32 (33); HzA - *Schütz*, Gruppe 4 Rn 213; Münchener Handbuch I - *Leinemann*, § 89 Rn 72.; ebenso nach *Weber*, RdA 1995, S. 229 (230), der die Fälligkeit durch die Zeitbestimmung des Arbeitnehmers eintreten lässt.

97 *Gerauer*, NZA 1988, S. 154 (155); *Künzl*, BB 1991, S. 1630 (1631 f.); *Lepke*, DB 1988 Beilage 10, S. 3; *Neumann / Fenski*, BUrlG, § 7 Rn 3.

98 ErfK - *Dörner*, § 7 BUrlG Rn 5; *Hiekel*, NZA 1990, Beilage 2, S. 32 (33); *Leinemann / Linck*, Urlaubsrecht, § 7 BUrlG Rn 11; *Weber*, RdA 1995, S. 229 (230).

99 BAG v. 12.10.1961, AP Nr. 84 zu § 611 BGB Urlaubsrecht (I 4 a der Gründe); v. 18.12.1986, AP Nr. 19 zu § 11 BUrlG (2 b der Gründe); v. 7.7.1988 AP Nr. 22 zu § 11 BUrlG (I 2 b der Gründe); v. 9.8.1994, AP Nr. 19 zu § 7 BUrlG (2 b der Gründe); GK - BUrlG - *Bachmann*, § 7 Rn 1; HzA - *Schütz*, Gruppe 4 Rn 211; *Leinemann / Linck*, Urlaubsrecht, § 7 BUrlG Rn 5, 11, 26; Münchener Handbuch I - *Leinemann*, § 88 Rn 1, § 89 Rn 6, 77.

(2) Das Recht zur Erfüllung des Urlaubsanspruchs

Zu beachten ist jedoch, dass das Zurückbehaltungsrecht ein Druckmittel und kein Recht zur Befriedigung oder Erfüllung des Anspruchs ist[100]. Hält der Arbeitnehmer die von ihm geschuldete Arbeitsleistung zurück, so setzt er damit selbst und unmittelbar genau das durch, was er vom Arbeitgeber verlangen müsste, nämlich die Befreiung von der Arbeitsleistung. Sein Vorgehen führt zur Erfüllung des Anspruchs und überschreitet damit den Zweck des § 273 Abs. 1 BGB[101].

cc. Zwischenergebnis

Im Ergebnis steht dem Arbeitnehmer kein Recht zu, auf die Rechtslage einzuwirken und seinen Urlaubsanspruch selbst zu konkretisieren und durchzusetzen, indem er der Arbeit einfach fernbleibt[102], ein Leistungsbestimmungsrecht ist also nicht gegeben. Ein derartiges Verhalten stellte eine Vertragsverletzung dar und könnte die Kündigung rechtfertigen[103]. Will er die Urlaubsgewährung erzwingen, muss der Arbeitnehmer den Klageweg beschreiten[104]. In Eilfällen kommt eine einstweilige Verfügung als Regelungsverfügung nach §§ 935, 940 ZPO in Betracht[105].

4. Inanspruchnahme von Elternzeit gemäß § 15 Abs. 1 - 3, § 16 Abs. 1 BErzGG

Früher konnte zur Pflege und Erziehung eines Kindes Erziehungsurlaub

---

[100] MünchKomm - *Krüger*, BGB, § 273 Rn 3; Palandt - *Heinrichs*, BGB, § 273 Rn 1.

[101] GK - BUrlG - *Bachmann*, § 7 BUrlG Rn 72; HzA - *Schütz*, Gruppe 4 Rn 300; *Leinemann / Linck*, Urlaubsrecht, § 7 BUrlG Rn 22.

[102] ErfK - *Dörner*, § 7 BUrlG Rn 12; *Gerauer*, NZA 1988, S. 154 (155); GK - BUrlG - *Bachmann*, § 7 BUrlG Rn 72; *Hiekel*, NZA 1990, Beilage 2, S. 32 (35); *Leinemann / Linck*, Urlaubsrecht, § 7 BUrlG Rn 19; *Lepke*, DB 1988, Beilage Nr. 10, S. 3.

[103] BAG v. 16.3.2000, AP Nr. 114 zu § 102 BetrVG 1972 (II 1 b der Gründe); ErfK - *Dörner*, § 7 BUrlG Rn 13; *von Hoyningen - Huene / Linck*, KSchG, § 1 Rn 334; Münchener Handbuch I - *Leinemann*, § 89 Rn 78.

[104] BAG v. 20.1.1994, AP Nr. 115 zu § 626 BGB (II 2 a der Gründe); *Gerauer*, NZA 1988, S. 154 (156); GK - BUrlG - *Bachmann*, § 7 BUrlG Rn 73; *Leinemann / Linck*, Urlaubsrecht, § 7 BUrlG Rn 23.

[105] *Hiekel*, NZA 1990, Beilage 2, S. 32 (39); *Kaiser*, ZTR 1996, S. 107 (114, 115 Fn 81) für § 15b Abs. 1 Unterabs. 1 lit. a BAT; *a.A.* GK - BUrlG - *Bachmann*, § 7 BUrlG Rn 69: Abgabe einer Willenserklärung.

genommen werden[106]. Der Bezeichnung zufolge handelte es sich also um eine Form von Urlaub, so dass wiederum die Problematik um die Umsetzung berührt sein könnte. Seit dem 2.1.2001 wird die Möglichkeit, die Erwerbstätigkeit zur Erziehung eines Kindes gemäß §§ 15, 16 BErzGG zu unterbrechen, als Elternzeit bezeichnet[107].

Nach § 15 Abs. 1 Satz 1 BErzGG[108] handelt es sich dabei um einen „Anspruch" auf Elternzeit. Diese muss gemäß § 16 Abs. 1 BErzGG[109] vom Arbeitgeber verlangt werden. Legt man zugrunde, dass ein Anspruch gemäß § 194 Abs. 1 BGB das Recht ist, „von einem anderen ein Tun oder Unterlassen zu verlangen", deutet beides darauf hin, dass wiederum die Mitwirkung des Arbeitgebers zur Verwirklichung der Elternzeit unerlässlich ist. Die Freistellung müsste also gerade durch ihn erfolgen, ebenso wie es für § 7 Abs. 1 Satz 1 BUrlG der Fall ist.

Entgegen dem ersten Anschein bedarf es zur Erlangung der Elternzeit weder einer vertraglichen Vereinbarung mit dem Arbeitgeber, noch einer Freistellung durch denselben[110]. Mit dem schriftlichen Verlangen des Arbeitnehmers tritt die Befreiung von selbst ein[111]. Folglich hat der Arbeitnehmer in diesem Fall die Macht, durch empfangsbedürftige Willenserklärung auf den Inhalt seines Arbeitsverhältnisses einzuwirken, ohne dass es sowohl der Mitwirkung seines Vertragspartners, des Arbeitgebers, als auch der Hilfe eines Gerichts bedarf. Auf diese Weise sind die Voraussetzungen eines Gestaltungsrechts erfüllt[112]. Die Rechtsposition des Arbeitnehmers ist folglich stärker als es die Bezeichnung „Anspruch auf Elternzeit" vermuten lässt.

---

106 BErzGG v. 6.12.1985, BGBl I v. 12.12.1985, S. 2154 (2157).

107 BGBl I v. 5.12.2000, S. 1638 - 1645; siehe auch Teil 3, A II 2.

108 *§ 15 Abs. 1 Satz 1 BErzGG*: Arbeitnehmerinnen und Arbeitnehmer haben Anspruch auf Elternzeit, [...].

109 *§ 16 Abs. 1 Satz 1 BErzGG*: Arbeitnehmerinnen und Arbeitnehmer müssen die Elternzeit, wenn sie unmittelbar nach Geburt des Kindes oder nach der Mutterschutzfrist [...] beginnen soll, spätestens sechs Wochen, sonst spätestens acht Wochen vor Beginn schriftlich vom Arbeitgeber verlangen und gleichzeitig erklären, für welche Zeiten innerhalb von zwei Jahren sie Elternzeit nehmen werden.

110 BAG v. 22.6.1988, AP Nr. 1 zu § 15 BErzGG (I 2 b der Gründe); ErfK - *Dörner*, § 15 BErzGG Rn 3; *Wiegand*, BErzGG, § 16 Rn 4.

111 ErfK - *Dörner*, § 16 BErzGG Rn 3.

112 *Halbach*, DB 1986, Beilage 1, S. 9; *Joussen*, NZA 2005, S. 336 (337); *Wiegand*, BErzGG, § 16 Rn 4; siehe auch Teil 2, A I 2 und II.

In die zu Beginn gewählte Einteilung[113] kann das Gestaltungsrecht des Arbeitnehmers zur Inanspruchnahme von Elternzeit entweder als änderndes oder als inhaltliches Gestaltungsrecht eingeordnet werden, da es den Inhalt des Rechtsverhältnisses für die Dauer der gesetzlich zulässigen Zeit verändert. Die ändernden Gestaltungsrechte stehen in der Regel im Zusammenhang mit beendenden Gestaltungsrechten und sind auf die vollständige Abwicklung eines Schuldverhältnisses gerichtet, beispielsweise Anfechtung und Rücktritt, Minderung oder Aufrechnung. Für die Suspendierung der Arbeitspflicht trifft das nicht zu, denn es handelt sich dabei um eine nur vorübergehende Maßnahme, nach deren Zeitablauf wieder die ursprünglichen Bedingungen gelten. Angesichts dieses Unterschiedes ist die Inanspruchnahme von Elternzeit als inhaltliches Gestaltungsrecht zu qualifizieren.

Zugleich mit der Freistellung von der Arbeitspflicht kann der Arbeitnehmer die Ausgestaltung der Elternzeit bestimmen, indem er deren Dauer und Lage festlegt. Nach § 16 Abs. 1 Satz 1 BErzGG erklären Eltern nämlich einfach, für welchen Zeitraum sie „Elternzeit nehmen werden", so dass für die etwaige Zustimmung des Arbeitgebers von vornherein kein Raum ist.

Im Ergebnis steht dem Arbeitnehmer zur Inanspruchnahme der Elternzeit nach dem BErzGG ein inhaltliches Gestaltungsrecht zu, mit welchem er bei Vorliegen der gesetzlichen Voraussetzungen seine Arbeitspflicht bis zur Vollendung des dritten Lebensjahres des Kindes suspendieren kann. Es handelt sich dabei um ein Leistungsbestimmungsrecht, mit dem die zu erbringende Arbeitszeit verkürzt und verteilt wird.

5. Bildungsurlaub

Freistellung kann auch in Form von Bildungsurlaub erfolgen. Damit soll der Arbeitnehmer die Gelegenheit erhalten, sich beruflich oder politisch weiterzubilden. Eine bundesgesetzliche Regelung existiert hierzu nicht, stattdessen sehen aber einige Landesgesetze einen derartigen Anspruch vor[114]. Der Arbeitgeber kann solche Gesuche unter bestimmten Umständen ablehnen, so dass es sich auch in diesen Fällen nicht um verbindliche Rechtsgestaltung durch den Arbeitnehmer handelt[115].

---

[113] Siehe Teil 2, B; auch *Becker*, AcP 188 (1988), S. 24 (27 f.); *Larenz / Wolf*, BGB AT, § 15 Rn 66; *Seckel*, Die Gestaltungsrechte des bürgerlichen Rechts, S. 14 f.

[114] *Nipperdey*, Arbeitsrecht Textsammlung, Nr. 135 - 149c.

[115] Dazu *Stege / Schiefer*, NZA 1992, S. 1061 (1064).

V. Suspendierung der Arbeitspflicht durch Streik

Ein weiterer Bereich, in dem Leistungsbestimmung des Arbeitnehmers zum Tragen kommen könnte, ist die Suspendierung der Arbeitspflicht durch Streik. Der Streik ist ein Arbeitskampfmittel der Arbeitnehmer. Er stellt die planmäßige und von Arbeitnehmern gemeinsam durchgeführte Vorenthaltung der Arbeitsleistung zur Erreichung eines Regelungsziels dar[116]. Die Teilnahme an einem rechtmäßigen Streik hat für die betroffenen Arbeitsverhältnisse suspendierende Wirkung. Das bedeutet, dass das Rechtsverhältnis zwischen Arbeitgeber und Arbeitnehmer zwar nach wie vor besteht, die beiderseitigen Hauptleistungspflichten, Arbeitsleistung und Vergütungszahlung, jedoch außer Kraft gesetzt sind[117]. Diese somit zumindest vorübergehende, nämlich bis zum Ende der Streikteilnahme wirkende, Inhaltsänderung des Arbeitsverhältnisses könnte durch ein Gestaltungsrecht des Arbeitnehmers bewirkt werden.

Da ein Gestaltungsrecht durch Willenserklärung ausgeübt wird, kommt es darauf an, ob die Beteiligung des Einzelnen am Streik als tatsächliches[118] oder als rechtsgeschäftliches[119] Geschehen zu beurteilen ist. Für einen rechtsgeschäftlichen Charakter der Streikteilnahme spricht Folgendes: Zwar ist der Streik ein Kampfmittel im Rahmen des kollektiven Arbeitsrechts, er setzt jedoch notwendig die Arbeitsniederlegung vieler einzelner Arbeitnehmer voraus. Wenn auch die Mitglieder der kampfführenden Gewerkschaft intern zur Teilnahme am Arbeitskampf verpflichtet sind[120], so hängt die tatsächliche Durchführung des Streiks letztlich davon ab, dass die einzelnen Arbeitnehmer von ihrem Koalitionsrecht aus Art. 9 Abs. 3 Satz 1 GG Gebrauch machen und dem Streikaufruf wirklich Folge leisten. Die Pflicht aus dem Rechtsverhältnis zwischen Gewerkschaft und Arbeitnehmer, die Arbeit niederzulegen, kann somit nicht zwangsläufig die Pflichten im Rechtsverhältnis zwischen Arbeit-

---

[116] Brox / Rüthers - *Brox*, Arbeitskampfrecht, Rn 26; Schaub - *Koch*, Arbeitsrechts - Handbuch, § 192 Rn 3; *Zöllner / Loritz*, Arbeitsrecht, § 39 III 1 a (S. 440).

[117] BAG v. 31.5.1988, AP Nr. 56 zu § Feiertagslohnzahlungsgesetz (II 1 der Gründe); v. 22.3.1994, AP Nr. 130 zu Art. 9 GG Arbeitskampf (II 3 a der Gründe); v. 30.8.1994, AP Nr. 131 zu Art. 9 GG Arbeitskampf (B II 1 c aa der Gründe); AR - Blattei (SD) 170.3.1 - *Löwisch / Krauß*, Arbeitskampf, Rn 1; Brox / Rüthers - *Rüthers*, Arbeitskampfrecht, Rn 206; *Zöllner / Loritz*, Arbeitsrecht, § 41 I, II (S. 474 f.).

[118] *Gamillscheg*, Kollektives Arbeitsrecht I, § 21 II 4 a (2) (S. 994); rechtsgeschäftsähnlich: AR - Blattei (SD) 170.3.1 - *Löwisch / Krauß*, Arbeitskampf, Rn 5.

[119] BAG v. 31.5.1988, AP Nr. 56 zu § 1 FeiertagslohnzahlungsG (II 1 der Gründe); v. 15.1.1991, AP Nr. 114 zu Art. 9 GG Arbeitskampf (II 4 der Gründe); *G. Reinecke*, DB 1991, S. 1168 (1174); *Seiter*, Streikrecht und Aussperrungsrecht, S. 271.

[120] *Schaub*, Arbeitsrechts - Handbuch, § 193 Rn 55 (10. A.).

nehmer und Arbeitgeber außer Kraft setzen, zumal sich für am Streik teilnehmende Außenseiter-Arbeitnehmer, die in keiner mitgliedschaftlichen Bindung zu einer Gewerkschaft stehen, eine solche Wechselwirkung von vornherein nicht begründen ließe. Damit der Streik für das einzelne Arbeitsverhältnis eine solche suspendierende Wirkung entfalten kann, reicht der allgemeine Streikaufruf der dahinterstehenden Gewerkschaft deshalb noch nicht aus, vielmehr muss der einzelne Arbeitnehmer gegenüber seinem Arbeitgeber die Arbeitsniederlegung erklären, was auch konkludent erfolgen kann[121]. Ein Grund für die Notwendigkeit einer Erklärung ist insbesondere, dass der Arbeitgeber erfahren muss, warum der Arbeitnehmer der Arbeit fernbleibt, insbesondere wenn ein anderer von der Arbeitspflicht befreiender Grund wie Urlaub oder Krankheit in Betracht kommt[122], denn es könnte durchaus der Fall sein, dass der Arbeitnehmer an einer suspendierenden Streikteilnahme gar kein Interesse hat. Folglich kommt es gerade darauf an, dass der Arbeitnehmer seinen Willen zur suspendierenden Streikteilnahme zum Ausdruck bringt. Seine Erklärung muss daher die Suspendierung bezwecken, also eine Rechtsfolge auslösen, so dass sie rechtsgeschäftlicher Natur ist.

Fraglich ist, wie sich die nur zeitweilige Veränderung mit dem Umstand vereinbaren lässt, dass ein Gestaltungsrecht nach seiner Ausübung grundsätzlich unwiderruflich, die Rechtslage damit also einmalig und dauerhaft bestimmt worden ist[123]. Die Unwiderruflichkeit eines Gestaltungsrechts begründet sich damit, dass der Gestaltungsgegner Klarheit über die bestehende Rechtslage haben und deshalb vor wiederholten Veränderungen derselben geschützt werden soll[124]. In diesem Zusammenhang muss berücksichtigt werden, dass der Streik ein Druckmittel ist, mit dem ein bestimmtes Ziel für die Zukunft erreicht werden soll, und zwar der Abschluss eines Tarifvertrags. Es geht also darum, bestimmte Vereinbarungen zu erreichen, unter denen die Arbeitsverhältnisse zukünftig fortgeführt werden sollen. Der Arbeitgeber als potentieller Gestaltungsgegner kann dabei damit rechnen, dass die suspendierende

[121] BAG v. 31.5.1988, AP Nr. 56 zu § 1 FeiertagslohnzahlungsG (II 1 der Gründe); v. 15.1.1991, AP Nr. 114 zu Art. 9 GG Arbeitskampf (II 4 der Gründe) ; v. 7.4.1992, AP Nr. 122 zu Art. 9 GG Arbeitskampf (II 1 der Gründe); Münchener Handbuch III - *Otto*, § 288 Rn 4.

[122] BAG v. 31.5.1988, AP Nr. 56 zu § 1 FeiertagslohnzahlungsG (II 1 der Gründe); v. 15.1.1991, AP Nr. 114 zu Art. 9 GG Arbeitskampf (II 4 der Gründe); v. 7.4.1992, AP Nr. 122 zu Art. 9 GG Arbeitskampf (II 1 der Gründe); Münchener Handbuch III - *Otto*, § 288 Rn 4.

[123] *Bötticher*, Gestaltungsrecht und Unterwerfung im Privatrecht, S. 6; *Larenz / Wolf*, BGB AT § 15 Rn 75; *Medicus*, BGB AT, Rn 90; Palandt - *Heinrichs*, BGB, Überbl v § 104 Rn 17.

[124] *Larenz / Wolf*, BGB AT, § 15 Rn 73, 75; *Medicus*, BGB AT, Rn 89 f.

Arbeitskampfmaßnahme nur solange andauert, bis man sich auf einen Tarifvertrag geeinigt hat. Das stellt zudem die sogenannte Friedenspflicht sicher, denn sie verbietet es, bezüglich bereits vereinbarter Inhalte Arbeitskampfmaßnahmen zu ergreifen[125]. Der bloß vorübergehende Charakter der Suspendierung steht deshalb einer Einordnung als Gestaltungsrecht nicht entgegen.

Die Streitfrage, die in diesem Zusammenhang auftritt, ob Arbeitskampfmaßnahmen subjektiv, das heißt aus Sicht des einzelnen Arbeitsverhältnisses, oder kollektivrechtlich beurteilt werden müssen, berührt die Lösung nur am Rande. Hauptsächlich geht es dabei um die Zuordnung des sogenannten Streikrechts. Vom Standpunkt einer subjektiven Arbeitskampftheorie ist darunter das Recht des einzelnen Arbeitnehmers zur Suspendierung der Arbeitsleistung zu verstehen[126]. Da der Arbeitskampf der Ausübung der verfassungsrechtlichen Tarifautonomie dient, darf einen Streik andererseits nur führen, wer tariffähig ist[127]. Auf Seiten der Arbeitnehmer sind das gemäß § 2 Abs. 1 TVG die Gewerkschaften. Ausschließlich bei diesen liegt folglich das Recht, einen Streik durchzuführen und somit das Streikrecht. Aus diesem Grund ist das Arbeitskampfrecht jedenfalls primär als kollektives Geschehen zu erfassen[128].

Innerhalb dieses kollektiven Geschehens, also auf der Grundlage des von der Gewerkschaft beschlossenen und organisierten Streiks, veranlasst nun der einzelne Arbeitnehmer mit dem Gestaltungsakt selbstbestimmt das Ruhen seiner persönlichen Arbeitspflicht[129]. Auf diese Weise ändert er - vorübergehend - den Inhalt seines Arbeitsverhältnisses, so dass es sich um ein echtes Leistungsbestimmungsrecht des Arbeitnehmers handelt. Diesem Recht fehlt es zwar an einer unmittelbaren gesetzlichen Ermächtigungsgrundlage, im Rahmen der Koalitions-

---

[125] Brox / Rüthers - *Rüthers*, Arbeitskampfrecht, Rn 218 ff.; Münchener Handbuch III - *Otto*, § 285 Rn 81; *Zöllner / Loritz*, Arbeitsrecht, § 35 V 1 a (S. 391).

[126] *Birk / Konzen / Löwisch / Raiser / Seiter*, Gesetz zur Regelung kollektiver Arbeitskonflikte, § 21, I 1 (S. 65 f.); *Seiter*, Streikrecht und Aussperrungsrecht, S. 47.

[127] BAG v. 20.12.1963, AP Nr. 32 zu Art. 9 GG Arbeitskampf (B II 3 d, e der Gründe); 14.2.1978, AP Nr. 58 zu Art. 9 GG Arbeitskampf (6 a der Gründe); Brox / Rüthers - *Rüthers*, Arbeitskampfrecht Rn 132; *Hromadka / Maschmann*, Arbeitsrecht II, § 14 Rn 38.

[128] BAG (GS) v. 28.1.1955, AP Nr. 1 zu Art. 9 GG Arbeitskampf (I, 3, 4 der Gründe); v. 22.3.1994, AP Nr. 130 zu Art. 9 GG Arbeitskampf (II 3 a) der Gründe).

[129] *Loritz*, Das Arsenal der Kampfmittel, Arbeitskampfrecht S. 117 (120).

freiheit kann es jedoch auf Art. 9 Abs. 3 Satz 1 GG gestützt werden[130].

VI. Widerspruch gemäß § 613a Abs. 6 Satz 1 BGB gegen den Übergang des Arbeitsverhältnisses

Nach der Rechtsprechung des BAG, welcher auch der EuGH gefolgt ist, hatte ein Arbeitnehmer das Recht, der gesetzlichen Vertragsübernahme durch den Erwerber infolge eines Betriebsübergangs nach § 613a Abs. 1 Satz 1 BGB zu widersprechen und konnte dadurch das Arbeitsverhältnis mit seinem bisherigen Arbeitgeber aufrechterhalten[131]. Das Widerspruchsrecht wurde damit begründet, dass man dem Arbeitnehmer keinen Schuldnerwechsel aufzwingen und ihn außerdem vor einer entwürdigenden Verfügung über seine Person bewahren wolle[132]. Mit der Umsetzung der Richtlinie 2001/23/EG des Rates vom 12.3.2001[133] ist dieses Widerspruchsrecht in einen neuen Abs. 6 des § 613a BGB[134] aufgenommen worden[135].

1. Gestaltungsrecht mit Doppelwirkung

Der bisherige Arbeitgeber und der Erwerber können davon ausgehen, dass nach § 613a Abs. 1 Satz 1 BGB sämtliche Arbeitsverhältnisse auf den neuen Betriebsinhaber übergehen. Will ein Arbeitnehmer diese Rechtsfolge für sich vermeiden, muss er widersprechen. In Ausübung seines Widerspruchsrechts kann er somit einseitig auf Rechtsbeziehungen einwirken, weshalb es sich um ein Gestaltungsrecht handelt[136]. Der Widerspruch kann gemäß § 613a Abs. 6 Satz 2 BGB „gegenüber dem

---

[130] Zur Koalitionsfreiheit und zum Streikrecht nach Art. 9 Abs. 3 Satz 1 GG: BVerfGE (v. 26.6.1991) 84, 212 (224 f.); (v. 4.7.1995) 92, 365 (393 f.); BAG v. 10.6.1980, AP Nr. 64, 65 zu Art. 9 GG Arbeitskampf (A I 2 b der Gründe).

[131] BAG v. 2.10.1974, AP Nr. 1zu § 613a BGB (II 2, III der Gründe); EuGH v. 16.12.1992, AP Nr. 97 zu § 613a BGB (Tz. 37).

[132] BAG v. 2.10.1974, AP Nr. 1 zu § 613a BGB (II 2, III 2, 5 der Gründe).

[133] ABlEG 2001, Nr. L 82 / 16 - 19; BT - Drucksache 14 / 7760 v. 7.12.2001, S. 19.

[134] *§ 613a Abs. 6 BGB*: Der Arbeitnehmer kann dem Übergang des Arbeitsverhältnisses innerhalb eines Monats nach Zugang der Unterrichtung nach Absatz 5 schriftlich widersprechen. Der Widerspruch kann gegenüber dem bisherigen Arbeitgeber oder dem neuen Inhaber erklärt werden.

[135] BGBl I v. 23.3.2002, S. 1163 (1167 f.).

[136] BAG v. 22.4.1993, AP Nr. 103 zu § 613a BGB (II 7 der Gründe); ErfK - *Preis*, § 613a BGB Rn 92; Erman - *Edenfeld*, BGB, § 613a Rn 48; Palandt - *Weidenkaff*, BGB, § 613a Rn 49; *Rieble*, NZA 2004, S. 1 (4, 6, 8); Staudinger - *Richardi / Annuß*, BGB, § 613a Rn 122.

bisherigen Arbeitgeber oder dem neuen Inhaber erklärt werden". Dabei handelt es sich um ein zweifach wirkendes Gestaltungsrecht, denn durch den Widerspruch wird im Hinblick auf den Erwerber verhindert, dass ein Arbeitsverhältnis entsteht oder nach zunächst erfolgtem Übergang besteht, und im Hinblick auf den übertragenden Arbeitgeber, dass das Arbeitsverhältnis erlischt. Das Widerspruchsrecht wirkt also gegenüber beiden Gestaltungsgegnern, obwohl es nur gegenüber einem erklärt zu werden braucht. Dies erscheint insofern problematisch, als eine Gestaltungserklärung aus Gründen der Rechtssicherheit und des Klarstellungsinteresses des Gegners stets empfangsbedürftig ist[137], was aber bei einem der beiden betroffenen Arbeitgeber nicht erfolgt.

Bereits zur früheren Rechtslage war die Frage nach dem richtigen Adressaten des Widerspruchs umstritten. Teils wurde der jeweilige Betriebsinhaber als richtiger Erklärungsempfänger erachtet, so dass es darauf ankam, ob der Betriebsübergang bereits stattgefunden hatte[138]. Teils sollte frei zwischen den beteiligten Arbeitgebern gewählt werden können[139]. Das BAG schließlich räumte ein Wahlrecht für den Fall ein, dass die Unterrichtung über den Betriebsübergang unterblieben war[140]. Übereinstimmend wurde aber jedenfalls nur *eine* Erklärung des Arbeitnehmers gegenüber einer der beiden an dem Übergang beteiligten Parteien verlangt. Jetzt ist die wahlweise Widerspruchsmöglichkeit in § 613a Abs. 6 Satz 2 BGB gesetzlich verankert, so dass die Notwendigkeit der empfangsbedürftigen Willenserklärung an beide Gestaltungsgegner durch das Gesetz selbst gelockert ist. Kraft dieser Regelung reicht also eine Erklärung aus, um gegenüber zwei Seiten Rechtswirkungen zu erzeugen. Damit beide betroffenen Arbeitgeber dennoch stets umfassend informiert sind, soll zwischen Betriebsveräußerer und -erwerber ein wechselseitiger Auskunftsanspruch als vertragliche Nebenpflicht nach § 242 BGB bestehen[141]. Dennoch bleiben Zweifel, ob der Gestaltungsakt auf diese Weise, also durch bloße Unterrichtung durch einen Dritten, überhaupt Wirkung gegenüber demjenigen entfaltet, welchem der Widerspruch nicht vom Arbeitnehmer selbst erklärt worden ist.

---

[137] *Larenz / Wolf*, BGB AT, § 15 Rn 70, 73.

[138] *Schmalenberg*, NZA 1989, Beilage 3, S. 14 (25).

[139] Erman - *Hanau*, BGB, § 613a Rn 49 (10. A.); Staudinger - *Richardi / Annuß*, BGB, § 613a Rn 123.

[140] BAG v. 22.4.1993, AP Nr. 103 zu § 613a BGB (II 5 b der Gründe).

[141] BT - Drucksache 14 / 7760 v. 7.12.2001, S. 19 f.: Gegenseitige Verständigung und Unterrichtung; BAG v. 22.4.1993, AP Nr. 103 zu § 613a BGB (II 5 b bb der Gründe); *Willemsen / Lembke*, NJW 2002, S. 1159 (1160).

Eine Lösung lässt sich aus dem engen Verhältnis, das zwischen der Unterrichtung der Arbeitnehmer und dem Widerspruchsrecht besteht, entwickeln. Die Frist, innerhalb welcher der Widerspruch erklärt werden muss, beginnt gemäß § 613a Abs. 6 Satz 1 BGB erst nach Zugang der Unterrichtung über den Betriebsübergang gemäß § 613a Abs. 5 BGB. Die Unterrichtung hat entweder der bisherige Arbeitgeber oder aber der neue Inhaber vorzunehmen. Nach dem Willen des Gesetzgebers sollen beide untereinander übereinkommen, wie sie dieser Verpflichtung nachkommen[142]. Sie müssen folglich dafür Sorge tragen, dass dem Arbeitnehmer jedenfalls eine vollständige Unterrichtung zuteil wird. Man kann sie daher als Gesamtschuldner erachten, so dass ihnen die mitgeteilten Informationen entsprechend § 422 Abs. 1 Satz 1 BGB jeweils gegenseitig zugerechnet werden[143]. Dagegen spricht auch nicht, dass gemäß § 425 Abs. 1 „andere als die in den §§ 422 - 424 bezeichneten Tatsachen [...], soweit sich nicht aus dem Schuldverhältnis ein anderes ergibt, nur für und gegen den Gesamtschuldner [wirken], in dessen Person sie eintreten“. Da das Gesetz den Betriebsinhabern gerade die Wahl lässt, welcher von beiden den Arbeitnehmer unterrichtet, erfolgt diese Unterrichtung zwangsläufig mit Wirkung auch für den anderen, so dass sich aus dem Schulverhältnis zwischen den Betriebsinhabern einerseits und dem Arbeitnehmer andererseits ergibt, dass diese Informationen jeweils gegenseitig zugerechnet werden sollen. Dafür dass Mitteilungen des einen den anderen entlasten, spricht nicht zuletzt die der Norm zugrunde liegende Richtlinie, denn diese zielt auf die Wahrung von Ansprüchen der Arbeitnehmer beim Übergang [...] von Betrieben [...] ab[144]. Es geht also darum, die Arbeitnehmer zu schützen und ihnen Rechtssicherheit zu bieten[145]. Betrachtet man vor diesem Hintergrund den Widerspruch, der vom Arbeitnehmer an nur einen der Arbeitgeber ergeht, so ist es zugunsten des Arbeitnehmers gerechtfertigt, auch in diesem Fall von einer Zurechnung zwischen Erwerber und Übertragendem auszugehen, so dass die eine Erklärung letztlich bei beiden potentiellen Erklärungsempfängern Wirkung entfalten kann.

Im Übrigen ist der Widerspruch auch nicht in der Weise aufgespalten, dass einerseits das Arbeitsverhältnis zum Erwerber verhindert und andererseits das alte Arbeitsverhältnis aufrechterhalten werden soll, sondern es handelt sich nach § 613a Abs. 6 Satz 1 BGB um den Wider-

---

[142] BT - Drucksache 14 / 7760, S. 19.

[143] BT - Drucksache 14 / 7760, S. 19 f.: Gegenseitige Verständigung und Unterrichtung; Palandt - *Weidenkaff*, BGB, § 613a Rn 41; *Willemsen / Lembke*, NJW 2002, S. 1159 (1162).

[144] ABlEG 2001, Nr. L 82 / 16.

[145] ABlEG 2001, Nr. L 82 / 16; BT - Drucksache 14 / 7760 v. 7.12.2002, S. 20.

spruch gegen den „Übergang". Das ist ein einheitlicher Vorgang, der notwendigerweise die Entscheidung des Arbeitnehmers für den einen und gegen den anderen Arbeitgeber in sich trägt. In Rede steht deshalb immer nur das eine Arbeitsverhältnis, dieses aber ganz und gar, so dass auch nicht ein Teil der Rechtsbeziehung bei demjenigen Arbeitgeber zurückbleibt, demgegenüber nicht widersprochen wurde.

Durch den Widerspruch wird der bisherige Arbeitgeber zwar möglicherweise gegen seinen Willen an einem Arbeitsverhältnis festgehalten, anderenfalls wäre es jedoch der Arbeitnehmer, dem ein Schuldner aufgezwungen werden würde, so dass es gerechtfertigt erscheint, den Agierenden, das heißt den ursprünglichen Arbeitgeber mit dem Fortbestand des Verhältnisses zu belasten. Immerhin steht ihm die betriebsbedingte Kündigung offen, wenn er selbst keine Arbeitsplätze mehr anbieten kann[146].

2. Inhaltliche Einordnung der Gestaltungserklärung nach § 613a Abs. 6 Satz 1 BGB

Mit dem Widerspruchsrecht gegen den Betriebsübergang ist ein echtes Gestaltungsrecht des Arbeitnehmers ausfindig gemacht worden. Zu klären ist nunmehr noch, um welche Art von Gestaltung es sich handelt.

Naheliegend erscheint ein Wahlrecht gemäß §§ 262 ff. BGB, da der Arbeitnehmer mit dem Widerspruch auswählt, zu welchem Arbeitgeber er gehören will. Die Auswahl bezieht sich bei einem Wahlrecht allerdings auf die Art der Leistung innerhalb eines bereits bestehenden Schuldverhältnisses, nicht auf die Wahl des Vertragspartners. Aus diesem Grund kann die Wahl des Arbeitnehmers kein Wahlrecht im rechtlichen Sinne sein. Ebenso wenig wie um ein Wahlrecht kann es sich um ein Leistungsbestimmungsrecht gemäß § 315 Abs. 1 BGB handeln, denn bei der Entscheidung für einen Vertragspartner geht es ebenfalls nicht um die Bestimmung der Leistung, sondern um den vorgelagerten Aspekt, wem gegenüber die Leistung erbracht werden soll. Überhaupt geht es bei dem Widerspruch weniger um die inhaltliche Ausgestaltung eines Schuldverhältnisses. Mit seinem Widerspruch verhindert der Arbeitnehmer, dass sowohl sein bisheriges Arbeitsverhältnis erlischt als auch mit dem Neuerwerber ein neues Arbeitsverhältnis entsteht. Er verhindert somit die Beendigung eines alten und die Begründung eines neuen

[146] BAG v. 15.2.1984, AP Nr. 37 zu § 613a BGB (II 2 der Gründe); Erman - *Edenfeld*, BGB, § 613a Rn 56; Münchener Handbuch II - *Wank*, § 124 Rn 105.

Schuldverhältnisses. Versucht man eine Einordnung des Widerspruchsrechts in die zugrunde gelegten Kategorien[147], so sind die Bereiche Beendigung und Begründung eines Rechtsverhältnisses betroffen. Um ein Leistungsbestimmungsrecht des Arbeitnehmers handelt es sich bei dem Widerspruchsrecht gemäß § 613a Abs. 6 Satz 1 BGB jedenfalls nicht.

VII. Fazit für die Leistungsbestimmung durch den Arbeitnehmer

Im Ergebnis ist festzuhalten, dass Arbeitnehmern von Gesetzes wegen Möglichkeiten eröffnet sind, Einfluss auf den Inhalt ihres Arbeitsverhältnisses zu nehmen und dem Arbeitgeber verbindliche Vorgaben zu machen.

Echte Leistungsbestimmung für Arbeitnehmer konnte in zwei Fällen ermittelt werden, und zwar zur Inanspruchnahme von Elternzeit gemäß § 15 Abs. 1 - 3, § 16 Abs. 1 BErzGG und zur Suspendierung der Arbeitspflicht durch Streik aufgrund Art. 9 Abs. 3 Satz 1 GG. Gestaltungsrechtsqualität kommt des Weiteren auch dem Widerspruchsrecht beim Betriebsübergang nach § 613a Abs. 6 Satz 1 BGB zu, wobei es sich jedoch nicht um inhaltliche Gestaltung im Sinne eines Leistungsbestimmungsrechts handelt.

Der Bereich, in dem Entscheidungskompetenzen für Arbeitnehmer vermehrt auftreten, ist die Arbeitszeit. Der Umstand, dass der inhaltlichen Gestaltung des Arbeitnehmers in diesen Fällen entscheidendes Gewicht zukommt, bedeutet jedoch nicht zwangsläufig, dass stets wie in § 15 Abs. 1 - 3, § 16 Abs. 1 BErzGG echte Leistungsbestimmungsrechte gegeben sind. Vielfach handelt es sich um faktische Bestimmungen, denen sich der Arbeitgeber als derjenige, dem das Umsetzungsrecht zusteht, beugen muss. Solche Möglichkeiten zur faktischen Leistungsbestimmung sind zu finden für den Teilzeitanspruch gemäß § 8 TzBfG, gemäß § 15 Abs. 6 und 7 BErzGG und gemäß § 81 Abs. 5 Satz 3 SGB IX, außerdem für die Bestimmung des Urlaubstermins gemäß § 7 Abs. 1 Satz 1 BUrlG.

Alles in allem betrachtet, kommen echte Leistungsbestimmungsrechte für Arbeitnehmer kraft Gesetzes eher selten vor. Eine Tendenz, dem Arbeitnehmer ein rechtliches Instrument an die Hand zu geben, welches einer vertraglichen Lösung oder dem Weisungsrecht des Ar-

---

147 Siehe Teil 2, B; auch *Becker*, AcP 188 (1988), S. 24 (27 f.); *Larenz / Wolf*, BGB AT, § 15 Rn 66; *Seckel*, Die Gestaltungsrechte des bürgerlichen Rechts, S. 14 f.

beitgebers rechtlich ebenbürtig ist, lässt sich daraus nicht ableiten. Dennoch muss festgehalten werden, dass sich gerade im Hinblick auf die Arbeitszeit verstärkte Einflussnahmemöglichkeiten abzeichnen. Dieser Befund korrespondiert mit der Vielfalt vertraglicher Arbeitszeitmodelle mit Entscheidungskompetenzen für Arbeitnehmer, die im Eingangskapitel mit Gleitzeit, Telearbeit und Arbeitsplatzteilung aufgezeigt worden sind. Vor diesem Hintergrund könnte sich die Arbeitszeit auch auf vertraglicher Ebene als Einfallstor für arbeitnehmerseitige Leistungsbestimmung erweisen. Neben den Arbeitszeitmodellen stehen aber auch noch die angesprochenen arbeitsrechtlichen Zielvereinbarungen sowie die Vergütungssysteme im Blickpunkt und sollen ebenso daraufhin untersucht werden, inwiefern sie Arbeitnehmern das Recht zur inhaltlichen Gestaltung ihres Arbeitsverhältnisses einräumen.

B. Leistungsbestimmung des Arbeitnehmers kraft Vereinbarung

Arbeitsrechtliche Zielvereinbarungen, flexible Arbeitszeitmodelle und bestimmte Vergütungssysteme zielen darauf ab, Eigenverantwortung und Selbstbestimmung der Arbeitnehmer zu fördern. Diese Modelle werden auf der Grundlage des Arbeits- oder eines Tarifvertrags in das Arbeitsverhältnis eingeführt und in der Regel durch Betriebsvereinbarung näher ausgestaltet. Sie berühren die wesentlichen Elemente, die einen Arbeitsvertrag ausmachen, nämlich die Arbeitsleistung beziehungsweise die Organisation der Arbeit an sich, die Arbeitszeit und die Vergütung. Ob es hierdurch zu einer echten Verlagerung von Entscheidungskompetenzen auf Arbeitnehmer kommt, ist zu überprüfen. Dabei wird sich zeigen, ob in weiteren als den bisher ausfindig gemachten Bereichen echte Leistungsbestimmungsrechte für Arbeitnehmer existieren oder ob auch hier eher der rein faktische Einfluss im Vordergrund steht. Zwar ist nicht zu verkennen, dass auch einer bloß faktischen Bestimmungsmöglichkeit ein gewisses Machtpotential innewohnt, wie sich insbesondere am Beispiel des § 8 TzBfG oder auch des § 7 BUrlG gezeigt hat[148], dennoch ändert sie letztlich nichts an der arbeitsrechtlichen Systematik, nach der einseitige Bestimmung in der Regel nur durch den Arbeitgeber erfolgt. Eine echte Neuerung und Konkurrenz zur Arbeitgeberweisung oder vertraglichen Vereinbarung kann nur ein Leistungsbestimmungsrecht des Arbeitnehmers sein.

Unter dieser Prämisse sollen zunächst Inhalte und Zwecke arbeitsrechtlicher Zielvereinbarungen sowie der Sonderfall der teilautonomen

---

[148] Siehe Teil 3, A II1, IV 1.

Arbeitsgruppe untersucht werden. Um letztere handelt es sich, wenn mehrere Arbeitnehmer ein vereinbartes Ziel gemeinsam umsetzen wollen. Anschließend stehen flexible Arbeitszeitmodelle auf dem Prüfstand. Es ist zu klären, was solche Modelle ausmacht und wie unter der Bezeichnung Arbeitszeitsouveränität die Leistungsbestimmung des Arbeitnehmers ins Spiel kommt. In der Praxis werden flexible Arbeitszeitmodelle in vielfältiger Weise praktiziert. Es finden sich daher eine Reihe von anschaulichen Beispielen, mit deren Hilfe die Möglichkeiten der Arbeitnehmer veranschaulicht werden können. Den dritten Bereich stellt die Vergütung dar. Hier sind zum einen Leistungsentgelte von Interesse, das ist eine Form der Vergütung, bei welcher der Arbeitnehmer durch Art und Umfang seiner Leistung selbst auf eine bestimmte Vergütung hinwirken kann. Als spezielles Vergütungsmodell muss vor allem das eingangs genannte Cafeteria-System betrachtet werden, das eine Auswahl aus vielfältigen Vergütungskomponenten ermöglicht. Um die Untersuchung abzurunden soll zum Abschluss auch noch kurz angesprochen werden, inwiefern ein Arbeitnehmer unter Umständen auch auf den Ort der Arbeitsleistung einwirken kann.

I. Organisation der Arbeit

Im Bereich der Arbeitsorganisation, verstanden als die Art und Weise der Arbeitsausführung, spielen die Zielvereinbarungen seit einigen Jahren eine Rolle. Zielvereinbarungen an sich sind kein speziell oder ausschließlich arbeitsrechtliches Instrumentarium. Ganz allgemein geht es darum, Ziele festzulegen, um auf diese Weise bestimmte Abläufe zu steuern[149]. Handelt es sich gerade um Vereinbarungen im Rahmen eines Arbeitsverhältnisses, kann von arbeitsrechtlichen Zielvereinbarungen gesprochen werden[150], ohne dass damit bereits näherer Aufschluss über den Inhalt der Vereinbarung gegeben ist. Solche arbeitsrechtlichen Zielvereinbarungen sollen im Folgenden darauf untersucht werden, ob sie Leistungsbestimmungsrechte für Arbeitnehmer schaffen. Verfolgen mehrere Arbeitnehmer gemeinsam als Gruppe ein bestimmtes Ziel, spricht man auch von teilautonomen Arbeitsgruppen.

1. Arbeitsrechtliche Zielvereinbarungen

Ihren Ausgangspunkt finden Zielvereinbarungen im sogenannten „mana-

---

[149] *Plander*, ZTR 2002, S. 155 f.

[150] *Köppen*, DB 2002, S. 374; *Plander*, ZTR 2002, S. 155 (156).

gement by objectives". „Management by objectives" bedeutet Unternehmens- oder Betriebsführung durch Zielvorgaben[151]. In der Grundkonzeption geht es darum, dass die Manager eines Unternehmens sich gemeinsam auf bestimmte Ziele verständigen, daraus ihre jeweiligen Aufgaben ableiten und dementsprechend das Unternehmen führen[152].

Unter arbeitswissenschaftlichen Gesichtspunkten handelt es sich um eine Methode der Personalführung, und zwar um sogenanntes Führen durch Ziele[153]. Dabei vereinbart ein Vorgesetzter mit seinen Mitarbeitern Ziele, die im Zusammenhang mit der Arbeitsaufgabe stehen und deren Umsetzung ein einzelner Mitarbeiter oder aber mehrere als Gruppe sodann in Eigenregie voranbringen sollen[154]. Auf diese Weise erwachsen den Arbeitnehmern Freiräume sowohl bei der Planung als auch bei der Erledigung der anstehenden Aufgaben. Dadurch sollen Verantwortungsbewusstsein und Motivation und somit letztlich die Leistungsbereitschaft der Arbeitnehmer gefördert werden[155]. Diese Freiräume könnten in Form von Leistungsbestimmungsrechten für den Arbeitnehmer gegeben sein.

a. Formen

Je nachdem wie eine Zielvereinbarung zustande kommt oder mit welchen anderen Inhalten sie verknüpft wird, lassen sich drei Formen von Zielvereinbarungen unterscheiden, und zwar die Zielvorgabe, die echte Zielvereinbarung und die Zielvorgabe oder -vereinbarung mit Vergütungszulage.

aa. Zielvorgabe

Soweit sein Weisungsrecht reicht, kann der Arbeitgeber die Ziele, um deren Erreichen sich der Arbeitnehmer selbstbestimmt bemühen soll, einseitig vorgeben[156]. Selbst wenn zunächst ein erörterndes Gespräch erfolgt, bevor die Ziele festgelegt werden, handelt es sich letztlich nicht um eine gemeinsame Vereinbarung, sondern lediglich um eine Zielvor-

---

[151] http://dict.leo.org/?lang=de, „management by objectives".
[152] *Odiorne*, Management by Objectives, S. 75 - 77.
[153] *Köppen*, DB 2002, S. 374; *Plander*, ZTR 2002, S. 155 (156).
[154] *Köppen*, DB 2002, S. 374; *Mauer*, NZA 2002, S. 540.
[155] *Behrens / Rinsdorf*, NZA 2003, S. 364 (365); *Breisig*, Entlohnen und Führen mit Zielvereinbarungen, S. 16; *Köppen*, DB 2002, S. 374.
[156] ErfK - *Preis*, § 611 BGB Rn 626a; *Köppen*, DB 2002, S. 374 (375).

gabe seitens des Vorgesetzten[157] oder, nach *Plander*, um eine „unechte" Zielvereinbarung[158].

bb. Echte Zielvereinbarung

Von einer derartigen Vorgabe muss die „echte" Zielvereinbarung abgegrenzt werden. Sie zeichnet sich dadurch aus, dass nicht lediglich einseitig Zielerwartungen aufgestellt werden, sondern der Arbeitnehmer selbst die Gelegenheit erhält, an der Aufstellung des Zielkatalogs unmittelbar mitzuwirken[159]. Voraussetzung für das Zustandekommen einer Zielvereinbarung ist demnach der Konsens zwischen dem Mitarbeiter und seinem Vorgesetzten, der für den Arbeitgeber auftritt. In diesem Sinne werden in einer Zielvereinbarung zwischen Arbeitgeber und Arbeitnehmer konkrete Ziele vereinbart, die der Arbeitnehmer sodann in dem dafür vorgesehenen Zeitraum verwirklichen soll[160].

cc. Zielvorgabe oder -vereinbarung mit Vergütungszulage

Finanzielle Anreize entstehen, wenn nicht nur Ziele vorgegeben oder vereinbart werden, sondern das Erreichen dieser Ziele mit Vergütungszulagen verbunden wird[161]. Auf diese Weise wird die Zielvereinbarung zur Grundlage für die Entgeltbemessung. In der Regel werden Zielvereinbarungen ausschließlich in diesem finanziellen Zusammenhang gesehen[162].

---

[157] *Bauer / Diller / Göpfert*, BB 2002, S. 882 (883); *Breisig*, Entlohnen und Führen mit Zielvereinbarungen, S. 38; ErfK - *Preis*, § 611 BGB Rn 626a; *Plander*, ZTR 2002, S. 155 (157); *Tondorf*, AiB 1998, S. 322 (323); *Zoellner*, AuA 1992, S. 216.

[158] *Plander*, ZTR 2002, S. 155 (157).

[159] *Breisig*, Entlohnen und Führen mit Zielvereinbarungen, S. 38; *Köppen*, DB 2002, S. 374; *Tondorf*, AiB 1998, S. 322 (323); *Zoellner*, AuA 1992, S. 216; *a.A. Hromadka*, DB 1995, S. 1609 (1610), der unter einer Zielvereinbarung stets nur eine für einen längeren Zeitraum erteilte Weisung versteht.

[160] *Behrens / Rinsdorf*, NZA 2003, S. 364; *Drexel*, WSI - Mitteilungen 2002, S. 341; *Köppen*, DB 2002, S. 374; *Mauer*, NZA 2002, S. 540; *Tondorf*, AiB 1998, S. 322 f.

[161] *Becker / Schwarz*, Personalwirtschaft 9 / 1998, S. 56 (60); *Brors*, RdA 2004, S. 273; *Plander*, ZTR 2002, S. 155 (157 f.) spricht von „traditionellen Zielvereinbarungen", erachtet diese aber primär als Zielvorgaben.

[162] *Bauer / Diller / Göpfert*, BB 2002, S. 882, 886; *Behrens / Rinsdorf*, NZA 2003, S. 364; *Brors*, RdA 2004, S. 273 f.; ErfK - *Preis*, § 611 BGB Rn 626a.

b. Inhalte

Inhaltlich können bei den arbeitsrechtlichen Zielvereinbarungen im Wesentlichen zwei Arten von Zielen unterschieden werden. Zum einen unmittelbar die Arbeitsaufgabe betreffende, fachliche oder geschäftsfeldbezogene Ziele, zum anderen solche, mit denen die persönliche Entwicklung des Mitarbeiters zum Nutzen des Betriebs vorangebracht werden soll[163]. Als fachliche Ziele kommen in Betracht, dass bestimmte Umsatzziele erreicht werden sollen, ein neues Produkt entwickelt, ein neuer Arbeitsbereich aufgebaut oder auch die Kundenzufriedenheit gestärkt werden soll[164]. Individuelle persönlichkeitsbezogene Entwicklungsziele sind hingegen etwa die Personalführungskompetenz aus- beziehungsweise aufzubauen, den Teamgeist zu stärken oder andere Mitarbeiter zu bestimmten Aufgaben zu motivieren, also deren Leistungsfähigkeit und -bereitschaft zu fördern[165]. Folglich ist hier ein weiter inhaltlicher Ausgestaltungsspielraum eröffnet[166].

Einschränkend wird aber auch vertreten, dass Zielvereinbarungen sich stets nur auf „besondere Leistungen"[167], insbesondere „oberhalb der Standardaufgabe"[168], erstrecken sollen oder andererseits überhaupt nur im Rahmen des Weisungsrechts erfolgen[169], das heißt sich auf einen bereits umgrenzten Aufgabenkreis beziehen sollen. Wegen der aus der Privatautonomie folgenden vertraglichen Inhaltsfreiheit ist es indes nicht nötig, das Steuerungsinstrument der arbeitsrechtlichen Zielvereinbarung auf bestimmte Inhalte zu reduzieren, denn um seiner Zwecksetzung gerecht werden zu können, kommt es weniger auf die Inhalte als vielmehr darauf an, wie das Instrument Zielvereinbarung praktisch umgesetzt wird. Da Selbständigkeit und Eigenverantwortung gefördert werden sollen, ist ausschlaggebend, ob den Arbeitnehmern wirklich Mitwirkungsmöglichkeiten eingeräumt, sie also in die Planungen einbezogen werden, und ob sie ihre Aufgaben dann auch in der zugesagten Eigenverantwortung erledigen können.

---

163 *Bauer / Diller / Göpfert*, BB 2002, S. 882 (883); *Mauer*, NZA 2002, S. 540 (541).

164 *Bauer / Diller / Göpfert*, BB 2002, S. 882 (884); *Behrens / Rinsdorf*, NZA 2003, S. 364; *Breisig*, Entlohnen und Führen mit Zielvereinbarungen, S. 29; *Mauer*, NZA 2002, S. 540 (542).

165 *Bauer / Diller / Göpfert*, BB 2002, S. 882 (884); *Behrens / Rinsdorf*, NZA 2003, S. 364; *Mauer*, NZA 2002, S. 540 (542).

166 *Bauer / Diller / Göpfert*, BB 2002, S. 882 (884).

167 *Tondorf*, AiB 1998, S. 326.

168 *Becker / Schwarz*, Personalwirtschaft 9 / 1998, S. 56 (58).

169 *Hromadka*, DB 1995, S. 1609 (1610).

c. Leistungsbestimmung des Arbeitnehmers

Da eine Zielvereinbarung darauf hinwirken soll, dass der Arbeitnehmer seine Aufgaben selbständig erledigt, könnten mit ihr Leistungsbestimmungsrechte im Sinne des § 315 Abs. 1 BGB begründet werden. Inhalt solcher Leistungsbestimmungsrechte wäre die Freiheit in Mitteln und Wegen der Zielerreichung. Den Parteien ist es infolge ihrer Privatautonomie jedenfalls unbenommen, ein entsprechendes Bestimmungsrecht zu vereinbaren und die Zielvereinbarung zur Grundlage eines arbeitnehmerseitigen Leistungsbestimmungsrechts zu machen.

Fraglich ist allerdings, ob der Abschluss einer Zielvereinbarung an sich impliziert, dass dem Arbeitnehmer Leistungsbestimmungsrechte eingeräumt werden. Zwar könnte man darauf abstellen, dass es sich nur dann um echte Zielvereinbarungen handeln soll, wenn der Arbeitgeber für die Dauer ihrer Laufzeit darauf verzichtet, hinsichtlich der vereinbarten Inhalte sein Direktionsrecht auszuüben[170]. Allein dass der Arbeitgeber sein eigenes Bestimmungsrecht zurücknimmt oder nur eingeschränkt ausübt, bedeutet jedoch nicht, dass damit zugleich dem Arbeitnehmer echte Gestaltungsmacht übertragen wird, zumal Einfluss häufig auch schon durch rein faktische Gestaltung des Arbeitsverhältnisses ausgeübt werden kann, wie bereits im Rahmen der gesetzlichen Bestimmungsmöglichkeiten deutlich geworden ist.

Zweifel bestehen vor allen Dingen, ob selbständiges Arbeiten des Arbeitnehmers überhaupt voraussetzt, dass ihm ein entsprechendes Recht hierzu eingeräumt worden sein muss. Wäre das der Fall, dann müsste einem Arbeitnehmer ohne hinreichende Kompetenzen stets jede Einzelheit der von ihm zu erledigenden Aufgaben vorgegeben werden. Das würde eine permanente Weisungsbedürftigkeit der jeweiligen Vorgesetzten zu ihren Mitarbeitern erforderlich machen, da ohne entsprechende Weisung keine Arbeitsschritte mehr ausgeführt werden könnten. Eine solche Überlastung des Weisungsrechts würde letztlich flüssige und effektive Arbeitsabläufe hemmen und der Weisung jegliche Praktikabilität bei der Gestaltung der Arbeitsabläufe nehmen[171]. Zwar wird ein Arbeitnehmer definiert als jemand, der weisungsgebunden tätig ist[172], dennoch

---

170 *Plander*, ZTR 2002, S. 155 (158 f.).

171 *Birk*, Die arbeitsrechtliche Leitungsmacht, S. 391 spricht davon, dass es illusorisch sei, einem Arbeiter jeden einzelnen Handgriff vorschreiben zu wollen; *Plander*, ZTR 2002, 155 (157).

172 BAG v. 16.2.2000, AP Nr. 70 zu § 2 ArbGG 1979 (II 2 b aa der Gründe); v. 9.10.2002, AP Nr. 114 zu § 611 BGB Abhängigkeit (II 1 der Gründe); *Hueck / Nipperdey*, Arbeitsrecht I, § 9 II, III 3 (S. 34 f., 41).

setzen die überwiegenden Arbeitsstellen eine Ausbildung voraus, mit welcher der Arbeitnehmer gerade die Fähigkeit erlangt haben soll, die dem Berufsbild entsprechenden Tätigkeiten selbständig auszuführen. Auf diese Weise eröffnet sich letztlich von selbst ein Spielraum, in dem grundsätzlich keine Weisungen mehr nötig sein sollten, da der Arbeitnehmer den betreffenden Sachverstand notwendigerweise besitzen muss. Daraus folgt, dass ein Arbeitnehmer in seinem Beruf umso qualifizierter ist, je mehr er zur selbständigen Aufgabenerledigung in der Lage ist. Nicht zu vergessen ist schließlich die Fähigkeit, sich auf technische, rechtliche, wirtschaftliche oder andere relevante Fortschritte einzustellen und die Arbeit entsprechend anzupassen[173]. Demzufolge sind Selbständigkeit und Freiräume in der Art und Weise der Aufgabenerledigung keine rechtlich einzuordnenden Elemente, die jeweils bewusst durch Vereinbarung in das Arbeitsverhältnis eingebracht werden müssen, sondern es handelt sich um tatsächliche Eigenschaften, die einen Arbeitnehmer, auch ohne dass man ihn dazu anleitet, auszeichnen und besonders qualifizieren.

Im Ergebnis kann allein aus der zurückhaltenden Ausübung des Weisungsrechts durch den Arbeitgeber nicht automatisch auf ein echtes Recht des Arbeitnehmers zur Leistungsbestimmung hinsichtlich der Organisation der Arbeit geschlossen werden. Sofern nicht ein Leistungsbestimmungsrecht eindeutig vereinbart worden ist, handelt es sich bei dem durch arbeitsrechtliche Zielvereinbarungen gewährten Freiraum ein weiteres Mal um die nur faktische Macht, bestimmte Vorgänge selbständig steuern zu können.

2. Selbststeuerung durch teilautonome Arbeitsgruppen

Die Förderung der Selbständigkeit durch die Einbeziehung in die Organisation der Arbeit muss nicht auf den Einzelnen in seiner Tätigkeit beschränkt sein, sondern Arbeitnehmer, die eng zusammenarbeiten, beispielsweise in einer Abteilung, können die Arbeitsabläufe auch gemeinsam steuern[174]. Es handelt sich dabei um Selbststeuerung durch Arbeitsgruppen. Wenn eine solche Gruppe als teilautonom bezeichnet wird, kommt dadurch ein gewisses Maß an Selbständigkeit zum Ausdruck. Die Frage ist, ob es dabei nur um ein tatsächliches selbständiges Arbeiten geht, oder ob sogar die Stufe eines echten Leistungsbestim-

[173] *Rieble*, NZA 2000, Beilage 3, S. 34.
[174] *Rieble*, NZA 2000, Beilage 3, S. 34.

mungsrechts für die Art und Weise und Organisation der Arbeit erreicht wird.

a. Formen von Arbeitsgruppen

Allein dass Arbeitnehmer zusammen arbeiten, besagt noch nichts über etwaige besondere Rechte bei der Verrichtung ihrer Tätigkeit. Zwar kann man unterschiedliche Kategorien bilden und Betriebs- und Eigengruppen oder dauerhafte und temporäre Gruppen unterscheiden, maßgeblich ist jedoch, dass die Gruppe unabhängig von Zusammensetzung, Bildung und Dauer innerhalb des Betriebs selbstbestimmt arbeiten soll.

aa. Betriebsgruppe und Eigengruppe

Eine Form der Arbeitsgruppe ist die Betriebsgruppe. Sie entsteht, wenn der Arbeitgeber mehrere Arbeitnehmer zusammenfasst, damit sie einen bestimmten Arbeitserfolg gemeinsam verwirklichen[175]. Dass dieser Erfolg selbstbestimmt herbeigeführt werden soll, ist damit aber noch nicht gesagt.

Das Gegenstück zur Betriebsgruppe bildet die Eigengruppe. In einem solchen Fall bieten die Arbeitnehmer ihre Arbeitsleistung von vornherein als Gruppenleistung an[176]. Dies ist aber ebenfalls nur eine Art der Entstehung von Gruppenarbeit, ohne dass damit die Freiheit zur Organisation der Arbeit verbunden ist. Entscheidend für die Frage nach Leistungsbestimmung ist vielmehr, in welchem Maß die Gruppe selbstbestimmt arbeiten kann.

bb. Selbstbestimmte und einfache Arbeitsgruppen

Die Differenzierung zwischen selbstbestimmten und einfachen Arbeitsgruppen lässt sich mithilfe des § 87 Abs. 1 Nr. 13 BetrVG veranschaulichen. Nach dieser Vorschrift steht dem Betriebsrat nämlich ein Mitbestimmungsrecht bei den Grundsätzen über die Durchführung von Grup-

---

[175] ErfK - *Preis*, § 611 BGB Rn 190; Münchener Handbuch II - *Marschall*, § 171 Rn 3; *Schaub*, Arbeitsrechts - Handbuch, § 181 Rn 2; *Wiese*, BB 2002, S. 198 (199); *Zöllner / Loritz*, Arbeitsrecht, § 27 I 1 (S. 332).

[176] ErfK - *Preis*, § 611 BGB Rn 195; Münchener Handbuch II - *Marschall*, § 171 Rn 11; *Schaub*, Arbeitsrechts - Handbuch, § 181 Rn 3; *Wiese*, BB 2002, S. 198 (199); *Zöllner / Loritz*, Arbeitsrecht, § 27 I 2 (S. 333).

penarbeit zu. Um Gruppenarbeit im Sinne der Vorschrift handelt es sich jedoch nur dann, „wenn im Rahmen des betrieblichen Arbeitsablaufs eine Gruppe von Arbeitnehmern eine ihr übertragene Gesamtaufgabe im Wesentlichen eigenverantwortlich erledigt". Nach der Begründung des Gesetzgebers müssen der Arbeitsgruppe „vor- oder nachgelagerte Tätigkeiten oder Vorgesetztenkompetenzen" übertragen worden sein[177]. Solche Kompetenzen, die ansonsten ein Vorgesetzter inne hat, sind die arbeitgeberseitigen Weisungsbefugnisse[178]. Selbstbestimmte Gruppenarbeit zeichnet sich folglich dadurch aus, dass der Gruppe das ursprünglich dem Arbeitgeber zustehende Recht zur Leistungsbestimmung eingeräumt worden ist[179].

cc. Temporäre und dauerhafte Arbeitsgruppen

Schließlich lassen sich Arbeitsgruppen nach der zeitlichen Komponente abgrenzen. Es ist nämlich keineswegs notwendig, dass die Gruppenmitglieder ihre gemeinsame Aufgabe dauerhaft als Teil der betrieblichen Organisation verrichten. Auch rein temporäre Gruppenarbeit ist möglich. Bei dieser arbeiten die betreffenden Arbeitnehmer nicht ausschließlich, sondern nur neben ihrer eigentlichen Hauptaufgabe als Gruppe zusammen. Die Rede ist von Projektgruppen oder Qualitätszirkeln, die nur von Zeit zu Zeit zusammenkommen[180]. Das schließt jedoch keinesfalls aus, dass nicht auch eine solche nur parallel eingerichtete Gruppe ausdrücklich eine gewisse rechtliche Autonomie erhält. Dennoch dürfte deren Umfang vergleichsweise gering sein, da es sich lediglich um eine neben der eigentlichen Arbeit zu erledigende Aufgabe handelt.

b. Leistungsbestimmung der Arbeitnehmer als Gruppe

Ebenso wie die Zielvereinbarung wird Gruppenarbeit im Rahmen des Arbeitsverhältnisses praktiziert. Das bedeutet, dass die Zusammenfassung von Arbeitnehmern zu selbstbestimmten Gruppen nicht deren Ar-

---

177 BT - Drucksache 14 / 5741 v. 2.4.2001, S. 48.

178 H/S/W/G - *Worzalla*, BetrVG, § 87 Rn 597 e; *Löwisch*, BB 2001, S. 1790 (1792); *Reichold*, NZA 2001, S. 857 (864).

179 *Federlin*, NZA Sonderheft 2001, S. 24 (26); *Löwisch*, BB 2001, S. 1790 (1792); *Reichold*, NZA 2001, S. 857 (864); *Wiese*, BB 2002, S. 198 (199).

180 BT - Drucksache 14 / 5741 v. 2.4.2001, S. 48; DKK - *Klebe*, BetrVG, § 87 Rn 305; *Federlin*, NZA Sonderheft 2001, S. 24 (25 f.); H/S/W/G - *Worzalla*, BetrVG, § 87 Rn 597 e; *Stürzl*, Lean Production in der Praxis, S. 73; *Wiese*, BB 2002, S. 198 (199).

beitnehmerstatus aufhebt[181]. Dementsprechend geht die Autonomie auch nicht so weit, dass der Vorgesetzte sein Weisungsrecht vollumfänglich abgibt, sondern dieses wird nur für bestimmte Teilbereiche, soweit es zur Aufgabenerfüllung erforderlich ist, übertragen. Somit erklärt sich, warum diese Gruppen von Arbeitnehmern teilautonome Arbeitsgruppen heißen[182]. Es handelt sich dabei um einen Fall der Leistungsbestimmung durch Dritte gemäß § 317 Abs. 1 BGB, nämlich die Arbeitnehmer als Gruppe.

Bereiche in denen es zu einem Wechsel in der Bestimmungsbefugnis kommen kann, sind allerdings nicht nur die Organisation beziehungsweise Art und Weise der Arbeitserbringung, sondern in Betracht kommt beispielsweise ebenfalls die Verteilung der Arbeitszeit, wodurch die Arbeitsgruppe zu einer zeitautonomen Gruppe wird[183].

3. Fazit für die Leistungsbestimmung durch den Arbeitnehmer

Im Bereich der Arbeitsorganisation zeigt sich für die Leistungsbestimmung des Arbeitnehmers ein zweigeteiltes Bild. Bei den arbeitsrechtlichen Zielvereinbarungen, die mittlerweile ein verbreitetes Mittel sind, um Eigenverantwortung und Selbständigkeit und damit die Leistungsbereitschaft der Mitarbeiter zu fördern, handelt es sich im Normalfall nur um rein faktische Anreize. Ein Zusammenhang zwischen der arbeitsrechtlichen Zielvereinbarung und arbeitnehmerseitigen Leistungsbestimmungsrechten kann hingegen nicht festgestellt werden.

Anders verhält es sich mit den teilautonomen Arbeitsgruppen. Solchen Gruppe von Arbeitnehmern sind bereits per definitionem Vorgesetztenkompetenzen, und zwar Teilbereiche der ursprünglich arbeitgeberseitigen Weisungsbefugnisse übertragen, so dass es sich um einen Fall von Leistungsbestimmungsrechten für Arbeitnehmer kraft Vereinbarung handelt.

---

[181] Für Arbeitszeitautonomie so deutlich Münchener Handbuch Ergänzungsband - *Schüren*, § 165 Rn 49.NNZ

[182] BT - Drucksache 14 / 5741 v. 2.4.2001, S. 47; *F/E/S/T/L*, BetrVG, § 87 Rn 568, 571; H/S/W/G - *Worzalla*, BetrVG, § 87 Rn 597 a; *Preis / Elert*, NZA 2001, S. 371 (372); *Stürzl*, Lean Production in der Praxis, S. 78; *Wiese*, BB 2002, S 198 (199).

[183] Münchener Handbuch Ergänzungsband - Schüren, § 165 Rn 31 f.; *Reichold*, NZA 1998, S. 393 (398); *ders.*, NZA 2001, S. 857 (864).

II. Arbeitszeit

Vergleichbar der teilautonomen Arbeitsgruppe, die bereits begrifflich die Übertragung von Arbeitgeberkompetenzen auf Arbeitnehmer zum Ausdruck bringt, existiert auch im Bereich der Arbeitszeit ein konkreter Begriff, der die eigenverantwortliche Arbeitszeitgestaltung durch den Arbeitnehmer kennzeichnet, und zwar ist die Rede von Arbeitszeitsouveränität, wenn anstelle des Arbeitgebers dem Arbeitnehmer die Arbeitszeitplanung überlassen wird[184]. Der Umstand, dass eine solche Arbeitszeitplanung überhaupt erfolgt, deutet darauf hin, dass die Arbeit nicht täglich zur gleichen Zeit erbracht werden soll oder muss. Aus diesem Grund ist die Arbeitszeitsouveränität auch stets eingebettet in ein sogenanntes flexibles Arbeitszeitmodell, denn um flexible Arbeitszeiten handelt es sich, wenn eine bestimmte Arbeitszeitmenge flexibel auf einen bestimmten Zeitraum verteilt werden kann[185]. Hier von Arbeitszeitmodellen zu sprechen liegt darin begründet, dass sich im Laufe der Zeit einige unterschiedliche Möglichkeiten, die Arbeitszeit zu verteilen, herausgebildet haben, die man gegeneinander abgrenzen kann.

Um eine Antwort auf die Frage zu finden, wie weit Arbeitszeitsouveränität reicht und worauf sich die Leistungsbestimmung in solchen Arbeitszeitangelegenheiten erstreckt, muss untersucht werden, über welche Größen der Zeit überhaupt eine Bestimmung getroffen werden kann und was es mit der Flexibilität der Arbeitszeit auf sich hat. Schließlich ist zu klären, was sich hinter den flexiblen Arbeitszeitmodellen verbirgt. Hierfür sollen Beispiele aus der Praxis zusammengetragen werden.

1. Zeit im Arbeitsverhältnis

Durch den Arbeitsvertrag gemäß § 611 BGB verspricht der Arbeitnehmer seinem Arbeitgeber die entgeltliche Leistung von Diensten[186]. Anders als beim Werkvertrag nach § 631 BGB schuldet er nicht ein bestimmtes Er-

---

[184] *Heinze*, NZA 1997, S. 681 (684, 688); *Klevemann*, AiB 1984, S. 90; *Linnenkohl*, BB 1985, S. 1920; Münchener Handbuch Ergänzungsband - *Schüren*, § 165 Rn 15, 27, 30; *Reichold*, NZA 1998, S. 393 (395, 397 f.); *Rieble*, NZA 2000, Beilage 3, S. 34 (41).

[185] *von Hoyningen - Huene*, NZA 1985, S. 9 f.; Münchener Handbuch Ergänzungsband - *Schüren*, § 165 Rn 2; *Reichold*, NZA 1998, S. 393 (394).

[186] Palandt - *Weidenkaff*, BGB, Einf v § 611 Rn 1, 7; *Schaub*, Arbeitsrechts - Handbuch, § 29 Rn 1.

gebnis, sondern ein Tätigwerden[187]. Dieses Tätigwerden ist kein unbegrenztes, denn eine Verpflichtung zur Arbeitsleistung ohne eindeutige zeitliche Grenze wäre unvereinbar mit dem ArbZG, nach dessen § 3 Satz 1 darf nämlich „die werktägliche Arbeitszeit der Arbeitnehmer [...] acht Stunden nicht überschreiten". Arbeitszeit ist gem. § 2 Abs. 1 Satz 1 ArbZG „die Zeit vom Beginn bis zum Ende der Arbeit ohne die Ruhepausen". Dementsprechend erfolgt die Begrenzung der Arbeitspflicht zeitbezogen[188].

a. Bestimmungsgrößen der Zeit

Im Vergleich zur Bewertung eines Arbeitsergebnisses oder der Art und Weise einer Arbeitsleistung ist Zeit quantitativ und somit einfach und objektiv messbar. Sie lässt sich sowohl in einzelnen Zeitpunkten als auch in Zeiträumen, das heißt in ihrem Verlauf, ausdrücken. Konkret handelt es sich bei diesen Bestimmungsgrößen um die Lage und die Dauer der Zeit.

aa. Die Lage der Zeit

In § 2 Abs. 1 Satz 1 ArbZG wird die werktägliche Arbeitszeit durch „Beginn" und „Ende" der Zeit eingegrenzt. Dabei handelt es sich um Zeitpunkte[189]. Legt man einen Maßstab wie die Stundenzählung eines Tages zugrunde, so kann mit der Angabe von „Beginn" und „Ende" eine exakte zeitliche Lage der Arbeit bestimmt werden.

bb. Die Dauer der Zeit

Der Begriff der Dauer der Arbeitszeit erfordert eine differenzierte Betrachtung: Aus Sicht des Arbeitnehmerschutzes gibt § 3 Satz 1 ArbZG an, welchen Zeitraum die Arbeitsleistung am Tag grundsätzlich nicht überschreiten darf, und zwar „acht Stunden". Synonym für Zeitraum kann

---

[187] Münchener Handbuch I - *Blomeyer*, § 48 Rn 4; *Schaub*, Arbeitsrechts - Handbuch, § 29 Rn 8; Staudinger - *Richardi*, BGB, Vorbem. zu §§ 611 ff. Rn 26 f.

[188] *Linnenkohl / Rauschenberg / Gressierer / Schütz*, Arbeitszeitflexibilisierung, S. 15; Münchener Handbuch I - *Blomeyer*, § 48 Rn 101; *Richardi*, FS Merz (1992), S. 481 (483, 496); Schaub - *Linck*, Arbeitsrechts - Handbuch, § 45 Rn 46; *Zöllner / Loritz*, Arbeitsrecht, § 12 III 2 a (S. 165 f.).

[189] Münchener Handbuch I - *Blomeyer*, § 48 Rn 142.

der Begriff der Dauer verwendet werden[190], so dass die tägliche Arbeitsleistung nicht länger als acht Stunden dauern darf. Die Dauer der Arbeitszeit kann darüber hinaus in einem größeren Zusammenhang betrachtet werden, also nicht nur als die tägliche Dauer der Beschäftigung an der Arbeitsstelle, sondern auch verstanden als Arbeitszeitvolumen, das ein Arbeitnehmer beispielsweise in einer Woche zu erbringen hat. Das bedeutet, dass man unter Dauer sowohl den Umfang einer einzelnen Teilmenge dieses Volumens, das heißt die Dauer der täglichen Arbeitszeit als auch die vereinbarte Arbeitszeitmenge für einen längeren Zeitraum, das Gesamtvolumen[191], verstehen kann[192].

Ein derart doppeltes Verständnis von der Dauer der Arbeitszeit ist keine Ausnahme. Es findet sich auch im Betriebsverfassungsrecht, und zwar in § 87 Abs. 1 Nr. 2 BetrVG. Danach hat der Betriebsrat über „Beginn und Ende der täglichen Arbeitszeit einschließlich der Pausen sowie Verteilung der Arbeitszeit auf die einzelnen Wochentage" mitzubestimmen. Nach überwiegender Auffassung ist sonach zwar die Lage der Arbeitszeit, nicht jedoch deren Dauer mitbestimmungspflichtig[193]. Der Grund dafür ist neben historischen und systematischen Erwägungen, dass es sich bei der Dauer um einen Teil der essentialia negotii handelt, nämlich den Umfang der Leistung des Arbeitnehmers, welche wiederum in einem Verhältnis zur Gegenleistung des Arbeitgebers, der Vergütung, steht[194]. Betroffen ist also ein Regelungsgegenstand, der zwischen den Parteien selbst oder jedenfalls durch die insoweit ermächtigten Tarifvertragsparteien vereinbart werden muss, damit es überhaupt zu einer Regelung, welcher der Arbeitnehmer selbst zugestimmt hat, kommt[195]. Mit

---

190 Duden, Sinn- und Sachverwandte Wörter, „Weile", „Zeitraum"; *Wahrig*, Deutsches Wörterbuch, „Dauer", „Zeitspanne".

191 BAG v. 13.10.1987, AP Nr. 24 zu § 87 BetrVG 1972 Arbeitszeit (B II 3 b der Gründe); *Hromadka*, NZA 1995, S. 2601; *Reichold*, NZA 1998, S. 393 (397); *Richardi*, FS Merz (1992), S. 481 (496).

192 BAG v. 13.10.1987, AP Nr. 24 zu § 87 BetrVG 1972 Arbeitszeit (B II 3 b der Gründe); *Gutzeit*, BB 1996, S. 106 (109); *Heinze*, NZA 1997, S. 681.

193 BAG v. 18.8.1987, AP Nr. 23 zu § 77 BetrVG 1972 (B III 2 b der Gründe); v. 13.10.1987, AP Nr. 24 zu § 87 BetrVG 1972 Arbeitszeit (B II 2, 3 b der Gründe); v. 27.1.1998, AP Nr. 14 zu § 87 BetrVG 1972 Sozialeinrichtung (B II 2 b der Gründe); *F/E/S/T/L*, BetrVG, § 87 Rn 104 f.; GK - *Wiese*, BetrVG, § 87 Rn 276 - 297; H/S/W/G - *Worzalla*, BetrVG, § 87 Rn 155 f.; H/W/K - *Clemenz*, Arbeitsrecht Kommentar, § 87 BetrVG Rn 70; Münchener Handbuch III - *Matthes*, § 334 Rn 3, 11; *Richardi*, BetrVG, § 87 Rn 262 - 266; *Zöllner / Loritz*, Arbeitsrecht, § 47 IV 1 (S. 566); *a.A.* DKK - *Klebe*, BetrVG, § 87 Rn 73 f.; *Klevemann*, AiB 1984, S. 90 (91); Schaub - *Koch*, Arbeitsrechts - Handbuch § 235 Rn 37 f.

194 *F/E/S/T/L*, BetrVG, § 87 Rn 105; *Richardi*, BetrVG, § 87 Rn 257.

195 Palandt - *Heinrichs*, BGB, Einf v § 145 Rn 3; Soergel - *Wolf*, BGB, § 145 Rn 4.

Dauer ist in dieser Beziehung also das Gesamtvolumen gemeint. Nichtsdestotrotz spricht die Norm von der Mitbestimmung zur „Verteilung der Arbeitszeit auf die einzelnen Wochentage". Der Betriebsrat kann deshalb zwar nicht ein bestimmtes Gesamtvolumen erzwingen, er kann aber bei der Verteilung dieses Volumens mitwirken und deshalb die tägliche Dauer der Arbeitszeit gleichwohl mitgestalten.

b. Verteilbarkeit der Arbeitszeit

Über die beiden Bestimmungsgrößen Lage und Dauer lässt sich die Arbeitszeit eines Arbeitnehmers verändern. Je nachdem, in welchem Maße solche Veränderungen in einem Arbeitsverhältnis möglich sind und wie Arbeitszeit auf die einzelnen Arbeitstage verteilt werden kann, unterscheidet man starre und flexible Arbeitszeiten.

aa. Starre Arbeitszeit

Arbeitszeit kann starr, das heißt im Individual- oder Kollektivvertrag grundsätzlich feststehend vereinbart, sein[196]. Die Arbeitsvertragsparteien wissen in diesem Fall für die Zukunft genau, zu welcher Zeit der Arbeitgeber die Arbeitsleistung verlangen kann beziehungsweise wann der Arbeitnehmer dieselbe erbringen wird[197]. Beispiel für eine solche Arbeitszeitgestaltung ist eine Wochenarbeitszeit von 40 Stunden, wobei die Arbeitszeit an fünf Werktagen jeweils acht Stunden beträgt und inklusive einer Stunde Pause täglich von 7:00 bis 16:00 Uhr gearbeitet wird.

bb. Flexible Arbeitszeit

Entgegengesetzt verhält es sich mit der sogenannten flexiblen Arbeitszeit. Von flexibler Arbeitszeit spricht man, wenn eine bestimmte Arbeitszeitmenge flexibel auf einen Bemessungszeitraum verteilt wird[198]. Bei

---

[196] *Linnenkohl*, BB 1985, S. 1920 (1921, 1924).

[197] Münchener Handbuch Ergänzungsband - *Schüren*, § 165 Rn 4.

[198] *von Hoyningen - Huene*, NZA 1985, S. 9 f.; Münchener Handbuch Ergänzungsband - *Schüren*, § 165 Rn 2; *Reichold*, NZA 1998, S. 393 (394). Gelegentlich ist im Zusammenhang mit dieser Arbeitszeitmenge die Rede von einem Arbeitszeitdeputat. Der Ausdruck ist unpassend, da ihm bereits ein spezieller Bedeutungsgehalt zukommt. Bei einem Deputat handelt es sich nämlich entweder um zum Lohn oder Gehalt gehörende Sachleistungen oder um die volle Anzahl der Pflichtstunden, die eine Lehrkraft zu geben hat.

solcher Arbeitszeit wird der Arbeitnehmer nicht nach einem gleichbleibenden Zeitschema tätig. Ganz im Gegenteil wird die Entscheidung, ob und wann gearbeitet wird, stets neu an bestimmte Faktoren geknüpft. Das sind einerseits betriebliche Interessen[199], andererseits aber auch persönliche Belange des Arbeitnehmers[200]. Es handelt sich um situationsabhängige Entscheidungen, welche zu Beginn des Arbeitsverhältnisses bewusst offen gelassen werden mussten, da sie für die Zukunft noch nicht konkret benannt werden konnten. Aus diesem Grund steht nicht mehr von vornherein fest, dass beispielsweise bei einer Wochenarbeitszeit von 40 Stunden täglich acht Stunden, von 7:00 bis 16:00 Uhr inklusive Ruhepausen, gearbeitet wird.

(1) Die flexible Lage der Arbeitszeit

Die Lage der Arbeitszeit markiert, wann genau im Verlauf eines Tages die geschuldete Arbeitsleistung zu erbringen ist[201]. In dem Beispiel zur starren Arbeitszeit ist dies an fünf Werktagen von 7:00 bis 16:00 Uhr abzüglich einer Stunde Pause der Fall[202]. Die Lage der Arbeitszeit ist also durch die beiden Zeitpunkte 7:00 Uhr und 16:00 Uhr festgelegt. Bei flexibler Arbeitszeit wird auf eine solche verbindliche ex ante Regelung verzichtet. Die Platzierung der Arbeitszeit erfolgt auf andere Art und Weise, und zwar kann die Lage der Arbeitszeit völlig freigestellt werden, so dass die Arbeit grundsätzlich zu jeder beliebigen Zeit aufgenommen werden kann. Solange dabei nur die Lage nicht jedoch die tägliche Dauer zur Disposition steht, muss die Arbeitsaufnahme so gewählt werden, dass die täglich zu erzielende Dauer der Leistung erbracht werden kann. Im Übrigen sind schließlich die zwingenden Vorschriften des ArbZG zu beachten, wobei insbesondere nach dessen § 5 Abs. 1 zwischen dem Ende des einen und dem Beginn des nächsten Arbeitstages eine Ruhezeit

---

199 *Baeck / Deutsch*, ArbZG, § 1 Rn 12; *Buchner*, RdA 1990, S. 1 (18); *Dercks / Heikaus*, BArbBl 2005, Nr. 2, S. 4; *Frey*, Flexible Arbeitszeit, S. 1, 5; *Lindecke / Lehndorff*, WSI - Mitteilungen 1997, S. 471 (473); Münchener Handbuch II - *Anzinger*, § 218 Rn 37; dass. Ergänzungsband - *Schüren*, § 165 Rn 2; *Richardi*, FS Merz (1992), S. 481 (484).

200 *Baeck / Deutsch*, ArbZG, § 1 Rn 12; *Dercks / Heikaus*, BArbBl 2005, Nr. 2, S. 4; *Fauth - Herkner / Wiebrock*, AuA 1999, S. 148; *Frey*, Flexible Arbeitszeit, S. 7 f.; *Heinze*, NZA 1997, S. 681 (685, 688); *Kilz / Reh*, Innovative Arbeitszeitsysteme, S. 19, 26; *Klevemann*, AiB 1984, S. 90; *Lindecke / Lehndorff*, WSI - Mitteilungen 1997, S. 471 (473); Münchener Handbuch II - *Anzinger*, § 218 Rn 37; *Reichold*, NZA 1998, S. 393 (394); *Seifert*, Arbeitszeitgestaltung jenseits der Normalarbeitszeit, S. 271 (272).

201 Münchener Handbuch I - *Blomeyer*, § 48 Rn 142.

202 Siehe Teil 3, B II 1 b aa.

von elf Stunden liegen muss. Einschränkend kann es zudem üblich sein, einen Zeitrahmen aufzustellen. Dieser wird als Kernzeit bezeichnet. Eine solche gibt einen Zeitraum, innerhalb dessen die Arbeitszeit liegen muss, oder auch nur eine Mindestanwesenheitszeit vor, welche durch die Lage der Arbeitszeit auf jeden Fall abgedeckt werden muss[203]. Eine gesetzliche Einschränkung, die zwar nicht die Platzierung der Zeit, sondern die Verbindlichkeit dieser Platzierung betrifft, existiert schließlich für den Fall der arbeitgeberbestimmten Arbeit auf Abruf. Gemäß § 12 Abs. 2 TzBfG ist der „Arbeitnehmer [...] zur Arbeitsleistung [nur] verpflichtet, wenn der Arbeitgeber ihm die Lage seiner Arbeitszeit jeweils mindestens vier Tage im Voraus mitteilt".

(2) Die flexible Dauer der Arbeitszeit

Die Tatsache, dass die flexible Arbeitszeit als die Verteilbarkeit einer bestimmten Arbeitszeitmenge definiert wird, weist darauf hin, dass neben der Lage der Arbeitszeit nur die Dauer als Teilmenge, das heißt die tägliche Dauer der Arbeitszeit, flexibel gehandhabt wird, nicht jedoch die Dauer, verstanden als beispielsweise wöchentliches Gesamtvolumen. Es verhält sich damit wie bei der Mitbestimmung des Betriebsrats zur Arbeitszeit.

(3) Zeitverteilung im Bemessungszeitraum

Zu klären ist schließlich, was es mit dem in der Definition der flexiblen Arbeitszeit vorkommenden Bemessungszeitraum auf sich hat[204]. Den Bemessungszeitraum versteht man als den Zeitraum, innerhalb dessen der Arbeitnehmer seine individual- oder tarifvertraglich vereinbarte Arbeitszeit, auch Gesamt- oder Sollarbeitszeit genannt, abzuleisten hat[205]. Er kann eine Woche, einen Monat, ein Jahr oder auch ein Leben umfassen[206]. Folglich ist aus ihm zu ersehen, in welcher Zeitspanne ein bestimmtes Arbeitszeitvolumen zu erbringen ist. Es ist im Übrigen nicht nur

---

[203] *Kutscher / Weidinger / Hoff*, Flexible Arbeitszeitgestaltung, S. 152; Münchener Handbuch II - *Anzinger*, § 218 Rn 58; dass. Ergänzungsband - *Schüren*, § 168 Rn 8

[204] Von flexibler Arbeitszeit spricht man, wenn eine bestimmte Arbeitszeitmenge flexibel auf einen Bemessungszeitraum verteilt wird.

[205] *Heinze*, NZA 1997, S. 681 (687).

[206] *Heinze*, NZA 1997, S. 681 (687 f.); Münchener Handbuch Ergänzungsband - *Schüren*, § 165 Rn 2.

die Rede vom Bemessungszeitraum[207], sondern dieser wird desgleichen als Bezugszeitraum[208] und als Planperiode[209] bezeichnet.

Für die flexible Verteilung der Arbeitszeit auf einen Bemessungszeitraum bedeutet dies zum Beispiel, dass eine 40-Stunden-Woche nicht durch an fünf Tagen mit je acht Stunden in der Woche geleistet werden muss, sondern dass im Vordergrund das Ergebnis steht, am Ende einer Woche überhaupt 40 Stunden gearbeitet zu haben, und zwar unabhängig von der Verteilung auf die einzelnen Tage. Bemisst man die Arbeitszeit nach einem Monat mit 23 Arbeitstagen, das sind 4,6 Wochen, und setzt 4,6 · 40 Stunden, also 184 Stunden im Monat, als Arbeitsleistung an, dann müssen ebenso wenig wie werktäglich acht Stunden, wöchentlich exakt 40 Stunden gearbeitet werden. Je nach Arbeitsanfall kann mehr oder weniger gearbeitet werden. Es kommt lediglich darauf an, dass nach Ablauf des Monats die 184 Stunden erbracht worden sind.

(4) Zeitverteilung im Ausgleichszeitraum

Nach dem Beispiel kann es durchaus vorkommen, dass die Arbeitszeit an manchen Tagen acht Stunden übersteigt und die Obergrenze gemäß § 3 Satz 2 ArbZG von zehn Stunden erreicht. Für diesen Fall sieht das Gesetz ausdrücklich vor, dass die werktägliche Arbeitszeit dann innerhalb von sechs Kalendermonaten oder von 24 Wochen im Durchschnitt acht Stunden pro Werktag nicht überschreiten darf. Demnach muss die gemäß § 3 Satz 1 ArbZG zulässige Arbeitszeit von acht Stunden nur noch auf längere Sicht im Durchschnitt eingehalten werden. Arbeitszeitspitzen von bis zu zehn Stunden müssen also bis zum Ablauf der vorgegebenen Zeit, nötigenfalls durch zusätzliche Freizeit, ausgeglichen werden. Der Zeitraum, der dafür zur Verfügung steht, heißt Ausgleichszeitraum[210]. Dieser Arbeitszeitausgleich dient maßgeblich dem Zweck des ArbZG gemäß § 1 Nr. 1, den Gesundheitsschutz der Arbeitnehmer zu

---

[207] *Heinze*, NZA 1997, S. 681 (688); *Linnenkohl / Rauschenberg / Gressierer / Schütz*, Arbeitszeitflexibilisierung, S. 16.

[208] *Heinze*, NZA 1997, S. 681 (687).

[209] Münchener Handbuch Ergänzungsband - *Schüren*, § 165 Rn 2; *Reichold*, NZA 1998, S. 393 (394, 397).

[210] *Baeck / Deutsch*, ArbZG, § 3 Rn 27; *Heinze*, NZA 1997, S. 681 (682); *Neumann / Biebl*, ArbZG, § 3 Rn 8; *Roggendorff*, ArbZG, C § 3 Rn 9; *Schaub*, Arbeitsrechts - Handbuch, § 156 Rn 22; *Schliemann*, ArbZG, § 3 Rn 28 f.; die Richtlinie 2003/88/EG des Rates vom 4.11.2003 zur Arbeitszeitgestaltung, ABlEG 2003, Nr. L 299 / 9 (12) bezeichnet abweichend von der hier getroffenen Unterscheidung den Ausgleichs- als Bezugszeitraum, was jedoch in der Sache keine Auswirkungen nach sich zieht.

gewährleisten. Die grundlegenden europarechtlichen Regelungen zur Arbeitszeitgestaltung finden sich in der Arbeitszeitrichtlinie 2003/88/EG vom 4.11.2003[211].

(a) Verbesserung der Rahmenbedingungen für flexible Arbeitszeit nach § 1 Nr. 1 ArbZG

Den Ausgleichszeitraum braucht man nicht nur unter dem Aspekt des Gesundheitsschutzes zu betrachten, sondern er stellt zugleich ein Flexibilisierungsinstrument dar[212]. Wenn nämlich die vorgegebene Arbeitszeit erst im Durchschnitt eines viel längeren Zeitraums erreicht werden muss, erweitern sich die Möglichkeiten der ungleichmäßigen Arbeitszeitverteilung. Unter diesem Gesichtspunkt ist wiederum § 1 Nr. 1 ArbZG zu nennen, der als Zweck des ArbZG gleichfalls „die Rahmenbedingungen für flexible Arbeitszeiten zu verbessern" formuliert.

Wie flexibel die Arbeitszeit eingesetzt werden kann, hängt davon ab, welchen Voraussetzungen die Verteilung der Arbeitszeit beziehungsweise die Lage des Ausgleichszeitraums unterliegt. Nach § 3 Satz 2 ArbZG finden sich keine weiteren Beschränkungen als dass lediglich innerhalb des Ausgleichszeitraums die durchschnittliche tägliche Arbeitszeit von acht Stunden nicht überschritten werden darf. Dem Wortlaut nach spielt es deshalb keine Rolle, ob zunächst Mehrarbeit geleistet und diese dann anschließend durch Freizeitgewährung abgebaut wird oder ob die Zeiten geringeren Arbeitsanfalls der Mehrarbeitsphase vorausgehen[213]. Somit wäre eine größtmögliche Verteilungsfreiheit eröffnet. Im Widerspruch dazu ist in der Begründung zu § 3 Satz 2 ArbZG lediglich die Rede vom Ausgleich in den „folgenden" Kalendermonaten oder Wochen[214]. Die Freizeitentnahme müsste der Mehrarbeit also stets nachfolgen[215]. Fraglich ist nur, ob Letzteres wirklich der Intention des Gesetzgebers entspricht. Zweifel bestehen aus zwei Gründen, und zwar im Hinblick auf die in § 1 Nr. 1 ArbZG ausdrücklich genannten Zwecke dieses Gesetzes. Zum einen sollen die Rahmenbedingungen für flexible Arbeitszeiten verbessert werden, zum anderen der Gesundheitsschutz der Arbeitnehmer sichergestellt werden. Da es schon unter § 4 Abs. 1 Satz 1

---

[211] ABlEG 2003, Nr. L 299 / 9 - 19.

[212] *Baeck / Deutsch*, ArbZG, § 3 Rn 14, 23; *Schliemann*, ArbZG, § 3 Rn 23.

[213] *Anzinger*, FS Wlotzke (1996), S. 427 (432); *Baeck / Deutsch*, ArbZG, § 3 Rn 33; *Dobberahn*, ArbZG, Rn 32; *Erasmy*, NZA 1994, S. 1105 (1106).

[214] BT - Drucksache 12 / 5888 v. 13.10.1993, S. 24; BT - Drucksache 12 / 6990 v. 8.3.1994, S. 40.

[215] *Roggendorff*, ArbZG, C § 3 Rn 12.

AZO[216] möglich war, die verkürzte Arbeitszeit vorangehen zu lassen[217], wäre es ein Rückschritt, wenn man nunmehr eine bestimmte Reihenfolge vorgeben wollte. Um dem Flexibilisierungsgedanken gerecht zu werden, spricht also mehr dafür, auch vorangehende, weniger arbeitsintensive Zeiträume einzubeziehen[218]. Diese Sichtweise geht konform mit dem weiteren Zweck des ArbZG, Sicherheit und Gesundheitsschutz der Arbeitnehmer zu gewährleisten. Übermäßigen Arbeitsbelastungen der Arbeitnehmer soll Einhalt geboten werden. Dafür kommt es aber nicht darauf an, in welcher Reihenfolge sich Belastung und Ausgleich einstellen, denn ob zunächst mehr und dann weniger oder umgekehrt geleistet werden muss, macht keinen Unterschied[219]. Maßgeblich ist allein, dass ein bestimmtes Pensum nicht überschritten wird, das heißt im Durchschnitt acht Stunden täglich in sechs Kalendermonaten oder 24 Wochen.

(b) Arbeitszeitflexibilisierung durch Ausgleichszeiträume

Wenn bei flexibler Arbeitszeitverteilung die Rede davon ist, dass die Arbeitszeit innerhalb eines gewissen Zeitraums ausgeglichen sein muss, dann berührt dies allerdings nicht zwingend nur Aspekte des gesetzlichen Arbeitszeitschutzes nach dem ArbZG, sondern es kann schlichtweg darum gehen, das vertragliche Arbeitszeitpensum sicherzustellen[220]. Dass man auch ohne Überschreitung der Acht-Stunden-Grenze von einem Arbeitszeitausgleich sprechen kann, verdeutlichen folgende Beispiele: Soll die Arbeitszeit eines Arbeitnehmers, welcher verpflichtet ist, im Bezugszeitraum von einer Woche 37,5 Arbeitsstunden zu leisten, nach einem Zeitraum von vier Wochen ausgeglichen sein, dann müssen nicht pro Woche exakt 37,5 Stunden erbracht werden. Vielmehr ist die flexible Verteilung möglich, so das es ausreicht, wenn nach vier Wochen 150 Stunden, also nur im Durchschnitt 150 : 4 = 37,5 Stunden pro Woche, gearbeitet worden ist. Arbeitet der Arbeitnehmer zwei Wochen lang an fünf Arbeitstagen jeweils acht Stunden, so sind dies jeweils 40 Stunden pro Woche. Infolgedessen wird zwar die gesetzliche Grenze aus § 3

---

216 *§ 4 Abs. 1 Satz 1 AZO*: Wird die Arbeitszeit an einzelnen Werktagen regelmäßig verkürzt, so kann die ausfallende Arbeitszeit auf die übrigen Werktage derselben sowie der vorhergehenden Woche verteilt werden.

217 RGBl. I v. 2.5.1938, S. 447 (448).

218 *Baeck / Deutsch*, ArbZG, § 3 Rn 34; *Junker*, ZfA 1998, S. 105 (114); Linnenkohl / Rauschenberg - *Linnenkohl*, ArbZG, § 3 Rn 23; *Schaub*, Arbeitsrechts - Handbuch, § 156 Rn 23; *Schliemann*, ArbZG, § 3 Rn 51.

219 *Baeck / Deutsch*, ArbZG, § 3 Rn 34; *Junker*, ZfA 1998, S. 105 (114); *Neumann / Biebl*, ArbZG, § 3 Rn 9.

220 *Baeck / Deutsch*, ArbZG, § 7 Rn 61; *Heinze*, NZA 1997, S. 681 (687); *Reichold*, NZA 1998, S. 393 (395); *Schliemann*, ArbZG, § 7 Rn 50.

Satz 1 ArbZG eingehalten, die wöchentliche Bezugsarbeitszeit ist jedoch um 2,5 Stunden überschritten worden, wodurch nach zwei Wochen ein Guthaben von fünf Stunden aufgebaut worden ist. Arbeitet der Arbeitnehmer in den folgenden zwei Wochen nunmehr lediglich 35 Stunden pro Woche, indem er etwa an fünf Tagen je sieben Stunden tätig ist, so sind zum Ablauf des Ausgleichszeitraums 2 • 40 + 2 • 35 = 150 : 4 = 37,5 Stunden durchschnittlich pro Woche erbracht worden. Der Ausgleich wäre missglückt, wenn 4 • 40 Stunden oder lediglich 4 • 35 Stunden gearbeitet worden wären.

Unter dem Stichwort des Ausgleichszeitraums handelt es sich also bei flexibler Arbeitszeit nicht in allen Fällen um den Ausgleich von Mehrarbeit gemäß § 3 Satz 2 ArbZG. Insbesondere bei geringfügigen Arbeitszeitschwankungen oder einer geringen vertraglichen Wochenarbeitszeit ist lediglich bezweckt, eine ausgeglichene Wochenarbeitszeit herzustellen. Ist hingegen ausdrücklich der Zeitausgleich nach dem ArbZG oder sind werktägliche Arbeitszeiten von mehr als acht Stunden vereinbart worden, handelt es sich gleichzeitig auch um den Ausgleich nach § 3 Satz 2 ArbZG gegebenenfalls in Verbindung mit § 7 Abs. 1 Nr. 1b ArbZG[221].

(5) Zeitverwaltung durch Arbeitszeitkonten

Eine besondere Bedeutung im Zusammenhang mit flexiblen Arbeitszeitmodellen kommt sogenannten Arbeitszeitkonten zu. Zwar stellen sie selbst kein Arbeitszeitmodell dar[222], aber sie sind ein Mittel zur praktikablen Durchführung flexibler Arbeitszeitmodelle. Wenn nämlich eine feststehende Arbeitszeitmenge beweglich auf Bemessungs- und Ausgleichszeiträume verteilt werden darf, ist es hilfreich, festzuhalten, wie viel oder wie wenig der erforderlichen zeitlichen Leistung der einzelne Arbeitnehmer bereits erbracht hat, um insoweit den Überblick zu behalten[223]. Vermerkt man deshalb die pro Tag erbrachte Arbeitzeit in einem Zeitkonto, so kann jederzeit der Saldo zwischen vertraglicher geschuldeter und tatsächlich verbrauchter beziehungsweise geleisteter Arbeitszeit

---

[221] *Schliemann*, ArbZG § 7 Rn 50.

[222] *Engelhardt*, AiB 2000, S. 466 (467); *Heinze*, NZA 1997, S. 681 (687); *Klenner*, WSI - Mitteilungen 1997, S. 254 (256); anders Münchener Handbuch II - *Anzinger*, § 218 Rn 60.

[223] *Heinze*, NZA 1997, S. 681 (687); *Klenner*, WSI - Mitteilungen 1997, S. 254 (255); *Munz / Bauer / Groß*, WSI - Mitteilungen 2002, S. 334 (336).

gebildet werden[224]. Arbeitszeitkonten stellen folglich ein internes Verwaltungsinstrument dar. Der Zeitausgleich mit Hilfe von Arbeitszeitkonten muss allerdings unterschieden werden von demjenigen gemäß § 3 Satz 2 ArbZG, denn bei Letzterem geht es darum, dass bestimmte gesetzliche Höchstarbeitszeiten eingehalten werden, nicht jedoch darum, eine Übereinstimmung von vertraglicher und tatsächlicher Arbeitszeit herzustellen[225].

Die erreichte Arbeitszeit kann manuell, also durch jeden einzelnen Mitarbeiter per Hand, festgehalten werden[226] oder sie wird elektronisch, durch Zeiterfassungsgeräte, auch über den Computer am Arbeitsplatz dokumentiert. Je nach geleisteter Arbeitszeit entsteht mit Bezug auf das vereinbarte Zeitvolumen pro Bemessungszeitraum ein positiver oder negativer Saldo. Ist das Konto einmal im Ausgleichszeitraum beziehungsweise zu einem bestimmten Stichtag ausgeglichen, belegt dies, dass die geschuldete Arbeitszeit eingehalten wird[227]. Einem Arbeitszeitkonto ist demnach genau zu entnehmen, ob ein Arbeitnehmer ein Zeitguthaben oder Zeitschulden aufgebaut hat, überdies lassen sich Verstöße gegen das ArbZG und andere Gesetze zum Arbeitszeitschutz nachweisen.

c. Zwischenergebnis

Aus dem Zusammenspiel der Bestimmungsgrößen Lage und Dauer der Arbeitszeit und der Arbeitszeitflexibilität eröffnet sich der Anwendungsbereich für einseitige Leistungsbestimmung. Will man die tägliche Arbeitszeit nicht vertraglich konkretisieren, so besteht die Möglichkeit, diese jeweils durch eine der Vertragsparteien, also Arbeitgeber oder Arbeitnehmer, als Leistungsbestimmung im Sinne von § 315 Abs. 1 BGB festlegen zu lassen[228]. Des Weiteren kommt auch die Bestimmung durch einen oder mehrere Dritte nach § 317 Abs. 1 und 2 BGB in Betracht, wenn der Arbeitnehmer nicht nur für sich allein entscheidet, sondern sich innerhalb

---

[224] *Engelhardt*, AiB 2000, S. 466; H/W/K - *Gäntgen*, Arbeitsrecht Kommentar, § 2 ArbZG Rn 15; *Kilz / Reh*, Innovative Arbeitszeitsysteme, S. 53; *Kutscher / Weidinger / Hoff*, Flexible Arbeitszeitgestaltung, S. 156.

[225] Siehe Teil 3, C II 2 b cc.

[226] *Schliemann*, ArbZG, § 16 Rn 7: Eine besondere Art der Aufzeichnung ist nicht vorgeschrieben.

[227] *Adamski*, AuA 1999, S. 305; *Engelhardt*, AiB 2000, S. 466; *Klenner*, WSI - Mitteilungen 1997, S. 254 (255).

[228] *Heinze*, NZA 1997, S. 681 (684, 688); *Klevemann*, AiB 1984, S. 90; *Linnenkohl*, BB 1985, S. 1920; Münchener Handbuch Ergänzungsband - *Schüren*, § 165 Rn 15, 27; *Reichold*, NZA 1998, S. 393 (395, 398); *Rieble*, NZA, Beilage 3, S. 34 (41).

eines Teams absprechen muss[229]. Im Ergebnis sind daher die flexiblen Arbeitszeiten Anknüpfungspunkt für die Untersuchung arbeitnehmerseitiger Leistungsbestimmung zur Arbeitszeit. Grundlagen für die flexible Verteilung der Arbeitszeit stellen dabei sogenannte Bemessungs- und Ausgleichszeiträume dar, die wichtige Parameter zur Berechnung und Kontrolle der erbrachten und zu erbringenden Arbeitszeit bilden.

Zu klären bleibt, aus welchen Motiven in Betrieben die Entscheidung für solche flexiblen Arbeitszeiten überhaupt getroffen wird und unter welchen Umständen die Flexibilität durch Leistungsbestimmung gerade des Arbeitnehmers[230], die sogenannte Arbeitszeitsouveränität[231], praktiziert wird.

2. Die Verbindung flexibler Arbeitszeit mit Arbeitszeitsouveränität

Allein der Umstand flexibler Arbeitszeit besagt noch nicht, dass dem Arbeitnehmer zur Verteilung dieser Zeit auch Entscheidungsbefugnisse zustehen, denn grundsätzlich ist das Recht, Anordnungen bezüglich Lage und Verteilung der Arbeitszeit zu treffen, zunächst einmal Teil des Weisungsrechts des Arbeitgebers[232]. Neben die Flexibilität muss zugunsten des Arbeitnehmers außerdem die Individualität treten, das heißt ein gewisses Maß an Autonomie zur Gestaltung der eigenen Arbeitszeit[233].

a. Begriff der Arbeitszeitsouveränität

Wird anstelle des Arbeitgebers dem Arbeitnehmer als Schuldner der Arbeitsleistung die Arbeitszeitplanung überlassen, so spricht man von Ar-

---

[229] Münchener Handbuch Ergänzungsband - *Schüren*, § 166 Rn 98; *Reichold*, NZA 1998, S. 393 (398).

[230] *Hromadka*, DB 1995, S. 1609; Münchener Handbuch Ergänzungsband - *Schüren*, § 165 Rn 30.

[231] *Heinze*, NZA 1997, S. 681 (684, 688); *Klevemann*, AiB 1984, S. 90; *Linnenkohl*, BB 1985, S. 1920; Münchener Handbuch Ergänzungsband - *Schüren*, § 165 Rn 15, 27; *Reichold*, NZA 1998, S. 393 (395, 398); *Rieble*, NZA, Beilage 3, S. 34 (41).

[232] BAG v. 12.12.1984, AP Nr. 6 zu § 611 KSchG 1969 (II 3 b der Gründe); AR - Blattei (SD) 600 - *Hunold*, Direktionsrecht, Rn 224; Buschmann / Dieball / Stevens = *Bartol* - *Buschmann*, TZA, § 8 TzBfG Rn 2, 28; Münchener Handbuch I - *Richardi*, § 12 Rn 56; dass. - *Blomeyer*, § 48 Rn 143; Münchener Handbuch Ergänzungsband - *Schüren*, § 162 Rn 23, § 165 Rn 1.

[233] *Büssing*, Sozialverträgliche Arbeitszeitgestaltung, S. (81) 83 f.

beitszeitsouveränität[234]. Souverän bedeutet unabhängig, unumschränkt, selbständig, sicher, überlegen[235]. Eine solche Ausgestaltung flexibler Arbeitszeitmodelle geht dementsprechend dahin, dass dem Arbeitnehmer bezüglich der Verteilung der Arbeitszeit im zugrunde liegenden Zeitraum ein gewisses Maß an Eigenverantwortung eingeräumt wird[236]. Damit verbunden ist ein Zugewinn an Selbstbestimmung im Hinblick auf die individuelle Gestaltung der Arbeitszeit[237]. Auf diese Weise erlangt der Arbeitnehmer letztlich ein Leistungsbestimmungsrecht für seine individuelle Arbeitszeit[238].

Fraglich ist, ob die Freiheit in Arbeitszeitfragen notwendig durch ein Leistungsbestimmungsrecht verwirklicht werden muss oder ob als anderes inhaltliches Gestaltungsinstrument auch das Wahlrecht im Sinne des § 262 BGB in Betracht kommt[239]. Für ein Wahlrecht spricht, dass es nach der gesetzlichen Regelung im Zweifel dem Schuldner zusteht. Der Arbeitnehmer könnte demnach als Schuldner der Arbeitsleistung unproblematisch die Zeit der Leistungserbringung auswählen. Ein Wahlrecht setzt jedoch voraus, dass die Vertragsparteien sämtliche möglichen Leistungsvarianten oder auch Modalitäten der Erfüllung zur Auswahl gestellt haben, unter welchen sodann gewählt werden kann[240]. Es müsste also die Wahl zwischen verschiedenen Arbeitszeitkonstellationen möglich sein. Da jedoch die Lage und Dauer der jeweils täglichen Arbeitszeit, vor allem die zugrunde liegenden persönlichen und betrieblichen Interessen, nicht konkret erfassbar und vorhersehbar sind und gerade deshalb erst jeweils situationsangemessen bestimmt werden sollen, können sie in dieser Form rein praktisch schon nicht zur Entscheidung gestellt werden.

---

[234] *Heinze*, NZA 1997, S. 681 (684, 688); *Klevemann*, AiB 1984, S. 90; *Linnenkohl*, BB 1985, S. 1920; Münchener Handbuch Ergänzungsband - *Schüren*, § 165 Rn 15, 27; *Reichold*, NZA 1998, S. 393 (395, 398); *Rieble*, NZA 2000, Beilage 3, S. 34 (41).

[235] Duden, Die deutsche Rechtschreibung, „souverän"; *Kluge*, Etymologisches Wörterbuch der deutschen Sprache, „souverän"; *Wahrig*, Deutsches Wörterbuch, „souverän".

[236] Münchener Handbuch Ergänzungsband - *Schüren* , § 165 Rn 27 - 44.

[237] *Frey*, Flexible Arbeitszeit, S. 8; *Klevemann*, AiB 1984, S. 90; *Seifert*, Arbeitszeitgestaltung jenseits der Normalarbeitszeit, S. 271 (272).

[238] *Hromadka*, DB 1995, S. 1609; Münchener Handbuch Ergänzungsband - *Schüren*, § 165 Rn 30; *Reichold*, NZA 1998, S. 393 (397 f.); *Rieble*, NZA 2000, Beilage 3, S. 34 (41).

[239] Siehe Teil 2, B II 2 a.

[240] MünchKomm - *Krüger*, BGB, § 262 Rn 2 f.; Palandt - *Heinrichs*, BGB, § 262 Rn 1; Soergel - *Wolf*, BGB, § 262 Rn 3, 5.

So bleibt als geeignete Rechtsgrundlage nach dem BGB für die Festlegung der konkreten Arbeitszeit durch den Arbeitnehmer das Leistungsbestimmungsrecht im Sinne des § 315 Abs. 1 BGB. Mit diesem kann der Arbeitnehmer selbständig und entsprechend den sich stellenden Bedürfnissen die täglichen Leistungszeiten festlegen. Einigen sich mehrere Arbeitnehmer verbindlich auf ihre jeweiligen Einsatzzeiten, handelt es sich um einen Fall der Leistungsbestimmung durch Dritte gemäß § 317 Abs. 1 BGB, und zwar die Arbeitnehmer als Gruppe. Das kann unter Arbeitnehmern, die in einer Abteilung eng zusammenarbeiten, der Fall sein, aber auch im Rahmen einer Arbeitsplatzteilung gemäß § 13 Abs. 1 TzBfG[241]. Wie weit die Souveränität des Arbeitnehmers reicht, hängt davon ab, welche zeitlichen Komponenten seiner individuellen Gestaltungsmacht unterstellt werden. In Betracht kommen die Lage sowie die Dauer der täglichen Arbeitszeit, was sich in verschiedenen flexiblen Arbeitszeitmodellen widerspiegelt.

b. Vorteile und Gefahren der Arbeitszeitsouveränität

Fällt im Betrieb die Entscheidung für Arbeitszeitsouveränität, so werden dadurch im Wesentlichen zwei Gesichtspunkte gefördert: Erstens soll das Verantwortungsbewusstsein der Mitarbeiter gesteigert werden, indem jene in die Planung der erforderlichen Arbeitsabläufe einbezogen werden; im Raum steht die Devise, die Mitarbeiter zu Mitunternehmern zu machen[242]. Dies kann zur besseren Identifikation mit der Aufgabe beitragen und zu einem gewissenhaften Umgang mit der zur Verfügung stehenden Zeit anhalten[243]. Zweitens gewinnt die Berücksichtigung der individuellen Lebensgestaltung zunehmend an Bedeutung. Als Konsequenz aus beidem erhofft man sich zunächst positive Auswirkungen auf

241 Münchener Handbuch Ergänzungsband - *Schüren*, § 165 Rn 31 f., § 166 Rn 98 und *Reichold*, NZA 1998, S. 393 (398): Zeitautonome Gruppe.

242 Apollinaris & Schweppes GmbH & Co, http://www.arbeitszeitberatung.de/ arbeitszeit.htm; *Buchner*, RdA 1990, S. 1 (18) spricht davon, dass sich die Arbeitnehmerseite mehr unternehmerischem Denken öffnen müsse; Commerzbank AG, http://www.arbeitszeitberatung.de/arbeitszeit.htm; *Kutscher / Weidinger / Hoff*, Flexible Arbeitszeitgestaltung, S. 30; *Mauer*, NZA 2002, S. 540 beschreibt den modernen Mitarbeiter als Entrepreneur, Manager, seine eigene GmbH im Betrieb des Arbeitgebers; nach *Reichold*, NZA 1998, S. 393 (394) gehe es um ein Management by Participation; *Senne*, BB 1996, S. 1609 (1610).

243 *Reichold*, NZA 1998, S. 393.

Arbeitszufriedenheit und Mitarbeitermotivation[244], was im Ergebnis sowohl zu geringeren Fehlzeiten sowie einer Abnahme der Fluktuation als auch zu einer besseren Qualität und Produktivität der Arbeit nutzbar gemacht werden soll[245]. Hinter der Flexibilisierung der Arbeitszeit steht also die Erwartung einer effizienteren Betriebsführung. Mit einer solchen Arbeitnehmerorientierung soll der Arbeitnehmer nicht mehr nur als die ausführende Arbeitskraft gesehen, sondern seiner Persönlichkeit ein größerer Stellenwert eingeräumt werden.

Zu berücksichtigen bleiben aber auch die negativen Aspekte der Arbeitszeitsouveränität. Mit der größeren Freiheit in der Arbeitszeitgestaltung wächst auch die Verantwortung des Einzelnen, seine Zeit so einzusetzen, dass die anstehenden Aufgaben ordnungsgemäß bewältigt werden[246]. Zwar kann man nach dem allgemeinen Gebot des § 242 BGB, nach welchem der Schuldner seine Leistung so erbringen muss, „wie Treu und Glauben mit Rücksicht auf die Verkehrssitte es erfordern", erwarten, dass der Arbeitnehmer sich produktiv für die Ziele des Unternehmens einsetzt. Im Übrigen wird er schon um der Sicherheit seines eigenen Arbeitsplatzes willen ein Interesse an einer guten wirtschaftlichen Entwicklung des Unternehmens haben. Wenn der Arbeitnehmer „zum Mitunternehmer" wird, kann dahinter jedoch schnell die Erwartung des größtmöglichen Engagements zum Wohle des Unternehmens, des so gesehen „eigenen" Unternehmens, stehen, sei es, dass solch ein Druck ausdrücklich oder unterschwellig ausgeübt wird, sei es, dass sich der Arbeitnehmer zumindest von sich aus derart verpflichtet fühlt. Angesichts einer solchen Haltung kann es dem Arbeitnehmer bei flexibler Arbeitszeitverteilung schwerer fallen, ausufernde Arbeitszeiten zu vermeiden und berechtigte persönliche Interessen und Bedürfnisse angemessen zu verwirklichen[247]. Der Grund dafür ist, dass ein zeitlich vorgegebenes Arbeitsende fehlt und der Arbeitnehmer selbst den rechten Zeitpunkt feststellen muss. Die Notwendigkeit, der täglichen Arbeit irgendwann auch einmal eine Grenze zu setzen, droht sich dadurch zu einem Entscheidungskonflikt zu entwickeln, welcher bei starrer Begrenzung der Arbeitszeit in dem Maß nicht vorkommt. Wenn nicht eine besondere Regelung getroffen wird, entfällt gleichzeitig die bei starren Zeiten gegebenenfalls anfallende Überstundenvergütung, da das Arbeitszeitsystem

---

[244] *Frey*, Flexible Arbeitszeit, S. 11; *Heinze*, NZA 1997, S. 681; *Reichold*, NZA 1998, S. 393 (394).

[245] *Fauth - Herkner / Wiebrock*, AuA 1999, S. 148; *Frey*, Flexible Arbeitszeit, S. 5f.; *Reichold*, NZA 1998, S. 393 (394).

[246] *Bosch / Ellguth / Promberger*, WSI - Mitteilungen 1992, S. 51 (59); *Geramanis*, WSI - Mitteilungen 2002, S. 347 f.; *Hamm*, AiB 2000, S. 152 (153 f.).

[247] *Bosch / Ellguth / Promberger*, WSI - Mitteilungen 1992, S. 51 (59).

nun gerade auf einen Ausgleich von mehr und weniger Arbeit angelegt ist[248]. Mit dem größeren Einsatz korrespondiert somit kein direkter finanzieller Vorteil mehr, sondern vielmehr besteht die Gefahr, dass übermäßige Stundenguthaben irgendwann ausgleichslos gekappt werden, und zwar aus der Zwecksetzung heraus, die Arbeitnehmer insgesamt zur schwankenden Verteilung anzuhalten[249].

3. Gründe für die Einführung flexibler Arbeitszeit im Betrieb

Die Abkehr von der verbindlich geregelten und damit starren Arbeitszeit bringt organisatorischen Aufwand mit sich. Denn in jedem Fall muss sichergestellt sein, dass die zwingenden Vorgaben des ArbZG eingehalten werden, so darf auch bei flexibler Arbeitszeit „die werktägliche Arbeitszeit der Arbeitnehmer" gemäß § 3 Satz 1 ArbZG „acht Stunden nicht überschreiten" und ist die Arbeit nach § 4 und § 5 ArbZG durch gewisse Ruhepausen und Ruhezeiten zu unterbrechen. Darüber hinaus mag dem Arbeitgeber an einer Kontrolle der Anwesenheiten der Arbeitnehmer gelegen sein, wenn er diesen die Zeiteinteilung überlassen hat. Und schließlich kann es erforderlich werden, die individuellen Arbeitszeiten dergestalt zu koordinieren, dass der ordnungsgemäße Betriebsablauf sichergestellt wird. Die Veränderung des Arbeitszeitsystems wird deshalb kein Selbstzweck sein, sondern nur dann in Angriff genommen werden, wenn sie dem Betrieb und letztlich dem Unternehmen einen wirtschaftlichen Nutzen in Aussicht stellt[250]. Gründe für die Einführung flexibler Arbeitszeiten sind einerseits auf betrieblicher Ebene zu finden, nämlich die Arbeitskräfte genau oder nur dann einzusetzen, wenn die Arbeit tatsächlich anfällt. Andererseits gewinnen die Präferenzen der Arbeitnehmer, ihre Lebenszeit sinnvoll einzuteilen, an Bedeutung.

a. Ausgangspunkt: Leber-Rüthers-Kompromiss

Ein nachhaltiger Anstoß für flexible Arbeitszeiten ergab sich durch den Einigungsvorschlag der Besonderen Schlichtungsstelle für die Metallindustrie vom 28.6.1984, in Anlehnung an seine Urheber auch Leber-Rüthers-Kompromiss genannt[251]. Im Hinblick auf die Arbeitszeit enthielt

---

248 *Heinze*, NZA 1997, S. 681 (688).

249 *Bosch / Ellguth / Promberger*, WSI - Mitteilungen 1992, S. 51 (59); *Heinze*, NZA 1997, S. 681 (688).

250 Münchener Handbuch Ergänzungsband - *Schüren*, § 165 Rn 5.

251 NZA 1984, S. 79 f.

er zwei wesentliche neue Grundlegungen[252]: Zum einen konnte in einem Betrieb für bestimmte Teile oder für einzelne Arbeitnehmer oder für Gruppen von Arbeitnehmern jeweils eine unterschiedliche Dauer der wöchentlichen Arbeitszeit vereinbart werden. Derartige Differenzierungen in der Arbeitszeitdauer allein sind jedoch noch kein Anzeichen für flexible Arbeitszeiten, denn der Umstand, dass zum Beispiel für bestimmte Arbeitnehmer eine Wochenarbeitszeit von 40 Stunden, für andere hingegen von 37 Stunden vereinbart wird, sagt noch nichts über die Verteilung dieser Arbeitszeit aus. Zum anderen sah der Kompromiss aber auch die Möglichkeit zur unregelmäßigen Verteilung der wöchentlichen Arbeitszeit auf die einzelnen Arbeitstage vor, denn die wöchentliche Arbeitszeit musste nur noch im Durchschnitt von zwei Monaten erreicht werden[253]. Das war die Abkehr von der im Voraus festgelegten und stets gleichbleibenden Arbeitszeit.

b. Anpassung der Arbeitszeiten an den betrieblichen Bedarf

Wesentlicher Gesichtspunkt für flexible Arbeitszeiten im Betrieb ist die Ausrichtung an dem jeweiligen betrieblichen Bedarf[254]. Ein solcher bedarfsorientierter Einsatz von Arbeitskräften eröffnet dem Unternehmen die wirtschaftlich attraktive Möglichkeit, seine Produktion oder sein Dienstleistungsangebot kurzfristig der Auftragslage anzupassen[255]. Konkret bedeutet dies, dass bei Auftragsmangel weniger gearbeitet wird, bei guter Auftragslage demgegenüber wieder mehr. Die Nachfrageorientierung bildet folglich einen wesentlichen Maßstab für die Verteilung der Arbeitszeit. Des Weiteren kann durch versetzte Arbeitszeiten die Betriebszeit verlängert werden[256], ohne an die Grenzen des ArbZG zu stoßen. Die Betriebszeit ist der Zeitraum, in welchem Arbeitnehmer an einem Tag im Betrieb beschäftigt werden[257]. Dieser Zeitraum ist nicht auf die pro Arbeitnehmer täglich zulässige Arbeitszeit von acht Stunden beschränkt, sondern bei zeitversetztem Einsatz können im äußersten Fall bis zu 24 Stunden betrieblicher Arbeitszeit erreicht werden.

---

[252] *Kilz / Reh*, Innovative Arbeitszeitsysteme, S. 47; *Richardi*, DB 1990, S. 1613.

[253] NZA 1984, S. 79.

[254] *Baeck / Deutsch*, ArbZG, § 1 Rn 12; *Buchner*, RdA 1990, S. 1 (18); *Frey*, Flexible Arbeitszeit, S. 1, 5; *Lindecke / Lehndorff*, WSI - Mitteilungen 1997, S. 471 (473); Münchener Handbuch II - *Anzinger*, § 218 Rn 37; dass. Ergänzungsband - *Schüren*, § 165 Rn 2; *Richardi*, FS Merz (1992), S. 481 (484).

[255] *Heinze*, NZA 1997, S. 681 (685); *Lindecke / Lehndorff*, WSI - Mitteilungen 1997, S. 471 (472); *Reichold*, NZA 1998, S. 393, 394.

[256] *Buchner*, RdA 1990, S. 1 (18); *Heinze*, NZA 1997, S. 681.

[257] Münchener Handbuch II - *Anzinger*, § 218 Rn 63.

Auch in einem ansonsten starren System kann die Arbeitszeit je nach Arbeitsanfall verlängert oder verkürzt werden. Dies geschieht in Form von Überarbeit, den sogenannten Überstunden, oder aber Kurzarbeit[258]. Sofern keine anderweitige Regelung getroffen worden ist, müssen Überstunden vergütet werden, denn es handelt sich um eine Leistung des Arbeitnehmers[259]. Im Gegensatz zu § 15 AZO[260], welcher dem Arbeitnehmer für ab der neunten Stunde erbrachte Arbeit einen Anspruch auf einen Mehrarbeitszuschlag gewährte[261], enthält das ArbZG eine solche Regelung nicht mehr. Dennoch kann ein Zuschlag anfallen, wenn er gemäß § 612 Abs. 2 BGB üblich ist oder aufgrund des Arbeits- oder eines Tarifvertrags beziehungsweise einer Betriebsvereinbarung zu zahlen ist[262]. Im Vergleich dazu erweisen sich Arbeitszeiten, die von vornherein auf Bedarfsschwankungen angelegt sind, für den Arbeitgeber als in finanzieller Hinsicht vorteilhaft[263], denn wenn ein positiver Saldo im Ausgleichszeitraum wieder abgebaut wird, sind grundsätzlich keine vergütungspflichtigen Überstunden mehr zu verzeichnen[264].

Eine an der Nachfrage ausgerichtete Beweglichkeit ließe sich ebenfalls durch betriebsbedingte Kündigungen oder befristete Arbeitsverträge realisieren. Einer kurzfristigen Reaktion durch betriebsbedingte Kündigung steht jedoch der Arbeitnehmerschutz entgegen: Zu denken ist neben dem Erfordernis eines Kündigungsgrundes gemäß § 1 Abs. 1 und 2 KSchG unter anderem an nach § 622 BGB zu beachtende Fristen, Beteiligungsrechte des Betriebsrats wie etwa gemäß § 102 BetrVG sowie einen dadurch ausgelösten Weiterbeschäftigungsanspruch im Fall eines Kündigungsschutzprozesses nach § 102 Abs. 5 Satz 1 BetrVG, nicht zu vergessen sind die Normen des Sonderkündigungsschutzes.

Im Hinblick auf befristete Arbeitsverträge kommt beispielsweise eine Befristung gemäß § 14 Abs. 1 Satz 2 Nr. 1 TzBfG in Betracht, wenn der betriebliche Bedarf an der Arbeitsleistung nur vorübergehend be-

---

258 *Fauth - Herkner / Wiebrock*, AuA 1999, S. 148 (149); Münchener Handbuch Ergänzungsband - *Schüren*, § 165 Rn 5; Münchener Handbuch II - *Anzinger*, § 218 Rn 38 f.

259 Schaub - *Linck*, Arbeitsrechts - Handbuch, § 45 Rn 47.

260 *§ 15 Abs. 1 Satz 1 AZO*: Wird [...] Mehrarbeit geleistet, so haben die Gefolgschaftsmitglieder [...] für die über die Grenzen der §§ 3 und 4 hinausgehende Arbeitszeit Anspruch auf eine angemessene Vergütung über den Lohn für die regelmäßige Arbeitszeit hinaus.

261 RGBl. I v. 2.5.1938, S. 447 (448).

262 Münchener Handbuch II - *Anzinger*, § 218 Rn 33; *Schaub*, Arbeitsrechts - Handbuch, § 156 Rn 29.

263 *Heinze*, NZA 1997, S. 681 (685, 687); *Reichold*, NZA 1998, S. 393 (397).

264 *Schiltz*, DIE WELT v. 2.1.2004, S. 11.

steht. Voraussetzung ist eine konkret absehbare Aufgabe[265]. Besteht lediglich Ungewissheit im Hinblick auf die Entwicklung der Auftragslage beziehungsweise liegt offensichtlich kein eine Befristung nach § 14 Abs. 1 Satz 2 TzBfG rechtfertigender Grund vor, so ist lediglich die dreimalige Befristung gemäß § 14 Abs. 2 S. 1 TzBfG zulässig. Dies wiederum ist ausgeschlossen, wenn bereits zuvor ein Arbeitsverhältnis bestand, das einen engen sachlichen Zusammenhang zu dem neu zu begründenden aufweist. Aus alledem ist ersichtlich, dass die aufgezeigten Möglichkeiten für eine schnelle Lösung oder Bindung zu viele Voraussetzungen aufweisen.

Gegen Kündigungen und Befristungen spricht aber vor allem, dass jene das Arbeitsverhältnis im Ganzen und nicht lediglich in dessen zeitlicher Komponente berühren. Flexible Arbeitszeiten lassen demgegenüber das Arbeitsverhältnis in seinem Bestand unberührt und schaffen eine dem einzelnen Arbeitsverhältnis immanente Biegsamkeit und Anpassungsfähigkeit[266]. Von Seiten der Arbeitnehmer ist das durch den Wunsch nach dauerhafter wirtschaftlicher Sicherheit, wie sie ein fortbestehendes Arbeitsverhältnis bietet, verständlich. Aber auch für Unternehmen gibt es Gründe, eine stabile Bindung zur Belegschaft zu favorisieren. Diese Bindung ermöglicht es, langfristig auf eingearbeitetes Personal zurückgreifen zu können, welches mit Betrieb und Aufgaben vertraut ist, was wiederum für eine sachgerechte und effiziente Erledigung von Vorteil ist[267].

c. Berücksichtigung persönlicher Bedürfnisse des Arbeitnehmers

Als weiterer Anknüpfungspunkt für die flexible Einteilung der Arbeitszeit werden außerdem persönliche Präferenzen der Arbeitnehmer stärker berücksichtigt. Dabei geht es für den einzelnen um eine individuell gewinnbringenden Lage und Abgrenzung seiner Freizeit[268], insbesondere die

---

265 *Meinel / Heyn / Herms*, TzBfG, § 14 Rn 20 f.

266 *Frey*, Flexible Arbeitszeit, S. 1, 3.

267 *Heinze*, NZA 1997, S. 681 (685).

268 *Baeck / Deutsch*, ArbZG, § 1 Rn 12; *Frey*, Flexible Arbeitszeit, S. 7 f.; *Heinze*, NZA 1997, S. 681 (685, 688); *Kilz / Reh*, Innovative Arbeitszeitsysteme, S. 19, 26; *Klevemann*, AiB 1984, S. 90; *Lindecke / Lehndorff*, WSI - Mitteilungen 1997, S. 471 (473); Münchener Handbuch II - *Anzinger*, § 218 Rn 37; *Seifert*, Arbeitszeitgestaltung jenseits der Normalarbeitszeit, S. 271 (272).

Vereinbarkeit von Familie und Beruf[269], beispielsweise den Arbeitsbeginn an die Unterrichtszeiten der Kinder anzupassen, um diese zuvor zur Schule bringen zu können, gleichfalls Mittagspausen oder den Feierabend mit dem Unterrichtsende in Einklang zu bringen. Darüber hinaus kann es aber auch einfach der Fall sein, einmal einen privaten Termin wie einen Arztbesuch oder einen Sprachkurs im Laufe des Tages einzuschieben und die ausgefallene Arbeitszeit von sich aus eigenverantwortlich vor- oder nachzuarbeiten, ohne dass dabei noch eine Übereinkunft mit dem Arbeitgeber getroffen werden muss. Dieser Bereich eignet sich besonders für die Leistungsbestimmung durch den Arbeitnehmer, weil nur er selbst entscheiden kann, wann er Zeit zur persönlichen Verfügung benötigt.

4. Fazit für die Leistungsbestimmung durch den Arbeitnehmer

Im Ergebnis zeichnet sich flexible Arbeitszeit dadurch aus, dass die Arbeitsleistung nicht zu einer täglich gleich bleibenden zeitlichen Lage beziehungsweise auch nicht für eine täglich identische Dauer erbracht werden muss. Die Arbeitszeit des einzelnen Arbeitnehmers wird nicht festgelegt, sondern sie ist auf einen zugrunde liegenden Bemessungs- oder Ausgleichszeitraum verteilbar, und zwar in Anlehnung an den betrieblichen Bedarf und auch die persönlichen Belange des Beschäftigten. Dies führt zu einer Entkoppelung der individuellen Arbeitszeit von der Betriebszeit[270], also des Zeitraums, in dem Arbeitnehmer an einem Tag im Betrieb beschäftigt werden[271]. Die individuelle Arbeitszeit stellt somit nur noch einen Ausschnitt der gesamten Zeitspanne dar, in welcher in dem Betrieb gearbeitet werden kann[272]. Die zeitliche Gestaltbarkeit, das heißt die täglich variierende Lage und / oder Dauer der Arbeitszeit, ist dem Arbeitsverhältnis bei flexibler Arbeitszeit immanent, so dass es weder in seinem Bestand berührt wird noch die beiderseitigen Hauptleistungspflichten verändert werden.

Weil die konkrete tägliche Arbeitszeit immer wieder neu festgelegt werden muss, bieten flexible Arbeitszeiten ein geeignetes Anwendungsfeld für einseitige Bestimmungen, denn solche einseitigen Maßnahmen

---

269 *Dercks / Heikaus*, BArbBl 2005, Nr. 2, S. 4; *Fauth - Herkner / Wiebrock*, AuA 1999, S. 148; FAZ v. 7.7.2005, S. 10, Familienpolitik kann Stellen schaffen; *Heinze*, NZA 1997, S. 681 (685); *Reichold*, NZA 1998, S. 393 (394).

270 *Reichold*, NZA 1998, S. 393 (394); *Richardi*, FS Merz (1992), S. 481 (483); Münchener Handbuch Ergänzungsband - *Schüren*, § 165 Rn 2.

271 Münchener Handbuch II - *Anzinger*, § 218 Rn 63.

272 Münchener Handbuch II - *Anzinger*, § 218 Rn 63f.

sind praktikabler als wenn stets aufs Neue eine Vereinbarung zwischen den Arbeitsvertragsparteien zustande kommen müsste. Wird das Recht des Arbeitgebers, die Arbeitszeiten konkret festzulegen auf den Arbeitnehmer übertragen, so erlangt dieser Selbstbestimmung über die individuelle Gestaltung seiner Arbeitszeit. Hier wird nicht der Arbeitgeber faktisch aufgefordert, bestimmte Zeiten für den Arbeitnehmer rechtsverbindlich festzusetzen, sondern der Arbeitnehmer selbst hat das Recht inne, über diesen Aspekt seiner Arbeitsleistung zu bestimmen. Im Bereich der Arbeitszeitplanung kann deshalb von einem Leistungsbestimmungsrecht des Arbeitnehmers im Hinblick auf seine individuelle Arbeitszeit gesprochen werden[273]. Der Umfang dieser Leistungsbestimmung lässt sich allerdings nicht allgemein zusammenfassen, sondern er ist stets abhängig von den Merkmalen und Voraussetzungen des jeweiligen Arbeitszeitmodells, das der Bestimmung zugrunde liegt. Solche flexiblen Arbeitszeitmodelle sind verschiedene Formen von Gleitzeitarbeit, Telearbeit und Arbeitsplatzteilung. Diese sollen nun anhand von Beispielen aus der betrieblichen Praxis dargelegt werden[274].

5. Die Leistungsbestimmung des Arbeitnehmers in flexiblen Arbeitszeitmodellen

Unter flexiblen Arbeitszeitmodellen versteht man eine Gattung arbeitszeitlicher Gestaltungsformen, die sich durch die flexible Verteilbarkeit der Arbeitszeit auszeichnen. Die einzelnen Modelle unterscheiden sich in den Modalitäten der Zeitverteilung, je nachdem ob Lage und / oder Dauer abwandelbar sind und in welchem Maß Lage und Dauer verändert werden können. Außerdem lässt sich danach differenzieren, welcher der Vertragspartner, Arbeitgeber oder Arbeitnehmer, das Recht hat, die konkrete Arbeitszeit festzulegen. Lässt man Kombinationsmöglichkeiten[275] außer Betracht, dann können die Erscheinungsformen bestehender flexibler Arbeitszeitmodelle auf sieben Grundformen zurückgeführt werden[276], und zwar Einfache Gleitzeit, Qualifizierte Gleitzeit, Vertrauensarbeitszeit, Telearbeit, Arbeitsplatzteilung, kapazitätsorientierte variable

[273] Ebenso *Hromadka*, DB 1995, S. 1609; Münchener Handbuch Ergänzungsband - *Schüren*, § 165 Rn 30; *Reichold*, NZA 1998, S. 393 (397 f.); *Rieble*, NZA 2000, Beilage 3, S. 34 (41).

[274] Sofern nicht anders angegeben, sind die praktizierenden Unternehmen der „Datenbank flexible Arbeitszeitmodelle" der Arbeitszeitberatung Dr. Hoff Weidinger Herrmann, Berlin, http://www.arbeitszeitberatung.de/arbeitszeit.htm, entnommen.

[275] GK - *Wiese*, BetrVG, § 87 Rn 308; *von Hoyningen - Huene*, NZA 1985, S. 9.

[276] Andere Systematisierungen bei *Kilz / Reh*, Innovative Arbeitszeitsysteme, S. 31; *Linnenkohl / Rauschenberg / Gressierer / Schütz*, Arbeitszeitflexibilisierung, S. 30.

Arbeitszeit und amorphe Arbeitszeit. Während die kapazitätsorientierte variable Arbeitszeit Fälle von Leistungsbestimmung des Arbeitgebers betrifft, zeichnet sich amorphe Arbeitszeit durch eine langfristige gemeinsame Arbeitszeitplanung von Arbeitnehmer und Arbeitgeber aus. Da es um Leistungsbestimmung des Arbeitnehmers geht, sind die beiden letztgenannten Modelle hier nicht unmittelbar relevant, so dass sie außer zu Vergleichszwecken nicht näher betrachtet werden müssen.

Rechtsgrundlage für die Einführung und Ausgestaltung flexibler Arbeitszeitmodelle kann sowohl ein Arbeits- als auch ein Tarifvertrag sein[277]. Besteht ein Betriebsrat, sind darüber hinaus dessen Mitbestimmungsrechte zu beachten. Grundsätzlich unterliegen variable Arbeitszeitregelungen dem § 87 Abs. 1 Nr. 2 BetrVG[278]. Hiernach hat der Betriebsrat, „soweit eine gesetzliche oder tarifliche Regelung nicht besteht", ein Mitbestimmungsrecht hinsichtlich der Lage der Arbeitszeit sowie deren Verteilung auf die Wochentage. Um eine vollumfängliche Mitbestimmung handelt es sich im Fall von Arbeitszeitsouveränität nicht, denn sofern die konkrete Arbeitszeit durch die Arbeitnehmer selbst festgelegt wird, kann der Zweck der Mitbestimmung nach § 87 BetrVG, das Direktionsrecht des Arbeitgebers zu beschränken sowie unter Umständen auch der gestörten Vertragsparität bei einzelvertraglichen Vereinbarungen entgegenzuwirken[279], nicht mehr erfüllt werden. Es werden dann lediglich Rahmenregelungen getroffen, nach deren Maßgaben die Arbeitnehmer ihre Arbeitszeitverteilung selbständig vornehmen[280].

a. Einfache Gleitzeit

Die schwächste Form eines flexiblen Arbeitszeitmodells stellt die sogenannte Einfache Gleitzeit dar. Einfache Gleitzeit zeichnet sich dadurch aus, dass der Arbeitnehmer die Lage, also Beginn und in Abhängigkeit davon Ende, seiner Arbeitszeit innerhalb einer gewissen Bandbreite, der Gleitspanne, selbst festlegen kann, wobei eine Anwesenheitspflicht in

[277] *Heinze*, NZA 1997, S. 681 (682); *Linnenkohl / Rauschenberg / Gressierer / Schütz*, Arbeitszeitflexibilisierung, S. 84.
[278] BAG v. 19.2.1991, AP Nr. 42 zu § 87 BetrVG 1972 Arbeitszeit; GK - *Wiese*, BetrVG, § 87 Rn 296; *Richardi*, BetrVG, § 87 Rn 293.
[279] BAG v. 24.2.1987, AP Nr. 21 zu § 77 BetrVG 1972 (B II 4 b aa der Gründe).
[280] GK - *Wiese*, BetrVG, § 87 Rn 320; *Heinze*, NZA 1997, S. 681 (684); Münchener Handbuch Ergänzungsband - *Schüren*, § 169 Rn 20.

der sogenannten Kernzeit besteht[281]. Die Dauer der täglichen Arbeitszeit ist hingegen ebenso wie beim starren Zeitmodell festgelegt. Zu beachten ist stets, dass die Differenz zwischen Beginn und Ende täglich der abzuleistenden Arbeitszeit entspricht; außerdem geben die Kernzeiten einen zwingenden Rahmen vor, auf den die Lage der Arbeitszeit abgestimmt werden muss. Flexibel ist diese dennoch, da der Anfangszeitpunkt an jedem Tag neu bestimmt werden kann[282].

Der Arbeitnehmer kann beispielsweise in einer Gleitspanne von 7:00 bis 9:00 Uhr seine Arbeit aufnehmen und sie in einer Gleitspanne von 16:00 bis 18:00 Uhr wieder niederlegen. Den dazwischenliegenden Zeitraum von 9:00 bis 16:00 Uhr bezeichnet man als Kernzeit, in welcher er auf jeden Fall anwesend sein muss. Da jedoch nicht die Dauer, sondern nur die Lage der täglichen Arbeitszeit flexibel ist, ist es nicht möglich, dass ein Arbeitnehmer erst am Ende der Eingleitspanne, also um 9:00 Uhr erscheint und bereits zu Beginn der Ausgleitspanne, das ist um 16:00 Uhr, seinen Arbeitsplatz wieder verlässt. Bei einem Acht-Stunden-Tag mit einer Stunde Pause darf er erst um 18:00 Uhr die Arbeit beenden. Um 16:00 Uhr darf nur derjenige die Arbeit niederlegen, der sie bereits um 7:00 Uhr begonnen hat.

B e i s p i e l

Bei der *Schering AG*[283], einem Unternehmen der Chemieindustrie, arbeiten Mitarbeiter, deren Arbeitsmenge während des Jahres nicht stark schwankt, in gleitender Arbeitszeit. Es gibt einen Arbeitszeitrahmen von elf Stunden, mit einer Kernzeit, während der alle anwesend sind. Wenn der Arbeitsanfall im Jahr relativ konstant bleibt, ist kein großes Maß an Flexibilität erforderlich. Aus diesem Grund reicht es aus, die Gleitzeit einfach zu gestalten, das heißt, die tägliche Dauer der Arbeitszeit festzulegen und nur die Lage beweglich zu gestalten. Dass es sich bei der hier vorgestellten Gleitzeit um die Form der Einfachen handelt, wird im Vergleich zu dem bei der *Schering AG* ebenfalls praktizierten Modell der sogenannten „ProduktivZeit" deutlich. In diesem Fall ist die jeweilige Ar-

---

[281] Münchener Handbuch II - *Anzinger*, § 218 Rn 54; dass. Ergänzungsband - *Schüren*, § 168 Rn 8; *Neumann / Biebl*, ArbZG, § 3 Rn 28; *Schaub*, Arbeitsrechts - Handbuch, § 160 Rn 1; *Schliemann*, ArbZG, § 3 Rn 55.

[282] *Heinze*, NZA 1997, S. 681; *Kilz / Reh*, Innovative Arbeitszeitsysteme, S. 51; *Linnenkohl / Rauschenberg / Gressierer / Schütz*, Arbeitszeitflexibilisierung, S. 55; Münchener Handbuch II - *Anzinger*, § 218 Rn 56.

[283] http://www.schering.de/scripts/de/index.php, unter: Karriere / Was erwartet Sie? / Flexible Arbeitszeiten.

beitszeit bedarfsorientiert sowie unter Berücksichtigung privater Belange im Team und mit dem Vorgesetzten abzustimmen. Deshalb muss dabei auch die Dauer der täglichen Arbeitszeit für das Arbeitsverhältnis frei gestaltbar sein. Außer den gesetzlichen gibt es keine weiteren Grenzen, auch Mindestanwesenheitszeiten werden nicht verlangt. Außerdem muss der Einzelne seine vertragliche Arbeitszeit erst im Durchschnitt von 12 Monaten erreichen.

b. Qualifizierte Gleitzeit

Die nächste Stufe, die Qualifizierte Gleitzeit, ist erreicht, wenn zusätzlich zur Lage auch die bisher noch festgelegte tägliche Dauer zur Disposition des Arbeitnehmers gestellt wird[284]. Das kann auf zwei Weisen geschehen: Entweder wird auf die Kernzeit verzichtet, so dass die tägliche Arbeitszeit frei über den Tag verteilt werden kann, die sogenannte variable Gleitzeit[285]. Oder die Kernzeit wird zugunsten eines reibungslosen Betriebsablaufs weiterhin eingesetzt und lediglich die Gleitzeiträume, welche die Kernzeit umschließen, sind zeitlich frei gestaltbar[286]. In solchen Fällen wird die Kernzeit häufig als Funktions-[287] oder Servicezeit[288] bezeichnet. Dadurch kann man sich von der Assoziation befreien, dass die Arbeitszeit in gewisser Weise doch noch festgelegt ist, und den Blick mehr auf eine Orientierung an Kundenwünschen beziehungsweise betrieblichen Notwendigkeiten richten. Die Ausgestaltung der Qualifizierten Gleitzeit erfolgt in der Regel so, dass ein Arbeitszeitrahmen, auch Bandbreite genannt[289], vorgegeben wird, der die äußersten Grenzen für die Platzierung der Arbeitsleistung darstellt[290]. In diesem Rahmen liegt die

---

[284] *Heinze*, NZA 1997, S. 681; *Kilz / Reh*, Innovative Arbeitszeitsysteme, S. 51; Münchener Handbuch II - *Anzinger*, § 218 Rn 55 f.; *Neumann / Biebl*, ArbZG, § 3 Rn 28a; *Schliemann*, ArbZG, § 3 Rn 57.

[285] *Kutscher / Weidinger / Hoff*, Flexible Arbeitszeitgestaltung, S. 152; *Reichold*, NZA 1998, S. 393 (396); *Schliemann*, ArbZG, § 3 Rn 57.

[286] *Heinze*, NZA 1997, S. 681 (687); *Schliemann*, ArbZG, § 3 Rn 57.

[287] Landeshauptstadt Hannover als Beispiel für flexible Arbeitszeit in der öffentlichen Verwaltung; *Kutscher / Weidinger / Hoff*, Flexible Arbeitszeitgestaltung, S. 152; Münchener Handbuch II - *Anzinger*, § 218 Rn 58; Roche Diagnostics GmbH.

[288] Commerzbank AG; Dresdner Bank AG; *Kutscher / Weidinger / Hoff*, Flexible Arbeitszeitgestaltung, S. 152; Paul Hartmann AG; Münchener Handbuch II - *Anzinger*, § 218 Rn 58; Vereins- und Westbank AG.

[289] Commerzbank AG.

[290] Commerzbank AG; *Heinze*, NZA 1997, S.681 (687); *Kilz / Reh*, Innovative Arbeitszeitsysteme, S. 52; *Kutscher / Weidinger / Hoff*, Flexible Arbeitszeitgestaltung, S. 149, 151, 155; Landeshauptstadt Hannover; Paul Hartmann AG; Roche Diagnostics GmbH; Vereins- und Westbank AG.

Service- oder Funktionszeit mit Anwesenheitspflicht[291]. Die Bindung des Einzelnen an diese Verpflichtung erfährt eine Lockerung, wenn lediglich seine Abteilung oder Betriebseinheit die Arbeitsfähigkeit innerhalb dieses Zeitraums gewährleisten muss. Wer tatsächlich anwesend zu sein hat, wird dann durch Absprache innerhalb der Gruppe geregelt[292].

Bei der qualifizierten Gleitzeit sind demnach sowohl die Lage als auch die tägliche Dauer der Arbeitszeit flexibel. Im äußersten Fall können beide vom Arbeitnehmer täglich frei gewählt werden. Einschränkungen ergeben sich, wenn die Mindestdauer sowie ein Zeitrahmen für die Lage durch Kern- beziehungsweise Funktions- oder Servicezeiten vorgegeben sind.

Beispiele

1. Die *Paul Hartmann AG*, ein Unternehmen der Textilindustrie, stellt Medicalprodukte, Verbandsstoffe und Hygieneprodukte her. Die Qualifizierte Gleitzeit hat sich dort aus einem klassischen Gleitzeitsystem mit langer Kernzeit sowie kurzen Ein- und Ausgleitspannen entwickelt. Die Notwendigkeit dazu ergab sich unter anderem aus den Anforderungen der Kunden, nach 18:00 Uhr noch einen kompetenten Ansprechpartner im Vertriebsinnendienst vorzufinden. Dieser Umstand stand im Widerspruch zu der bis dahin praktizierten Regelung, bereits spätestens um 8:00 Uhr mit Beginn der Kernzeit anwesend sein zu müssen. Nunmehr ist eine werktägliche Rahmenzeit von 6:00 bis 20:00 Uhr festgelegt. Die einzelnen Abteilungen können darüber hinaus spezifische Servicezeiten einrichten. So ist beispielsweise im Vertrieb die telefonische Erreichbarkeit von 8:00 bis 18:00 Uhr notwendig, wohingegen in Abteilungen im Bereich der Produktion die Besetzung zwischen 6:00 und 16:00 Uhr wichtiger ist.

2. Ähnlich verhält es sich bei der im Finanzdienstleistungssektor agierenden *Dresdner Bank AG*. Hier wurde ebenfalls ein Arbeitszeitrahmen geschaffen, innerhalb dessen Servicezeiten platziert werden können. Um eine Mindestbesetzung während der Servicezeiten sicherzustellen, werden von den jeweiligen Teams entsprechende Absprachen getroffen. Früher beschränkte sich die Erreichbarkeit der Bankmitarbeiter für die

[291] Commerzbank AG; Landeshauptstadt Hannover; Paul Hartmann AG; Roche Diagnostics GmbH.

[292] *Hamm*, AiB 2000, S. 152 (153); *Heinze*, NZA 1997, S. 681 (678); Münchener Handbuch II - *Anzinger*, § 218 Rn 58; dass. Ergänzungsband - *Schüren*, § 165 Rn 35 f.; *Reichold*, NZA 1998, S. 393 (396).

Kunden auf die bestehende Kernzeit. Dadurch wurden 21 bis 30 Stunden pro Woche abgedeckt. Bei der nun weiter gefassten Servicezeit kann man den Kundenanforderungen besser gerecht werden, indem durch versetzte Anwesenheitszeiten im Ergebnis 41 bis 50 Stunden Präsenz für die Kunden geboten wird.

c. Vertrauensarbeitszeit

Noch weitergehender als die qualifizierte Gleitzeit ist die Vertrauensarbeitszeit[293]. Die Rede ist auch von Vertrauensgleitzeit[294]. Kernzeiten sowie die bei den vorangehenden Modellen noch praktizierte Zeiterfassung zur Zeitkontrolle soll es hier nicht mehr geben, im Vordergrund steht die Ergebnisorientierung[295].

aa. Wegfall der Zeitauswertung

Entgegen der allgemeinen Ansicht wird auch vertreten, dass die Zeiterfassung der Vertrauensarbeitszeit nicht entgegenstehe, sofern man nur angemessene Prämissen setze: Zeiterfassung soll dann nicht länger als Zeitkontrolle, sondern als Maßnahme der Zeitwirtschaft sowie eines effizienten Arbeitszeitmanagements verstanden werden, indem man sie etwa für die Personaleinsatzplanung oder die Arbeitsvorbereitung nutze[296].

Indes ist nicht zu verkennen, dass die Aufzeichnungen Rückschlüsse auf den Zeiteinsatz der Arbeitnehmer zulassen, auch wenn man Zeiterfassung lediglich als Zeitverwaltungsinstrument verstehen will, denn schließlich müssen die gesammelten Zeiten in gewisser Weise analysiert werden, um überhaupt betriebliche Plandaten gewinnen zu können. Bereits eine solche indirekte Kontrolle entkräftet aber das primär angestrebte „Vertrauen“. Das Abgrenzungsmerkmal muss vielmehr so beschaffen sein, dass es die Vertrauensarbeitszeit gegenüber der qualifizierten Gleitzeit qualifiziert. Und das wiederum ist der Fall, wenn die Freiheit bei der zeitlichen Gestaltung noch weiter ausgedehnt wird. In

---

[293] *Fröhlich*, AuA 1999, S. 159; *Hamm*, AiB 2000, S. 152 (153).

[294] Siemens AG, bei: *Fröhlich*, AuA 1999, S. 159 - 161.

[295] *Geramanis*, WSI - Mitteilungen 2002, S. 347; *Hamm*, AiB 2000, S. 152 f.; H/W/K - *Gäntgen*, Arbeitsrecht Kommentar, § 2 ArbZG Rn 15; *Kilz / Reh*, Innovative Arbeitszeitsysteme, S. 55, Abb. 4; *Kutscher / Weidinger / Hoff*, Flexible Arbeitszeitgestaltung, S. 172 - 174; *Linnenkohl / Rauschenberg / Gressierer / Schütz*, Arbeitszeitflexibilisierung, S. 62.

[296] *Adamski*, AuA 1999, S. 154, 157; *Fröhlich*, AuA 1999, S. 159 f..

dieser Hinsicht stellt es eine weniger kontrollintensive Möglichkeit dar, Arbeitszeiten zwar zu erfassen, jedoch nicht mehr auszuwerten[297]. Es muss also zwischen Zeiterfassung und Zeitauswertung unterschieden werden.

Während durch die Zeitauswertung die erfassten Daten für die Zukunft nutzbar gemacht werden sollen, geht es bei der bloßen Zeiterfassung darum, zu dokumentieren, dass beziehungsweise ob die gesetzlichen Grenzen der Arbeitszeit eingehalten worden sind, denn gemäß § 16 Abs. 2 Satz 1 ArbZG ist „der Arbeitgeber [...] verpflichtet, die über die werktägliche Arbeitszeit des § 3 Satz 1 hinausgehende Arbeitszeit der Arbeitnehmer aufzuzeichnen. Dieses Erfordernis entfällt auch bei der Vertrauensarbeitszeit nicht[298]. Dem Wortlaut nach ist der Arbeitgeber sogar „verpflichtet [...] aufzuzeichnen" und er handelt gemäß § 22 Abs. 1 Nr. 9 ArbZG ordnungswidrig, wenn er „Aufzeichnungen nicht oder nicht richtig erstellt". Es liegt nicht fern, dies dahingehend zu verstehen, dass der Arbeitgeber die Aufzeichnungen selbst vornehmen muss[299], so dass das „Vertrauen" in dieser Hinsicht von vornherein doch eingeschränkt werden müsste. Da der Arbeitgeber aber auf jeden Fall in der Verantwortung steht[300], setzt er sich freiwillig dem Risiko von Fehlaufzeichnungen aus, wenn er die Zeiterfassung durch die Arbeitnehmer vornehmen lässt. Wird später im Rahmen einer Überprüfung bekannt, dass Aufzeichnungen, wie es § 22 Abs. 1 Nr. 9 ArbZG voraussetzt, nicht oder nicht richtig erstellt worden sind, ist es im Übrigen irrelevant, ob technisch vom Arbeitgeber erfasste Daten oder Selbstaufzeichnungen der Arbeitnehmer mit der tatsächlichen Arbeitszeit verglichen worden sind. Entscheidend ist die festgestellte Diskrepanz, für die der Arbeitgeber letztlich die Verantwortung übernehmen muss. Mit stichprobenartigen Untersuchungen hätte er den ordnungsgemäßen Ablauf immerhin sicherstellen können. Somit genügt auch die Zeitdokumentation der Arbeitnehmer. Diese Form der Zeiterfassung erfolgt zu dem Zweck, einer gesetzlichen Verpflichtung nachzukommen und dadurch nachweisen zu können, dass ein bestimmtes gesetzliches Zeitlimit nicht überschritten worden ist. Dabei geht es nicht darum, das zeitliche Pensum des Einzelnen individuell zu überprüfen. Aus diesem Grund schließt die Beibehaltung der bloßen Zeiterfassung nicht aus, dass Vertrauensarbeitszeit praktiziert wird.

---

[297] *Fröhlich*, AuA 1999, S. 159 (160): Kommen und Gehen.

[298] Auch bei Vertrauensarbeitszeit *Schliemann*, ArbZG, § 16 Rn 7.

[299] *Buschmann / Ulber*, ArbZG, § 3 Rn 20 a; § 16 Rn 6.

[300] *Dobberahn*, ArbZG, Rn 166; *Schliemann*, ArbZG, § 16 Rn 7.

bb. Wegfall von Kernzeiten

Des Weiteren wird Vertrauensarbeitszeit trotz Beibehaltung von Kern- beziehungsweise Servicezeiten, also festen Präsenzzeiten, als solche praktiziert[301]. Das wirft die Frage auf, wie ein Modell richtigerweise einzustufen ist, wenn zwar die Arbeitszeit nicht mehr dokumentiert wird, die Arbeitsleistung aber weiterhin an bestimmten Zeiten auszurichten ist. Entscheidend ist also, ob es sich immer schon dann um Vertrauensarbeitszeit handelt, wenn die Zeitauswertung entfällt oder ob kumulativ die Kernzeit aufgegeben werden muss.

Kernzeiten, unerheblich ob als Funktions- oder Servicezeiten bezeichnet, binden den Arbeitnehmer für die entsprechende Zeit an den Betrieb. Dadurch wird die Zeitorientierung zumindest vordergründig stärker betont als die an sich angestrebte Ergebnisorientierung. Die Ergebnisorientierung scheint deshalb nicht wesentlich zuzunehmen, wenn bestimmte feste Zeiträume beibehalten werden. Vertrauensarbeitszeit soll dem Arbeitnehmer im Vergleich zur qualifizierten Gleitzeit jedoch gerade ein größeres Maß an Zeitsouveränität ermöglichen. Dementsprechend könnte man es als notwendige Voraussetzung von Vertrauensarbeitszeit ansehen, dass Kernzeiten aufgegeben werden.

Die Zeitverteilung im Rahmen flexibler Arbeitszeitmodelle erfolgt unter anderem im Hinblick auf betriebliche Bedürfnisse[302]. Die Rede von Service- oder Funktionszeiten bringt dabei zum Ausdruck, dass Arbeitsleistung gerade zu diesen Zeiten als erforderlich erachtet wird. Wenn es also Gründe gibt, dass zu bestimmten Zeiten gearbeitet werden soll, dann liegt eine solche Betriebsnotwendigkeit vor, unabhängig davon, ob sie als Kernzeit bezeichnet und als solche schriftlich festgehalten ist oder nicht. Infolgedessen handelt es sich bei der schriftlichen Fixierung einer Kernzeit nicht um eine Einengung des Arbeitnehmers, welche der Arbeitszeitsouveränität widerspricht, sondern sie bringt ein dem flexiblen Modell innewohnendes, das heißt als Verteilungsmaßstab vom Arbeitnehmer ohnehin zu berücksichtigendes betriebliches Interesse zum Ausdruck. Daher steht die Beibehaltung von Kernzeiten der Vertrauensarbeitszeit letztlich nicht entgegen.

---

[301] Apollinaris & Schweppes GmbH & Co; Siemens AG; Stadtverwaltung Wolfsburg als Beispiel für flexible Arbeitszeit in der öffentlichen Verwaltung.

[302] *Frey*, Flexible Arbeitszeit, S. 1, 5; *Heinze*, NZA 1997, S. 681; *Lindecke / Lehndorff*, WSI - Mitteilungen 1997, S. 471 (472 f.); Münchener Handbuch II - *Anzinger*, § 218 Rn 37; dass. Ergänzungsband - *Schüren*, § 165 Rn 2; *Reichold*, NZA 1998, S. 393 f.; *Richardi*, FS Merz (1992), S. 481 (484).

Um Vertrauensarbeitszeit handelt es sich somit, wenn auf der Grundlage der Alternativen einer qualifizierten Gleitzeitregelung die betriebliche Zeitauswertung aufgegeben wird. Sie entspricht also hinsichtlich der Verteilung von Lage und täglicher Dauer der Arbeitszeit durch den Arbeitnehmer der qualifizierten Gleitzeit. Insofern können ebenfalls Einschränkungen durch Funktions- oder Servicezeiten auftreten.

Beispiele

1. Unter dem Grundsatz „Führen durch Vertrauen und Beteiligung" hatte sich die *Vorwerk & Co. Teppichwerke GmbH & Co. KG*, ein Unternehmen der Textilindustrie, zum Ziel gesetzt, dass das Betriebsklima nicht länger durch Anweisung und Kontrolle geprägt sein sollte. Trotz der notwendigen Verbindlichkeit sollten Vertrauen und Freiräume für alle Mitarbeiter bestimmend werden. Das Ergebnis dieser Neuorientierung war die Abschaffung der Zeiterfassung zur Auswertung, da sie als Ausdruck der Kontrolle empfunden wurde. Um aber weiterhin den Aufzeichnungsvorschriften des § 16 Abs. 2 ArbZG zu entsprechen, wurde ein Drehkreuz installiert, an welchem beim Passieren die „Kommt- und Geht-Zeiten" eines jeden Mitarbeiters durch eine Karte registriert werden, ohne dass Zeitberechnungen angestellt werden. Für die Einhaltung der tariflichen Arbeitszeitdauer von durchschnittlich 37 Wochenstunden im Jahr ist jeder Mitarbeiter nunmehr selbst verantwortlich. Er muss also im Blick behalten, ob zeitlich ein Überhang oder ein Defizit besteht und gegebenenfalls Abhilfe schaffen. Zur Beseitigung von Überlastsituationen ist jedoch Unterstützung durch Vorgesetzte, Personalleitung und Betriebsrat zugesagt.

2. Bei der *Siemens AG*, einem Unternehmen für Elektronik, Informationstechnologie, Verkehrssysteme und Energiewirtschaft, soll die Vertrauensgleitzeit auf zwei Weisen umgesetzt werden:

Die extensivere Form wird vornehmlich in Forschung und Entwicklung, das heißt den wissenschaftlichen und kreativen Arbeitsbereichen, betrieben. Dort fehlen verpflichtende Anwesenheits- und Arbeitszeiten gänzlich. Eine elektronische Zeiterfassung findet nicht statt, wobei auf Wunsch jedoch eine „Kommt-Geht-Zeiterfassung" durchgeführt werden kann. Die Aufzeichnungen gemäß § 16 Abs. 2 ArbZG werden ansonsten von den Mitarbeitern selbst durchgeführt. Im Ergebnis ist die Arbeitszeit aufgabenorientiert und in Absprache mit den anderen Mitarbeitern des Teams einzusetzen.

Bei der anderen Ausgestaltung werden installierte Zeiterfassungssysteme weiterhin genutzt, weshalb nach wie vor nicht nur die elektronische „Kommt-Geht-Zeiterfassung" durchgeführt wird, sondern darüber hinaus auch Zeitkonten geführt werden. Es ist bereits festgestellt worden, dass sich diese Art und Weise der Arbeitszeitgestaltung nicht von derjenigen der qualifizierten Gleitzeit unterscheidet, da sie keine größere persönliche Freiheit mit sich bringt. Dementsprechend handelt es sich bei dieser restriktiveren Alternative nicht um Vertrauensgleitzeit, sondern lediglich um qualifizierte Gleitzeit.

cc. Abgrenzung zur amorphen Arbeitszeit

Gelegentlich wird der Begriff der Vertrauensarbeitszeit oder Vertrauensgleitzeit mit demjenigen der amorphen Arbeitszeit gleichgesetzt[303]. Um amorphe Arbeitszeit handelt es sich, wenn einzig eine Arbeitszeitmenge für einen Bemessungszeitraum festgelegt ist.[304]. Amorph bedeutet formlos, gestaltlos, unstrukturiert[305]. Dadurch kommt zum Ausdruck, dass schlichtweg ein Volumen vereinbart wird und die Arbeitszeit ansonsten völlig frei gestaltbar ist[306]. Über die konkrete Arbeitszeit wird in der Regel im Einzelfall eine Vereinbarung zwischen Arbeitgeber und Arbeitnehmer getroffen[307]. Als Bemessungszeitraum für die Arbeitszeit können eine Woche, ein Monat, ein Jahr oder sogar ein Leben, jedenfalls bis zum Ruhestandsalter, in Betracht kommen[308]. Üblich ist Jahres- und Lebensarbeitszeit[309].

Praktische Beispiele für amorphe Arbeitszeit in dieser theoretischen Reinform finden sich allerdings nicht. Praktiziert wird zwar Jahresarbeitszeit, dieser liegt dann jedoch kein Arbeitszeitvolumen mit dem

---

303 *Reichold*, NZA 1998, S. 393 (396): Vertrauensgleitzeit („amorphe" Arbeitszeit).

304 *Heinze*, NZA 1997, S. 681 (688); H/W/K - *Gäntgen*, Arbeitsrecht Kommentar, § 2 ArbZG Rn 15; *Kilz / Reh*, Innovative Arbeitszeitsysteme, S. 45.

305 Duden, Sinn- und Sachverwandte Wörter, „amorph"; *Wahrig*, Deutsches Wörterbuch, „amorph".

306 *Heinze*, NZA 1997, S. 681; *Kilz / Reh*, Innovative Arbeitszeitsysteme, S. 45.

307 Münchener Handbuch Ergänzungsband - *Schüren*, § 166 Rn 5; *Reichold*, NZA 1997, S. 393 (397); *a.A. Cantauw*, Bedarfsorientierte Jahresarbeitszeit, S. 91 für die Jahresarbeitszeitvereinbarung, aus welcher durch Auslegung die Verteilung der Arbeitszeit kraft Direktionsrechts folge.

308 *Kilz / Reh*, Innovative Arbeitszeitsysteme, S. 45.

309 *Cantauw*, Bedarfsorientierte Jahresarbeitszeit, S. 22 - 25; *Fauth - Herkner / Wiebrock*, AuA 1999, S. 148 (149); *Heinze*, NZA 1997, S. 681 (688); *Linnenkohl / Rauschenberg / Gressierer / Schütz*, Arbeitszeitflexibilisierung, S. 75; Münchener Handbuch Ergänzungsband - *Schüren*, § 167 Rn 1.

Bemessungszeitraum eines Jahres zugrunde, sondern die Arbeitszeit, in der Regel eine Wochenarbeitszeit, muss lediglich im Durchschnitt eines Jahres erbracht werden[310]. Somit ist es der Ausgleichszeitraum, der ein Jahr beträgt. Auf diese Weise können zum Beispiel saisonale Schwankungen ausgeglichen werden, wenn in Spitzenzeiten mehr, bei Nachfragerückgang wieder weniger gearbeitet werden muss. Im Vordergrund steht bei der Jahresarbeitszeit also die Arbeitszeitverwaltung in einem sogenannten Arbeitszeitkonto[311].

Ähnlich verhält es sich mit der Lebensarbeitszeit. In diesem Fall geht es in der Regel nicht um einen Bemessungszeitraum von der Länge eines Arbeitslebens. Zweck einer Lebensarbeitszeitregelung ist es, während der Gesamtdauer der Beschäftigung ein Arbeitszeitguthaben anzusparen, um letztlich früher aus dem Erwerbsleben ausscheiden zu können[312]. Praktisch wird somit ein durch Vorarbeit aufgebautes Zeitguthaben am Ende des Erwerbslebens in Form eines großen Freizeitblocks abgebaut. Im Ergebnis wird auf diese Weise bis zum endgültigen Ruhestand ein positiver Saldo ausgeglichen. Folglich bezieht sich die Lebensarbeitszeit ebenfalls auf den Ausgleichszeitraum.

Beispiel

1. Bei der *Deutsches Reisebüro GmbH* zeichnet sich der Arbeitsanfall, wie in der Touristikbranche generell, durch ausgeprägte saisonale Schwankungen aus. Da es deshalb keine konstante monatliche oder wöchentliche Arbeitszeit gibt, wird Jahresarbeitszeit vereinbart, so dass wöchentliche und monatliche Schwankungen bis zu bestimmten Grenzen außer Betracht bleiben und sich wechselseitig ausgleichen. In bestimmten Abteilungen wie etwa dem Communication Center wird das Jahresarbeitszeitvolumen durch Vereinbarung zwischen Arbeitgeber und Arbeitnehmer konkret verteilt. Dort werden die täglichen Arbeitszeiten im Voraus für ein Jahr individuell vereinbart. Die Grundlage dafür ist eine Wochenarbeitszeit von 38,5 Stunden. Bei fünf Arbeitstagen macht dies 7,7 Stunden am Tag aus, so dass die tägliche Arbeitszeit für 7,7 Stunden beziehungsweise, je nach voraussehbarem Bedarf, für eine längere oder kürzere Zeit festgelegt wird. Teil der Regelung sind schließlich auch ausgleichende Freizeitblöcke in den Sommermonaten. Der Nachteil solcher langfristig angelegten Zeitplanungen ist, dass der Arbeitnehmer

---

[310] Aeroquip; Fraport AG; Kolbe-Druck GmbH & Co. KG und Coloco GmbH & Co. KG; Sigel GmbH; SUET Saat - und Erntetechnik GmbH.

[311] Siehe Teil 3, B II 1 b (5).

[312] Activest Gruppe.

während einer Freizeitphase nicht einseitig zur Arbeitsleistung verpflichtet werden kann. Aufgrund der bestehenden Vereinbarung muss zunächst eine neue ändernde erreicht werden.

Die Gleichsetzung von amorpher Arbeitszeit und Vertrauensarbeitszeit ist für Vertrauensarbeitszeit ohne jegliche Kernzeiten insofern nachvollziehbar, als es in beiden Fällen letztlich nur noch um die Vereinbarung eines bestimmten Zeitvolumens geht. Ein wesentlicher Unterschied liegt jedoch darin begründet, dass bei der Vertrauensarbeitszeit die Leistungsbestimmung vom Arbeitnehmer ausgeht, wohingegen bei der echten amorphen Arbeitszeit zunächst nur das Volumen vereinbart wird, wobei sich dann die genaue Stundenverteilung im Laufe der Zeit im Konsens von Arbeitgeber und Arbeitnehmer konkretisiert[313]. Wenn auch Modellkombinationen möglich sind, so müssen doch die Grundformen in ihrer Benennung deutlich voneinander unterschieden werden. Vertrauensarbeitszeit ist daher nicht als amorph zu bezeichnen.

d. Telearbeit

Außerhalb des Betriebs und zwar unter Zuhilfenahme von Informations- und Kommunikationstechniken, hauptsächlich dem Computer, arbeitet ein Telearbeiter[314]. Die Besonderheit gegenüber den anderen Zeitmodellen besteht darin, dass die Telearbeit nicht lediglich im Außendienst, als sogenannte mobile Telearbeit, oder in einer ausgelagerten Betriebsstätte erbracht wird, sondern der Telearbeiter zu Hause arbeitet[315]. Man unterscheidet ausschließliche und zeitweise Telearbeit[316]. Bei Letzterer ist zumindest ein Teil der Arbeitsleistung im Betrieb zu erbringen. Sie wird dementsprechend auch alternierende Telearbeit genannt[317]. Telearbeit muss nicht notwendig auf der Grundlage eines Arbeitsvertrages geleistet

---

313 Münchener Handbuch Ergänzungsband - *Schüren*, § 166 Rn 5; *Reichold*, NZA 1997, S. 393 (397); *a.A. Cantauw*, Bedarfsorientierte Jahresarbeitszeit, S. 91 für die Jahresarbeitszeitvereinbarung, aus welcher durch Auslegung die Verteilung der Arbeitszeit kraft Direktionsrechts folge.

314 Münchener Handbuch II - *Heenen*, § 239 Rn 1; *Schmidt / Koberski / Tiemann / Wascher*, HAG, § 2 Rn 73; *Wedde*, Telearbeit, Rn 1 f..

315 HzA - *Fenski*, Gruppe 17 Rn 324; *Kilz / Reh*, Innovative Arbeitszeitsysteme, S. 56; *Schaub*, Arbeitsrechts - Handbuch, § 163 Rn 55; *Schmidt / Koberski / Tiemann / Wascher*, HAG, § 2 Rn 75 - 78.

316 *Wedde*, Telearbeit, Rn 6 - 9.

317 *Kilz / Reh*, Innovative Arbeitszeitsysteme, S. 56; *Schaub*, Arbeitsrechts - Handbuch, § 163 Rn 54; *Wedde*, Telearbeit, Rn 8.

werden. Sie kann ebenso in ein Heimarbeitsverhältnis[318] eingebettet oder völlig selbständig erfolgen[319].

Die Einbindung in den persönlichen Tagesrhythmus zu Hause impliziert, dass Lage und auch tägliche Dauer der Arbeitszeit flexibel sind[320]. Die Einteilung der Arbeitszeit erfolgt durch den Arbeitnehmer[321]. Beschränkungen können dennoch durch festgelegte Zeiträume entstehen, in denen zwecks effizienter Arbeit eine elektronische Verbindung zum Betrieb bestehen muss[322]. Diese Zeiträume sind den Kernzeiten vergleichbar. Darüber hinaus setzen bei der alternierenden Telearbeit Anwesenheitspflichten der freien Zeitverteilung Grenzen.

Beispiele

1. In Kombination mit variabler Arbeitszeit und Teilzeit wird Telearbeit bei der *Dresdner Bank AG* durchgeführt. Dabei handelt es sich in der Regel um alternierende Telearbeit, damit der Kontakt zu Führungskräften und Kollegen aufrechterhalten bleibt. Des Weiteren besteht die Möglichkeit, dass auch Arbeitnehmer, die ihren Arbeitsplatz im Betrieb haben, einzelne Tage zu Hause verbringen können, um dort beispielsweise in Ruhe ein Konzept auszuarbeiten.

2. Auch bei der *Comet Computer Gesellschaft für Datenverarbeitung und Technische Dokumentation mbH*, einem Unternehmen für Technische Dokumentation und Softwareentwicklung, wird Telearbeit angeboten. Es handelt sich ebenfalls um die alternierende, da, nicht zuletzt wegen der persönlichen Kontakte und der stets aktuellen Information der Mitarbeiter, grundsätzlich die persönliche Anwesenheit im Betrieb erwünscht ist. Das Unternehmen kann als Beispiel für die zunehmende Berücksichtigung der persönlichen Belange der Mitarbeiter genannt werden, denn Beweggrund für die Einführung von Telearbeitsplätzen war die wohnortnahe Einschulung einiger Mitarbeiterkinder. Es lag also das Be-

---

[318] Der Heimarbeiter gemäß § 2 Abs. 1 Satz 1 HAG arbeitet weisungsfrei, er ist persönlich selbständig und daher kein Arbeitnehmer. Verpflichtungsgrund seiner Tätigkeit ist in der Regel ein Dienst-, Werk- oder auch Kaufvertrag.

[319] HzA - *Fenski*, Gruppe 17 Rn 326; Münchener Handbuch II - *Heenen*, § 239 Rn 6; *Schaub*, Arbeitsrechts - Handbuch, § 163 Rn 69 f.

[320] *Kilz / Reh*, Innovative Arbeitszeitsysteme, S. 55.

[321] *Kilz / Reh*, Innovative Arbeitszeitsysteme, S. 55; *Linnenkohl / Rauschenberg / Gressierer / Schütz*, Arbeitszeitflexibilisierung, S. 81.

[322] *Schaub*, Arbeitsrechts - Handbuch, § 163 Rn 78.

dürfnis vor, ausreichende Anwesenheiten sowohl am Wohn- als auch am Arbeitsort zu gewährleisten.

e. Arbeitsplatzteilung

Wenn Arbeitgeber und Arbeitnehmer vereinbaren, „dass mehrere Arbeitnehmer sich die Arbeitszeit an einem Arbeitsplatz teilen", spricht man gemäß § 13 Abs. 1 Satz 1 TzBfG von Arbeitsplatzteilung. Dieses Arbeitszeitmodell gehört somit zu den wenigen, die ausdrücklich im Gesetz Niederschlag gefunden haben.

aa. Job Sharing

Für die Absprache zwischen dem Arbeitgeber und mehreren Arbeitnehmern wird meistens der amerikanische Begriff Job Sharing gebraucht[323]. Angesichts seines Standorts im TzBfG liegt es nicht fern, das Job Sharing als besonderen Fall der Teilzeitarbeit zu bezeichnen[324]. Um Teilzeitarbeit handelt es sich gemäß § 2 Abs. 1 Satz 1 TzBfG, wenn die „regelmäßige Wochenarbeitszeit [des Arbeitnehmers] kürzer ist als diejenige eines vergleichbaren vollzeitbeschäftigten". Job Sharing bedeutet jedoch nicht, dass schlichtweg mehrere Teilzeitstellen in zeitlicher Abfolge platziert werden[325], denn die Arbeitnehmer verpflichten sich nicht lediglich, ein und denselben Arbeitsplatz abwechselnd zu besetzen, sondern Gesamtarbeitszeit und Arbeitsinhalt sind unter und von ihnen frei verteilbar[326]. Das hat zur Folge, dass sowohl Lage als auch tägliche Dauer der Arbeitszeit jedes einzelnen Arbeitnehmers beweglich sind[327].

Was es bedeutet, einen Arbeitsplatz aufzuteilen, lässt sich anhand der Streitfrage, ob der Betriebsrat mit Hilfe des § 87 Abs. 1 Nr. 2 BetrVG bei der Einführung des Job Sharing, das heißt bei der Erstellung eines Rahmens für Lage und Verteilung der Arbeitszeit, mitbestimmen darf,

---

323 *Kilz / Reh*, Innovative Arbeitszeitsysteme, S. 39; *Sievers*, TzBfG, § 13 Rn 1 f.

324 *Schaub*, Arbeitsrechts - Handbuch, § 44 Rn 77.

325 *Danne*, Das Job - sharing, S. 12; Münchener Handbuch Ergänzungsband - *Schüren*, § 166 Rn 82.

326 *Heinze*, NZA 1997, S. 681 (686); *von Hoyningen - Huene*, NZA 1985, S. 9; *Kilz / Reh*, Innovative Arbeitszeitsysteme, S. 39; *Linnenkohl / Rauschenberg / Gressierer / Schütz*, Arbeitszeitflexibilisierung, S. 74; Münchener Handbuch I - *Blomeyer*, § 48 Rn 146; dass. Ergänzungsband - *Schüren*, § 165 Rn 38, § 166 Rn 82, 90 - 92, 97; *Reichold*, NZA 1998, S. 393 (396); *Schaub*, Arbeitsrechts - Handbuch, § 44 Rn 86.

327 *Heinze*, NZA 1997, S. 681.

veranschaulichen: Teils wird das Mitbestimmungsrecht ohne nähere Begründung[328], teils mit dem Argument bejaht, dass einer Gruppe von Arbeitnehmern ermöglicht werde, von der betriebsüblichen Arbeitszeit abzuweichen[329]. Demgegenüber wird die Mitbestimmung abgelehnt, sofern beziehungsweise da der Rahmen der betriebsüblichen Arbeitszeit gewahrt bleibe[330]. Entscheidend ist folglich, was unter der „betriebsüblichen Arbeitszeit" zu verstehen ist und ob diese bei der Einführung des Job Sharing berührt wird.

Die betriebsübliche Arbeitszeit ist die regelmäßige betriebliche Arbeitszeit[331], die sich durch einen bestimmten zeitlichen Umfang sowie dessen Verteilung auszeichnet[332]. Sie bezieht sich auf bestimmte Arbeitsplätze, Arbeitnehmergruppen oder Abteilungen, weshalb es in einem Betrieb durchaus mehrere betriebsübliche Arbeitszeiten geben kann[333]. Entscheidend ist, ob diese regelmäßige betriebliche Arbeitszeit beim Job Sharing der kurzen individuellen Teilarbeitszeit des einzelnen Job Sharers entspricht oder ob der alternierend besetzte Arbeitsplatz als Einheit, also im Ganzen zu betrachten ist. Aufschluss gibt die grundlegende Norm § 13 Abs. 1 Satz 1 TzBfG. Ihr zufolge teilen sich mehrere Arbeitnehmer „die Arbeitszeit an einem Arbeitsplatz". Merkmal des Job Sharing ist demnach ausdrücklich, dass nicht lediglich ein Arbeitsplatz in voneinander unabhängige Teilzeitarbeitsplätze aufgeteilt wird[334], vielmehr bleibt die örtliche, organisatorische und funktionale Einheit, die einen Arbeitsplatz ausmacht[335], als ganze erhalten und die Job Sharer

---

[328] DKK - *Klebe*, BetrVG, § 87 Rn 81; *F/E/S/T/L*, BetrVG, § 87 Rn 110; *Klevemann*, AiB 1984, S. 107 (109); *Löwisch*, RdA 1984, S. 197 (199).

[329] *Schüren*, Job Sharing, Rn 456.

[330] *Danne*, Das Job - sharing, S. 96 - 98; *Eich*, DB 1982 Beilage 9, S. 1 (10); GK - *Wiese*, BetrVG, § 87 Rn 316; *Heinze*, NZA 1997, S. 681 (686); *von Hoyningen - Huene*, BB 1982, S. 1240 (1246); H/S/W/G - *Worzalla*, BetrVG, § 87 Rn 166; Münchener Handbuch III - *Matthes*, § 334 Rn 61.

[331] BAG v. 21.11.1978, AP Nr. 2 zu § 87 BetrVG 1972 Arbeitszeit (III 4 der Gründe); v. 16.7.1991, AP Nr. 44 zu § 87 BetrVG 1972 Arbeitszeit (B II 1 a aa der Gründe); GK - *Wiese*, BetrVG, § 87 Rn 381; H/W/K - *Clemenz*, Arbeitsrecht Kommentar, § 87 BetrVG Rn 82.

[332] *F/E/S/T/L*, BetrVG, § 87 Rn 132; *Richardi*, BetrVG, § 87 Rn 338.

[333] BAG v. 16.7.1991, AP Nr. 44 zu § 87 BetrVG 1972 Arbeitszeit (B II 1 a aa der Gründe); v. 25.2.1997, AP Nr. 72 zu § 87 BetrVG 1972 Arbeitszeit (B II 1 a, 2 a der Gründe); DKK - *Klebe*, BetrVG, § 87 Rn 87; ErfK - *Kania*, § 87 BetrVG Rn 32; GK - *Wiese*, BetrVG, § 87 Rn 308, 381; H/W/K - *Clemenz*, § 87 BetrVG Rn 82; *Richardi*, BetrVG, § 87 Rn 337.

[334] Buschmann / Dieball / Stevens = Bartol - *Buschmann*, TZA, § 13 TzBfG Rn 22.

[335] Technisch-organisatorisch: *F/K/H/E/S*, BetrVG, § 90 Rn 31; Richardi - *Richardi / Annuß*, BetrVG, § 90 Rn 15; räumlich-funktional: DKK - *Klebe*, BetrVG, § 90 Rn 15; GK - *Wiese*, BetrVG, § 90 Rn 21.

sind verpflichtet, das gesamte Zeitvolumen durch alternierenden Einsatz auszufüllen[336]. Gerade wegen dieser Besonderheit des Job Sharing muss bei seiner Einführung grundsätzlich kein neuer Zeitrahmen geschaffen werden. Demzufolge kommt eine Mitbestimmung nach § 87 Abs. 1 Nr. 2 BetrVG nicht in Betracht, sofern bereits für den ungeteilten Arbeitsplatz ein Arbeitszeitrahmen festgelegt ist. Anders verhält es sich jedoch dann, wenn die Verteilungen sich nicht nur individuell sondern auch auf andere Arbeitsverhältnisse auswirken, beispielsweise bei der zeitlichen Koordination mehrerer Job Sharing-Verhältnisse[337]. In einem solchen Fall entfaltet der Verteilungsmodus einen kollektiven Bezug, welcher die Mitbestimmung nach § 87 BetrVG auslöst.

B e i s p i e l

Im Automobilunternehmen *DaimlerChrysler AG*[338] wird das Job Sharing in der Regel so praktiziert, dass sich die betreffenden Arbeitnehmer die Arbeit in Vor- und Nachmittagsarbeit aufteilen oder dass im Wechsel der eine zwei, der andere drei Tage in der Woche arbeitet. Diese Zeiteinteilung wird von den Mitarbeitern selbstbestimmt vorgenommen.

bb. Job Pairing

Arbeitsplatzteilung ist überdies in der Form möglich, dass Arbeitnehmer ihre Arbeitsleistung von vornherein als Gruppe, die sogenannte Eigengruppe, welche in der Regel eine Gesellschaft bürgerlichen Rechts nach § 705 BGB bildet, anbieten. Diese Konstellation wird als Job Pairing bezeichnet[339]. Schließt der Arbeitgeber mit jedem Gruppenmitglied oder sowohl mit der Gruppe als auch mit jedem einzelnen Mitglied einen Arbeitsvertrag mit der entsprechenden Vereinbarung ab, fällt auch diese Form der Arbeitsteilung unter § 13 Abs. 1 Satz 1 TzBfG. Wenn nur die Gruppe als solche eine vertragliche Beziehung zum Auftraggeber begründet, fehlt es an der Vereinbarung, dass mehrere Arbeitnehmer sich einen Platz teilen, so dass § 13 Abs. 1 Satz 1 TzBfG nicht anwendbar

---

[336] Münchener Handbuch Ergänzungsband - *Schüren*, § 166 Rn 90 - 92; *Reichold*, NZA 1998, S. 393 (396).

[337] *Löwisch*, RdA 1984, S. 197 (199); *Richardi*, BetrVG, § 87 Rn 297.

[338] DaimlerChrysler AG, Vereinbarung und Richtlinien (Broschüre, 2002), Teilzeit gemeinsam gestalten, Betriebsvereinbarung zur Förderung von Teilzeit in der DaimlerChrysler AG / Beispiele von derzeit praktizierten Teilzeitmodellen.

[339] *Kilz / Reh*, Innovative Arbeitszeitsysteme, S. 39.

ist[340]. Die Teilung des Arbeitsplatzes hat dann lediglich gruppeninterne Bedeutung.

f. Fazit für den Umfang der Leistungsbestimmung in flexiblen Arbeitszeitmodellen

Es ist deutlich geworden, dass Arbeitszeitflexibilität auf ganz unterschiedliche Weise umgesetzt wird. Das Ausmaß, in dem die Leistungsbestimmung durch den Arbeitnehmer möglich ist, hängt davon ab, ob und inwieweit Lage und Dauer der Arbeitszeit jeweils verändert werden können. Hierauf hat das Vorhandensein von verpflichtenden Anwesenheitszeiten wesentlichen Einfluss. Spezielle gesetzliche Beschränkungen hinsichtlich der Arbeitszeitlage und -dauer existieren zu den untersuchten Modellen hingegen nicht. Sie weisen somit einen hohen Flexibilitätsgrad auf.

Während in Einfacher Gleitzeit ausschließlich die Arbeitszeitlage der Bestimmung unterworfen ist, fällt bei den anderen vier Modellen zusätzlich die tägliche Dauer darunter. Je nach dem Vorhandensein von Kern-, Funktions- oder Servicezeiten sowie der Notwendigkeit einer Zeitdokumentation kann man die Arbeitszeitmodelle, aufsteigend von geringerer zu höherer Flexibilität, nach Einfacher Gleitzeit, Qualifizierter Gleitzeit, Vertrauensarbeitszeit, Telearbeit und Arbeitsplatzteilung anordnen. Eine solche Einordnung stellt jedoch kein starres Schema dar, denn durch die im Einzelfall vereinbarte Art und Weise der Ausgestaltung können sich jeweils Variationen im Maß der Flexibilität ergeben.

III. Vergütung

Auch im Vergütungsbereich finden sich Ausnahmen von der von vornherein ganz konkret getroffenen Willensübereinstimmung zwischen Arbeitnehmer und Arbeitgeber. Beim Leistungsentgelt und in sogenannten Cafeteria-Systemen wird dem Arbeitnehmer Einfluss auf Höhe oder Art seiner jeweiligen Vergütung eröffnet. Erhält der Arbeitnehmer ein Leistungsentgelt, dann ist es ihm möglich, durch die Art und Weise seiner Arbeitsleistung, beispielsweise Tempo oder Qualität, auf eine bestimmte Höhe seiner Vergütung hinzuwirken. In einem Cafeteria-System hingegen stehen dem Arbeitnehmer verschiedene Vergütungsarten zur Verfügung, unter denen er nach seinen Präferenzen eine Auswahl treffen

[340] *Heinze*, NZA 1997, S. 681 (686).

kann. In beiden Fällen stellt sich die Frage, ob die Bestimmung, die der Arbeitnehmer im Hinblick auf die zu erzielende Vergütung trifft, rein faktischer Natur ist, oder ob sie rechtliche Auswirkungen mit sich bringt.

1. Leistungsentgelt

In der Regel ist die Vergütung, die der Arbeitnehmer für seine Arbeitsleistung erhält, auf bestimmte Zeitabschnitte bezogen, und zwar eine Stunden-, Tages-, Wochen- oder Monatsvergütung vereinbart[341]. Da es somit also nur auf die Dauer der geleisteten Tätigkeit ankommt, wird diese Form der Gegenleistung für die geleisteten Dienste als Zeitlohn bezeichnet[342]. Wird demgegenüber nicht der Zeitaufwand, sondern das jeweilige Ergebnis einer Arbeitsleistung zur Bemessung der Vergütung herangezogen, handelt es sich um ein Leistungsentgelt, zumeist Leistungslohn genannt[343].

Der Vorteil eines Leistungslohnsystems liegt darin, dass die Arbeitsleistungen der Arbeitnehmer individuell und leistungsgerecht vergütet werden können, was zusätzliche Leistungsanreize für die Beschäftigten schafft[344]. Voraussetzung ist, dass der Arbeitnehmer die Ergebnisse, an denen seine Leistung gemessen wird, überhaupt beeinflussen kann[345]. Das ist um so weniger der Fall, je mehr die Arbeitsabläufe, insbesondere Produktionsvorgänge, automatisiert ablaufen[346].

a. Akkordlohn

Die traditionelle Form der Leistungsentlohnung stellt der Akkordlohn dar[347]. Er kann schematisch wiederholbaren Arbeitsvorgängen zugrunde gelegt werden, wenn sich die Vergütung nach der Arbeitsmenge richten

---

341 AR - Blattei (SD) 1160.1 - *Linck*, Lohnzahlung, Rn 11; *Schaub*, Arbeitsrechts - Handbuch, § 67 Rn 4.

342 AR - Blattei (SD) 40 - *Schwab*, Akkordarbeit, Rn 6; *Hromadka / Maschmann*, Arbeitsrecht I, § 7 Rn 13; *Zöllner / Loritz*, Arbeitsrecht, § 15 V 2 (S. 191 f.).

343 AR - Blattei (SD) 40 - *Schwab*, Akkordarbeit, Rn 6; *Hromadka / Maschmann*, Arbeitsrecht I, § 7 Rn 17; *Zöllner / Loritz*, Arbeitsrecht, § 15 V 2 (S. 192).

344 *Brors*, RdA 2004, S. 273; Münchener Handbuch I - *Kreßel*, § 66 Rn 14, § 67 Rn 1, 78.

345 AR - Blattei (SD) 40 - *Schwab*, Akkordarbeit, Rn 7; Münchener Handbuch I - *Kreßel*, § 67 Rn 2; *Schaub*, Arbeitsrechts - Handbuch, § 64 Rn 1.

346 Münchener Handbuch I - *Kreßel*, § 66 Rn 15, 59.

347 Münchener Handbuch I - *Kreßel*, § 67 Rn 1; *Zöllner / Loritz*, Arbeitsrecht, § 15 V 3 (S. 192).

soll[348]. Üblicherweise wird im Geldakkord oder im Zeitakkord gearbeitet. Während sich beim Geldakkord die Vergütung aus dem Produkt von Arbeitsmenge und Geldfaktor ergibt, tritt beim Zeitakkord noch der Zeitfaktor hinzu, das ist die Zeitvorgabe für eine bestimmte Leistung[349].

Trotz des damit intendierten Leistungsansporns ist nicht zu verkennen, dass sich der Anreiz durchaus nachteilig auswirken und Leistungsdruck sowie Überanstrengung mit sich bringen kann[350], da für den Einzelnen, anders als beim Zeitlohn, das tägliche Ergebnis seiner Arbeit maßgebliche Bedeutung erlangt. Auch ein kurzzeitiger Leistungsabfall etwa durch physisches oder psychisches Unwohlsein bedingt, schlägt sich unmittelbar in der Entgelthöhe nieder. Dementsprechend sind beispielsweise für Jugendliche und Schwangere gemäß § 23 Abs. 1 Nr. 1 und 2 JArbSchG beziehungsweise § 4 Abs. 3 Nr. 1 MuSchG Akkordarbeit und jegliche Arbeitsformen, bei denen ein Zusammenhang zwischen Arbeitstempo und Entgelt besteht, nicht zulässig.

Angesichts dessen könnte fraglich sein, ob es sich überhaupt noch um ein Arbeitsverhältnis handelt, wenn die Vergütung durch Akkordlohn erfolgt oder ob nicht aufgrund des Leistungs- und Ergebnisbezugs eher von einem Werkvertrag gemäß § 631 Abs. 1 und 2, 2.Alternative BGB, wonach sich der Schuldner zur Herbeiführung eines Erfolgs verpflichtet, ausgegangen werden muss. Diesbezüglich ist jedoch zwischen der Leistungsverpflichtung des Arbeitnehmers einerseits und der Form der Vergütung dieser Leistung andererseits zu unterscheiden[351]. Zwar bemisst sich die Vergütung nach dem Arbeitsergebnis, dennoch ist der Arbeitnehmer weiterhin nur zum Tätigwerden, nicht jedoch zur Herbeiführung eines bestimmten Erfolgs verpflichtet[352]. Dagegen könnte man einwenden, dass sich die Lage für den Arbeitnehmer zumindest faktisch doch wie in einem Werkvertrag darstellt, da er stets bemüht sein muss, einen bestimmten Leistungsumfang zu erreichen, um seine persönliche Vergü-

---

348 AR - Blattei (SD) 40 - *Schwab*, Akkordarbeit, Rn 16; Münchener Handbuch I - *Kreßel*, § 67 Rn 1, 4; *Schaub*, Arbeitsrechts - Handbuch, § 64 Rn 1; *Wiedemann*, TVG, § 1 Rn 380.

349 AR - Blattei (SD) 40 - *Schwab*, Akkordarbeit, Rn 27; *Hromadka / Maschmann*, Arbeitsrecht I, § 7 Rn 18 f; Münchener Handbuch I - *Kreßel*, § 67 Rn 11 f.; *Schaub*, Arbeitsrechts - Handbuch, § 64 Rn 9 f.; Staudinger - *Richardi*, BGB, § 611 Rn 582; *Wiedemann*, TVG, § 1 Rn 381; *Zöllner / Loritz*, Arbeitsrecht, § 15 V 3 b (S. 192 f.).

350 Münchener Handbuch I - *Kreßel*, § 67 Rn 1.

351 AR - Blattei (SD) 40 - *Schwab*, Akkordarbeit, Rn 30; *Gaul*, BB 1990, S. 1549; *Köppen*, DB 2002, S. 374 (375 f.); Münchener Handbuch I - *Kreßel*, § 67 Rn 1.

352 AR - Blattei (SD) 40 - *Schwab*, Akkordarbeit, Rn 30; *Gaul*, BB 1990, S. 1549; *Köppen*, DB 2002, S. 374 (375 f.); Staudinger - *Richardi*, BGB, § 611 Rn 578.

tungserwartung erfüllen zu können[353]. Allerdings wird dem Zeitakkord als der aktuelleren Akkordform beim Zeitfaktor die sogenannte Normalleistung zugrunde gelegt[354]. Das ist nach arbeitswissenschaftlichen Erkenntnissen die Leistung, die ein ausreichend geübter Arbeitnehmer unter betriebsüblichen Bedingungen ohne Gesundheitsschädigung erbringen kann[355]. Bei ordnungsgemäßer Arbeitsleistung ist es deshalb möglich, auch im Akkordlohn einen stetigen Lohnumfang zu erzielen. Darüber hinaus wird durch Mindestlohngarantien verhindert, dass das Entgelt unter ein bestimmtes Niveau absinkt[356].

b. Prämienlohn

Zum Leistungsentgelt zählt des Weiteren der Prämienlohn. Man unterscheidet individuelle Prämien und Prämienlohnsysteme[357]. Individuelle Prämien, beispielsweise Anwesenheits-, Pünktlichkeits- oder Treueprämien, sind kein Entgelt für die Arbeitsleistung, sondern ein besonderer Bonus für lobenswertes Verhalten im Rahmen des Arbeitsverhältnisses oder eine bestimmte Dauer der Betriebszugehörigkeit[358]. Prämien zum Zweck der Arbeitsvergütung können in einem Prämienlohnsystem sowohl an der Quantität als auch an der Qualität der Arbeitsleistung ausgerichtet werden[359]. Abgesehen von solchen Menge- oder Güteprämien kann auch die konkrete Art und Weise der Arbeitserbringung zur Grundlage einer Prämienzahlung gemacht werden. Insofern kommen Maschinennutzungsprämien für optimale Ausnutzung einer Maschine, Ersparnisprämien bei sparsamem Einsatz von Betriebsstoffen oder Termin-

---

[353] *Stehl*, DB 1969, S. 348 (351) spricht von „werkvertragsähnlichen“ Zügen des Akkords.

[354] AR - Blattei (SD) 40 - *Schwab*, Akkordarbeit, Rn 19;*Gaul*, BB 1990, S. 1549 (1550); *Hromadka / Maschmann*, Arbeitsrecht I, § 7 Rn 20; *Wiedemann*, TVG, § 1 Rn 383; *Zöllner / Loritz*, Arbeitsrecht, § 15 V 3 bb (S. 193).

[355] AR - Blattei (SD) 40 - *Schwab*, Akkordarbeit, Rn 19;*Gaul*, BB 1990, S. 1549 (1550); *Hromadka / Maschmann*, Arbeitsrecht I, § 7 Rn 20; Münchener Handbuch I - *Kreßel*, § 67 Rn 23; *Rüthers*, ZfA 1973, S. 399 (401); *Schaub*, Arbeitsrechts - Handbuch, § 64 Rn 24 a; *Zöllner / Loritz*, Arbeitsrecht, § 15 V 3 b bb (2) (S. 193 f.).

[356] *Schaub*, Arbeitsrechts - Handbuch, § 64 Rn 35.

[357] *Schaub*, Arbeitsrechts - Handbuch, § 67 Rn 46.

[358] AR - Blattei (SD) 40 - *Schwab*, Akkordarbeit, Rn 8; *Hromadka / Maschmann*, Arbeitsrecht I, § 7 Rn 21; Münchener Handbuch I - *Kreßel*, § 67 Rn 77; *Schaub*, Arbeitsrechts - Handbuch, § 65 Rn 2, § 67 Rn 46; *Zöllner / Loritz*, Arbeitsrecht, § 15 V 4 (S. 194).

[359] *Schaub*, Arbeitsrechts - Handbuch, § 67 Rn 47; *Zöllner / Loritz*, Arbeitsrecht, § 15 V 4 (S. 194).

prämien für termingerechte Leistung in Betracht[360]. Dem Prämienlohn kann also eine viel größere Zahl von Bewertungsgrößen zugrunde gelegt werden als es beim Akkordlohn der Fall ist[361]. In den meisten Fällen erfasst er indes nicht die gesamte Vergütung, sondern wird zusätzlich zu einem vereinbarten Lohn gezahlt[362].

c. Individuelle Leistungsbeurteilung

Leistungsorientierte Vergütungsformen sind schließlich Leistungszulagen, die infolge individueller Leistungsbeurteilungen gewährt werden oder an die bereits angesprochenen Zielvereinbarungen anknüpfen. Mit der individuellen Leistungsbeurteilung bewertet ein Vorgesetzter das Leistungsverhalten des Arbeitnehmers, etwa Zuverlässigkeit, Führungsverhalten und Arbeitseinsatz[363]. Fällt die Bewertung positiv aus, wird neben der Grundvergütung noch eine besondere Leistungszulage gewährt. Im Unterschied zum Prämienlohn kommen beurteilungsgestützte Zulagen insbesondere dann in Betracht, wenn der Arbeitnehmer keine in Qualität oder Menge objektiv messbaren Produkte abliefern muss[364]. Und somit wird gleichzeitig deutlich, dass bei dieser Entlohnungsgrundlage die subjektive Einschätzung durch den beurteilenden Vorgesetzten eine entscheidende Rolle spielt[365].

d. Fazit für die Leistungsbestimmung durch den Arbeitnehmer

Die dargestellten Formen von Leistungsentgelten bemessen sich in ihrem Umfang jeweils nach Leistungsverhalten oder Leistungsergebnissen. Diese Kriterien sind in ihrer Vorgabe sowie in ihrer Erfüllung nicht stets gleichbleibend, sondern flexibel. Ebenso wie im Rahmen der Arbeitszeit darf jedoch nicht schon die Flexibilität mit einem Leistungsbestimmungsrecht des Arbeitnehmers gleichgesetzt werden.

---

360 *Hromadka / Maschmann*, Arbeitsrecht I, § 7 Rn 21; *Zöllner / Loritz*, Arbeitsrecht, § 15 V 4 (S. 194).

361 *Gaul*, BB 1990, S. 1549; Münchener Handbuch I - *Kreßel*, § 67 Rn 76.

362 *Gaul*, BB 1990, S. 1549; Münchener Handbuch I - *Kreßel*, § 67 Rn 87; *Schaub*, Arbeitsrechts - Handbuch, § 65 Rn 13, § 67 Rn 47; Staudinger - *Richardi*, BGB, § 611 Rn 589; *Zöllner / Loritz*, Arbeitsrecht, § 15 V 4 (S. 194).

363 Münchener Handbuch I - *Kreßel*, § 67 Rn 104, 107.

364 Münchener Handbuch I - *Kreßel*, § 67 Rn 98 f.

365 Münchener Handbuch I - *Kreßel*, § 67 Rn 110, 121.

Bei leistungsbezogenen Vergütungsbestandteilen kann der Arbeitnehmer den Umfang seiner Vergütung oder von Teilen derselben dadurch beeinflussen, dass er zunächst einmal auf das Ergebnis seiner Arbeit sowie die Art und Weise ihrer Verrichtung einwirken kann. In Anlehnung an die tatsächlich erbrachte Leistung des Arbeitnehmers ergibt sich sodann die Höhe des Entgelts, und zwar abhängig von bestimmten objektiven Kriterien wie insbesondere beim Akkordlohn oder beeinflusst von subjektiven Kriterien des beurteilenden Vorgesetzten, wie es bei Leistungsbewertungen der Fall sein kann. Eine rechtserhebliche Leistungsbestimmung durch den Arbeitnehmer ist darin jedoch nicht zu sehen und auch nicht erforderlich. Der Arbeitnehmer liefert durch seine tatsächliche Arbeit nur die Voraussetzungen und Anhaltspunkte für die Entgeltbemessung, die sich je nach Vergütungssystem verfahrensmäßig ergibt. Im Ergebnis kann der Arbeitnehmer beim Leistungsentgelt zwar Einfluss auf dasselbe nehmen[366], nicht jedoch im Sinne einer Bestimmung der Leistung.

2. Cafeteria-System

Die Auswahl von Vergütungskomponenten wie sie im sogenannten Cafeteria-System oder -Plan[367] erfolgt, steht in keinem unmittelbaren Zusammenhang mit der tatsächlichen Arbeitsleistung wie es beim Leistungsentgelt der Fall ist. Deshalb ist hier leichter eine Erklärung oder Bestimmung des Arbeitnehmers auszumachen. Ob diese Erklärung durch Rechtsgeschäft erfolgt oder es sich bloß um einen faktischen Vorschlag handelt, bedarf der Auseinandersetzung.

a. Bedeutung und Inhalte

Unter dem Cafeteria-System versteht man einen Plan, welcher es den Arbeitnehmern ermöglicht, ihr Entgelt aus verschiedenen angebotenen Komponenten zusammenzustellen[368], so dass sie also nicht mehr nur durch eine bloße Geldzahlung entlohnt werden[369]. Diese besondere Bezeichnung als Cafeteria-Plan rührt daher, dass der Arbeitnehmer die

---

[366] *Lindemann*, Flexible Gestaltung von Arbeitsbedingungen nach der Schuldrechtsreform, S. 319.

[367] *Mölders*, DB 1996, S. 213; *Rieble*, NZA 2000, Beilage 3, S. 34 (36); *Wolf*, BB 1993, S. 928; AuA 1993, S. 274.

[368] AuA 1993, S. 274; *Dycke / Schulte*, DBW 1986, S. 577.

[369] *Wolf*, BB 1993, S. 928 (929).

Leistungen wie in einer Cafeteria aus dem vorhandenen Angebot gerade nach seinem Geschmack auswählen kann[370].

Die Entgeltbestandteile können unterschiedlichen Sachgruppen entstammen, die *Wolf* umfassend zusammengestellt hat[371]: Dies sind Transport, Verpflegung, Aus- und Weiterbildung, Risikovorsorge, Finanzen und Recht, Unterbringung und Umzug, Sport, Gesundheit und Soziales, Freizeit und Sonstiges. Beispielhaft seien genannt ein Firmenwagen zur privaten Nutzung, Abschluss und Finanzierung einer bestimmten Versicherung, Jubiläumszuwendungen, Gewinnbeteiligungen, Aktienoptionen, Kontoführungsgebühren, die Übernahme von Umzugskosten, freies Telefonieren am Arbeitsplatz und auch die Option für bestimmte Arbeitszeitmodelle, sofern diese Entgeltrelevanz aufweisen[372]. Letzteres ist zum Beispiel der Fall, wenn unvergütete Zeitguthaben angespart werden, um schließlich als Langzeiturlaub, auch Sabbatical genannt, unter Zahlung der noch ausstehenden Vergütung in Anspruch genommen zu werden.

Wie die genannten Beispiele zum Ausdruck bringen, wird durch Cafeteria-Leistungen nicht ausschließlich das vereinbarte Entgelt ersetzt, sondern es sind zum Teil auch zusätzliche Leistungen des Arbeitgebers enthalten, zwischen denen ausgewählt werden kann[373], jedenfalls soweit der dem Einzelnen jeweils zustehende Umfang reicht[374]. Während beispielsweise die oben genannte Möglichkeit, einen Firmenwagen auch privat zu nutzen, auf das vereinbarte Entgelt angerechnet werden kann, handelt es sich bei einer Jubiläumszuwendung um einen zusätzlich gewährten Bonus aus Anlass einer bestimmten Dauer der Betriebszugehörigkeit.

b. Zusammenstellung von Vergütungskomponenten durch den Arbeitnehmer

Das Zusammenstellen und Auswählen bringt schon zum Ausdruck, dass es sich bei den Cafeteria-Leistungen nicht um eine einseitige inhaltlich Bestimmung seitens des Arbeitnehmers in Form einer Leistungsbestimmung handelt, sondern lediglich um eine Wahl aus vorgegebenen Vari-

[370] *Dycke / Schulte*, DBW 1986, S. 577; *Wolf*, BB 1993, S. 928 (929).
[371] *Wolf*, BB 1993, S. 928 (931).
[372] *Mölders*, DB 1996, S. 213 (215).
[373] AuA 1993, S. 274; *Dycke / Schulte*, DBW 1986, S. 577.
[374] *Dycke / Schulte*, DBW 1986, S. 577 (584) sprechen vom dem Mitarbeiter zustehenden Budget.

anten. Angesichts dieser Auswahlmöglichkeit ist zunächst an ein Wahlrecht im Sinne des § 262 BGB zu denken. Ein solches zeichnet sich dadurch aus, dass aus mehreren Leistungen, von denen „nur die eine oder die andere zu bewirken ist", ausgewählt werden kann. Dieser Umstand schließt jedoch nicht aus, dass es sich bei der Auswahl um ein einseitiges Rechtsgeschäft des Arbeitnehmers handelt, denn ebenso wie das Leistungsbestimmungsrecht ist das Wahlrecht ein Gestaltungsrecht[375]. Da das Wahlrecht den Berechtigten auf eine Auswahl festlegt, ist der Umfang seines Regelungsspielraums eingeschränkter, so dass es sich im Vergleich zum Leistungsbestimmungsrecht letztlich nur um schwache Entscheidungskompetenzen handeln dürfte. Gegen ein Wahlrecht könnte jedoch sprechen, dass bei der Zusammenstellung von Vergütungskomponenten nicht ein einziger anderer Leistungsinhalt gänzlich an die Stelle der Barvergütung treten soll, sondern diese nur teilweise und gegebenenfalls auch durch mehrere andere Inhalte kumulativ ersetzt wird. Insofern ist aber nach wie vor die nötige Alternativität gegeben, da die gewählten Leistungen jeweils im Austausch an die Stelle eines Teils der Barvergütung treten, so dass man durchaus noch von einem Wahlrecht als Auswahlinstrument im Cafeteria-System ausgehen kann.

Als Gestaltungsrecht muss das Wahlrecht ausgeübt werden, um Wirkung zu entfalten. Auf diese Weise konkretisiert sich die Schuld auf eine der Varianten, wodurch ein bestimmter Leistungsinhalt überhaupt erst begründet wird[376]. Eine Pflicht, von einem eingeräumten Wahlrecht Gebrauch zu machen, existiert nicht[377] und so liegt es auch nicht fern dass ein Arbeitnehmer überhaupt kein Interesse an einer anderen als einer Geldleistung hat und deshalb gar keine ersetzende Auswahl trifft. Man könnte das als konkludente Wahl für eine Geldzahlung verstehen. Diese Auslegung geht indes zu weit, da eine derartige Wahl nach § 107 Abs. 1 GewO, welcher gemäß § 6 Abs. 2 GewO für alle Arbeitnehmer gilt, überhaupt nicht erforderlich ist, denn hiernach „[ist] das Arbeitsentgelt [...] in Euro zu berechnen und auszuzahlen". Die Leistungsart ist also von vornherein festgelegt, und zwar die Arbeitsleistung von Gesetzes wegen grundsätzlich in Geld zu vergüten. Ein Arbeitnehmer der nur diese Geldzahlung beansprucht, muss seinen Willen deshalb nicht mehr in

---

375 Siehe Teil 2, B II 2 a.

376 Siehe Teil 2, A I 2; MünchKomm - *Krüger*, BGB, § 263 Rn 7; Palandt - *Heinrichs*, BGB, § 263 Rn 3; Soergel - *Wolf*, BGB, § 262 Rn 28; Staudinger - *Bittner*, BGB, § 263 Rn 13.

377 Bamberger / Roth - *Grüneberg*, BGB, § 264 Rn 2; *Erler*, Wahlschuld und Ersetzungsbefugnis, S. 20; Erman - *Kuckuk*, BGB, § 264 Rn 4; MünchKomm - *Krüger*, BGB, § 264 Rn 1; Palandt - *Heinrichs*, BGB, § 264 Rn 1; Soergel - *Wolf*, BGB, § 264 Rn 1.

rechtserheblicher Weise kundtun. Um ein Wahlrecht handelt es sich deshalb im Cafeteria-System nicht.

Eines Rechtsakts bedarf es dann, wenn von dem Grundsatz der Barvergütung abgewichen werden soll, indem andere Leistungen ausgewählt werden. Dafür sind zwei Möglichkeiten in Betracht zu ziehen, nämlich zum einen die vertragliche Vereinbarung zur Umwandlung von Vergütungsbestandteilen[378], zum anderen die Ausübung einer - zuvor vertraglich eingeräumten - Ersetzungsbefugnis durch den Arbeitnehmer[379]. Legt man eine vertragliche Vereinbarung zugrunde, so macht der Arbeitgeber, der einen Cafeteria-Plan aufstellt, seinen Arbeitnehmern Angebote, Entgeltbestandteile umzuwandeln, welche der einzelne Arbeitnehmer sodann annimmt, indem er sich für die ihm passenden Leistungsinhalte entscheidet. Aus den Angeboten folgt keine grenzenlose Bindung des Arbeitgebers, denn eine Umwandlung kann stets nur in dem Maße erfolgen, in welchem dem Arbeitnehmer ein bestimmter Geldwert als Vergütung noch zusteht. Diesbezüglich ist davon auszugehen, dass die Angebote in ihrer Verbindlichkeit unter der auflösenden Bedingung im Sinne des § 158 Abs. 2 BGB erfolgen, dass dem Arbeitnehmer keine Umwandlungswerte mehr zur Verfügung stehen. Die im Cafeteria-System angebotenen sachlichen Leistungen haben im Vergleich zur Geldschuld den Nachteil, dass sie unmöglich im Sinne des § 275 Abs. 1 BGB werden können[380]. Dementsprechend sind Änderungsverträge zur Auswahl von solchen Naturalvergütungskomponenten für den Arbeitnehmer mit einem gewissen Risiko behaftet. Zum Schutz seines Entgeltanspruchs ist es deshalb geboten, von einer weiteren auflösenden Bedingung auszugehen, wonach die Umwandlungsvereinbarung bei Unmöglichkeit der entsprechenden Leistung unwirksam wird, so dass im Falle ihres Untergangs wieder der ursprüngliche Barvergütungsanspruch auflebt. Wurden solche auflösenden Bedingungen nicht vereinbart, dann muss die sogenannte ergänzende Vertragsauslegung bemüht werden. Mit dieser werden Vertragslücken gefüllt, wenn die Vereinbarung notwendigerweise der Vervollständigung bedarf, um über-

---

[378] AR - Blattei (SD) 1160.1 - *Linck*, Lohnzahlung, Rn 36; AR - Blattei (SD) 1380 - *Marschner*, Sachbezüge, Rn 16; *Mölders*, DB 1996, S. 213, 215; Staudinger - *Richardi*, BGB, § 611 Rn 702.

[379] *Mölders*, DB 1996, S. 213.

[380] Von der Geldschuld wird der Schuldner selbst bei Geldmangel nicht frei: RGZ (v. 9.1.1923) 106, 177 (181); BGHZ (v. 28.2.1989) 107, 92 (102); *Medicus*, Schuldrecht I, Rn 352; Palandt - *Heinrichs*, BGB, § 275 Rn 3, § 276 Rn 28.

haupt zur Umsetzung der Vorstellungen und Absichten der Parteien brauchbar zu sein[381].

Eine Lösung, die ohne eine derartige Auslegung auskommt und deshalb praktikabler ist, stellt demgegenüber die Ersetzungsbefugnis dar. Mit der Aufstellung des Cafeteria-Plans unterbreitet der Arbeitgeber dabei das Angebot, Entgeltbestandteile zu ersetzen, welches die Arbeitnehmer konkludent durch Auswahl annehmen. In der jeweiligen Entscheidung für eine bestimmte Komponente ist sodann die Ausübung der Ersetzungsbefugnis zu sehen. Ersetzt werden kann hier von vornherein nur, soweit noch ersetzbare Barvergütung vorhanden ist. Bei Unmöglichkeit der Ersatzleistung lebt der ursprüngliche Primäranspruch wieder auf[382], in diesem Fall also der Barvergütungsanspruch. Im Ergebnis handelt es sich bei der Auswahl in einem Cafeteria-System somit nicht um den Gestaltungsakt Wahlrecht, sondern der Arbeitnehmer übt eine Ersetzungsbefugnis aus, der jedoch keine rechtsgestaltende Wirkung innewohnt[383].

c. Fazit für die Leistungsbestimmung durch den Arbeitnehmer

Wenn auch der Auswahl der Vergütungsbestandteile in einem Cafeteria-System ein selbstbestimmter Akt des Arbeitnehmers innewohnt, so handelt es sich dabei nicht um ein einseitiges Rechtsgeschäft des Arbeitnehmers. Es ist weder ein Leistungsbestimmungsrecht noch ein Wahlrecht gegeben und selbst faktische Leistungsbestimmung kommt nicht in Betracht. Vielmehr nimmt der Arbeitnehmer ein Angebot des Arbeitgebers auf Ersetzung von Vergütungsbestandteilen an, so dass letztlich eine vertragliche Vereinbarung vorliegt.

IV. Ort der Arbeitsleistung

Als Gegenstand einer Leistungsbestimmung des Arbeitnehmers könnte letztlich noch der Arbeitsort in Betracht kommen. In der Regel findet die Arbeit allerdings im Betrieb statt, so dass für denkbare Ortswechsel kei-

---

381 BGHZ (v. 22.4.1953) 9, 273 (277 f.); (v. 25.6.1980) 77, 301 (304); MünchKomm - *Mayer = Maly / Busche*, BGB, § 157 Rn 25, 27, 29, 34; Staudinger - *Roth*, BGB, § 157 Rn 4, 11, 15.

382 RGZ (v. 19.10.1918) 94, 58 (60); Bamberger / Roth - *Grüneberg*, BGB, § 262 Rn 9; *Erler*, Wahlschuld und Ersetzungsbefugnis, S. 58; Palandt - *Heinrichs*, BGB, § 262 Rn 8 f.; *Ziegler*, AcP 171 (1971), S. 193 (203).

383 Siehe Teil 2, B I 2 b.

ne Veranlassung besteht. Anders verhält es sich zwar im Fall sogenannter Außendienstmitarbeiter, hier ergibt sich der Wechsel jedoch aus der zu erledigenden Aufgabe und nicht aufgrund einer Entscheidung des Arbeitnehmers. Selbstbestimmung in der Frage des Arbeitsortes wird hingegen durch die Möglichkeit eröffnet, bei Bedarf einzelne Tage zu Hause zu verbringen, um bestimmte Arbeiten ungestört erledigen zu können[384]. Da jedoch bereits vorgegeben ist, dass der Arbeitnehmer sich entweder im Betrieb oder zu Hause aufhalten kann, handelt es sich lediglich um eine Wahlmöglichkeit und nicht um eine selbstbestimmte Entscheidung im Sinne einer Leistungsbestimmung.

C. Ergebnis: Arbeitszeit als Gegenstand der Leistungsbestimmung des Arbeitnehmers

Im Ergebnis können Arbeitnehmer sowohl von Gesetzes wegen als auch kraft vertraglicher Vereinbarung in bestimmten Angelegenheiten den Inhalt ihres Arbeitsvertrages beeinflussen und dem Arbeitgeber einseitig Vorgaben machen. In der Regel verbergen sich hinter den eigenverantwortlichen Spielräumen, den Selbstbestimmungsmöglichkeiten und den Entscheidungskompetenzen allerdings keine echten Leistungsbestimmungsrechte im Sinne des § 315 BGB. Während gesetzliche Leistungsbestimmungsrechte kaum ermittelt werden können, zeichnet sich auch auf der vertraglichen Ebene kein gänzlich anderes Bild ab. Zwar sollen Individualität und Selbständigkeit des Einzelnen in den unterschiedlichsten Regelungsbereichen durch die Implementierung von arbeitsrechtlichen Zielvereinbarungen oder Cafeteria-Plänen gefördert werden, jedoch handelt es sich dabei nur um faktische Einflussnahmemöglichkeiten oder vertragliche Vereinbarung und jedenfalls nicht um Gestaltungsrechte. Eine Entwicklungstendenz, dem Arbeitnehmer generell ein neues rechtliches Instrument an die Hand zu geben, welches der bisherigen vertraglichen Lösung oder dem Weisungsrecht des Arbeitgebers rechtlich ebenbürtig ist, lässt sich daraus nicht herleiten.

In einem Bereich des Arbeitsverhältnisses, und zwar in demjenigen der Arbeitszeitverteilung, spielen Leistungsbestimmungsrechte des Arbeitnehmers hingegen eine konkrete Rolle. Im Rahmen flexibler, also nicht mehr betriebseinheitlich festgelegter Arbeitszeiten kann Arbeitnehmern Arbeitszeitautonomie als Leistungsbestimmungsrecht zur eigenverantwortlichen Arbeitszeitgestaltung eingeräumt werden. Solche Mo-

---

[384] Dresdner Bank AG, http://www.arbeitszeitberatung.de/arbeitszeit.htm.

delle sind verschiedene Formen von Gleitzeitarbeit, Telearbeit und Job Sharing.

Die Bedeutung der Arbeitszeit als Feld für Bestimmungen des Arbeitnehmers bestätigt sich zudem durch die Möglichkeiten, die sich kraft Gesetzes bieten. Neben dem Recht, die Arbeitszeit zur Inanspruchnahme von Elternzeit gemäß § 15 Abs. 1 - 3, § 16 Abs. 1 BErzGG oder zur Ausübung des Streikrechts aus Art. 9 Abs. 3 Satz 1 GG auf null zu reduzieren, wirken sich auf gesetzlicher Ebene nämlich einige, wenn auch nur faktische Bestimmungsmöglichkeiten gerade auf die Arbeitszeit aus, und zwar die faktische Leistungsbestimmung zum Teilzeitanspruch gemäß § 8 TzBfG, gemäß § 15 Abs. 6 und 7 BErzGG und gemäß § 81 Abs. 5 Satz 3 SGB IX, außerdem gemäß § 7 Abs. 1 Satz 1 BUrlG zum Urlaubstermin.

Das Vorkommen von Leistungsbestimmungsrechten für Arbeitnehmer beschränkt sich im Ergebnis auf die Arbeitszeit[385]. Somit kann zumindest für diesen speziellen Bereich von einem Instrument für Arbeitnehmer mit Um- und Durchsetzungsmacht gegenüber dem Arbeitgeber ausgegangen werden. Wie weit diese Macht reicht und was der Arbeitnehmer wirklich bestimmen kann, ist allerdings abhängig von verschiedenen Voraussetzungen, denen die Leistungsbestimmung zur Arbeitszeit unterliegt. Bei der Bestimmung des Begriffs der flexiblen Arbeitszeit und auch bei der Analyse der in Frage kommenden flexiblen Arbeitszeitmodelle wird deutlich, dass der Gegenstand der Bestimmung durch vielerlei Faktoren begrenzt wird. Eine Einschränkung der Gestaltbarkeit erfolgt zum einen dadurch, dass bei der Arbeitszeit eine *bestimmte* Arbeitszeitmenge verteilt wird. Die Arbeitszeit wird also im Arbeitsvertrag nicht einfach offen gelassen und der freien Verteilung des Arbeitnehmers unterstellt, sondern hier müssen vorab bereits bestimmte Vorgaben festgelegt werden. Des Weiteren kommen häufig sogenannte Kern-, Service- oder Funktionszeiten vor, also Zeiträume, in denen der Arbeitnehmer in jedem Fall zu arbeiten hat Diese Zeiträume stehen fest, so dass der Bereich, über den bestimmt werden kann, nur noch ein reduzierter ist.

Berücksichtigt man all diese Rahmenbedingungen, so stellt sich letztlich die Frage, ob unter solchen konkreten Vorgaben zur Zeitverteilung überhaupt noch von der Ausübung eines echten Leistungsbestim-

[385] Die teilautonomen Arbeitsgruppen sollen unberücksichtigt bleiben, denn sie sind als Phänomen der Gruppenarbeit zu betrachten, das sich als solches nicht einfach auf einen der hier schematisch zugrunde gelegten Bereiche Organisation, Arbeitszeit und Vergütung reduzieren lässt.

mungsrechts gesprochen werden kann. Möglicherweise relativieren diese Faktoren das Leistungsbestimmungsrecht des Arbeitnehmers zur Arbeitszeit auf eine bloß faktische Möglichkeit. Es ist deshalb zum einen zu klären, warum der bedarfsorientierte Einsatz der Arbeitszeit nur begrenzt möglich ist. Die *bestimmte* Arbeitszeitmenge stellt insofern ein gesetzliches Hindernis dar, das den Gegenstand der Bestimmung, die Arbeitszeit, betrifft. Zum anderen muss untersucht werden, ob die selbständige Verteilung der Arbeitszeit durch Kernzeiten wirklich so weit eingeschränkt wird, dass dem Arbeitnehmer keine rechtliche Bestimmungsmacht mehr zusteht, sondern er nur noch faktisch einen bereits vorgegebenen Arbeitszeitrahmen ausfüllen kann.

Teil 4. Der Umfang der Leistungsbestimmung zur Arbeitszeit

A. Die Rechtsprechung zur Volumenflexibilität durch arbeitsvertraglich vereinbartes Leistungsbestimmungsrecht

Einem Leistungsbestimmungsrecht im Sinne des § 315 BGB können im Allgemeinen alle Vertragsgegenstände unterworfen werden, also Art und Umfang der Haupt- und Nebenleistungen, außerdem Leistungsmodalitäten wie Zeit oder Ort und auch sonstige Nebenpunkte[1]. Unter dieser Voraussetzung müssten Arbeitnehmer, denen in flexiblen Arbeitszeitmodellen Arbeitszeitsouveränität zugestanden ist, im Grunde auch eine einseitige Bestimmung über das Volumen ihrer Arbeitszeit treffen können. Bereits durch die Definition flexibler Arbeitszeit wird deutlich, dass es sich anders verhalten muss, da hiernach eine bereits *bestimmte* Arbeitszeitmenge flexibel verteilt wird[2]. Es kann also neben der Lage der Arbeitszeit nur die Dauer als Teilmenge, das heißt die tägliche Dauer der Arbeitszeit, flexibel gehandhabt werden, nicht jedoch die Dauer, verstanden als beispielsweise wöchentliches Gesamtvolumen. Diese Definition geht konform mit Rechtsprechung des BAG vom 12.12.1984, wonach der einseitigen Leistungsbestimmung im Arbeitsverhältnis die beiderseitigen Hauptleistungspflichten, das heißt das Arbeitszeitvolumen sowie die hierauf bezogene Vergütung, der sogenannte „Kernbereich des Arbeitsverhältnisses", entzogen sein sollen[3]. Auch insofern ist bedarfsorientierter, variabler Einsatz von Arbeitszeit nicht in der Form möglich, dass jeweils das Arbeitszeitvolumen einseitig dem betrieblichen Bedarf angepasst wird, da die Arbeitszeitdauer als Gesamtvolumen keinem Leistungsbestimmungsrecht unterworfen werden darf, weshalb stets ein bestimmtes Arbeitszeitvolumen vereinbart werden muss.

Wie ist es überhaupt dazu gekommen, dass flexibler Arbeitszeit eine solche bestimmte Arbeitszeitdauer zugrunde gelegt werden muss und warum ist es so problematisch, auch das Gesamtvolumen der Arbeitszeit flexibel zu handhaben? Auslöser für die Abkehr von Arbeitszeitregelungen mit veränderlichem Arbeitszeitvolumen sind Urteile verschiedener Arbeitsgerichte, letztlich des BAG, welche entsprechende arbeitsvertrag-

---

1 Jauernig - *Stadler*, BGB, § 315 Rn 9; MünchKomm - *Gottwald*, BGB, § 315 Rn 23; Palandt - *Heinrichs*, BGB, § 315 Rn 2; Soergel - *Wolf*, BGB, § 315 Rn 13; Staudinger - *Rieble*, BGB, § 315 Rn 91; siehe auch Teil 2, B II 2 b.

2 *von Hoyningen - Huene*, NZA 1985, S. 9 f.; Münchener Handbuch Ergänzungsband - *Schüren*, § 165 Rn 2; *Reichold*, NZA 1998, S. 393 (394).

3 BAG v. 12.12.1984, AP Nr. 6 zu § 2 KSchG 1969 (II 3 d cc der Gründe).

liche Vereinbarungen als Verstoß gegen zwingende Normen des Kündigungsschutzes bewerteten und infolgedessen gemäß § 134 BGB für nichtig erachteten. Die Dauer der Arbeitszeit, soweit sie das Gesamtvolumen bezeichnet, ist nach diesen Urteilen der einseitigen Veränderbarkeit entzogen. Die einseitige Bestimmung zur Arbeitszeit ist insofern einer Begrenzung unterworfen.

Zu berücksichtigen ist, dass die Leistungsbestimmung zur Arbeitszeit in der Vergangenheit ausschließlich durch den Arbeitgeber erfolgte, so dass für die anstehenden Überlegungen auf Rechtsprechung und Literatur zur Leistungsbestimmung des Arbeitgebers zurückgegriffen werden muss. Die Leistungsbestimmung des Arbeitgebers zur Arbeitszeit spielt vor allem bei der Arbeit auf Abruf, auch kapazitätsorientierte variable Arbeitszeit genannt, eine Rolle[4]. In der Auseinandersetzung mit dieser arbeitgeberbezogenen Thematik soll ein Ergebnis für den einseitig bestimmenden Arbeitnehmer entwickelt werden.

I. Das Urteil des BAG vom 12.12.1984, AP Nr. 6 zu § 2 KSchG 1969

In dem vielzitierten und insoweit grundlegenden Urteil des 7. Senats des BAG vom 12.12.1984 wurde eine arbeitsvertragliche Vereinbarung für nichtig erklärt, durch die sich der Arbeitgeber ein Leistungsbestimmungsrecht einräumen lassen hatte, welches ihm gestattete, die Arbeitszeit, an die im Übrigen die Vergütung gekoppelt war, seiner teilzeitbeschäftigten Musiklehrer nach Bedarf zu reduzieren[5]. Die entsprechende Vereinbarung lautete: „Die Zahl der zu erteilenden Unterrichtsstunden wird von Fall zu Fall [vom Arbeitgeber] im Einvernehmen mit dem Schulleiter festgelegt“. Einige der betroffenen Arbeitnehmer konnten für mindestens sechs und höchstens 13,5 Stunden, andere für maximal sechs Stunden pro Woche in Anspruch genommen werden.

In den Entscheidungsgründen wurde Schritt für Schritt herausgearbeitet, welche Möglichkeiten der Arbeitgeber haben könnte, um den Umfang der Arbeitsleistung einseitig herabzusetzen: Ein Instrument sei das allgemeine Weisungsrecht. Für den vorliegenden Fall wurde es indes abgelehnt, da ein solches lediglich die im Vertrag rahmenmäßig um-

---

4 ErfK - *Preis*, § 12 TzBfG Rn 10; *Kilz / Reh*, Innovative Arbeitszeitsysteme, S. 44; Münchener Handbuch Ergänzungsband - *Schüren*, § 166 Rn 32; *Schaub*, Arbeitsrechts - Handbuch, § 44 Rn 103.

5 BAG v. 12.12.1984, AP Nr. 6 zu § 2 KSchG 1969.

schriebenen Pflichten nach Zeit, Ort und Art konkretisiere[6]. Die beiderseitigen Hauptleistungspflichten, nämlich die Höhe der Vergütung einerseits sowie der Umfang der Arbeitspflicht andererseits seien auf diese Weise jedoch nicht abänderbar[7]. Vorliegend sei zudem die Vergütung an den Arbeitsumfang gekoppelt, so dass der Arbeitgeber letztlich sogar auf beide Vertragsgrößen Einfluss nehmen könne[8]. Da das allgemeine Weisungsrecht dem Arbeitgeber die Änderung der Stundenzahl also nicht gestattet, hätte der Arbeitgeber sich ein entsprechendes Leistungsbestimmungsrecht vom Arbeitnehmer vertraglich einräumen lassen müssen. Unter diesem Gesichtspunkt verwarf das Gericht zunächst einen vereinbarten Widerrufsvorbehalt, denn ein solcher berechtige zur Minderung oder Beendigung einer gewährten Leistung[9] und ging dann darauf ein, dass es sich vielmehr um ein Leistungsbestimmungsrecht hinsichtlich des Umfangs der Arbeitszeit handele[10]. Dem BAG zufolge sollte diese Vereinbarung nichtig sein. Es begründete seine Entscheidung damit, dass die Reduzierung der Arbeitszeit das Arbeitsverhältnis so grundlegend umgestalte, dass gleichsam ein neues begründet werde[11]. Ohne dass es auf deren Voraussetzungen ankäme, habe die Leistungsbestimmung die Wirkung einer Änderungskündigung. Im Ergebnis handele es sich daher um die objektive Umgehung zwingender Vorschriften des Kündigungsrechts, insbesondere des § 2 in Verbindung mit § 1 Abs. 2 und 3 KSchG, § 622 Abs. 1 und 5 BGB[12]. Es war die Rede davon, dass die Vereinbarung einen Eingriff in den „kündigungsschutzrechtlich geschützten Kernbereich des Arbeitsverhältnisses" darstelle[13]. Darunter fielen die beiderseitigen Hauptleistungspflichten, und zwar die Vergütungs- und die Arbeitspflicht[14]. Im Ergebnis werde dem Teilzeitarbeitnehmer das Beschäftigungsrisiko überbürdet, da er zum einen bei geringerer Arbeitszeit Vergütungseinbußen zu tragen habe und ihm zum anderen angesichts der permanenten Veränderbarkeit die anderweitig planbare Verwertung seiner Arbeitskraft nicht mehr möglich sei[15].

---

6 BAG v. 12.12.1984, AP Nr. 6 zu § 2 KSchG 1969 (II 3 b der Gründe).
7 BAG v. 12.12.1984, AP Nr. 6 zu § 2 KSchG 1969 (II 3 b der Gründe).
8 BAG v. 12.12.1984, AP Nr. 6 zu § 2 KSchG 1969 (II 3 b der Gründe).
9 BAG v. 12.12.1984, AP Nr. 6 zu § 2 KSchG 1969 (II 3 c der Gründe).
10 BAG v. 12.12.1984, AP Nr. 6 zu § 2 KSchG 1969 (II 3 d der Gründe).
11 BAG v. 12.12.1984, AP Nr. 6 zu § 2 KSchG 1969 (II 3 d cc der Gründe).
12 BAG v. 12.12.1984, AP Nr. 6 zu § 2 KSchG 1969 (II 3 d cc der Gründe).
13 BAG v. 12.12.1984, AP Nr. 6 zu § 2 KSchG 1969 (II 3 d cc der Gründe).
14 BAG v. 12.12.1984, AP Nr. 6 zu § 2 KSchG 1969 (II 3 b der Gründe).
15 BAG v. 12.12.1984, AP Nr. 6 zu § 2 KSchG 1969 (II 3 d cc der Gründe).

Diese Entscheidung des BAG steht nicht allein, denn bereits vor dem 12.12.1984 hatte es ähnliche Urteile des LAG Schleswig-Holstein und des ArbG Hamburg gegeben. Dem Urteil des LAG Schleswig-Holstein vom 1.12.1983[16] lag ein Arbeitsvertrag zugrunde, aufgrund dessen die Arbeitszeit entsprechend den betrieblichen Erfordernissen vom Arbeitgeber festgesetzt werden sollte. Bis zu dem Rechtsstreit war die Klägerin zunächst 15, später 23 Stunden pro Woche beschäftigt. Nunmehr sollte ihre Arbeitszeit auf zwölf Stunden reduziert werden. Das Gericht stellte die Nichtigkeit der in Rede stehenden Klausel fest, da zwingende Kündigungsschutzbestimmungen ausgehöhlt würden[17]. Die Änderung sei nur im Wege einer Änderungskündigung zu erreichen[18].

Am 2.5.1984 folgte ein Urteil des ArbG Hamburg, welchem eine arbeitsvertragliche Vereinbarung vorausging, nach welcher „Arbeitszeit und Arbeitseinsatz des Arbeitnehmers [...] nach den betrieblichen Notwendigkeiten [erfolgen] sollten"[19]. Im ersten Jahr arbeitete der Arbeitnehmer im Durchschnitt 98,66 Stunden im Monat, das entspricht einer Wochenarbeitszeit von ca. 24,67 Stunden. Anschließend wurde er aus saisonbedingten Gründen nicht mehr beschäftigt. Auch dieses Gericht stellte auf die Umgehung des Kündigungsschutzes ab, was zur Nichtigkeit der Vereinbarung führe[20]. Überdies müsse derjenige das Risiko tragen, der die maßgeblichen Entscheidungen treffe, und das sei der Arbeitgeber[21]. Aus diesem Grund werde dessen unternehmerisches Risiko unzulässig übertragen, wenn der Arbeitnehmer stets befürchten müsse, möglicherweise nicht mehr zur Arbeit abberufen zu werden und somit letztlich seinen Lebensunterhalt nicht mehr finanzieren zu können[22].

Auch das BAG selbst hatte nur wenig später, am 31.1.1985 durch seinen 2. Senat, erneut über einen ähnlichen Sachverhalt zu entscheiden[23]. In diesem Fall sah der Vertrag eine wöchentliche Höchstarbeitszeit von 13 Stunden vor. Ein Anspruch auf eine bestimmte Stundenzahl bestand nicht. Außerdem war dem Arbeitgeber das Recht eingeräumt worden, die Anzahl der Unterrichtsstunden aus triftigen Gründen herabzusetzen. Der Arbeitnehmer arbeitete zunächst 13, dann 12,5 und zuletzt 14 Wochenstunden. Schließlich sollte seine Arbeitszeit auf 12 Stun-

---

16 LAG Schleswig - Holstein (v. 1.12.1983), NZA 1984, S. 328.
17 LAG Schleswig - Holstein (v. 1.12.1983), NZA 1984, S. 328.
18 LAG Schleswig - Holstein (v. 1.12.1983), NZA 1984, S. 328.
19 ArbG Hamburg (v. 2.5.1984), NZA 1984, S. 358.
20 ArbG Hamburg (v. 2.5.1984), NZA 1984, S. 358 f.
21 ArbG Hamburg (v. 2.5.1984), NZA 1984, S. 358 (359).
22 ArbG Hamburg (v. 2.5.1984), NZA 1984, S. 358 (359).
23 2 AZR 393/83, nicht amtlich veröffentlicht.

den reduziert werden. Das Gericht stufte das einseitige Recht zur Herabsetzung der Stundenzahl als Widerrufsvorbehalt ein und stellte mit den Argumenten des Urteils vom 12.12.1984 gleichfalls dessen Nichtigkeit fest[24].

II. Kritik am Urteil des BAG vom 12.12.1984

Dem Urteil des BAG vom 12.12.1984 zufolge sollte die Einräumung eines Leistungsbestimmungsrechts, mit welchem der Arbeitgeber einseitig die wöchentliche Arbeitszeitdauer verändern kann, gemäß § 134 BGB nichtig sein[25], denn die Leistungsbestimmung habe kündigungsähnliche Wirkung, ohne dass es auf die Voraussetzungen der Kündigungsschutzvorschriften, insbesondere § 622 BGB und § 2 KSchG ankomme[26].

Dieses Sichtweise ist nicht allseits auf Akzeptanz gestoßen. Ansatzpunkt der Kritik ist, dass die Nichtigkeit des Leistungsbestimmungsrechts nicht mit dessen kündigungsähnlicher Wirkung begründet werden könne, da sich Änderungskündigung und änderndes Leistungsbestimmungsrecht rechtlich völlig unterschiedlich auswirkten[27].

Was das ändernde Leistungsbestimmungsrecht betrifft, habe der Arbeitnehmer selbst diese Eingriffsmöglichkeit mit dem Arbeitgeber vereinbart, so dass sein Vertrauen auf den inhaltlichen Bestand im Gegensatz zur Änderungskündigung weitaus geringer sei[28]. Der kündigungsrechtliche Inhaltsschutz beziehe sich demgegenüber auf den bestehenden Vertragsinhalt und schütze auf diese Weise vor der einseitigen unbegründeten Veränderung der zuvor vereinbarten Grundlage[29]. Durch § 2 KSchG werde der Arbeitnehmer überdies auch vor überraschenden, zwangsweise aushöhlenden Inhaltsänderungen, sogenannten Teilkündigungen, bewahrt[30].

Darüber hinaus wird vorgebracht, dass die Argumentation des BAG darauf hinauslaufe, dass letztlich jedes vereinbarte Leistungsbestimmungsrecht, welches den Arbeitgeber zu Änderungen ermächtigte, nich-

24 2 AZR 393/83, nicht amtlich veröffentlicht.
25 BAG v. 12.12.1984, AP Nr. 6 zu § 2 KSchG (II 3 d cc der Gründe).
26 BAG v. 12.12.1984, AP Nr. 6 zu § 2 KSchG (II 3 d cc der Gründe).
27 *Friedhofen / Weber*, NZA 1986, S. 145 (146); *Zöllner*, NZA 1997, S. 121 (125).
28 *Zöllner*, NZA 1997, S. 121 (125).
29 *Hromadka*, FS Kissel (1994), S. 417 (427); *Plüm*, DB 1992, S. 735 (736); *Zöllner*, NZA 1997, S. 121 (123).
30 *Hromadka*, RdA 1992, S. 234 (239).

tig wäre[31]. Aus diesem Grund habe das Gericht selbst die Nichtigkeit auf den kündigungsschutzrechtlich geschützten Kernbereich beschränkt[32]. Eine derartige Differenzierung sei nicht tragfähig, da der Änderungskündigungsschutz für jeden Vertragsgegenstand gelte und nicht lediglich für einen besonders geschützten „Kernbereich“[33]. Außerdem versage die Argumentation in Fällen, in denen das KSchG gar nicht anwendbar sei[34].

Gleichwohl soll der Arbeitnehmer nicht der unbeschränkten Gestaltungsmacht des Arbeitgebers ausgesetzt werden: So sei die Vereinbarung gemäß § 138 BGB auf Sittenwidrigkeit zu kontrollieren[35] oder die Ausübung des Bestimmungsrechts der Billigkeitskontrolle am Maßstab des § 315 BGB zu unterziehen[36]. Schließlich könne man das Bestimmungsrecht zumindest dann für zulässig halten, wenn stattdessen eine Änderungskündigung zulässig sei[37].

III. Bewertung

Was die Veränderung des Arbeitszeitvolumens durch Leistungsbestimmungsrecht betrifft, stehen sich zwei unterschiedliche Standpunkte gegenüber. Die Entscheidung für die eine oder andere Sichtweise hat Auswirkungen darauf, inwieweit Leistungsbestimmung zur Arbeitszeit überhaupt möglich ist. Folgt man der Rechtsprechung, so scheitert die Bestimmung bereits am Instrument des Leistungsbestimmungsrechts an sich; folgt man ihren Kritikern, so sind Bestimmungen zum Arbeitszeitvolumen möglich, jede getroffene Bestimmung wird sich jedoch ihrem Inhalt nach an gesetzlichen Maßstäben messen lassen müssen.

Zur Bewertung des Urteils vom 12.12.1984 können im Übrigen zwei vergleichbare Fallgestaltungen herangezogen werden, mit denen der Arbeitgeber die Arbeitszeitdauer einseitig an den Arbeitsanfall anpassen kann, und zwar geht es um Veränderungen, die unabhängig von einem Arbeitszeitmodell durch Überarbeit und Kurzarbeit erfolgen.

---

31 *Friedhofen / Weber*, NZA 1986, S. 145 (146 f.).
32 *Zöllner*, NZA 1997, S. 121 (125).
33 *Zöllner*, NZA 1997, S. 121 (125).
34 *Plüm*, DB 1992, S. 735 (736).
35 *Hromadka*, RdA 1992, S. 234 (240); *ders.*, FS Kissel (1994), S. 417 (427).
36 *von Hoyningen - Huene / Linck*, KSchG, § 2 Rn 31; *Hromadka*, RdA 1992, S. 234 (240 f.); *G. Hueck*, RdA 1968, S. 201 (206); *Zöllner*, NZA 1997, S. 121 (125) betont zusätzlich den Maßstab der arbeitsrechtlichen Treuebindung.
37 *Hromadka*, RdA 1992, S. 234 (239).

1. Stellungnahme zu Rechtsprechung und Kritik

Zu den ablehnenden Reaktionen aus der Rechtslehre gab es durchaus Anlass. Im Urteil des BAG war die Rede von einer objektiven Umgehung zwingender Vorschriften des Kündigungsrechts[38]. Eine Gesetzesumgehung ist gegeben, wenn ein gesetzlich verbotener Rechtserfolg auf anderem Weg, das heißt mit an sich zulässigen rechtlichen Mitteln, herbeigeführt wird[39]. Dabei kommt es nicht darauf an, dass das Verbot ausdrücklich formuliert worden ist, sondern es kann ebenso dem gesetzlichen Zusammenhang zu entnehmen sein[40]. Die Änderungskündigung enthält neben dem Angebot zum Abschluss eines neuen Vertrags eine echte Beendigungskündigung, zielt also darauf ab, den Vertrag aufzuheben[41]. Demgegenüber bezieht sich das Leistungsbestimmungsrecht auf den Inhalt der Leistung[42]. Es verändert also lediglich den Vertragsinhalt, ohne dadurch jedoch den Vertrag in seinem Bestand zu beseitigen. Der Unterschied zwischen beiden liegt somit darin, dass allein der Änderungskündigung ein aufhebender, der Leistungsbestimmung hingegen ein inhaltlicher Gestaltungsakt innewohnt. Da also der Rechtserfolg ein ganz anderer ist, werden mit einer Leistungsbestimmung nicht die Wirkungen einer Kündigung erzeugt, so dass von einer Gesetzesumgehung keine Rede sein kann.

Nicht zu verkennen ist zwar die Gefahr, dass der Vertrag letztendlich nur noch formal fortbesteht, durch die einseitigen Bestimmungen des Arbeitgebers inhaltlich aber soweit ausgehöhlt wird, dass dies faktisch seiner Auflösung unter Begründung eines gänzlich neuen gleichkommt. Diese Problematik relativiert sich jedoch durch einen weiteren wesentlichen Unterschied, der zwischen Leistungsbestimmung und Änderungskündigung besteht, nämlich dass der Arbeitnehmer im Fall des vorbehaltenden Änderungsrechts des Arbeitgebers stets mit einer einseitigen Vertragsänderung rechnen muss, da er selbst zuvor dem Leistungsbestimmungsrecht des Arbeitgebers zugestimmt hat.

---

[38] BAG v. 12.12.1984, AP Nr. 6 zu § 2 KSchG 1969 (II 3 d cc der Gründe).

[39] Bamberger / Roth - *Wendtland*, BGB, § 134 Rn 19; *Larenz / Wolf*, BGB AT, § 40 Rn 31; MünchKomm - *Mayer = Maly / Armbrüster*, BGB, § 134 Rn 11; Palandt - *Heinrichs*, BGB, § 134 Rn 28.

[40] BGHZ (v. 19.12.1968) 51, 255 (262); BGH (v. 30.4.1992) NJW 1992, S. 2021 (2022); Bamberger / Roth - *Wendtland*, BGB, § 134 Rn 20; Palandt - *Heinrichs*, BGB, § 134 Rn 2.

[41] *Berkowsky*, NZA 1999, S. 293 (295); ErfK - *Ascheid*, § 2 KSchG Rn 4; *von Hoyningen - Huene / Linck*, KSchG, § 2 Rn 4; Kittner / Däubler / Zwanziger - *Zwanziger*, KSchR, § 2 KSchG Rn 1; KR - *Rost*, § 2 KSchG Rn 9, 12, 16.

[42] Siehe Teil 2, B II 2 b.

In den Fällen, in denen dem Arbeitgeber kein solches einseitiges Änderungsrecht zusteht, wird der Arbeitnehmer vor plötzlichen teilweisen Veränderungen seines fortbestehendes Vertrages dadurch geschützt, dass die Vertragsänderung dann nur im Wege der Vollkündigung, nicht jedoch durch Teilkündigung erfolgen darf. Eine Teilkündigung stellt anders als die Vollkündigung, welche den Arbeitsvertrag insgesamt beendet, die Kündigung nur einzelner Arbeitsbedingungen dar[43]. Auf diese Weise könnte eine Vertragspartei alle ihr unliebsamen Bedingungen einseitig aus dem fortbestehenden Arbeitsverhältnis herauslösen, weshalb diese Form der Kündigung überwiegend für unzulässig erachtet wird[44]. Die inhaltliche Veränderung eines bestehenden Arbeitsvertrages ist durch Kündigung deshalb nur auf dem Weg einer Änderungskündigung zu erreichen, das heißt der echten Beendigung des Vertrags mit der Möglichkeit für den Arbeitnehmer, das Angebot auf Abschluss eines neuen Vertrags anzunehmen[45].

Der Arbeitgeber kann die Zustimmung des Arbeitnehmers zur Änderung des Vertragsinhalts also bereits bei Vertragsschluss durch die Vereinbarung eines Leistungsbestimmungsrechts erlangt haben. Auf diese Weise kann eine Teilkündigung letztlich sogar doch noch zulässig sein, denn einseitige Änderungs- und Widerrufsvorbehalte, also Leistungsbestimmungsrechte, werden auch als vorbehaltene Teilkündigung bezeichnet[46]. Um eine echte Kündigung handelt es sich angesichts der dargelegten Unterschiede allerdings nicht. Fehlt es an einer vorherigen Zustimmung, muss sich der Arbeitgeber im Rahmen der Änderungskündigung darum bemühen. Der Arbeitnehmer ist keineswegs gezwungen, um jeden Preis zuzustimmen, um sein Arbeitsverhältnis aufrechtzuerhalten. Vielmehr steht der Schutz des § 2 KSchG zur Verfügung, wodurch sich ihm die Möglichkeit eröffnet, gerichtlich überprüfen zu lassen, dass

[43] BAG v. 7.10.1982, AP Nr. 5 zu § 620 BGB Teilkündigung (III 1 a der Gründe); v. 22.1.1997, AP Nr. 6 zu § 620 BGB Teilkündigung (B II 2 der Gründe); ErfK - *Müller* = Glöge, § 620 BGB Rn 45; *Hromadka / Maschmann*, Arbeitsrecht I, § 10 Rn 374; Schaub - *Linck*, Arbeitsrechts - Handbuch, § 123 Rn 49.

[44] BAG v. 8.11.1957, AP Nr. 2 zu § 242 BGB Betriebliche Übung (II der Gründe); BAG v. 7.10.1982, AP Nr. 5 zu § 620 BGB Teilkündigung (III 1 a der Gründe); v. 22.1.1997, AP Nr. 6 zu § 620 BGB Teilkündigung (B II 2 der Gründe); *Hromadka*, RdA 1992, S. 234 (251); *G. Hueck*, RdA 1968, S. 201 (204 f.); *Hueck / Nipperdey*, Arbeitsrecht I, § 56 V (S. 551); Kittner / Däubler / Zwanziger - *Zwanziger*, KSchR, § 2 KSchG Rn 9; KR - *Rost*, § 2 KSchG Rn 51; Schaub - *Linck*, Arbeitsrechts - Handbuch, § 123 Rn 49; *a.A. Preis*, Grundfragen der Vertragsgestaltung im Arbeitsrecht, S. 434 f.

[45] *von Hoyningen - Huene / Linck*, KSchG, § 2 Rn 29 a.

[46] ErfK - Ascheid, § 2 KSchG Rn 8; *von Hoyningen - Huene / Linck*, KSchG, § 2 Rn 30; *Hromadka*, DB 1995, S. 1609 f.

die angestrebte Änderung der Arbeitsbedingungen nicht sozial ungerechtfertigt ist[47].

Ist ein Änderungsrecht vereinbart worden, so wird die vertragliche Grundlage durch dessen Ausübung gerade nicht durchbrochen, sondern vollzogen. Kündigungsrechtlicher Inhaltsschutz ist dann nicht erforderlich. Demzufolge können Änderungskündigung und änderndes Leistungsbestimmungsrecht nicht gleichgestellt werden, da es beim Leistungsbestimmungsrecht nicht um die nachträgliche Beseitigung der Vertragsgrundlage geht. Insoweit fehlt es an der Notwendigkeit, das Kündigungsschutzrecht überhaupt anzuwenden. Angesichts dessen wird dasselbe auch nicht umgangen, so dass die betreffende Vereinbarung nicht gemäß § 134 BGB nichtig ist und auch § 622 BGB keine Rolle spielt. Zusammengefasst betrachtet hat das BAG in seiner Entscheidung den Unterschied zwischen den beiden rechtlichen Instrumenten Änderungskündigung und Leistungsbestimmungsrecht verkannt, so dass die Kritik der Rechtslehre nachvollziehbar und berechtigt ist.

Die Hinweise aus der Literatur, den Inhalt von Vereinbarungen mit Leistungsbestimmungsrechten für Arbeitgeber nach § 138 BGB zu kontrollieren oder die Bestimmung am Maßstab des § 315 BGB zu überprüfen[48], eröffnet zudem eine völlig andere Sichtweise auf die flexiblen Zeitvereinbarungen: Der Ansatzpunkt der Kritik ist nicht die Form, also die Einbettung der Arbeitszeitdauer in ein Leistungsbestimmungsrecht, sondern es wird vielmehr auf die materiell-inhaltliche Kontrolle der Regelung beziehungsweise ihrer Umsetzung abgestellt.

2. Zum Vergleich: Die Dauer der Arbeitszeit bei Über- und Kurzarbeit

Die einseitige Veränderung beziehungsweise Veränderbarkeit des Arbeitszeitvolumens, wie sie dem Urteil des BAG voraus ging, war insofern kein Sonderfall, als solche Veränderungen bei Bedarf im Betriebsalltag durchaus vorkommen und in Form von Überarbeit und Kurzarbeit praktiziert werden. Es fragt sich, was die Leistungsbestimmung in diesem Fall zulässig macht und welche Konsequenzen daraus für die Arbeitszeitbestimmung in flexiblen Arbeitszeitmodellen gezogen werden können.

---

47 BT - Drucksache 5 / 3913 v. 24.2.1969, S. 8.

48 *von Hoyningen - Huene / Linck*, KSchG, § 2 Rn 31; *Hromadka*, RdA 1992, S. 234 (240 f.); *ders.*, FS Kissel (1994), S. 417 (427); *G. Hueck*, RdA 1968, S. 201 (206); *Zöllner*, NZA 1997, S. 121 (125) betont zusätzlich den Maßstab der arbeitsrechtlichen Treuebindung.

a. Überarbeit

Überarbeit, auch als Überstunden bezeichnet, ist die Verlängerung der individual- oder kollektivvertraglich vereinbarten und zulässigen Arbeitszeitdauer[49]. Sie ist zu unterscheiden von der Mehrarbeit. Bei Mehrarbeit handelt es sich um die Überschreitung der gesetzlich zulässigen Arbeitszeitdauer[50], die nach § 3 Satz 1 ArbZG für den Arbeitnehmer grundsätzlich acht Stunden am Werktag beträgt. Dem Arbeitgeber kann die Anordnung von Überstunden im Arbeits- oder in einem Tarifvertrag vorbehalten werden[51]. Ihm steht dann ein Leistungsbestimmungsrecht zur Verlängerung der Arbeitszeit zu. Anderenfalls muss er sich mit den Arbeitnehmern bei Bedarf einigen oder zur Änderungskündigung greifen. Diese Maßnahmen sind nötig, da das Recht, Überstunden anzuordnen, nach allgemeiner Auffassung nicht mehr vom einfachen Weisungsrecht umfasst wird[52]. Die verlängerte zusätzliche Arbeitszeit wird entweder vergütet[53] oder der Arbeitnehmer erhält einen entsprechenden Ausgleich in Form von Freizeit[54].

---

[49] BAG v. 11.11.1997, AP Nr. 25 zu § 611 BGB Mehrarbeitsvergütung (II 3 a der Gründe); Münchener Handbuch II - Anzinger, § 218 Rn 33; Schaub - *Linck*, Arbeitsrechts - Handbuch, § 69 Rn 10; ders. - *Linck*, Arbeitsrechts - Handbuch, § 45 Rn 55.

[50] H/W/K - *Gäntgen*, Arbeitsrecht Kommentar, § 2 ArbZG Rn 15; Münchener Handbuch I - *Blomeyer*, § 48 Rn 131; Münchener Handbuch II - *Anzinger*, § 218 Rn 33; Schaub - *Linck*, Arbeitsrechts - Handbuch, § 45 Rn 55.

[51] Ob eine solche Vereinbarung auch in einer Betriebsvereinbarung getroffen werden kann, ist umstritten.

[52] GK - *Wiese*, BetrVG, § 87 Rn 365; H/S/W/G - *Worzalla*, BetrVG, § 87 Rn 184; *Klevemann*, BB 1987, S. 1242; *Richardi*, BetrVG, § 87 Rn 358; Schaub - *Linck*, Arbeitsrechts - Handbuch, § 45 Rn 68; *Zöllner / Loritz*, Arbeitsrecht, § 12 III 2 a (S. 166); *a.A. Söllner*, Einseitige Leistungsbestimmung im Arbeitsverhältnis, S. 73 f.

[53] Münchener Handbuch I - *Blomeyer*, § 48 Rn 131; Schaub - *Linck*, Arbeitsrechts - Handbuch, § 45 Rn 47; *Zöllner / Loritz*, Arbeitsrecht, § 15 II 3 (S. 189); ab einer bestimmten Hierarchieebene wird häufig vereinbart, dass die Überstunden durch das vereinbarte Gehalt bereits mit abgegolten werden: BAG v. 17.11.1966, AP Nr. 1 zu § 611 BGB Leitende Angestellte (2 b der Gründe); Münchener Handbuch I - *Blomeyer*, § 48 Rn 131; *Zöllner / Loritz*, Arbeitsrecht, § 15 II 3 (S. 189).

[54] BAG v. 4.9.1985, AP Nr. 13 zu § 17 BAT (III 1 der Gründe); v. 13.2.1992, AP Nr. 13 zu § 12 AZO (II 2 a der Gründe); v. 4.5.1994, AP Nr. 1 zu § 1 TVG Tarifverträge Arbeiterwohlfahrt (II 2 c bb aaa der Gründe); v. 17.1.1995, NZA 1995, S. 1000; GK - *Wiese*, BetrVG, § 87 Rn 398; Schaub - *Linck*, Arbeitsrechts - Handbuch, § 69 Rn 12.

aa. Überarbeit gegen Vergütung

Erfolgt die Überarbeit gegen Vergütung, dann bedeutet dies, dass die zusätzlich angefallenen Stunden in ihrer Summe berücksichtigt werden, wodurch sich letztlich das Arbeitszeitvolumen pro Tag, Woche oder Monat ausdehnt[55]. Wird Überarbeit bei Bedarf infolge eines vereinbarten Leistungsbestimmungsrechts des Arbeitgebers erbracht, stellt sich angesichts der Ausdehnung des Arbeitszeitvolumens die Frage nach der Zulässigkeit eines solchen einseitigen Eingriffs in den Umfang der zu erbringenden Arbeitsleistung.

In Anlehnung an die Rechtsprechung des BAG hält *Klevemann* „die vertragliche Verpflichtung zur Ableistung von Überstunden" für gemäß § 134 BGB nichtig[56]. Auch durch die Anordnung von Überstunden greift der Arbeitgeber mit diesem Leistungsbestimmungsrecht einseitig in den Kernbereich von Arbeits- und Entgeltpflicht ein, ohne dass das Kündigungsschutzrecht beachtet wird, weshalb *Klevemann* vom Standpunkt der arbeitsgerichtlichen Argumentation des 12.12.1984 aus betrachtet Recht zu geben sein könnte.

Eine andere Bewertung lässt möglicherweise der Charakter der Überarbeit zu wie er sich mit Hilfe des BetrVG ermitteln lässt. Nach § 87 Abs. 1 Nr. 3 BetrVG steht dem Betriebsrat ein Mitbestimmungsrecht bei vorübergehender Verkürzung oder Verlängerung der betriebsüblichen Arbeitszeit zu. Dem Tatbestand werden sowohl Kurz- als auch Überarbeit zugeordnet[57]. Beide sind nicht auf einen stetigen Wechsel von mehr und weniger Arbeit ausgerichtet, vielmehr handelt es sich lediglich um vorübergehende Umgestaltungen der Arbeitszeit, nach deren Beendigung wieder die bisherige, für das Arbeitsverhältnis vereinbarte Arbeitszeit gilt. Diese für den einzelnen Arbeitnehmer oder eine Gruppe von Arbeitnehmern vereinbarte Arbeitszeit bezeichnet man jeweils als die betriebsübliche[58]. Insofern wird deutlich, dass mit der Anordnung von Überstunden keine längerfristige Veränderung des Arbeitsvertrages einhergehen soll, sondern lediglich Ausnahmen von der Regel getroffen werden, wobei der Kernbestand des jeweiligen Arbeitsverhältnisses beibehalten wird. Es geht somit nicht um eine Änderung des Arbeitsvertrages,

---

55 *Kilz / Reh*, Innovative Arbeitszeitsysteme, S. 34 f.; Münchener Handbuch I - *Blomeyer*, § 48 Rn 131.

56 *Klevemann*, BB 1987, S. 1242 (1244).

57 ErfK - *Kania*, § 87 BetrVG Rn 31, 34 f.; GK - *Wiese*, BetrVG, § 87 Rn 389, 396; Münchener Handbuch III - *Matthes*, § 335 Rn 1.

58 DKK - *Klebe*, BetrVG, § 87 Rn 87; GK - *Wiese*, BetrVG, § 87 Rn 381; *F/E/S/T/L*, BetrVG, § 87 Rn 132; *Richardi*, BetrVG, § 87 Rn 337, 340.

so dass eine Umgehung des Kündigungsschutzes nicht auszumachen ist.

Andererseits unterscheidet sich der nur vorübergehende Eingriff, der durch die Überarbeit erfolgt, kaum von der für das Urteil vom 12.12.1984 maßgeblichen Vereinbarung zwischen den Vertragsparteien. Nach dieser Vereinbarung wurde die Zahl der zu erteilenden Unterrichtsstunden von Fall zu Fall vom Arbeitgeber im Einvernehmen mit dem Schulleiter festgelegt[59]. Letztlich geht es beide Male darum, die Arbeitszeit jeweils entsprechend dem aktuellen Bedarf verändern zu können. Insofern sind sich beide Möglichkeiten sehr ähnlich. Der entscheidende Unterschied liegt jedoch darin, dass im Fall der Überstundenregelung ein fest vereinbartes Arbeitszeitvolumen mit entsprechender Vergütung zugrunde liegt und dem Arbeitnehmer langfristig eine relativ beständige Grundlage bietet, denn die beabsichtigten zeitweiligen Veränderungen sollen das ursprünglich vereinbarte Zeitbudget nicht beseitigen. Die vom BAG in seinem Fall vorgebrachte teilweise Aufhebung des Arbeitsverhältnisses[60] ist deshalb hier nicht gegeben. Folglich könnte der bloß vorübergehende Charakter der Überarbeit also doch ein Argument gegen die Nichtigkeit von Überstundenvereinbarungen sein.

Demgegenüber ist zu berücksichtigen, dass für einige Arbeitnehmer des Urteilssachverhalts eine wöchentliche Bandbreite von mindestens sechs und höchstens 13,5 Arbeitsstunden vereinbart worden war. Auch diesen war folglich ein gewisser Grund- oder Mindestarbeitszeitumfang mit entsprechender Vergütung stets sicher, nur mit dem Unterschied, dass nach einer bedarfsgerechten Erhöhung nicht notwendig zu diesen sechs Stunden zurückgekehrt werden musste, wie dies beim Wegfall der Voraussetzungen für Überstunden gewesen wäre. Da also auch eine solche feststehende Untergrenze die Nichtigkeit der Regelung nicht verhindern konnte[61], würde dem Arbeitgeber im Ergebnis mit einem Leistungsbestimmungsrecht zum Abruf von Überstunden wohl doch der Eingriff in den sogenannten kündigungsschutzrechtlich geschützten Kernbereich von Arbeitszeit und Entgelt eröffnet werden. Verfolgte man konsequent die Rechtsprechungslinie vom 12.12.1984, so hätte *Klevemann* mit seinem Hinweis auf die Nichtigkeit solcher Vereinbarungen wegen Gesetzesumgehung tatsächlich Recht.

Vor dem Hintergrund der berechtigten Kritik an dem Urteil und angesichts der aufgezeigten Unterschiede zwischen änderndem Leis-

59 BAG v. 12.12.1984, AP Nr. 6 zu § 2 KSchG 1969.
60 BAG v. 12.12.1984, AP Nr. 6 zu § 2 KSchG 1969 (II 3 d cc der Gründe).
61 BAG v. 12.12.1984, AP Nr. 6 zu § 2 KSchG 1969 (II 3 d cc der Gründe).

tungsbestimmungsrecht und Änderungskündigung[62] spricht hingegen von der Form her nichts gegen eine Überstundenklausel, welche dem Arbeitgeber das Recht zur Anordnung von Überstunden im Wege der Leistungsbestimmung gibt. Inhaltlich muss hingegen beachtet werden, dass es im Risikobereich des Arbeitgebers liegt, die Arbeit so zu organisieren, dass sie in der von den Arbeitnehmern versprochenen Zeit bewältigt werden kann und dass Überstunden einen nur vorübergehenden Bedarf abdecken[63]. Die Klausel muss deshalb der Prämisse einer nur vorübergehenden Maßnahme gerecht werden[64]. Die theoretische Vereinbarung wäre bedeutungslos, wenn sie nicht auch in der praktischen Umsetzung zum Ausdruck käme. Dementsprechend muss sich die Anordnung der Überstunden durch Leistungsbestimmung ebenfalls an der Zeitweiligkeit, das heißt dem Ausnahmecharakter, der Maßnahme, messen lassen. Außerdem kommt es darauf an, ein angemessenes Verhältnis zwischen dem betrieblichen Bedürfnis nach Überarbeit, den Interessen der Arbeitnehmer und der Dauer der Überstunden zu finden[65].

bb. Überarbeit gegen Freizeit

Das Problem der Volumenausdehnung stellt sich nicht, wenn die angefallene Überarbeit nicht vergütet, sondern durch Freizeitgewährung voll ausgeglichen wird, so dass die Gesamtarbeitszeit letztlich nicht überschritten wird[66]. Dann verändert sich lediglich die tägliche Dauer und somit die Lage der Arbeitszeit, ohne dass ihr Gesamtumfang berührt wird.

Angesichts der zwingenden Ausgleichsregelung, die in § 3 Satz 2 ArbZG[67] aufgestellt ist, muss der Zeitüberhang möglicherweise sogar stets durch Freizeit ausgeglichen werden. Das würde bedeuten, dass der vertragliche Arbeitszeitumfang sowieso nie überschritten werden würde und deshalb die angesprochene Problematik um die Erweiterung des

[62] Siehe Teil 4, A III 1.
[63] *Hromadka*, Arbeitsrecht, S. 75.
[64] *Zöllner*, NZA 1997, S. 121 (128).
[65] *Hromadka*, Arbeitsrecht, S. 75.
[66] BAG v. 4.9.1985, AP Nr. 13 zu § 17 BAT (III 1 der Gründe); v. 13.2.1992, AP Nr. 13 zu § 12 AZO (II 2 a der Gründe); v. 4.5.1994, AP Nr. 1 zu § 1 TVG Tarifverträge Arbeiterwohlfahrt (II 2 c bb aaa der Gründe); v. 17.1.1995, NZA 1995, S. 1000; GK - *Wiese*, BetrVG, § 87 Rn 398.
[67] *§ 3 ArbZG:* Die werktägliche Arbeitszeit der Arbeitnehmer darf acht Stunden nicht überschreiten. Sie kann auf bis zu zehn Stunden nur verlängert werden, wenn innerhalb von sechs Kalendermonaten oder innerhalb von 24 Wochen im Durchschnitt acht Stunden werktäglich nicht überschritten werden.

Zeitvolumens so gar nicht bestünde. Jedoch betrifft § 3 Satz 2 ArbZG nicht generell den Ausgleich von Überarbeit, sondern die Ausgleichspflicht setzt lediglich in Fällen der Mehrarbeit ein, wenn also an einem Tag länger als acht Stunden gearbeitet worden ist. Und auch dann ist ein aktiver Ausgleich erst erforderlich, wenn die tatsächliche Wochenarbeitzeit 48 Stunden überschritten hat, weil sich infolgedessen pro Werktag nicht mehr automatisch der Schnitt von acht Stunden ergibt. Da die Mehrheit der Arbeitnehmer heute normalerweise 36 - 40 Stunden pro Woche arbeitet[68], ist auch gar nicht in jedem Fall ein gesetzlicher Arbeitszeitausgleich nach § 3 Satz 2 ArbZG erforderlich, vielmehr ist von vornherein ein zeitlicher Spielraum eröffnet, in welchem sich eine durchschnittliche tägliche Arbeitszeit von acht Stunden von selbst ergibt. Insoweit kann ein ausgedehntes Volumen also bestehen bleiben.

cc. Zwischenergebnis

In dem vom BAG kritisierten Fall konnte das Arbeitszeitvolumen nach Bedarf festgelegt werden[69]. Nicht viel anders verhält es sich der Sache nach, wenn ein Arbeitgeber bei Bedarf Überarbeit anordnet. Wird diese Arbeitsleistung anschließend vergütet, so bedeutet das nichts anderes, als dass sich das Arbeitszeitvolumen des Arbeitnehmers für einen bestimmten Zeitraum entsprechend ausgedehnt hat. Im Fall der Überarbeit wird allgemein akzeptiert, dass der Arbeitgeber dieses Volumen im Wege der Leistungsbestimmung ausdehnen kann. Insofern wird wiederum deutlich, dass die Problematik um die einseitige Veränderung der Arbeitszeit nicht in dem Instrument Leistungsbestimmung begründet liegt, so dass dem Urteil des BAG weiterhin nicht gefolgt werden kann. Entscheidend für Zulässigkeit und Rechtmäßigkeit ist vielmehr der Inhalt der Bestimmung.

b. Kurzarbeit

Geschieht das Gegenteil, das heißt wird die Arbeitszeit vorübergehend verkürzt, handelt es sich um Kurzarbeit[70]. In Betracht kommt diese bei mangelndem Arbeitsanfall, welchen der Arbeitgeber nur für vorüberge-

---

[68] http://www.destatis.de/basis/d/erwerb/erwerbtab2.htm.

[69] BAG v. 12.12.1984, AP Nr. 6 zu § 2 KSchG 1969.

[70] Münchener Handbuch I - *Blomeyer*, § 48 Rn 133; dass. II - *Anzinger*, § 218 Rn 38; Schaub - *Linck*, Arbeitsrechts - Handbuch, § 47 Rn 1; Staudinger - *Richardi*, BGB, § 615 Rn 162.

hend erachtet, weshalb er auf Kündigungen verzichten will[71]. In einem solchen Fall werden in der Regel die beiderseitigen Hauptleistungspflichten suspendiert, so dass nicht nur die Arbeitspflicht des Arbeitnehmers, sondern ebenso die synallagmatische Entgeltpflicht des Arbeitgebers entsprechend der vorgenommenen Zeitverkürzung entfällt[72]. Wiederum ist also die Dauer der Arbeitszeit betroffen, wobei auch hier wie bei der vergüteten Überarbeit in das Gesamtvolumen eingegriffen wird. Kurzarbeit kann deshalb ebenso wenig aufgrund Direktionsrechts eingeführt werden[73], sondern sie bedarf einer besonderen Rechtsgrundlage, das heißt einer Vereinbarung im Arbeitsvertrag, anderenfalls einer Änderungskündigung oder aber einer tarifvertraglichen Regelung[74]. Das für die Überarbeit gefundene Ergebnis kann auf diese Fälle übertragen werden. Auch die Kurzarbeit kann durch Leistungsbestimmungsrecht eingeführt werden. An dieser Form scheitert ihre Zulässigkeit nicht.

Inhaltlich muss die Kurzarbeitsklausel allerdings den Interessen der Arbeitnehmer gerecht werden, indem sie eine sachliche Rechtfertigung enthält, etwa Umfang und zulässige Höchstdauer der Arbeitszeitverkürzung vorgibt[75]. Überdies könnte man sich darauf verständigen, dass zur Einführung von Kurzarbeit stets auch die Voraussetzungen für den Anspruch auf Kurzarbeitergeld gemäß §§ 169 ff. SGB III vorliegen müssen[76]. Der sozialrechtliche Anspruch auf Kurzarbeitergeld stellt nach § 170 Abs. 1 SGB III unter anderem auf einen Arbeitsausfall aus wirtschaftlichen Gründen oder einem unabwendbaren Ereignis, die vorübergehende Natur sowie die Unvermeidbarkeit des Ausfalls ab.

IV. Fazit für die Leistungsbestimmung zur Arbeitszeit

Im Ergebnis hat die Auseinandersetzung mit dem Urteil des BAG vom 12.12.1984 gezeigt, dass es nicht von vornherein völlig ausgeschlossen ist, auch die Arbeitszeitdauer als Arbeitszeitvolumen einem Leistungsbestimmungsrecht zu unterwerfen. Dennoch geht das entgegenstehende

---

71 Münchener Handbuch I - *Blomeyer*, § 48 Rn 133.

72 Münchener Handbuch II - *Anzinger*, § 218 Rn 38; Schaub - *Linck*, Arbeitsrechts - Handbuch, § 47 Rn 10; Staudinger - *Richardi*, BGB, § 615 Rn 163.

73 *F/E/S/T/L*, BetrVG, § 87 Rn 156; GK - *Wiese*, BetrVG, § 87 Rn 365; *Richardi*, BetrVG, § 87 Rn 358.

74 *A.A. Heinze*, RdA 1998, S. 14 (18); wiederum ist umstritten, ob eine solche Vereinbarung auch in einer Betriebsvereinbarung getroffen werden kann.

75 BAG v. 27.1.1994, AP Nr. 1 zu § 15 BAT - O (II 2 b aa der Gründe); v. 18.10.1994, AP Nr. 11 zu § 615 BGB Kurzarbeit (I 3 b).

76 Heinze, RdA 1998, S. 14 (22).

Urteil konform mit der Definition flexibler Arbeitszeiten als der flexiblen Verteilbarkeit einer *bestimmten* Arbeitszeitmenge, also eines feststehenden Arbeitszeitvolumens. Möglicherweise hat das Urteil sogar Einfluss auf das Entstehen dieser Definition gehabt. Auf der anderen Seite können sich hierauf aber auch bestimmte materiell-inhaltliche Voraussetzungen ausgewirkt haben, denen die Leistungsbestimmung zur Arbeitszeit gerecht werden muss. Diese sind bisher nur angedeutet worden, es ist aber ebenfalls möglich, dass die *bestimmte* Arbeitszeitmenge aufgrund solcher materiell-inhaltlicher Vorgaben Teil der Definition flexibler Arbeitszeit geworden ist. Warum sich im Bereich der Arbeitszeit die Beschränkung auf die Bestimmung der täglichen Dauer ergibt und der Bestimmende keinen Einfluss auf das Volumen nehmen kann, muss deshalb weiter nachvollzogen werden. Dabei ist stets in Erinnerung zu behalten, dass es am Ende darauf ankommt, ob diese Beschränkungen, die hier zunächst nur dem bestimmenden Arbeitgeber entgegengesetzt worden sind, auch dem Arbeitnehmer aufzuerlegen sind. Eine Rechtsquelle, die Aufschluss darüber geben könnte, was es mit der *bestimmten* Arbeitszeitmenge in der Definition der flexiblen Arbeitszeit auf sich hat, ist das Gesetz. Deshalb soll nun untersucht werden, welche Ansatzpunkte die Gesetzgebung zum variablen oder nicht variablen Arbeitszeitvolumen bietet.

B. Die Gesetzgebung zur variablen Arbeitszeit

Unter dem Einfluss des Urteils des BAG vom 12.12.1984 stand der Verlauf des Gesetzgebungsverfahrens zum sogenannten Beschäftigungsförderungsgesetz, durch welches unter anderem die Fälle der Arbeit auf Abruf eine gesetzliche Regelung fanden. Nach anfänglich anders lautenden Entwürfen ist der Gesetzgeber auf das Grundanliegen des BAG umgeschwenkt ist, nämlich das Arbeitszeitvolumen von der Leistungsbestimmung des Arbeitgebers auszunehmen. Hier zeigt sich, wie die *bestimmte* Arbeitszeitmenge ihren Weg sogar in das Gesetz gefunden hat. Mehr als zehn Jahre später ist das BeschFG infolge einer europäischen Richtlinie durch das TzBfG ersetzt worden. In diesem Zuge wurde die bisherige Formulierung, dass zwischen Arbeitgeber und Arbeitnehmer eine bestimmte Dauer der Arbeitszeit vereinbart werden muss, um die bestimmte Dauer der „wöchentlichen und täglichen" Arbeitszeit ergänzt. Mithilfe dieser Attribute soll versucht werden, den Begriff der bestimmten Dauer näher einzugrenzen.

I. § 4 BeschFG

Der ursprüngliche Entwurf der Bundesregierung vom 24.8.1984 zum BeschFG sah zur bedarfsorientierten Arbeitszeit lediglich vor, dass der Arbeitnehmer über die Lage seiner Arbeitszeit mindestens vier Tage im Voraus zu unterrichten und bei Abruf für mindestens drei Stunden in Folge zu beschäftigen sei[77]. Daraus folgt, dass der Arbeitgeber die Lage der jeweiligen Arbeitszeit einseitig bestimmen können sollte, von einem bestimmten festzulegenden Arbeitszeitvolumen war hingegen noch keine Rede.

Der Ausschuss für Arbeit und Sozialordnung empfahl dann allerdings im Frühjahr 1985, und zwar ausdrücklich unter Berücksichtigung des im Dezember 1984 ergangenen Urteils, die Vereinbarung einer Arbeitszeitdauer, das heißt eines Gesamtvolumens, verpflichtend vorzuschreiben und bei Fehlen einer solchen, zehn Stunden fiktiv zugrunde zu legen[78]. Am Ende des Verfahrens wurde eine solche Regelung schließlich auch beschlossen, nämlich § 4 BeschFG, nach dessen Abs. 1 „eine bestimmte Dauer der Arbeitszeit festgelegt werden" [muss], inklusive der Fiktion einer zehnstündigen wöchentlichen Arbeitszeit[79]. Seitdem liegt der Abrufarbeit eine bestimmte Arbeitszeitmenge zugrunde.

II. § 12 Abs. 1 und 2 TzBfG

Mittlerweile ist das BeschFG aus Anlass der Richtlinie 97/81/EG des Rates vom 15.12.1997 durch das TzBfG abgelöst worden[80]. Der Inhalt des § 4 BeschFG zur Arbeit auf Abruf ist dabei im Wesentlichen in den neuen § 12 TzBfG übernommen worden. Es muss nun jedoch zum einen nicht lediglich eine bestimmte Dauer der Arbeitszeit, sondern eine bestimmte Dauer „der wöchentlichen und täglichen Arbeitszeit" vereinbart werden[81]. Zum anderen ist jetzt unmittelbar in der Norm selbst geregelt, dass unter bestimmten Voraussetzungen durch Tarifvertrag auch zuungunsten des Arbeitnehmers von den gesetzlichen Vorschriften abgewichen werden kann[82]. Gemäß § 22 Abs. 1 TzBfG ist dies der einzige

---

77 BR - Drucksache 293 / 84 v. 24.8.1984, S. 6; BT - Drucksache 10 / 2102 v. 11.10.1984, S. 5, 25.
78 BT - Drucksache 10 / 3206 v. 17.4.1985, S. 6, 30.
79 BGBl I v. 30.4.1985, S. 710.
80 ABlEG 1998, Nr. L 14 / 9 - 11; BGBl I v. 28.12.2000, S. 1966 - 1970.
81 BGBl I v. 28.12.2000, S. 1966 (1968).
82 BGBl I v. 28.12.2000, S. 1966 (1968).

rechtliche Weg, um zuungunsten der Arbeitnehmer von § 12 TzBfG abzuweichen.

1. Bestimmte tägliche Dauer

Wie weit gehende Rechte kann sich der Arbeitgeber hinsichtlich der täglichen Dauer der Arbeitszeit überhaupt einräumen lassen? Wird eine genau abzurufende Arbeitszeitdauer vereinbart, dann ist eine bestimmte tägliche Dauer festgelegt, denn es steht eindeutig fest, für welchen Zeitraum der Arbeitnehmer beschäftigt werden muss. Insofern besteht kein Zweifel. Wenn die Dauer der täglichen Arbeitszeit nicht festgelegt ist, kommt § 12 Abs. 1 Satz 4 TzBfG zum Zuge, so dass „der Arbeitgeber die Arbeitsleistung [...] jeweils für mindestens drei aufeinanderfolgende Stunden in Anspruch zu nehmen [hat]". Sofern nicht eine vertragliche Abmachung sowieso gänzlich fehlt, hängt das Eingreifen dieser Regelung davon ab, in welchem Fall man davon ausgeht, dass eine bestimmte tägliche Arbeitszeit nicht festgelegt worden ist, wann also die Vereinbarung als inhaltlich unzureichend erachtet wird.

a. Mindestarbeitszeit

Eine bestimmte Mindeststundenzahl sieht das Gesetz für die Vereinbarung zur Arbeitszeit nicht vor. Insbesondere die drei Stunden aus § 12 Abs. 1 Satz 4 TzBfG sind nicht zwingend, so dass auch eine geringere Stundenzahl abgesprochen werden kann[83]. Fraglich ist nur, ob eine solche noch geringere Stundenzahl auch als Mindestarbeitszeit vereinbart werden kann. Intention des Gesetzgebers für die Vorgängerregelung in § 4 Abs. 3 BeschFG war, der Belastung des Arbeitnehmers durch nur kurzzeitige Inanspruchnahme vorzubeugen. Mit der Mindestarbeitszeit von drei Stunden sollte erreicht werden, dass jeweils ein angemessenes Verhältnis zwischen der für An- und Abfahrt zur und von der Arbeitsstelle aufgewendeten Zeit und der als Arbeitsleistung erbrachten Zeit besteht[84]. Unzusammenhängende Tätigkeiten am Tag sollten vermieden

[83] BT - Drucksache 10 / 3206 v. 17.4.1985, S. 30 i.V.m. BT - Drucksache 10 / 2102 v. 11.10.1984, S. 25; nach BT - Drucksache 14 / 4374 v. 24.10.2000, S. 18 übernimmt § 12 TzBfG im Wesentlichen die Regelungen des § 4 BeschFG; Annuß / Thüsing - *Jacobs*, TzBfG, § 12 Rn 25; Buschmann / Dieball / Stevens = Bartol - *Buschmann*, TZA, § 12 TzBfG Rn 75; ErfK - *Preis*, § 12 TzBfG Rn 27; *Meinel / Heyn / Herms*, TzBfG, § 12 Rn 31.

[84] BT - Drucksache 10 / 3206 v. 17.4.1985, S. 30 i.V.m. BT - Drucksache 10 / 2102 v. 11.10.1984, S. 25.

werden, da der Arbeitnehmer bei mehrmaliger kurzzeitiger Inanspruchnahme Schwierigkeiten haben könnte, die verbleibende Zeit zu nutzen[85].

Einer Vereinbarung vertraglicher Mindestarbeitszeiten von unter drei Stunden wird entgegengehalten, dass es zwar zulässig sei, die genannten drei Stunden nach § 12 Abs. 1 Satz 2 TzBfG durch Vertrag zu unterschreiten, was aber nicht gleichzeitig zu einer Ausdehnung des Leistungsbestimmungsrechts des Arbeitgebers führen dürfe, mit der Folge, dass dieser sich auch unter 3 Stunden lediglich auf einen Mindestabruf beschränken könnte[86]. Wäre also eine Mindestarbeitszeit von weniger als drei Stunden vereinbart, fehlte es hiernach an einer bestimmten Arbeitszeit. Es müsste dann die Dauer der täglichen Arbeitszeit als nicht festgelegt erachtet und deshalb die Arbeitskraft gemäß § 12 Abs. 1 Satz 4 TzBfG für mindestens drei Stunden in Anspruch genommen werden.

Im Übrigen wollte der Gesetzgeber durch die Drei-Stunden-Regelung auf ein arbeitnehmerfreundliches Verhältnis zwischen der Fahrzeit zur Arbeitsstelle und der tatsächlichen Dauer Arbeitsleistung hinwirken[87], so dass im Grunde jede kürzere Dauer diesem Schutzgedanken nicht gerecht wird. Andererseits steht die tägliche Dauer der Arbeitszeit stets in einem Zusammenhang mit dem insgesamt für die Woche beziehungsweise den Bemessungszeitraum vereinbarten Volumen. Je größer Letzteres ist, desto mehr Zeit muss auch auf den Bemessungszeitraum verteilt werden. Demgegenüber bringt ein geringes Volumen es mit sich, dass mehrere relativ kurze Einsätze nötig werden können, so dass auch ein vereinbarter Mindestabruf von unter drei Stunden dem Arbeitsverhältnis durchaus angemessen sein kann. Es kann hier nicht die Intention sein, solche kleinen Arbeitsverhältnisse von vornherein auszuschließen und sie der Flexibilität zu berauben, zumal es sich um eine Norm im TzBfG handelt, dessen Zielsetzung es ist, Teilzeitarbeit zu fördern. Schließlich handelt es sich dabei auch nicht um eine Erweiterung des Direktionsrechts. Erweiterungen des Weisungsrechts sind vonnöten, wenn ein einseitiger Eingriff in einen ansonsten nur vertraglich zu regelnden Sachverhalt ermöglicht werden soll. Bei der hier in Rede stehenden täglichen Dauer handelt es sich jedoch nur um die Verteilung des Volumens, welche dem Weisungsrecht ohnehin untersteht[88]. Im Er-

---

[85] BT - Drucksache 10 / 3206 v. 17.4.1985, S. 30 i.V.m. BT - Drucksache 10 / 2102 v. 11.10.1984, S. 25.

[86] Buschmann / Dieball / Stevens = Bartol - *Buschmann*, TZA, § 12 TzBfG Rn 76.

[87] BT - Drucksache 10 / 3206 v. 17.4.1985, S. 30 i.V.m. BT - Drucksache 10 / 2102 v. 11.10.1984, S. 25.

[88] AR - Blattei (SD) 600 - *Hunold*, Direktionsrecht, Rn 224; Münchener Handbuch I - *Richardi*, § 12 Rn 56.

gebnis können Arbeitgeber und Arbeitnehmer deshalb eine Mindestarbeitszeit von weniger als drei Stunden vereinbaren.

b. Höchstarbeitszeit

Als Gegenstück zur Mindestarbeitszeit kommt außerdem die Vereinbarung einer Höchstarbeitszeit in Betracht. Der Vorteil einer Höchstarbeitszeit ist, dass der Arbeitnehmer bei Abruf weiß, wie lange er maximal am Tag beschäftigt sein wird und sich in seiner Zeitplanung darauf einstellen kann. Allerdings besteht ein gravierender Unterschied zu einer genau bestimmten sowie einer Mindestarbeitszeit: Sowohl die ganz genaue als auch die Mindestarbeitszeit verpflichtet den Arbeitgeber, den Arbeitnehmer in einem bestimmten Maß auf jeden Fall in Anspruch zu nehmen und legt somit die Abrufverpflichtung des Arbeitgebers fest. Im Gegensatz dazu stellt eine Höchstarbeitszeit lediglich eine Begrenzung dar, ohne eine bestimmte Zeit vorzugeben. Die bloße Vereinbarung einer täglichen Höchstdauer ist daher nicht ausreichend für § 12 Abs. 1 Satz 2 TzBfG[89], so dass in einem solchen Fall die Drei-Stunden-Regelung des § 12 Abs. 1 Satz 4 TzBfG eingreift. Daraus folgt, dass eine bestimmte festgelegte tägliche Dauer diejenige ist, für die der Arbeitnehmer bei Abruf auf jeden Fall in Anspruch genommen werden muss.

2. Bestimmte wöchentliche Dauer

Im Gegensatz zur Lage und täglichen Dauer bleibt das Gesamtvolumen dem einseitigen Eingriff des Arbeitgebers entzogen. Vielmehr ist er verpflichtet, diese festgelegte Dauer abzurufen oder zumindest zu vergüten[90]. Zur Vergütung der vereinbarten Stundenzahl bleibt der Arbeitgeber auch ohne Abruf aus dem Arbeitsvertrag verpflichtet, denn nimmt er die angebotene Arbeitsleistung nicht in Anspruch, so begründet das seinen Annahmeverzug gemäß § 293 BGB. Der Annahmeverzug beseitigt den Anspruch des Schuldners auf die Gegenleistung, also des Arbeitnehmers auf die entsprechende Vergütung, nicht[91].

---

[89] *Sievers*, TzBfG, § 12 Rn 17.

[90] LAG München (v. 20.9.1985) ArbuR 1986, S. 376; Buschmann - Dieball - Stevens = Bartol - *Buschmann*, TZA, § 12 TzBfG Rn 81; Kittner / Däubler / Zwanziger - *Zwanziger*, KSchR, § 12 TzBfG Rn 19; *Meinel / Heyn / Herms*, TzBfG, § 12 Rn 39.

[91] Palandt - *Heinrichs*, BGB, § 300 Rn 1.

Ähnlich wie zur täglichen Arbeitszeitdauer stellt sich die Frage, ob die bestimmte wöchentliche Arbeitszeitdauer nur durch eine genaue Stundenzahl angegeben werden kann, oder ob auch noch andere Wege offen stehen. In Betracht kommen Bandbreitenregelungen sowie die Festlegung eines Prozentsatzes der Vollarbeitszeit.

a. Bandbreitenregelung

Eine Bandbreitenregelung eröffnet einen Rahmen von einer Mindest- zu einer Höchstarbeitszeit pro Woche[92]. Auf diese Weise erlangte der Arbeitgeber die Dispositionsmöglichkeit über das Arbeitszeitvolumen, so dass diese Form der Arbeitszeitbestimmung nicht vereinbart werden kann[93].

b. Prozentuale Arbeitszeitdauer

Gegen eine Arbeitszeitdauer in Prozentsätzen soll sprechen, dass dann die Arbeitzeit nicht fixiert sei, sondern sich in Abhängigkeit von der in Bezug genommenen Vollarbeitszeit verändern könne[94]. Bei einfachen Teilzeitverträgen sei eine solche Regelung zwar möglich, nicht hingegen bei Abrufarbeit, da diese einen Sonderfall darstelle und die Fixierung der Arbeitszeit im Vertrag erfordere[95]. Das Problem ist also, ob die wöchentliche Arbeitszeit bei einer automatischen Veränderung in Anlehnung an die Vollarbeitszeit noch *bestimmt* genug ist. Was unter dem Einfluss des Urteils des BAG vom 12.12.1984 vermieden werden sollte, waren Arbeitszeitrahmen beziehungsweise die Abwesenheit jedweder zeitlichen Begrenzungen, um somit das Arbeitszeitvolumen der einseitigen Veränderung durch den Arbeitgeber zu entziehen. Diese Intention wird durch eine Prozentregelung nicht beeinträchtigt, da die Arbeitszeit der Abrufar-

---

[92] ErfK - *Preis*, § 12 TzBfG Rn 23; Kittner / Däubler / Zwanziger - *Zwanziger*, KSchR, § 12 TzBfG Rn 14; *Meinel / Heyn / Herms*, TzBfG, § 12 Rn 29.

[93] Annuß / Thüsing - *Jacobs*, TzBfG, § 12 Rn 24; *Boewer*, TzBfG, § 12 Rn 22; ErfK - *Preis*, § 12 TzBfG Rn 23; Kittner / Däubler / Zwanziger - *Zwanziger*, KSchR, § 12 TzBfG Rn 14; *Meinel / Heyn / Herms*, TzBfG, § 12 Rn 29; *Sievers*, TzBfG, § 12 Rn 15.

[94] Buschmann - Dieball - Stevens = Bartol - *Buschmann*, TZA, § 12 TzBfG Rn 63.

[95] Buschmann - Dieball - Stevens = Bartol - *Buschmann*, TZA, § 12 TzBfG Rn 63, 73; im Ergebnis ebenso wegen nicht ausreichender Bestimmtheit Annuß / Thüsing - *Jacobs*, TzBfG, § 12 Rn 24.

beiter weder willkürlich noch allein durch den Arbeitgeber verändert wird, sondern aufgrund einer vorher festgelegten Regel[96].

3. Verteilung des Arbeitszeitvolumens

Obwohl ausdrücklich die Rede von einer wöchentlichen Arbeitszeit ist, bestehen Unstimmigkeiten hinsichtlich der Frage, in welchem Zeitraum das bestimmte Arbeitszeitvolumen abgerufen werden muss. Zum Teil wird hier im Vergleich zum BeschFG eine Einschränkung der flexiblen Verteilbarkeit der Arbeitszeit durch das TzBfG gesehen. Der Stein des Anstoßes liegt darin, dass der Gesetzgeber die Arbeitszeit, deren bestimmte Dauer festgelegt sein muss, in § 12 Abs. 1 Satz 2 TzBfG nunmehr um das Attribut wöchentlich ergänzt hat. Daraus wird teilweise der Schluss gezogen, diese Arbeitszeit müsse verbindlich in jeder Woche abgerufen werden[97]. Insofern wird die bereits zu § 4 Abs. 1 BeschFG entwickelte Sichtweise, dass die zugrunde liegende Arbeitszeit erst im Durchschnitt eines Monats[98] oder eines Jahres[99] erreicht werden müsse, abgelehnt. Übertragungen der Arbeitszeit in andere Wochen seien zwar möglich, dies dürfe jedoch keine Folge des einseitigen Abrufs durch den Arbeitgeber sein, sondern könne nur im Einvernehmen mit dem Arbeitnehmer erfolgen. Diese Auffassung wird mit dem Urteil des BAG vom 12.12.1984 begründet: Je weiter der Zeitraum gefasst werde, innerhalb dessen das vereinbarte Arbeitszeitvolumen im Durchschnitt erbracht werden müsse, desto mehr entwickele sich die Zeiteinteilung durch den Arbeitgeber zur unzulässigen Bestimmung über die Dauer der Arbeitszeit[100]. Im Übrigen verlange § 2 Abs. 1 Nr. 7 NachwG in Verbindung mit Art. 2 Abs. 2i der Richtlinie 91/533/EWG des Rates vom 14.10.1991[101], „die vereinbarte Arbeitszeit", und zwar die „normale Tages- oder Wochenarbeitszeit", schriftlich niederzulegen. Dieser Verpflichtung könne man nicht gerecht werden, wenn die Arbeitszeit auf einen längeren Zeitraum als den einer Woche bezogen werde[102].

---

96 Für die Zulässigkeit von Prozentsätzen sind im Ergebnis *Meinel / Heyn / Herms*, TzBfG, § 12 Rn 30; *Sievers*, TzBfG, § 12 Rn 15.

97 *Boewer*, TzBfG, § 13 Rn 12; Buschmann / Dieball / Stevens = Bartol - *Buschmann*, TZA, § 12 TzBfG Rn 66; Kittner / Däubler / Zwanziger - *Zwanziger*, KSchR, § 12 TzBfG Rn 13; *Sievers*, TzBfG, § 12 Rn 12.

98 *Klevemann*, ArbuR 1987, S. 292 (295 f.); *Stevens - Bartol*, AiB 1985, S. 122.

99 Münchener Handbuch II - *Schüren*, § 166 Rn 26; dass. Ergänzungsband - *Schüren*, § 166 Rn 29.

100 Buschmann / Dieball / Stevens = Bartol - *Buschmann*, TZA, § 12 TzBfG Rn 66.

101 ABlEG 1991, Nr. L 288 / 32 (33).

102 Buschmann / Dieball / Stevens = Bartol - *Buschmann*, TZA, § 12 TzBfG Rn 66.

Dass der Gesetzgeber des TzBfG die Flexibilität der Abrufarbeit einschränken wollte, erscheint zweifelhaft, da nach seinem eigenen Bekunden die Regelungen des § 4 BeschFG im Wesentlichen übernommen werden sollten[103]. Die Zwecksetzung der Arbeit auf Abruf, Schwankungen im Arbeitsanfall aufzufangen, liefe weitgehend ins Leere, wenn das Zeitvolumen entsprechend starrer Arbeitszeitformen Woche für Woche gleichbleibend abzurufen wäre[104]. Das Wesen der Abrufarbeit erschöpfte sich dann in der Bestimmung der Lage des jeweiligen Arbeitseinsatzes, um dadurch das Volumen auf die Woche zu verteilen. Die einseitige Bestimmung der Lage der Arbeitszeit wurde dem Arbeitgeber aber als Teil seines Direktionsrechts auch ohne die Regelungen im BeschFG und TzBfG zuerkannt[105]. Dazu hätte es der Normierung einer Abrufarbeit zur Anpassung an den Arbeitsanfall nicht bedurft[106]. Die Bedeutung der Abrufarbeit liegt deshalb nicht bei der Verteilung der Zeit auf die Arbeitstage einer einzelnen Woche, sondern das zur Verfügung stehende Zeitvolumen kann auch wochenüberschreitend eingesetzt werden.

Einen noch deutlicheren Hinweis dafür, dass das vereinbarte Volumen nicht exakt in jeder Woche abgerufen werden muss, bietet § 2 Abs. 1 Satz 2 TzBfG[107]. In § 2 TzBfG wird der Begriff des teilzeitbeschäftigten Arbeitnehmers erläutert. Völlig unabhängig von der Arbeitszeitgestaltung nennt Abs. 1 Satz 2 dafür den Fall, in dem „eine regelmäßige Wochenarbeitszeit nicht vereinbart [ist]". Der Gesetzgeber hat sich also in demselben Gesetzeswerk, in welchem auch die Abrufarbeit geregelt wird, ausdrücklich dazu bekannt, dass die Wochenarbeitszeit nicht notwendig eine regelmäßige, das heißt in jeder Woche gleichmäßige, sein muss. Eine solche unregelmäßige Wochenarbeitszeit darf nicht verwechselt werden mit der Fallgestaltung, die dem Urteil des BAG vom 12.12.1984 zugrunde lag. In jenem Sachverhalt ging es um ein bedarfsorientiertes Arbeitszeitvolumen, wohingegen es sich vorliegend um eine bedarfsorientierte Arbeitszeitverteilung handelt. Das BAG hat in jenem Fall die Nichtigkeit der Regelung festgestellt, da der Arbeitgeber nach Bedarf einseitig die beiderseitigen Hauptleistungspflichten, Arbeitszeit-

---

[103] BT - Drucksache 14 / 4374 v. 24.10.2000, S. 18.

[104] *Busch*, NZA 2001, S. 593 (594); ErfK - *Preis*, § 12 TzBfG Rn 21; *Hunold*, NZA 2003, S. 896 (899); *Lindemann*, Flexible Gestaltung von Arbeitsbedingungen nach der Schuldrechtsreform, S. 255; *Meinel / Heyn / Herms*, TzBfG, § 12 Rn 23.

[105] AR - Blattei (SD) 600 - *Hunold*, Direktionsrecht, Rn 224; *Hromadka*, DB 1995, S. 2601 (2604); Kittner / Däubler / Zwanziger - *Zwanziger*, KSchR, § 2 KSchG Rn 49; *Meinel / Heyn / Herms*, TzBfG, § 12 Rn 23; Münchener Handbuch I - *Richardi*, § 12 Rn 56; dass. - *Blomeyer*, § 48 Rn 143.

[106] *Meinel / Heyn / Herms*, TzBfG, § 12 Rn 23.

[107] Annuß / Thüsing - *Jacobs*, TzBfG, § 12 Rn 22; *Busch*, NZA 2001, S. 593 (594); *Hunold*, NZA 2003, S. 896 (899); *Meinel / Heyn / Herms*, TzBfG, § 12 Rn 25.

umfang und zugehöriges Entgelt, verändern könne[108]. Bei einer unregelmäßigen Wochenarbeitszeit ist das anders. Zwar steht auch hier die Bedarfsorientierung im Vordergrund, jedoch kann der Arbeitgeber das Volumen nicht im Wege der Leistungsbestimmung verändern, sondern er kann dieses innerhalb eines bestimmten Zeitraums lediglich ungleichmäßig in Anspruch nehmen. Der Arbeitnehmer kann sich aber, unabhängig von der in einer einzelnen Woche tatsächlich geleisteten Stundenzahl, stets des Entgelts für die vereinbarte Wochenstundenzahl, das Volumen, sicher sein.

Als Beispiel sei eine wöchentliche Arbeitszeit von 20 Stunden vereinbart, wofür der Arbeitnehmer 240 € erhält. Eine Möglichkeit ist, dass der Arbeitnehmer in jeder Woche an fünf Tagen für jeweils vier Stunden zu arbeiten hat. Das wäre dann eine starre, gleichbleibende, regelmäßige Arbeitszeit. Zeitflexibilität kann erreicht werden, wenn die Dauer der Arbeitszeit an den einzelnen Tagen variabel gestaltet wird. Das können in einer Woche 3 $\cdot$ 5 und 2 $\cdot$ 2,5 Stunden, in der nächsten 2 $\cdot$ 6 und 2 $\cdot$ 4 Stunden usw. sein. Eine noch weitergehende Bedarfsorientierung tritt schließlich dadurch ein, dass die Wochenarbeitszeit unregelmäßig verteilt wird und insofern erst im Durchschnitt eines längeren Zeitraums, also entsprechend dem hier in Rede stehenden Muster, erbracht werden muss. Legt man einen Zeitraum von vier Wochen zugrunde, so ist die vertragliche Wochenarbeitszeit von 20 Stunden im Durchschnitt eingehalten, wenn in der ersten Woche 18 Stunden, in der zweiten Woche 27 Stunden, in der dritten Woche 22 Stunden und in der vierten Woche 13 Stunden gearbeitet worden sind. Für jede Woche hätte der Arbeitnehmer dafür stets 240 € erhalten. Die Vereinbarung einer wöchentlichen Arbeitszeit hat also bei einer nicht regelmäßigen Arbeitszeit die Funktion, wie vom BAG am 12.12.1984 gefordert, die beiderseitigen Hauptleistungspflichten eindeutig festzulegen und somit insbesondere dem Arbeitnehmer ein regelmäßiges Entgelt zu gewährleisten[109]. Dementsprechend bereitet es letztlich auch keine Schwierigkeiten, § 2 Abs. 1 Nr. 7 NachwG unter Berücksichtigung des Art. 2 Abs. 2i der Richtlinie 91/533/EWG des Rates vom 14.10.1991 nachzukommen und die wöchentliche Arbeitszeit zu dokumentieren.

Durch den Zusatz „wöchentlich" hat der Gesetzgeber die flexible Arbeitszeitgestaltung durch Abrufarbeit also nicht eingeschränkt, sondern lediglich den Zeitraum, nach welchem das stetige Entgelt zu bemessen ist, den Bemessungszeitraum, exakt benannt.

---

108 BAG v. 12.12.1984, AP Nr. 6 zu § 2 KSchG 1969 (II 3 d cc der Gründe).

109 ErfK - *Preis*, § 12 TzBfG Rn 21; *Meinel / Heyn / Herms*, TzBfG, § 12 Rn 27.

III. Geltung des § 12 TzBfG für andere flexible Vereinbarungsformen

Die Arbeit auf Abruf ist grundsätzlich arbeitgeberorientiert, weil der Arbeitgeber die Arbeitsleistung nach den betrieblichen Bedürfnissen anfordern kann[110]. Intention des Gesetzgebers für die Normierung der Abrufarbeit war es deshalb, diese Form der Arbeitszeitregelung für die Beschäftigten sozialverträglich zu gestalten und den Arbeitnehmern die Möglichkeit zu erhalten, ihre Arbeitskraft darüber hinaus noch anderweitig zu nutzen[111]. Dem Wortlaut des § 12 TzBfG lässt sich nicht entnehmen, ob die Vorschrift einzig für Teilzeitarbeitsverhältnisse gilt, was wegen der Regelung im TzBfG nahe liegt, oder ob sie sich ebenfalls auf Vollzeitarbeitsverhältnisse erstreckt[112]. Denkbar erscheint außerdem, sie unter umgekehrten Vorzeichen auf diejenigen Fälle zu erstrecken, in denen der Arbeitnehmer die Leistungsbestimmung zur Arbeitszeit ausübt, woraus sich dann die zwingend festzulegende Dauer der Arbeitszeit ergäbe.

Die anderweitige Verwertung der eigenen Arbeitskraft ist bei einem Vollzeitarbeitsverhältnis weniger relevant, da von vornherein ein viel größeres Arbeitszeitvolumen ausgefüllt werden muss. Dementsprechend dürfte das Interesse des Arbeitnehmers an einer zusätzlichen Arbeit geringer sein. Überdies rücken bei Vollzeit die zeitlichen Schranken des ArbZG näher, so dass es für den Arbeitnehmer überhaupt schwieriger wird, zusätzlichen Beschäftigungen nachzugehen, nach § 2 Abs. 1 Satz 1, 2. Halbsatz ArbZG ist nämlich auf die Arbeitszeit insgesamt abzustellen, weshalb mehrere Arbeitsleistungen pro Tag zeitlich addiert werden müssen.

Durch zunehmende Verkürzungen des individuellen Arbeitszeitvolumens hat sich aber auch der Spielraum bis zur gesetzlichen Höchstarbeitszeit von 48 Stunden nach § 3 Satz 1 in Verbindung mit § 1 Nr. 2 ArbZG erweitert, so dass der Aspekt, übrige freie Zeit für ein weiteres Arbeitsverhältnis zu nutzen, auch für Arbeitnehmer in Vollzeitarbeitsverhältnissen an Bedeutung gewonnen hat[113]. Und ungeachtet dessen ist auch für den Vollzeitarbeitnehmer nicht das Bedürfnis von der Hand zu

---

[110] *Linnenkohl / Rauschenberg / Gressierer / Schütz*, Arbeitszeitflexibilisierung, S. 68.

[111] BT - Drucksache 10 / 3206 v. 17.4.1985, S. 30 i.V.m. BT - Drucksache 10 / 2102 v. 11.10.1984, S. 25; daher für eine Anwendung auch auf Vollzeitarbeitsverhältnisse Annuß / Thüsing - *Jacobs*, TzBfG, § 12 Rn 5; Erman - *Edenfeld*, BGB, § 611 Rn 303; Münchener Handbuch Ergänzungsband - *Schüren*, § 166 Rn 12.

[112] Buschmann / Dieball / Stevens = Bartol - *Buschmann*, TZA, § 12 TzBfG Rn 28.

[113] Kittner / Däubler / Zwanziger - *Zwanziger*, KSchR, § 2 KSchG Rn 26.

weisen, sich stets eines bestimmten Arbeitszeitvolumens mit entsprechendem Entgelt sicher sein zu können, wie es § 12 TzBfG verfolgt.

Demgegenüber war und ist die Abrufarbeit im BeschFG beziehungsweise im TzBfG im Abschnitt zur Teilzeitarbeit geregelt[114]. Dieser systematische Gesamtzusammenhang spricht im Ergebnis dafür, dass die Voraussetzungen des § 12 TzBfG nur für Teilzeitarbeitsverhältnisse Anwendung finden sollen[115]. Einer analogen Anwendung des § 12 TzBfG auf Vollzeitarbeitnehmer ist deshalb entgegenzusetzen, dass der Gesetzgeber die Abrufarbeit in beiden Gesetzen jeweils der Teilzeitarbeit zugeordnet hat, so dass von einer für die Analogie erforderlichen unbewussten Regelungslücke[116] keine Rede sein kann. Gegen die Regelungslücke lässt sich nicht weniger vorbringen, dass Verträge zur Vollzeitarbeit auf Abruf seit der Schuldrechtsreform zum Jahr 2002 mit Hilfe der §§ 307 ff. BGB überprüft werden können[117], dieser Einwand betrifft nämlich nur Formulararbeitsverträge, das heißt mehrfach verwendete Einheitsregelungen.

Man könnte erwägen, zumindest § 12 Abs. 1 TzBfG auch auf solche flexiblen Zeitmodelle anzuwenden, in denen die Konkretisierung der Arbeitszeit durch den Arbeitnehmer selbst erfolgt[118], also die Gleitzeitmodelle, Telearbeit und die Arbeitsplatzteilung. Da der Arbeitnehmer bei der Zeitbestimmung betriebliche Interessen zu beachten habe, müsse er die Arbeitsleistung ebenfalls entsprechend dem Arbeitsanfall erbringen, also genau so wie es § 12 Abs. 1 TzBfG voraussetze[119]. Die gesetzliche Regelung zur Abrufarbeit soll den Arbeitnehmer indes vor den einseitigen Einteilungsbefugnissen des Arbeitgebers schützen, die sich insbesondere durch die Häufigkeit und Dauer der täglichen Einsätze auswirken. Kann der Arbeitnehmer hierüber sogar noch weitergehend als durch vertragliche Lösung, nämlich einseitig, bestimmen, bedarf es dieses Schutzes nicht mehr[120]. § 12 TzBfG ist insofern auch in den Fällen, in denen der Arbeitnehmer die Arbeitszeit selbst bestimmt, nicht heranzu-

[114] BGBl I v. 30.4.1985, S. 710; BGBl I v. 28.12.2000, S. 1966 (1967 f.).

[115] LAG Frankfurt (v. 17.1.1997), NZA - RR 1997, S. 487 (488); *Meinel / Heyn / Herms*, TzBfG, § 12 Rn 7; grundsätzlich auch Buschmann / Dieball / Stevens = Bartol - *Buschmann*, TZA, § 12 TzBfG Rn 28; Kittner / Däubler / Zwanziger - *Zwanziger*, KSchR, § 12 TzBfG Rn 7.

[116] *Larenz*, Methodenlehre der Rechtswissenschaft, S. 373 f.

[117] ErfK - *Preis*, § 12 TzBfG Rn 7; *Lindemann*, Flexible Gestaltung von Arbeitsbedingungen nach der Schuldrechtsreform, S. 263.

[118] Buschmann / Dieball / Stevens = Bartol - *Buschmann*, TZA, § 12 TzBfG Rn 22.

[119] Buschmann / Dieball / Stevens = Bartol - *Buschmann*, TZA, § 12 TzBfG Rn 22.

[120] *Lindemann*, Flexible Gestaltung von Arbeitsbedingungen nach der Schuldrechtsreform, S. 303.

ziehen[121]. Im Ergebnis gelten die Vorschriften der Abrufarbeit demnach nur für Arbeit auf Abruf in Form der Teilzeitarbeit.

IV. Fazit für die Leistungsbestimmung zur Arbeitszeit und für die Flexibilität des Arbeitszeitvolumens

Aus der gesetzlichen Regelung zur Arbeit auf Abruf und der dazu vorhandenen Literatur konnte ermittelt werden, dass die bestimmte Dauer der Arbeitszeit diejenige Zeit ist, die dem Arbeitnehmer auf jeden Fall vergütet werden muss. Das ist deshalb beachtlich, weil daraus folgt, dass der Arbeitgeber das für eine Woche festgelegte Arbeitszeitvolumen nicht exakt in einer Woche abrufen muss, sondern er unter dem Gesichtspunkt der Flexibilität die Möglichkeit hat, die Arbeitszeit unregelmäßig in Anspruch zu nehmen - bei regelmäßiger Vergütung. Hier ist also genau zwischen dem Bemessungszeitraum als der Grundlage für die Vergütung und dem Ausgleichszeitraum innerhalb dessen die vereinbarte Arbeitszeit im Durchschnitt erreicht sein muss, zu unterscheiden[122]. Somit zeigt sich, dass trotz eines feststehend vereinbarten Arbeitszeitvolumens Schwankungen und Variationen im täglich oder wöchentlich abgerufenen Volumen möglich sein können.

C. Volumenflexibilität durch Tarifvertrag

Die bisherigen Untersuchungen waren, ausgehend von dem Urteil des BAG vom 12.12.1984, auf die Leistungsbestimmung kraft arbeitsvertraglicher Vereinbarung gerichtet. Ganz anders als bei der Volumenflexibilität durch ein solch arbeitsvertraglich vereinbartes Leistungsbestimmungsrecht verhielt es sich mit der Rechtsprechung, wenn dieses Recht für den Arbeitgeber in einem Tarifvertrag vorgesehen war. Die einseitige Veränderung des Arbeitszeitumfangs wurde in solchen Fällen als zulässig erachtet. Das war nicht allein eine Sichtweise des Gerichts, sondern hatte seinen Ursprung unmittelbar im Gesetz selbst: § 6 Abs. 1 BeschFG sah eine Öffnungsklausel zugunsten der Tarifvertragsparteien vor, die lautete, dass „von den Vorschriften dieses Abschnitts [...] auch zuungunsten des Arbeitnehmers durch Tarifvertrag abgewichen werden [könne]“[123]. Der Gesetzgeber hatte dies damit begründet, dass die Tarifver-

[121] *Boewer*, TzBfG, § 12 Rn 18; ErfK - *Preis*, § 12 TzBfG Rn 13; Kittner / Däubler / Zwanziger - *Zwanziger*, KSchR, § 12 TzBfG Rn 4; *Meinel / Heyn / Herms*, TzBfG, § 12 Rn 14, 16.

[122] Siehe Teil 3, B II 1 b bb (3), (4).

[123] BGBl I v. 30.4.1985, S. 710 (711).

tragsparteien Ausnahmen, insbesondere branchenspezifischer Art, „besser als der Gesetzgeber treffen können“[124]. Es sei davon auszugehen, dass sie dabei „die Schutzinteressen der Arbeitnehmer ausreichend berücksichtigen“ würden[125].

I. Die Rechtsprechung zur Volumenflexibilität durch tarifvertraglich vereinbartes Leistungsbestimmungsrecht

Einem diesbezüglichen Urteil des BAG vom 12.3.1992 war die Klage eines Arbeitnehmers vorausgegangen, der bisher für durchschnittlich 100 Stunden im Monat zur Arbeitsleistung in Anspruch genommen worden war. Später hatte sich die abgerufene Arbeitszeit auf 11,5 Stunden reduziert. Nach einer Übergangszeit sollte er schließlich auch nur noch eine Vergütung für diese 11,5 erbrachten Arbeitsstunden erhalten.

Das BAG erachtete die Stundenkürzung mit entsprechender Entgeltminderung für rechtmäßig. Die Maßnahme des Arbeitgebers stehe im Einklang mit dem zugrunde liegenden Tarifvertrag, aus welchem zum einen folge, dass sich die Arbeitszeit nach dem Arbeitsanfall richte und zum anderen, dass auch nur die angeforderte und geleistete Arbeit vergütet werden müsse[126]. Zwar fehle es der betreffenden Tarifnorm an einer gemäß § 4 Abs. 1 BeschFG festzulegenden Dauer der Arbeitszeit, eine solche Abweichung sei indes nach § 6 Abs. 1 BeschFG zulässig[127]. Der Gesetzgeber habe insoweit den durch das Kündigungs- und Kündigungsschutzrecht gewährten Bestandsschutz eingeschränkt[128]. Das Gericht berief sich darauf, dass der Gesetzgeber den Tarifvorrang in § 6 Abs. 1 BeschFG[129] unverändert beibehalten habe, das heißt in der Form, in welcher er bereits im ursprünglichen Entwurf zu § 4 BeschFG formuliert worden war, der noch kein festes Arbeitszeitvolumen vorgesehen hatte[130]. Dementsprechend solle auch der Arbeitszeitumfang nach wie vor zur Disposition der Tarifvertragsparteien stehen.

---

[124] BT - Drucksache 10 / 2102 v. 11.10.1984, S. 26.

[125] BT - Drucksache 10 / 2102 v. 11.10.1984, S. 26.

[126] BAG v. 12.3.1992, AP Nr. 1 zu § 4 BeschFG 1985 (II der Gründe); ebenso BAG v. 8.9.1994, AP Nr. 18 zu § 611 BGB Fleischbeschauer - Dienstverhältnis (2 der Gründe).

[127] BAG v. 12.3.1992, AP Nr. 1 zu § 4 BeschFG 1985 (II 2 a, b aa der Gründe).

[128] BAG v. 12.3.1992, AP Nr. 1 zu § 4 BeschFG 1985 (II 2 b bb der Gründe).

[129] *§ 6 Abs. 1 BeschFG:* Von den Vorschriften dieses Abschnitts kann auch zuungunsten des Arbeitnehmers durch Tarifvertrag abgewichen werden.

[130] BR - Drucksache 293 / 84 v. 24.8.1984, S. 6; BT - Drucksache 10 / 2102 v. 11.10.1984, S. 5, 25.

II. Kritik an der Rechtsprechung zur Volumenflexibilität durch tarifvertraglich vereinbartes Leistungsbestimmungsrecht

Diese Rechtsprechung war umstritten: Wenn man den Tarifvertragsparteien gestatte, entgegen dem Wortlaut des § 4 Abs. 1 BeschFG, sogar ein Leistungsbestimmungsrecht des Arbeitgebers zur Veränderung der Arbeitszeitdauer vorzusehen, räume man ihnen auf die Weise die Möglichkeit ein, § 2 KSchG zu umgehen[131]. § 6 Abs. 1 BeschFG stelle jedoch ausdrücklich nur die Vorschriften „dieses Abschnitts", also die §§ 2, 3, 4 und 5 BeschFG, zur Disposition der Tarifvertragsparteien. Andere Vorschriften habe der Gesetzgeber nicht erwähnt[132].

III. Bewertung

In diesem Fall haben sich die Positionen im Vergleich zu dem Urteil des BAG vom 12.12.1984 umgekehrt. Während nunmehr das BAG das Leistungsbestimmungsrecht des Arbeitgebers zum Arbeitszeitvolumen für zulässig erachtet, sprechen seine Kritiker von einem Umgehungsgeschäft. Da es in dieser Frage Anhaltspunkte im Gesetz gab, war die entscheidende Frage, was der Gesetzgeber mit der Tariföffnungsklausel in § 6 Abs. 1 BeschFG erreichen wollte und auf welche Normen sie sich erstrecken sollte. Dies ergibt sich aus einem Vergleich mit der Neuregelung in § 12 Abs. 3 Satz 1 TzBfG.

Aufgrund der Neuregelung des Tarifvorrangs in § 12 Abs. 3 Satz 1 TzBfG ist die Rechtsprechung nicht mehr vertretbar. Denn § 12 Abs. 3 Satz 1 TzBfG schränkt den Spielraum tariflicher Regelungen dahingehend ein, dass zuungunsten des Arbeitnehmers von den gesetzlichen Voraussetzungen nur dann abgewichen werden kann, „wenn der Tarifvertrag Regelungen über die tägliche und wöchentliche Arbeitszeit und die Vorankündigungsfrist vorsieht". Nach der Begründung des Gesetzgebers „regelt [die Vorschrift] deutlicher als bisher, dass die Tarifvertragsparteien auch zuungunsten der Arbeitnehmer von den Vorschriften über die Anpassung der Arbeitszeit an den Arbeitsanfall abweichen können, wenn sie Vorschriften über die tägliche und wöchentliche Arbeitszeit und die Vorankündigungsfrist treffen"[133]. Mittels Tarifvertrag abzuwei-

---

[131] LAG Düsseldorf (v. 17.3.1995), DB 1995, S. 2224; Buschmann / Dieball / Stevens = Bartol - *Buschmann*, TZA, § 12 TzBfG Rn 84 e; Schüren, DB 1992, S. 1786 (1787); *Weiss / Weyand*, Anmerkung zu BAG v. 22.5.1985, AP Nr. 6, 7 zu § 1 TVG Tarifverträge: Bundesbahn.

[132] *Schüren*, DB 1992, S. 1786 (1787).

[133] BT - Drucksache 14 / 4374 v. 24.10.2000, S. 18.

chen, war aber schon gemäß § 6 Abs. 1 BeschFG gestattet und insofern deutlich geregelt[134]. Angesichts dessen muss sich das „deutlicher als bisher" gerade auf die nun hinzugefügten einzelnen Elemente, die tägliche und wöchentliche Arbeitszeit sowie die Ankündigungsfrist, beziehen. Demnach hat sich der Gesetzgeber nicht nur im Hinblick auf arbeitsvertragliche, sondern ebenso auf tarifvertragliche Regelungen zur Abrufarbeit nach dem TzBfG gegen die Flexibilität des Arbeitszeitvolumens ausgesprochen. Zu berücksichtigen ist aber, dass im letzteren Fall nicht wie gemäß § 12 Abs. 1 Satz 2 TzBfG „eine bestimmte Dauer der wöchentlichen und täglichen Arbeitszeit" festzulegen ist, sondern es sind lediglich „Regelungen über die tägliche und wöchentliche Arbeitszeit" zu treffen. Demzufolge kann dem Arbeitgeber durch einen Tarifvertrag im Unterschied zum Arbeitsvertrag ein gewisser Dispositionsrahmen eingeräumt werden[135]. Die Tarifvertragsklausel muss deshalb für die Dauer der Arbeitszeit keine exakte Stundenzahl enthalten, sondern Bandbreiten, mit Ausnahme von Extremen zwischen null und 40 Stunden, können als zulässig angesehen werden[136].

IV. Fazit für die Leistungsbestimmung zur Arbeitszeit

Auffällig an der bundesarbeitsgerichtlichen Rechtsprechung ist die Zweispurigkeit, die in Sachen Arbeitszeitvereinbarungen für Abrufarbeit verfolgt worden ist. Während man individualvertragliche Regelungen, die statt einer bestimmten Arbeitszeitdauer ein Bestimmungsrecht des Arbeitgebers nach den betrieblichen Erfordernissen vorsahen, als Umgehung des Kündigungsschutzes und daher für gemäß § 134 BGB nichtig hielt, wurden entsprechende Vereinbarungen in Tarifverträgen als sachlich gerechtfertigte Ausnahmen erachtet. Die abweichende Begründung für Tarifverträge wurde auf § 6 Abs. 1 BeschFG gestützt, welcher dem Wortlaut nach keinerlei Grenzen für abweichende Vereinbarungen der Tarifpartner aufstelle. Der späteren Regelung des § 12 Abs. 3 Satz 1 TzBfG wurde von Seiten des Gesetzgebers klarstellender Charakter beigemessen, so dass völlige tarifvertragliche Freiheit auch zuvor nicht intendiert war. Völlige Volumenflexibilität ist also auch durch Tarifverträge nicht möglich.

---

[134] *A.A.* W/W/M/W/H - *Worzalla*, Teilzeitarbeit und befristete Arbeitsverträge, B § 12 TzBfG Rn 8, der auf den Wortlaut des § 4 BeschFG abstellt.

[135] Ablehnend Buschmann / Dieball / Stevens - Bartol = *Buschmann*, TZA, § 12 TzBfG Rn 84 b.

[136] *Däubler*, ZIP 2000, S. 1961 (1965); Kittner / Däubler / Zwanziger - *Zwanziger*, KSchR, § 12 TzBfG Rn 30; *Kliemt*, NZA 2001, S. 63 (70); *Meinel / Heyn / Herms*, TzBfG, § 12 Rn 58.

D. Konsequenzen für den Umfang der Leistungsbestimmung bei Arbeitszeitsouveränität

Der Flexibilität der Arbeitszeitdauer, verstanden als Arbeitszeitumfang oder Arbeitszeitvolumen, sind im Hinblick auf Teilzeitarbeit die aufgezeigten Grenzen gezogen worden. Dabei ist insbesondere bezeichnend die Entwicklung ausgehend von einem Gesetzesentwurf zu § 4 BeschFG, welcher dem Arbeitgeber beim Arbeitszeitumfang jegliche Freiheit ließ, bis hin zu dem aktuellen § 12 TzBfG, nach welchem in Arbeitsverträgen feste Vereinbarungen und selbst in Tarifverträgen zumindest Regelungen zur wöchentlichen Arbeitszeitdauer getroffen werden müssen. Der jeweilige Gesetzgebungsstand kann nicht losgelöst von der in dieser Angelegenheit ergangenen Rechtsprechung betrachtet werden, denn hier lässt sich ein gewisser Einfluss feststellen: Das Urteil des BAG vom 12.12.1984 wirkte auf das Gesetzgebungsverfahren zum BeschFG hinsichtlich der bestimmten Dauer der Arbeitszeit ein. Der Gesetzgeber stellte darüber hinaus in § 12 Abs. 3 Satz 1 TzBfG klar, dass bei der Abrufarbeit, entgegen der Rechtsprechung des BAG, auch vom Gesetz abweichende Tarifverträge Regelungen zur Arbeitszeitdauer erfordern. Zwar hat der Gesetzgeber die Voraussetzungen der Abrufarbeit zunehmend konkretisiert, so dass abweichende Entscheidungen mittlerweile obsolet sind, dennoch lassen sich in der Auseinandersetzung mit der dargelegten älteren Rechtsprechung und den vorgebrachten Argumenten Antworten auf die Frage finden, wie man der Problematik um die Volumenflexibilität in flexiblen Arbeitszeitgestaltungen gerecht werden kann und auf welche Weise die Interessen der Arbeitnehmer hinreichenden Ausdruck finden. Letztlich lässt sich hier auch die Erklärung finden, warum man bei der Definition flexibler Arbeitszeit von einer bestimmten Arbeitszeitmenge ausgeht. Im Ergebnis führt die Berücksichtigung all dieser Aspekte zu den Grenzen, die der einseitigen Bestimmung des Arbeitnehmers über seine Arbeitszeit nach der Rechtsordnung entgegenstehen.

I. Differenzierung zwischen Form und Inhalt der Arbeitszeitvereinbarung

In den Sachverhalten, welche den Urteilen vom 12.12.1984[137] und vom 12.3.1992[138] zugrunde lagen, ging es darum, dass die Arbeitszeit nach Arbeitsanfall vom Arbeitgeber festgelegt werden sollte. Die Form, das

[137] BAG v. 12.12.1984, AP Nr. 6 zu § 2 KSchG 1969.
[138] BAG v. 12.3.1992, AP Nr. 1 zu § 4 BeschFG 1985.

heißt die Rechtsgestaltung, in welcher dies erfolgen sollte, war jeweils ein Leistungsbestimmungsrecht des Arbeitgebers. Im Fall vom 12.12.1984 war die Arbeitszeitregelung Teil eines Arbeitsvertrags, in demjenigen vom 12.3.1992 Teil eines Tarifvertrags. Am 12.12.1984 entschied das BAG, dass die Vereinbarung wegen objektiver Umgehung zwingender Kündigungs- und Kündigungsschutzvorschriften nichtig sei. Am 12.3.1992 lautete das Urteil demgegenüber, dass die tarifliche Regelung nicht gegen zwingende Vorschriften des Kündigungs- und Kündigungsschutzrechts verstoße.

Trotz Verwendung derselben Form, nämlich des Leistungsbestimmungsrechts, wurde die getroffene Regelung einmal für unzulässig, ein anderes Mal für zulässig erklärt. Allein die Tatsache, dass die Arbeitszeitanpassung auf dem Weg der Leistungsbestimmung durch den Arbeitgeber erfolgen sollte, konnte nicht ausschlaggebend für Nichtigkeit oder Wirksamkeit sein, denn sie lag beiden Fällen zugrunde. Das entscheidungserhebliche Kriterium, welches die unterschiedlichen Ergebnisse erklärt, kann nicht in der Form, sondern nur im Inhalt der Regelungen zu finden sein.

Eine solche Unterscheidung zwischen Form und materiellem Inhalt geht konform mit den Gegenstimmen zum Urteil vom 12.12.1984. Aus deren genauer Abgrenzung der Voraussetzungen von Änderungskündigung und Leistungsbestimmungsrecht hatte sich ergeben, dass die in Rede stehende arbeitsvertragliche Vereinbarung nicht an dem Leistungsbestimmungsrecht des Arbeitgebers, also nicht an der gewählten Form scheitert[139]. Vereinzelt war darüber hinaus eine Überprüfung anhand des § 138 Abs. 1 BGB erwogen, insofern also auf eine Kontrolle gerade des Inhalts verwiesen worden.

Aus welchem Grund zog nun aber das BAG[140], anders als bei den Arbeitsverträgen, den Inhalt und damit die Rechtmäßigkeit der betreffenden Arbeitszeitregelung in dem Tarifvertrag nicht in Zweifel? Zur Beurteilung der tariflichen Regelung machte sich das BAG die Begründung des Gesetzgebers zu § 6 Abs. 1 BeschFG zu Eigen, wonach die Tarifvertragsparteien gerechtfertigte Ausnahmen treffen und Schutzinteressen gerecht werden würden[141]. Der Ausgangspunkt dieser Bewertung liegt darin, dass das Tarifvertragsrecht im Allgemeinen und Tarifverträge im Besonderen nur einer begrenzten staatlichen Kontrolle unterliegen, da

---

[139] Siehe Teil 4, A II, III 1.

[140] BAG v. 12.3.1992, AP Nr. 1 zu § 4 BeschFG 1985.

[141] BT - Drucksache 10 / 3206 v. 17.4.1985, S. 7 i.V.m. BT - Drucksache 10 / 2102 v. 11.10.1984, S. 26.

es sich hierbei um die Betätigung der Koalitionsfreiheit gemäß Art. 9 Abs. 3 GG handelt[142]. Eine Ausprägung dieses Koalitionsrechts ist die Gewährleistung ebenbürtiger Verhandlungsmacht[143], was zur Folge hat, dass der Arbeitgeber die Arbeitsbedingungen nicht mit dem einzelnen Arbeitnehmer aushandelt beziehungsweise diesem kraft wirtschaftlicher Überlegenheit vorlegt, sondern ihm eine Gewerkschaft als Interessenvertretung einer Gesamtheit von Arbeitnehmern gegenübertritt. Infolge des somit vorhandenen Kräftegleichgewichts ist von ausgewogenen Regelungen, von der „Richtigkeitsgewähr des Vertragsverfahrens“[144], auszugehen[145], so dass sich eine gerichtliche Inhaltskontrolle, gerichtet auf Zweckmäßigkeit und Richtigkeit der Tarifnormen, verbietet[146]. Eine Vertragskontrolle ist nämlich nur notwendig, um die effektive Ausübung der Vertragsfreiheit zu gewährleisten, wenn das Kräfteverhältnis der Vertragsparteien, zum Beispiel durch einseitige wirtschaftliche Überlegenheit, in eine Ungleichgewichtslage geraten ist[147].

Dessen ungeachtet müssen sich auch die Tarifvertragsparteien innerhalb der Rechtsordnung bewegen, weshalb sie trotz allem nicht gegen zwingendes höherrangiges Recht verstoßen dürfen[148]. Zwingendes höherrangiges Gesetzesrecht stellt zum Beispiel § 134 BGB dar. Mit Blick auf diese Norm hätte das BAG am 12.3.1992[149] entsprechend dem Urteil vom 12.12.1984[150] an sich prüfen müssen, ob die in Rede stehende Tarifnorm § 2 KSchG umging, indem sie dem Arbeitgeber ein Leistungsbestimmungsrecht hinsichtlich des Arbeitszeitumfangs einräumte.

---

[142] BVerfG v. 26.6.1991, AP Nr. 117 zu Art. 9 GG Arbeitskampf (C I 3 b cc der Gründe); BVerfGE (v. 26.7.1974) 44, 322 (340 f.); (v. 20.10.1981) 58, 233 (246); BAG v. 6.2.1985, AP Nr. 1 zu § 1 TVG Tarifverträge: Süßwarenindustrie; Münchener Handbuch III - *Richardi*, § 240 Rn 29; dass. - *Löwisch / Rieble*, § 246 Rn 91, 96, § 253 Rn 4; Zöllner / Loritz, Arbeitsrecht, § 38 VI (S. 434 f.).

[143] Münchener Handbuch III - *Löwisch / Rieble*, § 243 Rn 7, § 253 Rn 3; *Wiedemann*, TVG, Einleitung Rn 3 - 5.

[144] Münchener Handbuch III - *Löwisch / Rieble*, § 253 Rn 2.

[145] BAG v. 21.3.1991, AP Nr. 31 zu § 622 BGB (II 2 c der Gründe); v. 23.1.1992 AP Nr. 37 zu § 622 BGB (II 2 b cc der Gründe); v. 6.9.1995, AP Nr. 22 zu § 611 BGB Ausbildungsbeihilfe (III 1 der Gründe); *Wiedemann*, TVG, § 1 Rn 216.

[146] BAG v. 6.2.1985, AP Nr. 1 zu § 1 TVG Tarifverträge: Süßwarenindustrie; Münchener Handbuch III - *Richardi*, § 240 Rn 29 f.; dass. - *Löwisch / Rieble*, § 246 Rn 91, 96.

[147] Siehe Teil 2, A I 1.

[148] BAG v. 26.9.1984, AP Nr. 21 zu § 1 TVG; Kittner / Däubler / Zwanziger - *Zwanziger*, KSchR, § 2 KSchG Rn 30; Münchener Handbuch III - *Löwisch / Rieble*, § 246 Rn 96, § 259 Rn 82 f., 113; *Zöllner / Loritz*, Arbeitsrecht, § 33 V 3 a (S. 377), § 38 I (S. 425), VI (S. 434).

[149] BAG v. 12.3.1992, AP Nr. 1 zu § 4 BeschFG 1985.

[150] BAG v. 12.12.1984, AP Nr. 6 zu § 2 KSchG 1969.

Das BAG hat einen Verstoß gegen § 134 BGB unter Berufung auf § 6 Abs. 1 BeschFG abgelehnt, da dieser den Bestandsschutz der Arbeitnehmer einschränke[151]. Bereits in einem früheren Urteil und auch unabhängig von § 6 BeschFG waren Argumente gegen die Verletzung des Kündigungsschutzrechts formuliert worden, welche der gesetzgeberischen Begründung zu § 6 Abs. 1 BeschFG entsprachen. In einem Urteil vom 6.9.1990 hatte das Gericht bei tarifvertraglichen Arbeitszeitvereinbarungen die Umgehung des Kündigungsschutzes verneint, indem es den Vereinbarungen der Tarifvertragsparteien eine diesem Schutz entsprechende Qualität zusprach[152]. Die Richtigkeitsgewähr sowie die Gleichgewichtigkeit der Parteien wurden als Garanten für den hinreichenden Arbeitnehmerschutz herangezogen[153]. Von der kündigungsähnlichen Wirkung der Leistungsbestimmung war keine Rede mehr, sondern die Rechtmäßigkeit wurde bejaht, weil man im Hinblick auf die Vertragsparteien davon ausging, dass inhaltlich ausgewogene Regelungen getroffen worden seien.

Das Verhandlungsgleichgewicht, das den tarifvertraglichen Vereinbarungen zugeschrieben wird, ist arbeitsvertraglichen Vereinbarungen nicht per se eigen. Deshalb müssen derartige Vereinbarungen aber keineswegs zwingend unausgewogen sein. Entscheidend ist vielmehr, ob sie bestimmten inhaltlichen Voraussetzungen gerecht werden. Dafür können sowohl der Gesetzgeber als auch die gerichtliche Vertragskontrolle Maßstäbe setzen. Vorliegend kommt es also darauf an, einen inhaltlichen Maßstab zu finden, den eine arbeitsvertragliche Vereinbarung, die dem Arbeitgeber ein Leistungsbestimmungsrecht bezüglich des Arbeitszeitumfangs einräumt, erreichen muss, um Bestand zu haben. In dieser Hinsicht enthält das Urteil des BAG vom 12.12.1984 einen Hinweis: Das Gericht bemängelte, dass der Arbeitgeber für nicht abgerufene Arbeitszeit keine Vergütung zu zahlen brauche und insofern Beschäftigungsrisiken auf die Arbeitnehmer verlagert würden[154]. Somit kommt es entscheidend darauf an, was Beschäftigungsrisiken sind, was es bedeutet, wenn diese auf Arbeitnehmer verlagert werden und wie sich dies letztlich auf Arbeitszeitregelungen auswirkt.

---

[151] BAG v. 12.3.1992, AP Nr. 1 zu § 4 BeschFG 1985 (II 2 b bb der Gründe).
[152] BAG v. 6.9.1990, AP Nr. 1 zu § 2 BAT SR 21 (II 2 der Gründe).
[153] BAG v. 6.9.1990, AP Nr. 1 zu § 2 BAT SR 21 (II 2 der Gründe).
[154] BAG v. 12.12.1984, AP Nr. 6 zu § 2 KSchG 1969 (II 3 d cc der Gründe).

II. Der Risikobereich bei der Festlegung der Arbeitszeitdauer nach dem betrieblichen Bedarf

Was das BAG mit der Verlagerung von Beschäftigungsrisiken gemeint haben könnte, lässt sich anhand des Sachverhalts, der dem Urteil vom 12.12.1984[155] voraus ging, erklären. Nachteilig für die Arbeitnehmer war damals nämlich, dass der Arbeitgeber den Umfang der Arbeitsleistung „von Fall zu Fall" dahingehend festlegen konnte, wie es seinem Bedarf am besten entsprach. Das ermöglichte es ihm, zeitlich immer nur so viel an Arbeitsleistung anzufordern, wie auch effektiv verwertet werden konnte. Tatsächlich wurde jeweils neu ein bestimmtes Volumen festgelegt, welches sodann zu erfüllen war. Da die Vergütung an den Arbeitszeitumfang gekoppelt war, waren die Arbeitnehmer in dieser Hinsicht stets abhängig von der tatsächlichen Verwendungsmöglichkeit des Arbeitgebers. Eine Festlegung der Arbeitszeit von Fall zu Fall ist überdies auch auf die Weise denkbar, dass nicht immer wieder neue Volumina vorgegeben werden, sondern dass die Arbeitszeit nach und nach einfach abgerufen wird und sich jeweils für die Zeitabschnitte, nach denen vergütet wird, eine variierende Summe ergibt.

Anders verhält es sich dagegen, wenn ein bestimmtes Arbeitszeitvolumen fest vereinbart worden ist und ebenso, wenn der Inhalt des Arbeitsvertrags den Voraussetzungen des alten § 4 Abs. 1 BeschFG und nunmehr § 12 Abs. 1 TzBfG gerecht werden muss. In diesen Fällen ist eine bestimmte Arbeitszeitdauer fest vereinbart. Für den Arbeitnehmer ist es deshalb nicht entscheidend, dass der Arbeitgeber seine Leistung auch tatsächlich in dem vertraglich bestimmten Umfang entgegennimmt. Tut er dies nicht, so gerät er zwar in Annahmeverzug, dieser berührt den Vergütungsanspruch jedoch nicht[156]. Dass die schlichte Nichtannahme den Vergütungsanspruch nicht beeinträchtigt, entspricht einem allgemeinen Prinzip, wonach der Gläubiger das Verwertungs- beziehungsweise Verwendungsrisiko trägt, also das Risiko, die ihm infolge des Vertragsschlusses angebotene Leistung des Vertragspartners überhaupt verwerten zu können[157]. Im Mietrecht findet sich dieser Grundsatz sogar ausdrücklich in § 537 Abs. 1 Satz 1 BGB, nach welchem „der Mieter [...] von

---

[155] BAG v. 12.12.1984, AP Nr. 6 zu § 2 KSchG 1969.

[156] Soergel - *Kraft*, BGB, § 615 Rn 48.

[157] BGHZ (v. 1.6.1979) 74, 370 (374); (v. 16.2.2000) NJW 2000, S. 1714 (1716); Bamberger / Roth - *Grüneberg*, BGB, § 313 Rn 65; *Esser / Schmidt*, Schuldrecht I / 2, § 22 (S. 3), § 23 III 2 (S. 35); *Larenz*, Schuldrecht AT I, § 21 II (S. 326); MünchKomm - *Ernst*, BGB, § 275 Rn 160; Palandt - *Heinrichs*, BGB, § 313 Rn 43; *Picker*, JZ 1979, S. 285 (293); Soergel - *Kraft*, BGB, § 615 Rn 71; Staudinger - *Richardi*, BGB, § 615 Rn 178.

der Entrichtung der Miete nicht dadurch befreit [wird], dass er durch einen in seiner Person liegenden Grund an der Ausübung seines Gebrauchsrechts gehindert wird". In diesem Sinne ist auch der Arbeitgeber grundsätzlich verpflichtet, den Arbeitnehmer vertragsgemäß zu beschäftigen beziehungsweise die entsprechende Zeit zumindest zu vergüten, auch wenn er tatsächlich überhaupt kein Interesse an der Arbeitsleistung hat[158]. Das Beschäftigungsrisiko, von dem das BAG sprach, ist also für den Arbeitgeber das Risiko, den Arbeitnehmer nicht zu beschäftigen und dennoch die vorgesehene Gegenleistung erbringen zu müssen. So kommt es auch in § 615 Satz 1 BGB zum Ausdruck, nach welchem der Arbeitnehmer die Vergütung verlangen kann, „ohne zur Nachleistung verpflichtet zu sein". Gleichfalls ist diesbezüglich die Rede vom Entgeltrisiko[159]. Ein qualitativer Unterschied zum Beschäftigungsrisiko liegt insofern jedoch nicht vor, es handelt sich lediglich um die Umkehrung der Begründungsreihenfolge, und zwar um das Risiko des Arbeitgebers, die vorgesehene Vergütung zahlen zu müssen, obwohl der Arbeitnehmer nicht beschäftigt wird. Wird dieses Beschäftigungs- oder Entgeltrisiko auf die Arbeitnehmer verlagert, erhalten sie folglich nur für tatsächlich erbrachte Leistungen ein Entgelt, müssen also im Falle von Beschäftigungshindernissen aus der Sphäre des Arbeitgebers auf ihre Vergütung verzichten.

Allerdings darf nicht außer Acht gelassen werden, dass zwischen der Erbringung der Arbeitsleistung durch die Arbeitnehmer und den Zwecksetzungen des Arbeitgebers eine Wechselwirkung besteht. Der Arbeitgeber kann nämlich nur aufgrund der intern bestehenden Arbeitsverhältnisse extern als Unternehmer auftreten. Die Arbeitnehmer wiederum können intern nur deshalb Arbeitsverhältnisse eingehen, gerade weil der Arbeitgeber als Unternehmer nach außen auftreten will, die Arbeitsverträge also nicht lediglich Selbstzweck sind. Gerade diese Begründung bringt aber zum Ausdruck, dass es sich um unterschiedliche Risiko- und Pflichtenkreise handelt, für die sich der Arbeitgeber-Unternehmer einerseits und die Arbeitnehmer andererseits entschieden haben. Während sich der Unternehmer in doppelter Hinsicht, das heißt sowohl gegenüber seinen Kunden, als auch gegenüber seinen Mitarbeitern gebunden hat, sind die Arbeitnehmer nur einer Partei vertraglich verpflichtet, nämlich dem Arbeitgeber. Damit haben sie sich gegen die

[158] H/W/K - *Schmalenberg*, § 12 TzBfG Rn 3 zufolge ergibt sich aus dem Dauerbeschäftigungsverhältnis eine Verpflichtung zur Zahlung eines regelmäßigen Arbeitsentgelts.

[159] Staudinger - *Richardi*, BGB, § 615 Rn 40.

wirtschaftlichen Risiken, die eine selbständige Tätigkeit in sich birgt, entschieden[160].

Dieser Umstand schließt nicht aus, dass sich die unternehmerischen Risiken nicht auch auf die Arbeitnehmer auswirken können, was im Falle von Kurzarbeit oder von betriebsbedingten Kündigungen deutlich zum Ausdruck kommt. Primär und unmittelbar ist jedoch auch bei derartigen Kündigungen der Risikobereich des Arbeitgeber-Unternehmers betroffen, denn eine bloß außerbetriebliche Ursache wie etwa Auftragsmangel kann für sich genommen nämlich noch nicht die Kündigung auslösen[161]. Stets bedarf es dazu einer unternehmerischen Entscheidung als Reaktion auf die veränderten Umstände[162]. Auf diese Weise findet also zunächst eine Transformation des Problems aus dem unternehmerischen Kreis in den arbeitsvertragsbezogenen statt. Im Ergebnis ist ein schwankender Arbeitsanfall deshalb trotz der besonderen Austauschbeziehung von Arbeitgeber und Arbeitnehmer der Risikosphäre des Arbeitgebers zuzurechnen.

Die Nichtbeschäftigung der Arbeitnehmer kann unterschiedliche Ursachen haben. Begrifflich unterscheidet man in dieser Hinsicht zwischen Betriebs- und Wirtschaftsrisiko. Beides sind Risiken, die der Arbeitgeber zu tragen hat[163]. Allgemein betrachtet handelt es sich um das Betriebsrisiko in den Fällen, in denen der Arbeitgeber die Arbeitnehmer nicht beschäftigen kann, und um das Wirtschaftsrisiko, wenn er sie nicht beschäftigen will. Betriebs- und Wirtschaftsrisiko betreffen insofern unterschiedliche Sachverhalte, die Rechtsfolge ist dennoch in beiden Fällen diejenige des § 615 Satz 1 BGB.

1. Das Betriebsrisiko

Vom Betriebsrisiko ist die Rede, wenn die Arbeitsleistung technisch unmöglich ist[164]. Es handelt sich um einen Leistungsstörungstatbestand,

---

[160] *Hromadka*, RdA 1992, S. 234 (259); *Wank*, Arbeitnehmer und Selbständige, S. 81, 128 f.

[161] BAG v. 7.12.1978, AP Nr. 6 zu § 1 KSchG 1969 Betriebsbedingte Kündigung (II 1 a der Gründe).

[162] *von Hoyningen - Huene / Linck*, KSchG, § 1 Rn 368; Kittner / Däubler / Zwanziger - *Kittner*, KSchR, § 1 KSchG Rn 259.

[163] BAG v. 22.12.1980, AP Nr. 70 zu Art. 9 GG Arbeitskampf (C I 1 a der Gründe).

[164] BAG v. 22.12.1980, AP Nr. 70 zu Art. 9 GG Arbeitskampf (C I 1 a der Gründe); *Ballerstedt*, ArbuR 1966, S. 225 (227); *Hueck / Nipperdey*, Arbeitsrecht I, § 44 IV 1 (S. 348); Staudinger - *Richardi*, BGB, § 615 Rn 177.

der weder vom Arbeitgeber noch vom Arbeitnehmer zu vertreten ist[165]. Seit der Reform des Schuldrechts zum 2.1.2002 ist § 615 Satz 1 BGB nach § 615 Satz 3 BGB in den Fällen, „in denen der Arbeitgeber das Risiko des Arbeitsausfalls trägt", entsprechend anzuwenden[166]. Demzufolge kann ein Arbeitnehmer in Betriebsrisikofällen kraft Gesetzes die Vergütung verlangen, „ohne zur Nachleistung verpflichtet zu sein" [167].

2. Das Wirtschaftsrisiko

In den Fällen, die man dem Wirtschaftsrisiko zuordnet, ist die Arbeitsleistung technisch möglich, die Arbeitnehmer könnten ihren Tätigkeiten deshalb durchaus nachgehen[168]. Um Leistungsstörungen handelt es sich demzufolge nicht[169]. Vielmehr ist es so, dass der Arbeitgeber kein Interesse an der Arbeitsleistung hat. Diese ist für ihn wirtschaftlich sinnlos, weil er sie nicht finanzieren oder aufgrund fehlender Aufträge oder mangelnden Absatzes nicht verwerten kann[170]. Dementsprechend gerät der Arbeitgeber in Annahmeverzug und muss dann gemäß § 615 Satz 1 BGB den Arbeitnehmer entlohnen, ohne dass dieser seine Arbeitsleistung nachholen muss. Während die störenden Ereignisse, die man dem Betriebsrisiko zuordnet, zwar in der Sphäre, jedoch außerhalb des unmittelbaren Einflusses des Arbeitgebers liegen, ist das Wirtschaftsrisiko keine gänzlich unbeeinflussbare Größe, denn es hängt maßgeblich von dem Geschick der Unternehmensführung ab, auf welche Weise und mit welchen Maßnahmen wirtschaftliche Schwierigkeiten überwunden werden können[171].

---

[165] Staudinger - *Richardi*, BGB, § 615 Rn 179 f.

[166] BGBl I v. 2.1.2002, S. 42 (157).

[167] *Luke*, NZA 2004, S. 244 (246).

[168] BAG v. 10.7.1969, AP Nr. 2 zu § 615 BGB Kurzarbeit (2); *Ballerstedt*, ArbuR 1966, S. 225 (227); ErfK - *Preis*, § 615 BGB Rn 126; *Hueck / Nipperdey*, Arbeitsrecht I, § 44 IV 1 (S. 348 f.); Staudinger - *Richardi*, BGB, § 615 Rn 178.

[169] ErfK - *Preis*, § 615 BGB Rn 127; *Picker*, JZ 1979, S. 285 (293); Soergel - *Kraft*, BGB, § 615 Rn 74; Staudinger - *Richardi*, BGB, § 615 Rn 179.

[170] BAG v. 8.3.1961, AP Nr. 13 zu § 615 BGB Betriebsrisiko; v. 22.12.1980, AP Nr. 70 zu Art. 9 GG Arbeitskampf (C I 1 a der Gründe); *Ballerstedt*, ArbuR 1966, S. 225 (227); *Hueck / Nipperdey*, Arbeitsrecht I, § 44 IV 1 (S. 348 f.); Staudinger - *Richardi*, BGB, § 615 Rn 179, 209.

[171] *Ballerstedt*, ArbuR 1966, S. 225 (228); *Zöllner / Loritz*, Arbeitsrecht, § 18 V 1 b (S. 240).

3. Zwischenergebnis

Welcher Risikobereich ist nun betroffen, wenn sich die Arbeitszeitdauer nach dem betrieblichen Bedarf richten soll? Die Festlegung der Arbeitszeit nach dem betrieblichen Bedarf ist ein Merkmal flexibler Arbeitszeiten. Auf diese Weise soll das Angebot der Auftragslage und den Kundenwünschen angepasst, also nachfrageorientiert gearbeitet werden[172]. Somit geht es bei der Gestaltung der Arbeitszeit nach dem betrieblichen Bedarf nicht hauptsächlich darum, Reaktionsmöglichkeiten für den Fall einer betriebstechnischen Störung zu schaffen, mit denen die Kosten durch eine Verkürzung von Arbeitszeit und Entgelt gering gehalten werden können, auch wenn dies ein positiver Nebeneffekt für den Arbeitgeber sein kann. Die Gestaltung der Arbeitszeit ist deshalb vor allem unter dem Gesichtspunkt des wirtschaftlichen Arbeitens in Anbetracht der jeweiligen Marktlage zu sehen. Berührt wird also das Wirtschaftsrisiko.

III. Die Abdingbarkeit des Wirtschaftsrisikos

Träger des Wirtschaftsrisikos ist grundsätzlich der Arbeitgeber als Gläubiger der Arbeitsleistung. Die Ausnahme „Lohn auch ohne Arbeit" ist keine zwingende, sondern diese Rechtsfolge des § 615 Satz 1 BGB kann vertraglich abbedungen werden[173]. Die Abdingbarkeit folgt aus der Privatautonomie, nach welcher Verträge inhaltlich grundsätzlich frei von den Parteien gestaltet werden können[174]. Des Weiteren kann man die Abdingbarkeit mit dem Inhalt des § 619 BGB begründen[175]. Diese Regelung legt die Unabdingbarkeit der §§ 617, 618 BGB ausdrücklich fest, woraus im Umkehrschluss folgt, dass § 615 BGB abdingbar sein muss, so dass eine Übertragung des Risikos auf die Arbeitnehmer grundsätzlich möglich ist. Diese Freiheit ist aber keine unbeschränkte, sondern sie kann sich nur innerhalb der Grenzen, welche der Schutz des wirtschaftlich oder intellektuell schwächeren Vertragspartners gebietet, entfalten[176]. Angesichts dessen muss sich die Verlagerung des Wirtschaftsrisi-

---

172 Siehe Teil 3, B II 3 b.

173 BAG v. 6.11.1968, AP Nr. 16 zu § 615 BGB Betriebsrisiko; LAG München (v. 20.9.1985), BB 1986, S. 1577; Bamberger / Roth - *Fuchs*, BGB, § 615 Rn 6; Soergel - *Kraft*, BGB, § 615 Rn 8; Staudinger - *Richardi*, BGB, § 615 Rn 9.

174 Bamberger / Roth - *Eckert*, BGB, § 145 Rn 8; *Flume*, FS Deutscher Juristentag (1960), S. 135 (136, 138); *Köhler*, BGB AT, § 5 Rn 1; Maunz / Dürig - *Di Fabio*, GG, Art. 2 Abs. 1 Rn 101; *Medicus*, Schuldrecht I, Rn 59, 64 - 68; Palandt - *Heinrichs*, BGB, Überbl v § 104 Rn 1, Einf v § 145 Rn 1, 7; Soergel - *Wolf*, Vor § 145 Rn 19.

175 Staudinger - *Richardi*, BGB, § 615 Rn 9.

176 Siehe Teil 2, A I 1.

kos an den gesetzlichen Grenzen messen lassen[177]. Konkret geht es darum, die materiellrechtlichen Begrenzungen zu benennen, die der Leistungsbestimmung über das Arbeitszeitvolumen entgegenstehen, um auf diese Weise aufzuarbeiten, was es bedeutet, wenn eine Arbeitszeitregelung Beschäftigungs- bzw. Wirtschaftsrisiken verschiebt. Dieses Problem zu benennen, ist Voraussetzung dafür, eine Lösung zu finden, mit der sich Arbeitszeitflexibilität gesetzeskonform praktizieren lässt. Was steckt also hinter dem Vorwurf des BAG vom 12.12.1984, dass die damals in Rede stehende arbeitsvertragliche Arbeitszeitregelung Beschäftigungsrisiken auf den Arbeitnehmer verlagere[178]?

1. Die Verlagerung des Wirtschaftsrisikos

Der Verlagerung des Betriebs- und Wirtschaftsrisikos auf den Arbeitnehmer hat das BAG durch § 138 Abs. 1 BGB eine Grenze gesetzt[179]. § 138 BGB hilft insbesondere in Fällen wirtschaftlicher Unterlegenheit dem Schwächeren im Rechtsverkehr, damit seine Interessen nicht gänzlich übergangen werden[180]. Auf diese Weise erhält er in einer ungleichgewichtigen Verhandlungssituation Unterstützung bei der Verwirklichung seiner Privatautonomie. Zu einem entsprechenden Urteil des BAG vom 10.10.1990 hatte ein Vertrag geführt, in welchem sich der Arbeitnehmer zur Deckung der in seiner Abteilung auftretenden, unvermeidbaren Verluste des Arbeitgebers verpflichtet hatte. Die Sittenwidrigkeit lag darin begründet, dass der Arbeitgeber einseitig dem Arbeitnehmer das Verlustrisiko aufgebürdet hatte und diesen Vorteil genießen konnte, ohne selbst eine nennenswerte Gegenleistung dafür zu erbringen[181].

Einerseits ist das Wirtschaftsrisiko also aufgrund der Privatautonomie abdingbar, andererseits kann die damit verbundene Risikoverlagerung auf den Arbeitnehmer gegen die guten Sitten verstoßen. Dies bedarf der Präzisierung, wo hinsichtlich der Arbeitszeitvolumenflexibilität die Grenze zwischen Zulässigkeit und Sittenwidrigkeit verläuft.

---

177 Siehe Teil 4, A II, Fn 35: *Hromadka*, RdA 1992, S. 234 (240); *ders.*, FS Kissel (1994), S. 417 (427).
178 BAG v. 12.12.1984, AP Nr. 6 zu § 2 KSchG 1969.
179 BAG v. 10.10.1990, AP Nr. 47 zu § 138 BGB (II 1der Gründe).
180 Siehe Teil 2, A I 1.
181 BAG v. 10.10.1990, AP Nr. 47 zu § 138 BGB (III der Gründe).

a. Die Sittenwidrigkeit der Verlagerung des Wirtschaftsrisikos gemäß § 138 Abs. 1 BGB

Nach § 138 Abs. 1 BGB ist ein Rechtsgeschäft nichtig, wenn es gegen die guten Sitten verstößt. Die Rechtsprechung hat die guten Sitten als das „Anstandsgefühl aller billig und gerecht Denkenden" umschrieben[182]. Auf diese Weise wurden sie schon in den Motiven zum heutigen § 826 BGB erläutert[183]. Unter dem Anstandsgefühl wiederum versteht man die herrschende Rechts- und Sozialmoral in dem jeweiligen Handlungskreis, flankiert durch die Wertmaßstäbe der Rechtsordnung[184]. Zweck der Vorschrift ist nicht, jede denkbare Unausgewogenheit zu vermeiden, sondern ausgeschlossen werden sollen grobe Interessenbeeinträchtigungen von erheblicher Stärke[185]. Ein solcher Sittenverstoß kann sich aus dem Inhalt[186] aber auch aus dem Gesamtcharakter[187] des Rechtsgeschäfts ergeben. In letzterem Fall kommt es neben dem Inhalt des Geschäfts auf dessen Umstände, insbesondere Beweggrund und Zweck der Vereinbarung, an[188].

aa. Der Einfluss der Rechts- und Sozialmoral

Welche Grenzziehung folgt nunmehr aus diesem Anstandsgefühl für ein flexibles Arbeitszeitvolumen? Angesichts des dargelegten Facettenreichtums des Begriffs der „guten Sitten" lässt sich diese Frage nicht mit einer schlichten Subsumtion beantworten. Zum Ausdruck der herrschenden Rechts- und Sozialmoral können aber einzelne Aspekte aus Rechtsetzung und Rechtsprechung der Vergangenheit zusammengetragen wer-

---

[182] RGZ (v. 15.10.1912) 80, 219 (221); BGHZ (v. 9.7.1953) 10, 228 (232); BAG (v. 1.4.1976) NJW 1976, S. 1958.

[183] Motive Band II, S. 727, §§ 704, 705, Schuldverhältnisse aus unerlaubten Handlungen.

[184] *Larenz / Wolf*, BGB AT, § 41 Rn 12 f.; Soergel - *Hefermehl*, BGB, § 138 Rn 3, 7.

[185] BGH (v. 16.4.1996), ZIP 1996, S. 957 (961); BGHZ (v. 18.9.1997) 136, 347 (355); Wolf / Horn / Lindacher - *Wolf*, AGBG, § 9 Rn 16.

[186] Bamberger / Roth - *Wendtland*, BGB, § 138 Rn 20; Palandt - Heinrichs, BGB, § 138 Rn 7; Soergel - *Hefermehl*, BGB, § 138 Rn 20; Staudinger - *Sack*, BGB, § 138 Rn 2; Wolf / Horn / Lindacher - *Wolf*, AGBG, § 9 Rn 13.

[187] BGHZ (v. 19.1.2001), NJW 2001, S. 1127; Bamberger / Roth - *Wendtland*, BGB, § 138 Rn 21; Palandt - Heinrichs, BGB, § 138 Rn 8; Soergel - *Hefermehl*, BGB, § 138 Rn 27, 29; Staudinger - *Sack*, BGB, § 138 Rn 2 f; Wolf / Horn / Lindacher - *Wolf*, AGBG, § 9 Rn 14.

[188] BGHZ (v. 19.1.2001), NJW 2001, S. 1127; Bamberger / Roth - *Wendtland*, BGB, § 138 Rn 21; Palandt - Heinrichs, BGB, § 138 Rn 8; Soergel - *Hefermehl*, BGB, § 138 Rn 27, 29; Staudinger - *Sack*, BGB, § 138 Rn 2 f.

den: Der Leber-Rüthers-Kompromiss für die Metallindustrie vom 28.6.1984 sah als eines der Flexibilisierungsinstrumente die ungleichmäßige Verteilung des Arbeitszeitvolumens auf die einzelnen Arbeitstage vor[189]. Flexible Arbeitszeiten für Vollzeitkräfte sollten danach mit einem festen Arbeitszeitvolumen verwirklicht werden. Im Gegensatz dazu brachte gut zwei Monate später, am 24.8.1984, der Gesetzgeber seine Vorschläge zur Regelung der Abrufarbeit in Teilzeitarbeitsverhältnissen in den Bundesrat ein. In diesem Entwurf war von der Notwendigkeit eines festen Arbeitszeitumfangs keine Rede[190]. Am 12.12.1984 wiederum erklärte das BAG eine Abrufvereinbarung mit offenem Volumen für gemäß § 134 BGB nichtig[191] und in der Folge schloss sich der Gesetzgeber der Sichtweise dieses Urteils an und ergänzte den zunächst behandelten Entwurf in § 4 BeschFG um eine bestimmte festzulegende Dauer der Arbeitszeit[192]. Dies findet sich nach wie vor in dem heutigen § 12 Abs. 1 Satz 2 TzBfG. Gegenläufig ist allein die bisherige Rechtsprechung zur Volumenflexibilität durch Tarifvertrag[193]. Durch das nunmehr ausdrückliche Erfordernis nach § 12 Abs. 3 Satz 1 TzBfG, Regelungen zur wöchentlichen Arbeitszeit zu treffen, ist diese Rechtsprechung nicht mehr vertretbar. Insgesamt hat sich somit für den Teilzeitabruf eine Tendenz gegen offene Zeitvolumina durchgesetzt. Aber wie verhält es sich für Vollzeitarbeitsverhältnisse?

bb. Wertmaßstäbe der Rechtsordnung

Die rechtliche Entwicklung zum Arbeitszeitvolumen betraf unmittelbar nur die Teilzeitarbeit, so dass zur Bewertung des Beschäftigungsrisikos in Vollzeitarbeitsverhältnissen auf andere Maßstäbe und Prinzipien der Rechtsordnung zurückzugreifen ist.

(1) Wertmaßstab: Der Gläubiger als Träger des Verwertungsrisikos

In dieser Frage kann auf einen bereits festgestellten Wertmaßstab der Rechtsordnung verwiesen werden, nämlich dass der Gläubiger das Verwertungsrisiko der angebotenen Leistung und dementsprechend der Ar-

---

[189] NZA 1984, S. 79; siehe Teil 3, B II 3 a.

[190] BR - Drucksache 293 / 84 v. 24.8.1984, S. 6; BT - Drucksache 10 / 2102 v. 11.10.1984, S. 5, 25; siehe Teil 4, B I.

[191] BAG v. 12.12.1984, AP Nr. 6 zu § 2 KSchG 1969; siehe Teil 4, A I.

[192] BT - Drucksache 10 / 3206 v. 17.4.1985, S. 6, 30; siehe Teil 4, A I, B II.

[193] BAG v. 12.3.1992, AP Nr. 1 zu § 4 BeschFG 1985.

beitgeber das Wirtschaftsrisiko trägt[194]. Auch wenn dieser Maßstab noch keine konkrete Lösung bietet, so enthält er dennoch eine Weichenstellung gegen die beliebige Verteilung des Risikos, die für das Arbeitsrecht außerdem in dem bereits angesprochenen § 615 Satz 1 BGB zum Ausdruck kommt.

Zur Konkretisierung dieses Ansatzes bietet es sich an, auf bereits entschiedene und somit richtungsweisende Fälle zur Sittenwidrigkeit zurückzugreifen. Ein Verstoß nach § 138 Abs. 1 BGB ist in individualarbeitsrechtlichen Beziehungen dann angenommen worden, wenn eine Regelung den Arbeitgeber begünstigte, während es an einer angemessenen Gegenleistung, einem Ausgleich für den Arbeitnehmer fehlte[195]. So auch im bereits erwähnten Urteil des BAG vom 10.10.1990, dem eine Vereinbarung vorausgegangen war, nach welcher der Arbeitnehmer Zinsen und Tilgungsraten für einen Kredit zahlen sollte, welchen die Arbeitgeberin für die Abteilung des Arbeitnehmers aufgenommen hatte[196]. Die Vermutung, dass der Arbeitnehmer das Risiko habe beherrschen können, da er als Leiter der Abteilung Einfluss auf die finanzielle Entwicklung nehmen konnte, wurde zu seinen Gunsten entkräftet, denn die Finanzlage war zum einen abhängig von erwarteten Spenden, also keineswegs sicheren Zahlungen, zum anderen belastet mit unvermeidlichen Personal- und Sachkosten[197]. Das Argument für die Sittenwidrigkeit war in diesem Fall also eine Äquivalenzbeeinträchtigung zwischen Leistung und Gegenleistung.

(2) Bewertung

Die Volumenflexibilität ist für den Arbeitgeber ein Instrument, den Verpflichtungen aus seinen externen Vertragsbeziehungen, in denen er als Unternehmer auftritt, auf möglichst wirtschaftliche Weise nachzukommen. Der Vorteil einer solchen flexiblen Regelung liegt für ihn darin, die Arbeitnehmer stets nur bei tatsächlichem Arbeitsanfall einsetzen und lediglich diese Arbeitszeit vergüten zu müssen. Zwar unterliegt der Arbeitgeber der vertraglichen Bindung. Die daraus entspringende Beschäfti-

---

[194] Siehe Teil 4, D II.

[195] BAG v. 10.10.1990, AP Nr. 47 zu § 138 BGB (III der Gründe); ArbG Marburg (v. 1.7.1969), BB 1969, S. 1479; *Hromadka*, RdA 1992, S. 234 (240); *Stevens - Bartol*, AiB 1986, S. 259 (260) macht die Zulässigkeit der Risikoverlagerung von einem angemessenen wirtschaftlichen Ausgleich abhängig; *Wank*, Arbeitnehmer und Selbständige, S. 131 spricht von der Anstößigkeit des Vertrages.

[196] BAG v. 10.10.1990, AP Nr. 47 zu § 138 BGB.

[197] BAG v. 10.10.1990, AP Nr. 47 zu § 138 BGB (II 2).

gungs- und Entgeltpflicht aktualisiert sich für ihn bei einem offenen Zeitvolumen aber jeweils nur dann, wenn es auch seinem wirtschaftlichen Interesse entspricht.

Zu Lasten des Arbeitnehmers liegt jedoch eine Äquivalenzbeeinträchtigung darin, dass sich die Summe seines Entgelts nach dem jeweiligen wirtschaftlichen Interesse seines Vertragspartners richtet, wenn der Arbeitgeber im Vertrag keine bestimmte Arbeitszeit festlegt und er damit auch das zugehörige Entgelt offen lässt. Leistung und Gegenleistung hängen also stets vom Annahmewillen des Arbeitgebers ab. Demgegenüber bindet sich der Arbeitnehmer im Normalfall mit der Zwecksetzung, durch die Arbeitsleistung seine Lebensführung zu finanzieren[198].

Eine solche Äquivalenzbeeinträchtigung könnte in einem Vollzeitarbeitsverhältnis dann gegeben sein, wenn das Arbeitszeitvolumen völlig offen gelassen wurde und der einseitigen Bestimmung einer Vertragspartei unterliegt. Darüber hinaus erweisen sich aber auch sogenannte Bandbreitenregelungen als kritisch, bei denen zwar Mindest- oder Höchstarbeitszeiten gewisse zeitliche Grenzen aufstellen, wobei aber innerhalb dieses Rahmens jede Arbeitszeitdauer möglich bleibt[199].

(a) Bewertung für offene Arbeitszeitvolumina

Bei einem offenen Arbeitszeitvolumen geht der Arbeitnehmer eine Verpflichtung zur Arbeitsleistung ein, ohne absehen zu können, in welchem Umfang ihm aus dieser vertraglichen Bindung überhaupt Leistungen zuteil werden werden. Theoretisch könnte der Arbeitnehmer zwar verbleibende Zeit mit einem weiteren Arbeitsverhältnis ausfüllen und auf diese Weise die ihm zu Verfügung stehende Geldmenge auf gleichbleibendem Niveau erhalten. Die Problematik liegt wiederum und gerade darin begründet, dass der Arbeitnehmer bei der zweiten Arbeitsstelle stets nur in Abhängigkeit von der Beanspruchung durch die erste einsatzbereit ist[200]. Insofern droht die Gefahr von Zeitkollisionen, was es dem Arbeitnehmer unmöglich machen kann, seiner Verpflichtung bei einem der beiden Arbeitgeber nachzukommen. Außerdem müssen die Grenzen des ArbZG beachtet werden, insbesondere muss gemäß dessen § 5 Abs. 1 eine Ruhezeit von mindestens elf Stunden eingehalten werden. Dementsprechend stellen sich für den Arbeitnehmer Entgeltschwankung und Zeitbin-

---

198 Soergel - *Kraft*, BGB, § 615 Rn 1.

199 ErfK - *Preis*, § 12 TzBfG Rn 23; Kittner / Däubler / Zwanziger - *Zwanziger*, KSchR, § 12 TzBfG Rn 14; *Meinel / Heyn / Herms*, TzBfG, § 12 Rn 29.

200 BAG v. 12.121984, AP Nr. 6 zu § 2 KSchG 1969 (II 3 d cc der Gründe).

dung als nachteilig dar. Somit stehen sich der Vorteil des Arbeitgebers, den Arbeitnehmer nur nach Bedarf einsetzen und vergüten zu müssen, sowie der Nachteil des Arbeitnehmers, ungewissen zeitlichen Bindungen und der damit einhergehenden Entgeltunsicherheit ausgesetzt zu sein, gegenüber.

(b) Bewertung für Bandbreiten

Das Gleiche gilt, wenn die Arbeitszeit nicht völlig offen ist, sondern Mindest- oder Höchstarbeitszeiten gewisse Beschränkungen setzen, denn oberhalb beziehungsweise unterhalb dieser Grenzen wäre jedes Zeitvolumen möglich. Eine andere Bewertung ergibt sich aber möglicherweise im Fall einer sogenannten Bandbreite, denn zum einen legt die mindestens abzurufende Arbeitszeit dem Arbeitgeber eine bestimmte Vergütungspflicht auf und zum anderen ist der Inanspruchnahme des Arbeitnehmers eine Obergrenze gesetzt. Auf diese Weise sind, abgesehen von Extremfällen mit Spannen zwischen null und 40 Stunden oder vergleichbaren Größen, die Folgen der Risikoverschiebung umgrenzt. Dementsprechend werden zumindest Bandbreiten durch tarifvertragliche Vereinbarung gemäß § 12 Abs. 3 Satz 1 TzBfG für Abrufarbeit akzeptiert[201]. Der Rahmen für zulässige Schwankungsbreiten wird in der Literatur vereinzelt bei bis zu 20% der Arbeitszeit abgesteckt[202]. Beispielsweise nennt *Rieble* bei einem 30-Stunden-Vertrag eine Bandbreite von 24 bis 36 Stunden[203]. Auf diese Weise ergibt sich sowohl nach oben als auch nach unten eine Abweichungsmöglichkeit von jeweils sechs Stunden oder 20%. Bei einer Fünf-Tage-Woche wird somit eine Schwankung um 1/5, also einen ganzen Arbeitstag möglich.

Setzt man aufgrund des begrenzten Risikos für Bandbreiten bis maximal 20% von vornherein nicht den Sittenwidrigkeitsmaßstab des § 138 Abs. 1 BGB an, so kann es sich noch um einen Verstoß gegen Treu und Glauben gemäß § 242 BGB handeln. Zwar besteht im Vergleich zum völlig offenen Volumen ein qualitativer Unterschied, da das Risiko der Arbeitnehmer ein begrenztes ist. Dennoch bleiben diese nach wie vor durch die Beweglichkeit von Arbeitszeit und Vergütungshöhe von den wirtschaftlichen Interessen des Arbeitgebers abhängig[204].

---

[201] *Däubler*, ZIP 2000, S. 1961 (1965); Kittner / Däubler / Zwanziger - *Zwanziger*, KSchR, § 12 TzBfG Rn 30; Kliemt, NZA 2001, S. 63 (70); *Meinel / Heyn / Herms*, TzBfG, § 12 Rn 58.

[202] *Hromadka*, RdA 1992, S. 234 (242); *Rieble*, NZA 2000, Beilage 3, S. 34 (41).

[203] *Rieble*, NZA 2000, Beilage 3, S. 34 (41).

[204] BAG v. 12.12.1984, AP Nr. 6 zu § 2 KSchG 1969 (II 3 d cc der Gründe).

(aa) § 242 BGB als Bewertungsmaßstab

Als Generalklausel bedarf § 242 BGB ebenfalls der konkretisierenden Ausfüllung. Grundsätzlich stehen Treu und Glauben für die Verpflichtung, auf schutzwürdige Interessen des Vertragspartners Rücksicht zu nehmen[205]. Die Frage ist, inwiefern sich dieser an Treu und Glauben orientierte Maßstab von demjenigen der Sittenwidrigkeit gemäß § 138 Abs. 1 BGB unterscheidet. Man könnte darauf abstellen, dass § 138 BGB eine rechtliche Missbilligung zum Ausdruck bringt und dass Abreden oder Vorgehensweisen, die gegen Treu und Glauben verstoßen, ebenfalls rechtlich zu missbilligen sind[206]. Im Ergebnis liefe dies darauf hinaus, § 138 BGB und § 242 BGB als gleich stark zu bewerten[207]. Dagegen spricht, dass § 138 BGB nicht lediglich eine Interessenverletzung erfordert, sondern eine grobe Interessenbeeinträchtigung von erheblicher Stärke[208]. § 138 BGB liegt somit ein strengerer Maßstab zugrunde[209]. Ein Sittenwidrigkeitsverstoß ist damit stets auch eine Verletzung von Treu und Glauben, während mit einer Verletzung von Treu und Glauben nicht notwendig ein Sittenwidrigkeitsverstoß einhergehen muss[210]. Der Unterschied zwischen den Maßstäben des § 138 BGB und des § 242 BGB wird nicht zuletzt durch ihre jeweiligen Rechtsfolgen deutlich. § 242 BGB verpflichtet den Handelnden zur Beachtung von Treu und Glauben, ohne Rechtsfolgen für einen Verstoß hiergegen zu statuieren, wohingegen ein sittenwidriges Rechtsgeschäft nach § 138 Abs. 1 BGB nichtig ist. Ein Verstoß gegen den Maßstab der Sittenwidrigkeit wird also stärker sanktioniert. Dieser Umstand spricht dafür, dass zwischen Sittenwidrigkeit sowie Treu und Glauben doch ein unterschiedlicher Bewertungsmaßstab im Hinblick auf die Schwere der Interessenbeeinträchtigung gegeben ist.

Ergeben sich im Rahmen der Bandbreite Schwankungen nach oben, so erscheinen diese Arbeitszeitausdehnungen weniger problematisch, da der Arbeitgeber einen entsprechenden Arbeitsanfall ansonsten auch durch Überstunden bewältigen könnte. Vergleichbar verhält es sich mit Schwankungen nach unten, da diese sich unter Umständen auch

---

205 Bamberger / Roth - *Grüneberg*, BGB, § 242 Rn 16; Palandt - *Heinrichs*, BGB, § 242 Rn 3; Soergel - *Teichmann*, BGB, § 242 Rn 4.

206 Staudinger - *Sack*, BGB, § 138 Rn 155.

207 Staudinger - *Sack*, BGB, § 138 Rn 155.

208 BGH (v. 16.4.1996), ZIP 1996, S. 957 (961); BGHZ (v. 18.9.1997) 136, 347 (355); Wolf / Horn / Lindacher - *Wolf*, AGBG, § 9 Rn 16.

209 BAG (v. 14.5.1964) NJW 1964, S. 1542 (1543); Bamberger / Roth - *Grüneberg*, BGB, § 242 Rn 35; Soergel - *Teichmann*, BGB, § 242 Rn 128.

210 BAG (v. 14.5.1964) NJW 1964, S. 1542 (1543); Palandt - *Heinrichs*, BGB, § 242 Rn 19; Staudinger - *Schmidt*, BGB, § 242 Rn 270.

durch Kurzarbeit ergeben könnten. Im Hinblick auf die Vergütung wirken sich solche Arbeitszeitschwankungen nach unten indes schwerwiegender aus. Fehlen pro Woche beispielsweise 20 % der Arbeitszeit und somit der Vergütung, so wird auch in diesem Fall dem Interesse des Arbeitnehmers an Zeit- und Entgeltsicherheit nicht genüge getan. Insofern könnte sich der Arbeitgeber wiederum in gewissem Maße des Wirtschaftsrisikos entledigen, da er bei fehlenden Aufträgen einfach per Leistungsbestimmung die Arbeitszeit verkürzte und sich seiner Entgeltpflicht entzöge. Dieser Aspekt rechtfertigt es, auch in Bandbreiten bis zu 20% der Wochenarbeitszeit eine Interessenbeeinträchtigung zu erblicken, die - angesichts der Risikozuordnung im Arbeitsrecht - das Gebot des § 242 BGB verletzt, auf schutzwürdige Interessen des anderen Vertragspartners Rücksicht zu nehmen.

Zöllner zufolge müssten Arbeitnehmer sogar dauerhafte Kürzungen der Arbeitszeit und somit auch der Vergütung um 50% hinnehmen, wenn der Arbeitgeber dadurch Entlassungen vermeiden wolle[211]. Vor diesem Hintergrund dürfte der vorausgehenden Argumentation entgegenzuhalten sein, dass nach Treu und Glauben auch die Arbeitnehmer verpflichtet sein könnten, gewisse Schwankungen des Arbeitszeitvolumens hinzunehmen, um auf diese Weise dem Arbeitgeber zu ermöglichen, in der jeweiligen wirtschaftlichen Lage zu bestehen. Gewisse Schwankungsbreiten wären dann im Interesse des Arbeitgebers zu akzeptieren. Dass sich die Arbeitnehmer hierauf unter Umständen tatsächlich einlassen müssen, belegt schon die Existenz von Überstunden und Kurzarbeit, welche entweder zur Ausdehnung oder zur Verminderung des Arbeitszeitvolumens führen, wobei es sich wegen der grundsätzlichen Risikoverteilung zulasten des Arbeitgebers hierbei um bloß vorübergehende Maßnahmen handelt. Der Forderung, Arbeitnehmer müssten eine dauerhafte Kürzung um 50% hinnehmen, steht allerdings entgegen, dass das Risiko der Verwertbarkeit der Arbeitsleistung grundsätzlich auf Seiten des Arbeitgebers liegt[212], so dass ihr, abgesehen von den etablierten vorübergehenden Maßnahmen Über- und Kurzarbeit, in diesem Umfang nicht gefolgt werden kann.

(bb) Bandbreiten mit Vergütungspflicht

Angesichts des gefundenen Ergebnisses, dass auch Bandbreiten erhebliche Nachteile für Arbeitnehmer mit sich bringen, muss es auf Verwun-

---

[211] *Zöllner*, NZA 1997, S. 121 (128).

[212] Siehe Teil 4, D II.

derung stoßen, dass man sich gerade auf Seiten der *IG Metall* Schwankungen in einer Bandbreite zwischen 30 und 40 Wochenstunden vorstellen kann[213]. Allerdings wird in diesem Zusammenhang zugleich ein Instrument ins Spiel gebracht, das im Rahmen der Arbeitszeitflexibilisierung von Bedeutung ist, und zwar Arbeitszeitkonten zum Ausgleich der Arbeitszeit[214]. Spätestens an dieser Stelle wird deutlich, dass Bandbreiten nicht gleich Bandbreiten sind. Bei Arbeitszeitkonten handelt es sich um ein Instrument zur praktikablen Durchführung flexibler Arbeitszeitmodelle. In ihnen wird die tatsächlich erbrachte Arbeitszeit eines Arbeitnehmers vermerkt, mit dem Ziel, diese in Übereinstimmung mit der vertraglich geschuldeten zu bringen. Ist das Konto einmal im Ausgleichszeitraum beziehungsweise zu einem bestimmten Stichtag ausgeglichen, belegt dies, dass die geschuldete Arbeitszeit eingehalten wird[215].

Die Bandbreiten, von denen der *IG Metall* Vorsitzende spricht, hat man sich deshalb folgendermaßen vorzustellen: Es wird ein bestimmtes Arbeitszeitvolumen vereinbart, das in einem festgelegten Ausgleichszeitraum im Durchschnitt erzielt werden muss. Dieses bestimmte Arbeitszeitvolumen wird den Arbeitnehmern konstant vergütet. Wird beispielsweise als Mittelwert eine Arbeitszeit von 35 Stunden pro Woche vereinbart, so eröffnet eine Bandbreite von 30 bis 40 Stunden eine Schwankungsbreite von jeweils fünf Stunden. Je nach dem betrieblichen Bedarf kann dann innerhalb dieses Rahmens in einer Woche ohne weiteres mehr oder weniger als 35 Stunden gearbeitet werden. Die erbrachten Stunden werden in das Arbeitszeitkonto eingestellt. Ziel ist es, Arbeitszeitschwankungen so gegeneinander auszugleichen, dass im Durchschnitt jeweils 35 Wochenstunden erbracht worden sind. Bei dieser Variante von Bandbreiten stellt sich folglich die Problematik um ein offenes Arbeitszeitvolumen nicht. Vielmehr ist ein solches wiederum feststehend vereinbart worden und lediglich die Verteilung des zur Verfügung stehenden Volumens wird flexibel gehandhabt.

(3) Zwischenergebnis

Im Ergebnis spricht gegen Arbeitszeitregelungen mit Volumenflexibilität, dass das Verwertungsrisiko grundsätzlich vom Gläubiger einer Leistung zu tragen ist. Bei Volumenflexibilität mit Abruf des Arbeitgebers hängen

---

[213] Interview mit dem Vorsitzenden Jürgen Peters im Deutschlandfunk am 16.12.2003: http://www.dradio.de/dlf/sendungen/interview_dlf/221993/.

[214] http://www.dradio.de/dlf/sendungen/interview_dlf/221993/.

[215] *Adamski*, AuA 1999, S. 305; *Engelhardt*, AiB 2000, S. 466; *Klenner*, WSI - Mitteilungen 1997, S. 254 (255); siehe auch Teil 3, B II 1 b (5).

Leistung und Gegenleistung hingegen stets vom Willen des Arbeitgebers ab, den Arbeitnehmer überhaupt zu beschäftigen. Für den Arbeitnehmer hat dies die nachteilige Folge, dass sich die Summe seines Entgelts stets nach dem jeweiligen wirtschaftlichen Interesse seines Vertragspartner richtet und deshalb er als Schuldner der Arbeitsleistung das Verwertungsrisiko zu tragen hat. Dabei handelt es sich um eine sogenannte Äquivalenzbeeinträchtigung zwischen Leistung und Gegenleistung, so dass Arbeitszeitregelungen mit offenem Arbeitszeitvolumen gemäß § 138 Abs. 1 BGB sittenwidrig sind. Die Interessen des Arbeitnehmers werden auch dann noch beeinträchtigt, wenn der Schwankungszeitraum durch eine Bandbreitenregelung begrenzt wird. Trotz der zeitlichen Eingrenzung sind auch Beeinträchtigungen im unteren Bereich von bis zu 20% der Wochenarbeitszeit bereits als nach § 242 BGB relevante Interessenverletzung einzuordnen.

cc. Grundrechtliche Wertungen

Wegen der Beeinträchtigungen der Arbeitnehmer durch Entgeltschwankungen und unsichere Zeitbindung könnten offene Arbeitszeitvolumina im Widerspruch zu grundrechtlichen Wertungen stehen und auch deshalb sittenwidrig sein. Entsprechend der Funktion der Grundrechte, das Verhältnis zwischen Bürger und Staat zu regeln - gemäß Art. 1 Abs. 3 GG binden sie nur die öffentliche Gewalt unmittelbar - handelt es sich dabei nicht um eine unmittelbare Wirkung zwischen den privaten Arbeitsvertragsparteien, vielmehr geht es lediglich um eine mittelbare Drittwirkung[216]. Nach langjähriger Rechtsprechung des BVerfG sowie inzwischen auch des BAG fließt der objektive Gehalt der Grundrechte als universelles Wertesystem über die bestehenden Generalklauseln auch ins Privatrecht ein[217]. Eine dieser Generalklauseln ist der in Rede stehende § 138 BGB. Vorliegend können die Wertungen des Art. 12 Abs. 1 GG sowie des Art. 2 Abs. 1 GG von Bedeutung sein[218].

(1) Art. 12 Abs. 1 GG

Art. 12 Abs. 1 GG schützt die Freiheit der Berufswahl sowie der Berufsausübung. Unter einem Beruf versteht man jede auf Dauer angelegte

---

[216] *Boemke*, GewO, § 105 Rn 18; *Pieroth / Schlink*, Grundrechte, Rn 180 f.

[217] BVerfGE (v. 15.1.1958) 7, 198 (205 f.); BAG v. 27.2.1985, AP Nr. 14 zu § 611 BGB Beschäftigungspflicht (C I 2 der Gründe); v. 15.12.1993, AP Nr. 17 zu § 611 BGB Ausbildungsbeihilfe (B II 1 der Gründe).

[218] *Hromadka*, RdA 1992, S. 234 (240); *Klevemann*, ArbuR 1987, S. 292 (297).

Tätigkeit zur Schaffung oder Erhaltung einer Lebensgrundlage[219]. Demnach könnte man annehmen, dass eine arbeitsvertragliche Regelung, die ein offenes Arbeitszeitvolumen enthält und bei Entgeltkoppelung dem Arbeitnehmer deshalb keine Sicherheit bietet, in welchem Umfang er seine Lebensgrundlage überhaupt noch durch die Arbeit finanzieren kann, bereits dem Berufsbild des Grundgesetzes widerspricht. Indes genießt auch die Nebentätigkeit sowie generell das Recht, mehrere Berufe auszuüben, den Schutz des Art. 12 Abs. 1 GG[220], weshalb allein entscheidend ist, dass die jeweilige Tätigkeit zur Erhaltung der Lebensgrundlage zumindest beiträgt[221]. Und ein solcher Beitrag, sei er auch minimal, ist von einer Tätigkeit mit flexiblem Volumen zu erwarten.

Die Frage ist, ob es der grundgesetzlichen Freiheit, einen Beruf zu wählen und auszuüben widerspricht, wenn der Arbeitgeber den Arbeitnehmer wechselnden Arbeitszeitvolumina aussetzt. Für die Teilzeitarbeit stellt § 12 TzBfG in dieser Hinsicht Grenzen auf, indem unter anderem ein bestimmtes Arbeitszeitvolumen vereinbart werden und der Abruf desselben bestimmten Regeln folgen muss, damit dem Arbeitnehmer die sinnvolle Nutzbarkeit der verbleibenden Zeit möglich ist. Abgesehen von dieser den Arbeitnehmer schützenden Regelung ist aber zu berücksichtigen, dass der Arbeitgeber einem Arbeitnehmer eine weitere Berufstätigkeit sogar verbieten kann, sofern er selbst ein schutzwürdiges Interesse hieran nachweisen kann, zum Beispiel wenn die Arbeitskraft des Arbeitnehmers oder aber seine Arbeitszeit beeinträchtigt wird[222]. Angesichts dessen kann keine Pflicht des Arbeitgebers begründet werden, das Arbeitsverhältnis so auszugestalten, dass der Arbeitnehmer überhaupt noch einer weiteren Berufstätigkeit nachkommen kann. Die Berufsfreiheit nach Art. 12 Abs. 1 GG wird durch offene Arbeitszeitvolumina folglich nicht beeinträchtigt.

(2) Art. 2 Abs. 1 GG, Art. 1 Abs. 1 GG

Möglicherweise liegt aber eine Kollision mit den Wertungen zur allgemeinen Handlungsfreiheit gemäß Art. 2 Abs. 1 GG vor. In Anlehnung an

---

219 BVerfGE (v. 26.6.2002) 105, 252 (265); von Münch / Kunig - *Gubelt*, GG, Art. 12 Rn 8.

220 BGHZ (v. 3.3.1986) 97, 204 (208); BVerfGE (v. 15.2.1967) 21, 173 (179); BVerfGE (v. 4.11.1992) 87, 287 (316); von Münch / Kunig - *Gubelt*, GG, Art. 12 Rn 10, 15; Maunz / Dürig - *Scholz*, GG, Art. 12 Rn 279 f.

221 *Pieroth / Schlink*, Grundrechte, Rn 812.

222 BVerwGE (v. 30.6.1983) 67, 287 (295); *Schaub*, Arbeitsrechts - Handbuch, § 43 Rn 4, 13 f.; ders. - *Linck*, Arbeitsrechts - Handbuch, § 53 Rn 27.

die Fassung des Allgemeinen Redaktionsausschusses des Parlamentarischen Rats vom 16.11.1948 zu Art. 2 Abs. 1 GG, nach welchem „Jedermann [...] frei [ist,] zu tun und zu lassen, was die Rechte anderer nicht verletzt und nicht gegen die verfassungsmäßige Ordnung [...] verstößt"[223], sind nach überwiegender Auffassung alle Betätigungen und Lebensbereiche durch die Norm geschützt[224]. Folglich fällt auch die Verwertung der eigenen Zeit für berufliche und private Belange darunter. Da die Unsicherheiten für die Arbeitnehmer daraus resultieren, nur dann und in dem Maße beschäftigt und bezahlt werden zu müssen, wenn und soweit es sich wirtschaftlich für den Unternehmer auszahlt, gewinnen die Motive der Wirtschaftlichkeit und des Nutzens ihres Arbeitseinsatzes an Bedeutung. Einer ökonomisch effizienten Unternehmensführung haftet grundsätzlich kein Makel an, dient sie nicht zuletzt der Beständigkeit des Unternehmens und somit dem Vorhandensein von Arbeitsplätzen.

Unter Heranziehung eines frühen Urteils des BAG[225] müssen aber auch die zeitlichen und finanziellen Unsicherheiten, welchen die Arbeitnehmer durch offene Arbeitszeitvolumina ausgesetzt werden, hinsichtlich ihrer Vereinbarkeit mit dem allgemeinen Persönlichkeitsrecht hinterfragt werden. Neben den Gedanken der freien Entfaltung der Persönlichkeit nach Art. 2 Abs. 1 GG tritt damit derjenige der Menschenwürde gemäß Art. 1 Abs. 1 GG[226]. Auf diese Weise geht es nicht mehr nur um die Gewährleistung bestimmter Freiheiten, sondern es erwächst zugleich ein Anspruch des Einzelnen, als Subjekt geachtet zu werden[227]. Das BAG hat dargelegt, dass sich das Arbeitsverhältnis im Unterschied zu einem normalen Dienstverhältnis gerade nicht durch die Erbringung einzelner Leistungen auszeichne. Vielmehr sei es personenrechtlich geprägt, indem es das Leben des Arbeitnehmers gestalte und sich auf seine Persönlichkeit auswirke. Aus diesem Grund müsse der Arbeitgeber „alles unterlassen, was die Würde des Arbeitnehmers und die freie Entfaltung der Persönlichkeit beeinträchtigen" könne[228]. Die Konsequenz dessen ist, dass der Arbeitnehmer nicht nur unter den Gesichtspunkten von

---

[223] JöR 1 (1951), S. 56.

[224] BVerfGE (v. 16.1.1957) 6, 32 (36); (v. 6.6.1989) 80, 137 (152); Maunz / Dürig - *Di Fabio*, GG, Art. 2 Abs. 1 Rn 12; *Pieroth / Schlink*, Grundrechte, Rn 368; Schmidt = Bleibtreu / Klein - *Hofmann*, GG, Art. 2 Rn 22

[225] BAG v. 10.11.1955, AP Nr. 2 zu § 611 BGB Beschäftigungspflicht (II der Gründe).

[226] BVerfGE (v. 3.6.1980) 54, 148 (153); (v. 27.4.1999) 100, 271 (284); Maunz / Dürig - *Di Fabio*, GG, Art. 2 Abs. 1 Rn 128; von Münch / Kunig - *Kunig*, GG, Art. 2 Rn 30; *Pieroth / Schlink*, Grundrechte, Rn 373; Schmidt = Bleibtreu / Klein - *Hofmann*, GG, Art. 1 Rn 58.

[227] BVerfGE (v. 3.6.1980) 54, 148 (153); (v. 27.4.1999) 100, 271 (284); Maunz / Dürig - *Di Fabio*, GG, Art. 2 Abs. 1 Rn 127; *Pieroth / Schlink*, Grundrechte, Rn 373.

[228] BAG v. 10.11.1955, AP Nr. 2 zu § 611 BGB Beschäftigungspflicht (II der Gründe).

Verwertbarkeit und Wirtschaftlichkeit seiner Arbeitskraft beurteilt werden darf, sondern seine Behandlung gleichfalls Ausdruck seiner Achtung als Mensch sein muss. Dementsprechend muss eine Arbeitszeitregelung dem Umstand gerecht werden, dass ein Arbeitnehmer die vertragliche Verpflichtung zur Arbeitsleistung im Regelfall eingeht, um dadurch seinen Lebensunterhalt zu bestreiten. Zwar sind einseitige Leistungsbestimmungsrechte und nicht zuletzt die Kündigung durchaus zulässige Instrumente zur inhaltlichen Veränderung einer vertraglichen Beziehung, dennoch gebietet der Achtungsanspruch als Mensch, derartigen Veränderungen Grenzen zu setzen. Im Ergebnis widerspricht es deshalb den Wertungen der Art. 2 Abs. 1 GG in Verbindung mit Art. 1 Abs. 1 GG, dass durch ein offenes Arbeitszeitvolumen dem Bedürfnis der Arbeitnehmer nach einer gewissen Zeit- und Entgeltsicherheit nicht hinreichend Rechnung getragen wird.

dd. Die unausgeglichene Risikoverteilung

Die Sittenwidrigkeit ist nur dann gegeben, wenn der bestehende Nachteil des Arbeitnehmers nicht durch eine angemessene Gegenleistung ausgeglichen wird.

Eine angemessene Gegenleistung für die Arbeitnehmer könnte darin zu sehen sein, dass der Arbeitgeber durch die stete Anpassung der Arbeitszeiten an die Marktlage als Unternehmer nicht nur seine Wettbewerbsposition stärken, sondern auch die Kosten der Arbeit insgesamt senken kann, da nur dem tatsächlichen Bedarf entsprechend überhaupt Arbeitskräfte eingesetzt werden und kein Leerlauf entsteht[229]. Der positive Aspekt liegt für die Arbeitnehmer darin, dass infolge der wirtschaftlichen Stärkung des Arbeitgebers ihre Arbeitsplätze gesichert werden können[230]. Trotz der Gefahr von Einkommensschwankungen kann ein flexibler Arbeitszeitumfang deshalb langfristig gesehen für die Arbeitnehmer sogar vorteilhaft sein, so dass die grundsätzlich festgestellte Risikoverschiebung einseitig zulasten des Arbeitnehmers in Frage gestellt ist.

Dennoch ist zweifelhaft, ob hierin ein Nutzen zu sehen ist, welcher die Risikoverschiebung wirklich ausgleicht. Dagegen spricht zunächst, dass mit dem Argument des sicheren Arbeitsplatzes, zumal in Zeiten realer Arbeitslosigkeitsgefahr, jedwede Maßnahme gegenüber Arbeit-

---

229 *Kilz / Reh*, Innovative Arbeitszeitsysteme, S. 37.

230 *Kilz / Reh*, Innovative Arbeitszeitsysteme, S. 37.

nehmern begründet werden kann, für die unter anderen Umständen ein weitaus größerer Rechtfertigungsaufwand erforderlich wäre. Des Weiteren lässt sich entgegensetzen, dass die langfristige Sicherung des Arbeitsplatzes für den Arbeitnehmer lediglich von nachrangigem Interesse ist, wenn er sich zumindest während der Geltungsdauer seines Vertrags eines stetigen Einkommens zur Bestreitung seiner Lebenshaltungskosten nie sicher sein kann[231]. Diese Sichtweise spricht aber nicht dagegen, durch bestimmte Mechanismen in der Arbeitszeitgestaltung Möglichkeiten zu eröffnen, um schnell auf die jeweilige Marktlage reagieren zu können und dadurch dem Unternehmen eine gesicherte Position im Wettbewerb zu verschaffen. Wie schon im Zusammenhang mit der Abrufarbeit aufgezeigt worden ist, kann eine solche Flexibilität beispielsweise durch ungleichmäßige Verteilung eines Zeitvolumens im Bemessungs- und Ausgleichszeitraum erreicht werden.

ee. Zwischenergebnis

Im Ergebnis verstößt eine Arbeitszeitregelung mit offenem Arbeitszeitvolumen gemäß § 138 Abs. 1 BGB gegen die guten Sitten. Der Grund dafür ist, dass der Arbeitnehmer durch ein offenes Arbeitszeitvolumen Entgeltschwankungen und Zeitbindungen ausgesetzt wird, wodurch sich das Wirtschaftsrisiko zu seinen Lasten verschiebt, ohne dass der Arbeitgeber zugleich eine äquivalente Belastung übernimmt.

b. Die Wertungen der §§ 307 - 309 BGB

In der Mehrzahl der Fälle handelt der Arbeitgeber nicht mit jedem einzelnen Arbeitnehmer individuelle Vertragsbedingungen aus, sondern verwendet vorformulierte Vertragswerke, sogenannte Formulararbeitsverträge[232]. Man spricht diesbezüglich auch von arbeitsvertraglichen Einheitsregelungen[233] oder allgemeinen Arbeitsbedingungen[234]. Bei solchen handelt es sich um allgemeine Geschäftsbedingungen im Sinne des

[231] H/W/K - *Schmalenberg*, § 12 TzBfG Rn 3 zufolge ergibt sich aus dem Dauerbeschäftigungsverhältnis eine Verpflichtung zur Zahlung eines regelmäßigen Arbeitsentgelts.

[232] *Boemke*, GewO, § 105 Rn 73; *Preis*, Grundfragen der Vertragsgestaltung im Arbeitsrecht, S. 26, 54 - 57 spricht von weit über 90% formularmäßig gestalteten Arbeitsverhältnissen in der Bundesrepublik; *Schaub*, Arbeitsrechts - Handbuch, § 31 Rn 5; *Zöllner*, RdA 1989, S. 152 (154).

[233] Münchener Handbuch I - *Richardi*, § 12 Rn 42; *Zöllner*, RdA 1989, S. 152 (154).

[234] *Boemke*, GewO, § 105 Rn 73; MünchKomm - *Basedow*, BGB, § 310 Rn 88.

§ 305 Abs. 1 BGB[235], welche nach Maßgabe der §§ 307 - 309 BGB überprüft werden.

Preis wendet sich dagegen, einen solchen Schutz der Arbeitnehmer vor unangemessenen Vertragsgestaltungen mit wirtschaftlicher oder intellektueller Unterlegenheit gegenüber dem Arbeitgeber zu begründen[236]. Das Argument sei vielmehr, dass die Arbeitnehmer aus „Praktikabilitäts-, Rationalisierungs- und Gleichbehandlungsgründen" mit vorformulierten Verträgen konfrontiert würden[237]. Hierbei handelt es sich um Motive, aus denen heraus Arbeitgeber Arbeitsvertragsformulare verwenden. Warum Arbeitgeber sich dies leisten können, beziehungsweise warum ein Arbeitnehmer ein solches Formular kaum zurückweisen kann, ist damit nicht erklärt. Zurückzuführen ist die Rolle des Arbeitgebers darauf, dass dieser gegenüber dem einzelnen Arbeitnehmer in der Regel eine stärkere Verhandlungsposition innehat, so dass er als Anbieter des Arbeitsplatzes die Bedingungen desselben vorgeben kann. Dies wiederum ist eine Folge wirtschaftlicher Überlegenheit, welche gegeben ist, wenn jemand Anbieter einer knappen Ressource ist oder aufgrund seiner Stellung im Hierarchiegefüge oder auf dem Markt von vornherein eine stärkere Verhandlungsposition innehat[238]. Was die Durchsetzung von Arbeitsvertragsbedingungen betrifft, dürfen also nicht Gründe und Ursachen verwechselt werden. Gründe für Formularverträge sind Praktikabilitätserwägungen. Die Ursache dafür, dass der Arbeitgeber sie durchsetzen kann, liegt in seiner Verhandlungsposition begründet. Es spricht also nichts dagegen, den Schutz der Arbeitnehmer vor Vertragsbedingungen auf wirtschaftliche Unterlegenheit zurückzuführen.

Fraglich ist, welche Bedeutung der Sittenwidrigkeitskontrolle nach § 138 Abs. 1 BGB angesichts der §§ 307 - 309 BGB noch zukommt. Denkbar ist, die §§ 307 - 309 BGB und § 138 BGB grundsätzlich gleichberechtigt nebeneinander anzuwenden[239], wobei sich im Einzelfall aber auch einmal der strengere Maßstab der §§ 307 ff. BGB durchsetzen könnte[240]. Eine solche Sichtweise verkennt, dass mit den §§ 305 - 310 BGB Spezialnormen gerade für die Fälle vorformulierter Vertragsbedingungen geschaffen worden sind. Aus diesem Grund ist es geboten, die

235 MünchKomm - *Basedow*, BGB, § 310 Rn 87, 93.
236 *Preis*, Grundfragen der Vertragsgestaltung im Arbeitsrecht, S. 287.
237 *Preis*, Grundfragen der Vertragsgestaltung im Arbeitsrecht, S. 287.
238 *Köhler*, BGB AT, § 13 Rn 9; Soergel - *Wolf*, BGB, Vor § 145 Rn 30.
239 Soergel - *Stein*, BGB, Vor § 8 AGB - Gesetz Rn 11; Staudinger - *Sack*, BGB, § 138 Rn 161; Wolf / Horn / Lindacher - *Wolf*, AGBG, § 9 Rn 22.
240 Staudinger - *Sack*, BGB, § 138 Rn 162.

Inhaltskontrolle primär anhand der §§ 307 - 309 BGB vorzunehmen[241]. § 138 BGB wird damit nicht völlig ausgeschlossen, sondern die Norm kann außerhalb des Schutzbereichs der §§ 307 - 309 BGB herangezogen werden, wenn es sich beispielsweise um eine individuelle Abrede im Rahmen des Formularvertrags handelt, wenn nach § 310 BGB die Kontrolle nach §§ 307 - 309 BGB ausgeschlossen ist, wenn Dritte oder die Allgemeinheit, also nicht lediglich der Vertragspartner, beeinträchtigt werden oder wenn zwar die einzelnen Klauseln wirksam sind, der Vertrag aber in seiner Gesamtheit sittenwidrig ist[242]. Gegen eine gleichberechtigte Anwendung beider Maßstäbe sprechen zudem die unterschiedlichen Rechtsfolgen. Während nach § 306 Abs. 1 BGB nur die einzelne Klausel unwirksam ist, der Vertrag aber wirksam bleibt, ist gemäß § 139 BGB grundsätzlich das gesamte Rechtsgeschäft nichtig. Somit stellt sich bei einer gleichrangigen Anwendung spätestens bei den Rechtsfolgen die Notwendigkeit, sich für einen Maßstab zu entscheiden. Wenn man in solchen Fällen stets die Rechtsfolge des § 306 Abs. 1 BGB heranziehen will[243], so spricht dies letztlich dafür, dass den Regeln zu den allgemeinen Geschäftsbedingungen doch ein Vorrang zukommt. Die Arbeitszeitregelung muss deshalb nach Maßgabe der §§ 307 - 309 BGB geprüft werden.

In Betracht kommt eine Inhaltskontrolle gemäß § 307 Abs. 1 Satz 1 und Abs. 2 Nr. 1 BGB. Zu prüfen ist, ob der Arbeitnehmer entgegen den Geboten von Treu und Glauben unangemessen benachteiligt wird, weil von wesentlichen Grundgedanken einer gesetzlichen Regelung abgewichen wird. Die Regelungen zu den allgemeinen Geschäftsbedingungen haben sich als Spezialnormen aus dem allgemeinen Grundsatz von Treu und Glauben gemäß § 242 BGB entwickelt[244], weshalb auf die bereits getroffene Feststellung zu dem Verhältnis von Treu und Glauben zur Sittenwidrigkeit zurückgegriffen werden kann[245]. Demnach wiegt ein Verstoß gegen Treu und Glauben weniger schwer als ein Sittenwidrigkeitsverstoß, weshalb bei § 307 BGB eine geringfügigere Beeinträchtigung als bei § 138 Abs. 1 BGB ausreicht. Die Arbeitnehmer werden gemäß

---

241 Bamberger / Roth - *Wendtland*, BGB, § 138 Rn 10; Erman - *Palm*, BGB, § 138 Rn 8; MünchKomm - *Mayer = Maly / Armbrüster*, BGB, § 138 Rn 8; Palandt - *Heinrichs*, BGB, Vorb v § 307 Rn 16.

242 Bamberger / Roth - *Wendtland*, BGB, § 138 Rn 10; Erman - *Palm*, BGB; § 138 Rn 8; Palandt - *Heinrichs*, BGB, Vorb v § 307 Rn 16; Soergel - *Hefermehl*, BGB, § 138 Rn 150 f.; ders. - *Stein*, BGB, Vor § 8 AGB - Gesetz Rn 11.

243 So zu § 6 AGBG Soergel - *Stein*, BGB, Vor § 8 AGB - Gesetz Rn 11.

244 MünchKomm - *Basedow*, BGB, § 307 Rn 30; Staudinger - *Schmidt*, BGB, § 242 Rn 279.

245 Siehe Teil 4, D III 1 a bb (2) (b) (aa).

§ 307 Abs. 1 Satz 1 und Abs. 2 Nr. 1 BGB entgegen den Geboten von Treu und Glauben unangemessen benachteiligt, wenn von wesentlichen Grundgedanken einer gesetzlichen Regelung in damit unvereinbarer Weise abgewichen wird. Eine solche Abweichung liegt vor, wenn die getroffenen Bestimmungen bestimmten Leitbildern des dispositiven Rechts nicht gerecht werden[246]. Dass dies der Fall ist, konnte in der Auseinandersetzung mit dem grundsätzlich vom Gläubiger zu tragenden Verwendungsrisiko beziehungsweise beim Arbeitgeber liegenden Beschäftigungsrisiko bereits herausgestellt werden. Insofern bereitet es keine Schwierigkeiten, den Sittenwidrigkeitsverstoß zugleich als eine Verletzung von Treu und Glauben zu bewerten. Im Rahmen des § 307, § 306 Abs. 1 BGB zieht dies die Unwirksamkeit der Arbeitszeitregelung, verstanden als Nichtigkeit, nach sich.

2. Der Ausgleich der Risikoverschiebung durch eine Gegenleistung

Damit eine Arbeitszeitregelung vor § 138 Abs. 1 BGB und § 307 Abs. 1 Satz 1 und Abs. 2 Nr. 1 BGB bestehen kann, muss die kritisierte Äquivalenzbeeinträchtigung durch ein Gegengewicht zugunsten des Arbeitnehmers ausgeglichen werden. Als Mittelweg, der beiden Interessen gerecht wird, ist eine Lösung erforderlich, die sowohl einen bedarfsorientierten Einsatz der Arbeitskräfte zulässt, als auch dem Arbeitnehmer eine Entgeltsicherheit verschafft.

In diesem Sinne kann wiederum die Kritik des BAG vom 12.12.1984[247] aufgegriffen werden. Vorab ist klarzustellen, inwieweit dessen Aussagen verallgemeinert werden können, denn das Urteil betraf lediglich Teilzeitarbeitsverhältnisse, bei denen die potentielle Verwertbarkeit der übrigen Lebenszeit eine größere Rolle spielt als in Vollzeitarbeitsverhältnissen. Man könnte deshalb dessen Aussagekraft für Vollzeitarbeitsverhältnisse in Zweifel ziehen. Im Zuge der Verkürzungen des individuellen Arbeitszeitvolumens hat sich allerdings der Spielraum bis zur gesetzlichen Höchstarbeitszeit von 48 Stunden pro Woche nach § 3 Satz 1 in Verbindung mit § 1 Nr. 2 ArbZG zunehmend erweitert, wodurch der Verwertbarkeitsaspekt für Vollzeitarbeitsverhältnisse an Bedeutung gewonnen hat[248]. Unabhängig davon wird sowohl bei Teilzeit- als auch bei Vollzeitarbeit das Wirtschaftsrisiko auf den Arbeitnehmer verlagert, wenn der Arbeitgeber den Arbeitszeitumfang nach seinem Bedarf be-

---

[246] Palandt - *Heinrichs*, BGB, § 307 Rn 25.
[247] BAG v. 12.12.1984, AP Nr. 6 zu § 2 KSchG 1969.
[248] Kittner / Däubler / Zwanziger - *Zwanziger*, KSchR, § 2 KSchG Rn 26.

stimmt. Eine Unterscheidung von Voll- und Teilzeit kann bei einem völlig offenen Volumen überdies nicht mehr vorgenommen werden, da jede Arbeitszeitdauer möglich ist, so dass sich das Arbeitsverhältnis sozusagen zwischen Voll- und Teilzeit gleichermaßen bewegen kann. Letzteres war in dem Sachverhalt, welcher einem Urteil des LAG Brandenburg vom 24.10.1996 zugrunde lag, der Fall[249]. Nach der Vertragsgestaltung konnte der Arbeitnehmer monatlich variabel in einem Umfang von 53 bis 169 Stunden eingesetzt werden.

Was die Risikoverschiebung betrifft, wird der Arbeitnehmer dem BAG zufolge durch das Leistungsbestimmungsrecht zum Arbeitszeitvolumen „in seiner Dispositionsbefugnis über die Verwertung seiner Arbeitskraft eingeschränkt [...], ohne dass der Arbeitgeber für nicht abgerufene Arbeitszeit eine Vergütung zu zahlen hat“[250]. Im Ergebnis geht es also darum, dem Arbeitnehmer einen finanziellen Ausgleich dafür zu verschaffen, dass für ihn unsicher ist, wann und wie lange er seine Arbeitskraft einsetzen kann und wie hoch dementsprechend seine Vergütung ausfällt. Dieser wirtschaftliche Ausgleich stellt sich als Gegenleistung - als das erforderliche Gegengewicht - für den Vorteil des Arbeitgebers, die Arbeitskräfte bedarfsorientiert einzusetzen, dar[251].

3. Zwischenergebnis

Ganz allgemein kann die Sittenwidrigkeit von Arbeitszeitregelungen mit offenem Zeitvolumen beseitigt werden, indem dem Arbeitnehmer für den Nachteil der schwankenden Arbeitszeit, dem er ausgesetzt ist, eine finanzielle Gegenleistung gewährt wird. Es handelt sich dann um eine Regelung, die den Interessen beider Vertragsteile gerecht wird, weil sie bedarfsorientierten Einsatz und Entgeltsicherheit miteinander verbindet. Wie dies in der konkreten praktischen Umsetzung erfolgt, bedarf weiterer Erörterung. Dabei wird zu fragen sein, ob sich für die Ausgestaltung einer solchen Arbeitszeitregelung Unterschiede ergeben, je nachdem, wer die Arbeitszeitbestimmung treffen darf, insbesondere, wie die Fälle von Arbeitszeitsouveränität zu behandeln sind, so dass am Ende feststeht, wie weit der Umfang der Leistungsbestimmung eines Arbeitnehmers zur Arbeitszeit reicht.

---

[249] LAG Brandenburg (v. 24.10.1996) NZA - RR 1997, S. 127 - 130.
[250] BAG v. 12.12.1984, AP Nr. 6 zu § 2 KSchG 1969 (II 3 d cc der Gründe).
[251] *Schüren*, SAE 1985, S. 362 (363).

IV. Fazit für die Risikoverteilung bei Arbeitszeitsouveränität

Wie kann die erforderliche Gegenleistung, das heißt der Ausgleich zugunsten des Arbeitnehmers, praktisch hergestellt werden? Das Ziel muss es sein, den Arbeitnehmer bedarfsorientiert tätig werden zu lassen, so dass der Arbeitgeber das Wirtschaftsrisiko auf seiner Seite möglichst gering halten kann, und gleichzeitig zu verhindern, dass der Arbeitnehmer dabei mit finanziellen Risiken belastet wird.

1. Die Risikoverteilung bei Arbeitszeitsouveränität im Normalfall

Die nötige Sicherheit für den Arbeitnehmer ist zu erreichen, indem dem Arbeitsverhältnis eine feste Arbeitszeitdauer im Sinne eines festen Arbeitszeitvolumens zugrunde gelegt wird, welches nach einem bestimmten Zeitabschnitt, in der Regel monatlich, entsprechend vergütet wird[252]. Um gleichermaßen den Vorteil für den Arbeitgeber zu verwirklichen, wird dieses Volumen nicht nach einem bestimmten festgelegten Zeitschema abgearbeitet, sondern kann je nach dem Bedarf, also gegebenenfalls auch unregelmäßig, auf den Bemessungs- und Ausgleichszeitraum verteilt werden. Im Ergebnis ist mit dieser Auflösung des geschilderten Interessenkonflikts die Erklärung für die Definition flexibler Arbeitszeiten gefunden, nämlich woran es liegt, dass flexible Arbeitszeiten auf der Grundlage eines zwischen Arbeitgeber und Arbeitnehmer vereinbarten oder durch Tarifvertrag vorgegebenen zeitlichen Volumens, zumeist einer bestimmten Stundenzahl pro Woche, der Arbeitszeitmenge im Bemessungszeitraum, definiert werden.

Selbst die Problematik um die Bandbreite lässt sich bewältigen, indem ein Ausgleichszeitraum zugrunde gelegt und gleichzeitig das Entgelt verstetigt wird[253]. Das bedeutet, dass innerhalb dieses Zeitraums die mittlere Arbeitszeit im Durchschnitt erreicht werden muss, wobei pro Bemessungszeitraum aber ein gleichbleibendes Entgelt gezahlt wird. Beispielsweise würde im Bemessungszeitraum von einer Woche bei einer Bandbreite von 32 - 39 Stunden die Vergütung für den Mittelwert von 35,5 Arbeitsstunden festgelegt werden. Diese Arbeitszeit müsste dabei durch Schwankungen zwischen 32 und 39 Stunden aber erst innerhalb eines Ausgleichszeitraums von zum Beispiel zwei Monaten erreicht werden, wobei die Vergütung von 35,5 Stunden pro Woche sicher wäre.

---

[252] *Hunold*, NZA 2003, S. 896 (899); Münchener Handbuch Ergänzungsband - *Schüren*, § 166 Rn 31.

[253] Interview mit dem Vorsitzenden der IG Metall Jürgen Peters im Deutschlandfunk am 16.12.2003: http://www.dradio.de/dlf/sendungen/interview_dlf/221993/.

Zu berücksichtigen ist, dass zur Begründung der Definition flexibler Arbeitszeit ausschließlich Rechtsprechung, Gesetzgebung und Literatur zu Fällen vorhanden ist, in welchen der Arbeitgeber die jeweilige Arbeitszeit bestimmen konnte, diesem also das entscheidende Leistungsbestimmungsrecht zustand. Fraglich ist, ob sich für den umgekehrten Fall, dass dem Arbeitnehmer das Leistungsbestimmungsrecht eingeräumt wird, er also Arbeitszeitsouveränität erhält, etwas ändert. Man könnte erwägen, in diesem Fall auch das Volumen zu flexibilisieren, und zwar aus dem Grund, dass nunmehr der Arbeitnehmer nicht länger den Bestimmungen des Arbeitgebers unterstellt ist. Ihm würde somit nicht mehr stets neu der Umfang der Arbeitszeitdauer vorgegeben werden, sondern diesen zu bestimmen, läge in seiner eigenen Entscheidungsmacht. Indes wurde bei der Festlegung durch den Arbeitgeber nicht die Leistungsbestimmung an sich, das heißt die formelle Umsetzung, als der problematische Punkt erachtet, sondern der materielle Gehalt, dass sich ohne ein festes Volumen das Wirtschaftsrisiko zulasten der Arbeitnehmer verlagern kann[254]. Ausschlaggebend ist also, wie es sich mit der Risikoverteilung verhält, wenn das Leistungsbestimmungsrecht beim Arbeitnehmer liegt.

Die Bestimmung der Arbeitszeit durch den Arbeitgeber erfolgt gemäß § 12 Abs. 1 Satz 1 TzBfG entsprechend dem Arbeitsanfall und richtet sich nach dem betrieblichen Bedarf. Der Arbeitgeber kann seine Entscheidung für den Arbeitseinsatz an den objektiv gegebenen wirtschaftlichen Umständen im Betrieb festmachen, wobei natürlich das vorgegebene Arbeitszeitvolumen vergütet und im Ausgleichszeitraum erreicht sein muss. Die Berücksichtigung gerade der wechselnden betrieblichen Belange ist einer der wesentlichen Gründe für flexible Arbeitszeiten[255]. An diesem Grundanliegen ändert sich nichts, wenn der Arbeitnehmer seine individuelle Arbeitszeit selbst einteilen und festlegen kann. Das liegt vor allem daran, dass sich Unternehmen von der Einräumung des Leistungsbestimmungsrechts an die Arbeitnehmer insbesondere einen gewissenhafteren Umgang mit der Zeit, mithin eine wirtschaftlichere Betriebsführung versprechen[256]. Dementsprechend müssen auch die Arbeitnehmer, sogar wenn ihre persönlichen Präferenzen einfließen dürfen, ihre Zeitentscheidungen jedenfalls auch nach der aktuellen betrieblichen Situation, dem Arbeitsanfall, treffen. Wenn aber die Voraussetzungen, unter denen die Arbeitszeit festzulegen ist, dieselben wie für den Arbeitgeber sind, so ändert sich durch den bloßen Austausch der Bestimmungsberechtigung nicht die Problematik um die Äquivalenzbeeinträch-

[254] Siehe Teil 4, A II, III 1.
[255] Siehe Teil 3, B II 3 b.
[256] Siehe Teil 3, B II 2 b.

tigung. Durch eine offene Arbeitszeitdauer ständen die eigenen wirtschaftlichen Interessen, welche der Arbeitnehmer mit der Eingehung eines Arbeitsverhältnisses verfolgt, wiederum auf unsicherer Grundlage. Deshalb kommt es im Ergebnis nicht darauf an, wem das Leistungsbestimmungsrecht zusteht, sondern darauf, dass die wirtschaftlichen Risiken in gesetzmäßiger Weise verteilt sind[257].

2. Sonderfall eines flexiblen Arbeitszeitvolumens: Die Arbeitszeit richtet sich nach der Aufgabe

Trotz der aufgezeigten Notwendigkeit fester Arbeitszeitvolumina finden sich Ansätze zu einer Fallgestaltung flexibler Arbeitszeit, in welcher dennoch kein solches Volumen festgelegt wird. Es geht dabei um Fälle von Arbeitszeitautonomie, bei denen sich für Arbeitnehmer in gehobenen Positionen die Arbeitszeitmenge nach den anstehenden Aufgaben richten soll, wobei aber eine feststehende Vergütung zugrunde liegt[258]. Vergleichbar ist dies mit der für solche Arbeitnehmer anzutreffenden Verfahrensweise, Überarbeit als durch das vereinbarte Gehalt bereits mitabgegolten zu betrachten[259].

Unter Verweis auf die bundesarbeitsgerichtliche Rechtsprechung wird dieser Form von Autonomie entgegenhalten, dass das Arbeitszeitvolumen nicht zur Disposition gestellt werden dürfe[260]. Doch bleibt insofern außer Acht, dass es hier im Unterschied zu den in der Rechtsprechung behandelten Arbeitszeitregelungen an einer Koppelung von Arbeitszeit und Entgelt gerade fehlt. Da sich bei geringerem Arbeitsanfall die Vergütung also nicht entsprechend verringert, liegt keine Verschiebung des Wirtschaftsrisikos zulasten des Arbeitnehmers vor. Ist des Weiteren das gezahlte Entgelt angemessen, erhält der Arbeitnehmer auch bei zunehmender Arbeitsauslastung noch eine äquivalente Entlohnung. Das Problem von Entgeltschwankungen und unberechenbaren Zeitbindungen ohne entsprechenden finanziellen Ausgleich stellt sich folglich theoretisch nicht, so dass die herangezogene Rechtsprechung als Gegenargument fehlgeht.

---

257 *Lindemann*, Flexible Gestaltung von Arbeitsbedingungen nach der Schuldrechtsreform, S. 306.

258 *Hromadka*, AuA 2000, S. 533; Münchener Handbuch Ergänzungsband - *Schüren*, § 165 Rn 41 - 43.

259 BAG v. 17.11.1966, AP Nr. 1 zu § 611 BGB Leitende Angestellte (2 b der Gründe); Münchener Handbuch I - *Blomeyer*, § 48 Rn 131; *Zöllner / Loritz*, Arbeitsrecht, § 15 II 3 (S. 189).

260 *Trittin*, NZA 2001, S. 1003 (1009).

Dennoch muss die arbeitszeitliche Grenze des § 3 ArbZG weiterhin beachtet werden. Dementsprechend können grundsätzlich pro Werktag acht und somit pro Woche 6 • 8 = 48 Stunden gearbeitet werden. Angesichts der absoluten täglichen Obergrenze von zehn Stunden ergibt sich für sechs Werktage eine maximale wöchentliche Arbeitszeit von 60 Stunden. Überschreitet die tägliche Arbeitszeit acht Stunden, wird aber ein Zeitausgleich gemäß § 3 Satz 2 ArbZG erforderlich. Diese gesetzlichen Schranken gelten indes nicht für alle Arbeitnehmer in gehobener Position, denn gemäß § 18 Abs. 1 Nr. 1 ArbZG ist das ArbZG insbesondere nicht auf „leitende Angestellte im Sinne des § 5 Abs. 3 des Betriebsverfassungsgesetzes" anzuwenden. Dabei handelt es sich nach dem Gesetz um Angestellte, die entweder selbständig über die Einstellung und Entlassung von Arbeitnehmern entscheiden können oder ein bedeutendes Maß an Vollmacht inne haben oder aber für Bestand und Entwicklung des Betriebs oder Unternehmens bedeutende Aufgaben wahrnehmen. Für solche Arbeitnehmer mit Leitungsbefugnissen kann die tägliche Arbeitszeit somit auch ohne Ausgleich und damit dauerhaft mehr als acht Stunden betragen.

Unabhängig davon, ob ein solches Maß an Arbeitseinsatz durch eine entsprechend hohe Vergütung ausgeglichen wird, stellt sich angesichts des Fehlens jeglicher zeitlichen Begrenzung das Problem des Arbeitens ohne Ende. Wie dargelegt stellt das allgemeine Persönlichkeitsrecht nach Art. 2 Abs. 1 GG in Verbindung mit Art. 1 Abs. 1 GG eine abstrakte Grenze für den Umfang der Arbeitsleistung auf. Dementsprechend lässt sich die Forderung erheben, dass auch bei umfangreichen Aufgaben stets ein gewisser Anteil der Zeit als Freizeit zur Verfügung des Arbeitnehmers übrig bleiben muss. Konkrete Anhaltspunkte für den Umfang der zu erbringenden Arbeitsleistung können sich sowohl aus dem Einstellungsgespräch ergeben als auch nach Betriebs- oder Branchenüblichkeit für die betreffende Position[261].

Ein weiterer Sonderfall eines flexiblen Arbeitszeitvolumens scheint bei sogenannter Wahlarbeitszeit gegeben zu sein. Um eine solche handelt es sich, wenn der Arbeitnehmer aus einer vorgegebenen Bandbreite sein bevorzugtes Arbeitszeitvolumen für die nächsten zwölf Monate auswählen kann[262]. Entgegen dem ersten Anschein geht es dabei weder um die Verteilung von Arbeitszeit noch um Orientierung am betrieblichen Bedarf. Vielmehr wird nur für ein Jahr der Umfang der Leistung des Arbeitnehmers nach dessen Wunsch festgelegt, ohne dass damit Rege-

---

[261] *Hromadka*, AuA 2000, S. 533 (534).
[262] *Kutscher / Weidinger / Hoff*, Flexible Arbeitszeitgestaltung, S. 21.

lungen hinsichtlich der Verteilung beziehungsweise Kriterien für dieselbe aufgestellt werden. Im Vordergrund steht somit ausschließlich die Möglichkeit für den Arbeitnehmer jährlich die Arbeitszeitdauer den eigenen Bedürfnissen anzupassen.

E. Ergebnis: Festes Arbeitszeitvolumen als Gegenpol zur flexiblen Zeitverteilung

Im Ergebnis unterliegen der flexiblen Verteilung der Arbeitszeit sowohl die Lage als auch die tägliche Dauer, nicht jedoch die Dauer im Sinne des Gesamtvolumens der Arbeitszeit. Der Grund dafür liegt darin, dass ein offenes Zeitvolumen der Risikoverteilung im Arbeitsverhältnis nicht gerecht wird. Die Arbeitnehmer müssten nämlich ein wirtschaftliches Risiko, das sogenannte Beschäftigungsrisiko, übernehmen, welches zum Geschäftskreis des Arbeitgebers gehört und daraus resultiert, dass dieser gleichzeitig auch als selbständiger Unternehmer am Markt auftritt. Das Risiko wirkte sich für die Arbeitnehmer als Äquivalenzbeeinträchtigung zwischen der Vergütung und dem Umfang ihrer Inanspruchnahme zur Arbeitsleistung aus, da für sie stets unsicher wäre, wann und wie viel sie arbeiten und dementsprechend ihre finanzielle Lebensgrundlage schaffen und erhalten könnten.

Die Problematik um die Volumenflexibilität liegt nicht in dem Recht zur einseitigen Leistungsbestimmung begründet, sondern in der Frage, wann die Verteilung von wirtschaftlichen Risiken zwischen Gläubiger und Schuldner einer Leistung den Vorgaben der Rechtsordnung nicht mehr standhält. Durch die Verlagerung des Leistungsbestimmungsrechts auf die Arbeitnehmer werden diese nicht zu selbständigen Unternehmern, die auf eigenes Risiko am Markt auftreten, denn auch die zeitsouveränen Arbeitnehmer dürfen nicht ausschließlich ihre persönlichen Interessen verfolgen, sondern sie sind verpflichtet, ihre Arbeitszeit auch unter Beachtung und zum Nutzen der betrieblichen Belange, also zugunsten des Arbeitgebers einzusetzen. Demzufolge ändert sich an der Äquivalenzbeeinträchtigung nichts, wenn der Arbeitnehmer selbst die Leistungsbestimmung über das Arbeitszeitvolumen trifft. Zwar kann dieses Wirtschaftsrisiko durchaus abbedungen, das heißt auf die Arbeitnehmer übertragen werden, die in Rede stehende Verlagerung bei der Arbeitszeit überschreitet insofern allerdings das Maß des Zulässigen, so dass sie sich als unausgeglichene Risikoverteilung darstellt, die gemäß § 138 Abs. 1 BGB beziehungsweise im Formulararbeitsvertrag nach § 307, § 306 Abs. 1 BGB nichtig ist. Aus diesem Grund muss zugunsten der Arbeitnehmer ein Gegenpol zu einer solchen Ausrichtung der Arbeitszeit am betrieblichen Bedarf geschaffen werden. Dieser Ausgleich liegt darin, den Arbeitnehmern die nötige Entgeltsicherheit wie in einem Arbeitsverhältnis mit starrer Arbeitszeit zu verschaffen, indem für den Abrechnungszeitraum ein stets gleich bleibendes Entgelt, unabhängig vom tatsächlichen Arbeitseinsatz, gezahlt wird. Damit auf diese Weise keine erneute Risikoverschiebung, nunmehr zulasten des Arbeitgebers, eintritt, müssen auch der bedarfsorientierte Einsatz und die feste Vergütung noch in Einklang gebracht werden. Das erfolgt, indem dem Arbeitsverhältnis ein festes Zeitvolumen zugrunde gelegt wird, das durch die Möglichkeit flexibler Verteilung aber erst im Durchschnitt eines längeren Zeitraums erbracht werden muss.

Insofern erklärt sich die Definition flexibler Arbeitszeit als einer bestimmten Arbeitszeitmenge, die flexibel auf einen Bemessungszeitraum verteilt wird[263]. Da den flexiblen Arbeitszeitmodellen also ein feststehender Zeitumfang zugrunde liegt, bedeutet das für die Umsetzung solcher Modelle in der Praxis, dass in Zeiten größerer oder geringerer Auslastung keine Entgeltschwankungen auftreten, sondern unabhängig von der tatsächlich erfüllten Zeit eine feststehende Vergütung gezahlt wird[264].

Der Umfang der Leistungsbestimmung des Arbeitnehmers zur Arbeitszeit ist somit von vornherein auf die Lage und die tägliche Dauer seiner Arbeitszeit beschränkt, so dass von einer umfassenden Leistungsbestimmung zur Arbeitszeit auch bei Arbeitszeitsouveränität keine Rede sein kann.

Zu dieser aus gesetzlichen Gründen gegebenen Beschränkung kommen häufig noch weitere Reglementierungen hinzu, die sich aus der betrieblichen Arbeitszeitregelung ergeben. Das ist der Fall, wenn bestimmte Zeiträume am Tag vorgegeben sind, in denen der Arbeitnehmer persönlich anwesend sein oder in denen zumindest eine ausreichende Besetzung seiner Abteilung gewährleistet sein muss, also während der sogenannten Kern-, Funktions- oder Servicezeiten[265]. Wenn auf diese Weise nunmehr auch noch konkrete Vorgaben zur Umsetzung der flexiblen Arbeitszeit gemacht werden, bleibt die Frage, ob man überhaupt noch von einem Leistungsbestimmungsrecht zur Arbeitszeit ausgehen kann, oder ob es sich in solchen Fällen letztlich nur noch um die rein fak-

---

263 *von Hoyningen - Huene*, NZA 1985, S. 9 f.; Münchener Handbuch Ergänzungsband - *Schüren*, § 165 Rn 2; *Reichold*, NZA 1998, S. 393 (394).

264 Münchener Handbuch Ergänzungsband - *Schüren*, § 165 Rn 50, § 167 Rn 26.

265 *Kutscher / Weidinger / Hoff*, Flexible Arbeitszeitgestaltung, S. 152; Münchener Handbuch II - *Anzinger*, § 218 Rn 58; dass. Ergänzungsband - *Schüren*, § 168 Rn 8.

tische Ausfüllung eines vorgegeben Arbeitszeitrahmens durch den Arbeitnehmer handelt.

Teil 5. Rahmenregelung und Gestaltungsmacht: Leistungsbestimmung in flexiblen Arbeitszeitmodellen mit Kernzeitenregelung

A. Ausschluss der Leistungsbestimmung im Sinne des § 315 Abs. 1 BGB durch Kernzeitenregelung

In der überwiegenden Zahl der herausgearbeiteten Modelle mit Zeitsouveränität finden sich Kernzeitenregelungen, häufig auch unter der Bezeichnung Funktions- oder Servicezeiten. Solche Regelungen existieren sowohl bei der Einfachen Gleitzeit, bei welcher stets eine bestimmte Dauer der täglichen Arbeitszeit zu erfüllen ist[1], als auch in Qualifizierten Gleitzeitmodellen[2] sowie der darauf aufbauenden Vertrauensarbeitszeit[3], überdies bei Telearbeit, wenn nämlich Zeiträume vorgesehen sind, in denen zwingend eine elektronische Verbindung zum Betrieb bestehen oder der Arbeitnehmer sogar im Betrieb anwesend sein muss[4]. Entsprechenden Vorgaben können ebenfalls Arbeitnehmer unterworfen sein, mit denen Arbeitsplatzteilung vereinbart worden ist, wenn ihr Arbeitsplatz zu bestimmten Zeiten notwendig besetzt sein muss. Bei den Kernzeiten handelt es sich dementsprechend um Vorgaben, welche die Leistungsbestimmung von vornherein einschränken.

Schüren geht etwa - im Übrigen unter Zustimmung aus dem Schrifttum[5] - nicht nur von einer bloßen Einschränkung aus, sondern spricht der Arbeitsaufnahme und -beendigung in Arbeitszeitmodellen mit fester Kernarbeitszeit den Charakter eines Leistungsbestimmungsrechts gänzlich ab[6]. Die Kernarbeitszeit fixiere bereits die Anwesenheitspflicht des Arbeitnehmers, so dass es sich bei der Entscheidung über Beginn und Ende der Arbeit in der Gleitspanne um die schlichte Erfüllung der Arbeitspflicht handele[7].

Angesichts dessen, dass der Leistungsbestimmung im Gegensatz zur Ausübung eines Wahlrechts ihrem Wesen nach ein relativ freier,

---

1 Siehe Teil 3, B II 5 a.
2 Siehe Teil 3, B II 5 b.
3 Siehe Teil 3, B II 5 c.
4 Siehe Teil 3, B II 5 d.
5 Buschmann / Dieball / Stevens = Bartol - *Buschmann*, TZA, § 12 TzBfG Rn 19; *Reichold*, NZA 1998, S. 393 (398).
6 *Schüren*, ArbuR 1996, S. 381 (382); ebenso Münchener Handbuch Ergänzungsband - *Schüren*, § 168, Rn 11 - 22.
7 *Schüren*, ArbuR 1996, S. 381 (382).

gleichsam schöpferischer Entscheidungsakt innewohnt[8], überrascht diese Bewertung nicht. Es drängt sich vielmehr die Frage auf, ob Kernzeitenregelungen der Dogmatik des Leistungsbestimmungsrechts entgegenstehen, da sie die Arbeitszeitverteilung am Tag bereits vorstrukturieren beziehungsweise vorgeben. Vom Ergebnis solcher Überlegungen hängt es ab, inwieweit der Bereich der Arbeitszeit letztlich als ein Anwendungsbereich für Leistungsbestimmungsrechte des Arbeitnehmers erachtet werden kann. Dazu sollen zunächst die Kritikpunkte Schürens aufgearbeitet werden und sodann ihre einzelnen Aspekte einer näheren Untersuchung unterzogen werden. Hierbei werden erneut auch Gestaltungsmöglichkeiten des Arbeitgebers eine Rolle spielen, da sich die Problematik auch bei ihm zeigt, nämlich in der Abgrenzung des Weisungs- beziehungsweise Direktionsrechts zum echten Leistungsbestimmungsrecht.

I. Fehlender Interessenausgleich im Sinne des § 315 Abs. 1 BGB

Nach dem BAG entspricht eine Leistungsbestimmung dann dem billigen Ermessen gemäß § 315 Abs. 1 BGB, „wenn sie die wesentlichen Umstände des Falls abgewogen und die beiderseitigen Interessen angemessen berücksichtigt hat“[9]. Beginn und Ende der täglichen Arbeitszeit sind in diesem Sinne an betrieblichen und gegebenenfalls auch individuell persönlichen Interessen auszurichten[10].

Sofern eine Kernzeitenregelung vereinbart wurde, gibt *Schüren* zu bedenken, dass durch eine solche das betriebliche Interesse, welches der Arbeitnehmer bei der Gestaltung seiner Arbeitszeit zu beachten habe, bereits fixiert werde[11]. *Schüren* zufolge sei eine Abwägung nach billigem Ermessen im Sinne des § 315 Abs. 1 BGB nicht erforderlich, da der Interessenausgleich in der Gleitzeitregelung selbst, nämlich durch die Fixierung der Kernzeit, getroffen werde[12]. Wenn aus diesem Grund kein Ausgleich der Interessen mehr vorzunehmen sei, so werde auch ein Gestaltungsakt überflüssig[13]. Infolgedessen brauche eine gestaltende

---

[8] Siehe Teil 2, B II 2 b, 4.

[9] BAG v. 8.6.1982, AP Nr. 1 zu § 1 BetrAVG Hinterbliebenenversorgung (2 b der Gründe); v. 20.12.1984, AP Nr. 27 zu § 611 BGB Direktionsrecht (B II 2 c bb der Gründe); v. 25.10.1989, AP Nr. 36 zu § 611 BGB Direktionsrecht (II 2 b aa der Gründe).

[10] Siehe Teil 4, D IV 1.

[11] *Schüren*, ArbuR 1996, S. 381 (382).

[12] *Schüren*, ArbuR 1996, S. 381 (382).

[13] *Schüren*, ArbuR 1996, S. 381 (382).

Leistungsbestimmung im Sinne des § 315 BGB vom Arbeitnehmer schlichtweg nicht mehr vorgenommen zu werden[14].

II. Zeitbestimmung als nur untergeordnete Modalität der Leistung

Des Weiteren zieht *Schüren* Parallelen zu einem Kaufvertrag, bei dem der Liefertermin für die Ware als Zeitrahmen vorgegeben wird, zum Beispiel Lieferung in der 15. Kalenderwoche. Dem Verkäufer stehe es nun frei, wann er in der 15. Woche liefere[15]. Dies entspreche der Befugnis des Arbeitnehmers, selbst zu bestimmen, wann er in der Kernzeit zwischen 7:30 Uhr und 9:00 Uhr zur Arbeit erscheine[16]. Die Entscheidung des Verkäufers, wann er in der 15. Woche liefere, sei kein Gestaltungsakt, sondern schlicht eine rechtzeitige Erfüllungshandlung[17]. Auf eine solche untergeordnete Modalität wie die Zeit der Leistung sei § 315 BGB nicht anwendbar[18].

III. Rechtzeitigkeit der Leistungshandlung bis zum Ende der Gleitspanne

Überdies verweist *Schüren* darauf, dass ein Arbeitnehmer, der seine Arbeitsaufnahme per Mitteilung an den Arbeitgeber auf eine bestimmte Zeit festgelegt habe, dann aber erwartungswidrig später, jedoch noch innerhalb der Gleitspanne, eintreffe, nach wie vor rechtzeitig erscheine und deshalb keinen Vergütungsanspruch gemäß § 616 Abs. 1 BGB geltend machen könne[19]. Das ist so zu verstehen, dass die betrieblichen Interessen durch die Kernzeiten grundsätzlich fixiert sein sollen und Arbeitszeiten außerhalb dieses Bereichs somit nicht durch Erklärung des Arbeitnehmers zu verpflichtenden Zeiten werden können. Dennoch muss der Arbeitnehmer auch in den Gleitspannen dem betrieblichen Interesse hinreichende Beachtung schenken, weshalb sich sein Verhalten im Umgang mit der Arbeitszeit jedenfalls an Treu und Glauben messen lassen soll[20].

---

14 *Schüren*, ArbuR 1996, S. 381 (382).
15 *Schüren*, ArbuR 1996, S. 381 (382).
16 *Schüren*, ArbuR 1996, S. 381 (382).
17 *Schüren*, ArbuR 1996, S. 381 (382).
18 *Schüren*, ArbuR 1996, S. 381 (382).
19 *Schüren*, ArbuR 1996, S. 381 (382).
20 *Schüren*, ArbuR 1996, S. 381 (382 f.).

B. Die konkretisierende Leistungsbestimmung als Gestaltungsakt

Die von *Schüren* geprägte Sichtweise, nach welcher eine Kernzeitenvorgabe für rechtliche Gestaltung keinen Raum mehr lassen soll[21], stellt gänzlich in Frage, inwieweit es sich bei der Ausübung von Arbeitszeitsouveränität um echte Leistungsbestimmung handelt, wenn Kernzeiten vorgegeben sind.

Aus einer Kernzeitenregelung lassen sich die genaue Lage und Dauer der täglichen Arbeitszeit des einzelnen Arbeitnehmers noch nicht entnehmen, sondern mit ihr wird nur ein Zeitrahmen aufgestellt, anhand dessen die täglichen individuellen Arbeitszeiten im Betrieb organisiert und koordiniert werden. Für den Einzelnen ergeben sich die in Rede stehenden Größen erst, wenn er die Arbeit aufnimmt und später wieder niederlegt. Dabei richtet der Arbeitnehmer seine persönliche Arbeitszeitplanung an den Vorgaben der Kernzeitenregelung aus, das heißt er setzt diese Regelung im praktischen Betriebsalltag um, indem er seine persönlichen Anfangs- und Endpunkte entsprechend bestimmt.

Die Problematik liegt darin, dass der Gestaltungsakt durch die in Rede stehende Kernzeitenregelung möglicherweise nicht nur eingeschränkt, sondern sogar gänzlich ausgeschlossen wird. Für die Leistungsbestimmung kommt es folglich darauf an, wie diese beschaffen sein muss, um noch der Einordnung als Gestaltungsrecht gerecht werden zu können. Dementsprechend ist zu hinterfragen, in welchem Maße Leistungsbestimmung als Gestaltungsakt stets einen schöpferischen[22] und sogar konstitutiven[23] Akt voraussetzt oder ob es ausreicht, wenn eine bereits vorhandene, aber vom Einzelfall noch losgelöste Vereinbarung, die Rahmenregelung, einseitig mit Inhalt gefüllt wird.

I. Leistungsbestimmung als Konkretisierung

Die Festlegung der Arbeitszeit entsprechend der vorgegebenen Arbeitszeitregelung kommt einem Aspekt nahe, der sich in einer Umschreibung findet, die *Kress* für die Leistungsbestimmung getroffen hat. Er charakterisiert die Bestimmung als „Spezialisierung", „Individualisierung" und

---

21 Buschmann / Dieball / Stevens = Bartol - *Buschmann*, TZA, § 12 TzBfG Rn 19; *Reichold*, NZA 1998, S. 393 (398); *Schüren*, ArbuR 1996, S. 381 (382).

22 *Bötticher*, Gestaltungsrecht und Unterwerfung im Privatrecht, S. 16; Bruns, ZZP 78 (1965), S. 264 (268).

23 *Bötticher*, Gestaltungsrecht und Unterwerfung im Privatrecht, S. 16.

„Konkretisierung“[24], ohne allerdings im Weiteren näher auf diese Begrifflichkeiten einzugehen[25]. Spezialisierung bedeutet, sich auf ein Gebiet zu beschränken[26], und durch Individualisierung wird das Besondere, Einzelne, Eigentümliche einer Sache hervorgehoben[27]. Beides sind Gesichtspunkte der Leistungsbestimmung, da mit dieser der Inhalt eines Vertragsverhältnisses nach der vom Bestimmungsberechtigten gewählten Art und Weise ausgeformt wird. Treffender für die hier in Rede stehende Situation ist jedoch der Begriff der „Konkretisierung“.

1. Konkretisierung im natürlichen Sprachgebrauch

Etwas Konkretes ist im natürlichen Sprachgebrauch unter anderem etwas, das bestimmt, präzise und deutlich ist[28] und im Wege der Konkret*isierung* in diesen Zustand versetzt worden ist[29]. Konkret bedeutet darüber hinaus „auf einen in Frage stehenden Einzelfall bezogen“[30]. Hierdurch kommt zum Ausdruck, dass etwas im Einzelnen ganz exakt feststehen soll. Folglich muss es zunächst noch unbestimmt, ungenau, außerdem vom Einzelfall losgelöst gewesen und sodann vom Abstrakten zum Konkreten übergegangen sein, denn als abstrakt beziehungsweise Abstraktion bezeichnet man im Gegensatz zum Konkreten unter anderem einen allgemeinen Begriff oder die Verallgemeinerung zum Begriff[31].

Vergleichbar verhält es sich mit der Kernzeitenregelung: In dieser sind die Rahmendaten der Arbeitszeit aufgestellt, die aber, anders als bei den feststehenden Arbeitszeiten, nicht gleichgesetzt werden können mit der Tagesarbeitszeit des einzelnen Arbeitnehmers. Erst aus der täglichen Festlegung des Einzelnen ergibt sich seine jeweilige und somit konkrete Arbeitszeit. Aufgrund dieser Entsprechung liegt es nahe, die

[24] Auch Staudinger - *Rieble*, BGB, § 315 Rn 10 spricht für das Leistungsbestimmungsrecht davon, dass es geeignet sein müsse, den unbestimmten Vertrag zu konkretisieren.

[25] *Kress*, Schuldrecht AT, § 11, 4 b (S. 207).

[26] Duden, Bedeutungswörterbuch, „spezialisieren“; dass., Das große Wörterbuch der deutschen Sprache, „spezialisieren“, „Spezialisierung“; *Wahrig*, Deutsches Wörterbuch, „spezialisieren“, „Spezialisierung“.

[27] Duden, Das große Wörterbuch der deutschen Sprache, „individualisieren“, „Individualisierung“.

[28] Duden, Das große Wörterbuch der deutschen Sprache, „konkret“.

[29] Zum Suffix „-isieren“ Duden, Bedeutungswörterbuch, „isieren“.

[30] Duden, Das große Wörterbuch der deutschen Sprache, „konkret“.

[31] Antonym zu konkret: Duden, Sinn- und sachverwandte Wörter, „Abstraktion“; dass., Das große Wörterbuch der deutschen Sprache, „abstrahieren“, „abstrakt“; *Wahrig*, Deutsches Wörterbuch, „abstrakt“, „Abstraktion“.

Zeitbestimmung bei Kernzeitenregelungen als konkretisierende Maßnahme einzuordnen.

2. Zum Vergleich: Konkretisierung im Sinne des § 243 Abs. 2 BGB

In den Blick zu nehmen ist zudem der rechtliche Bedeutungsgehalt des Konkretisierens beziehungsweise der Konkretisierung, wie er § 243 Abs. 2 BGB zugrunde liegt. In diesem Fall sondert der Schuldner gemäß § 243 Abs. 1 BGB aus einer Gattung eine bestimmte Sache von mittlerer Art und Güte aus und stellt sie dem Gläubiger leistungsgerecht zur Verfügung. Durch die Auswahl trifft der Schuldner eine nähere Bestimmung über die Art des vertraglich versprochenen Leistungsgegenstands, worin sich eine Nähe zur Bestimmung der Leistung im Sinne des § 315 BGB zeigt.

Unterschiede liegen zum einen in dem Bezugspunkt der Bestimmung, zum anderen in der Rechtsnatur. Während das Leistungsbestimmungsrecht eine Unbestimmtheit der schuldrechtlichen Vereinbarung ausfüllt, betrifft die Konkretisierung die Vornahme der Leistungshandlung entsprechend der vertraglichen Grundlage, wirkt also bereits auf den Leistungserfolg hin. Und anders als die Leistungsbestimmung, die durch Willenserklärung erfolgt[32], ist die Konkretisierung nur ein tatsächlicher Akt, an den sich nach § 243 Abs. 2 BGB die Rechtsfolge anschließt, dass die Leistungsgefahr auf den Gläubiger übergeht[33]. Es handelt sich um einen Realakt, also eine Handlung, durch die ein tatsächlicher Erfolg herbeigeführt werden soll und an den sich kraft Gesetzes bestimmte Rechtsfolgen knüpfen können[34].

Gemeinsam ist den Bestimmungen nach § 243 Abs. 1 BGB und § 315 BGB, dass es beide Male um die Bestimmung der konkreten Leistung in einem Schuldverhältnis geht. Infolgedessen weisen sowohl *Emmerich* als auch *Schiemann* die Bestimmung durch den Schuldner der Sonderregelung des § 243 Abs. 1 BGB zu, wohingegen die Bestimmung durch den Gläubiger ein Fall des § 315 BGB sei[35]. *Schiemann* zufolge

---

[32] *Enneccerus / Nipperdey*, BGB AT I,1, § 73 I 3 (S. 441); *Larenz / Wolf*, BGB AT, § 15 Rn 65; *Medicus*, BGB AT, Rn 83; *Seckel*, Die Gestaltungsrechte des bürgerlichen Rechts, S. 45.

[33] *Medicus*, JuS 1966, S. 297 (298, 301).

[34] *Köhler*, BGB AT, § 5 Rn 7; Palandt - *Heinrichs*, BGB, Überbl v § 104 Rn 9.

[35] MünchKomm - *Emmerich*, BGB, § 243 Rn 4; Staudinger - *Schiemann*, BGB, § 243 Rn 16.

richtet sich die Bestimmung durch den Schuldner nicht nach der Billigkeit, sondern nach dem gemäß § 243 Abs. 1 BGB engeren Maßstab „von mittlerer Art und Güte"[36]. Für den Schuldner somit einzig auf die tatsächliche Leistungshandlung abzustellen, ist durchaus nachvollziehbar, da er derjenige ist, welcher die Handlung vornehmen muss und dies in der Regel tun wird, ohne zuvor oder dabei zusätzlich noch seinen Willen ausdrücklich zu bekunden. Versteht man deshalb unter der Leistungsbestimmung des Schuldners die Konkretisierung, dann bedeutet das allerdings auch, dieser Bestimmung die Gestaltungsrechtsqualität abzusprechen, da es sich bei der Konkretisierung gemäß § 243 Abs. 1 BGB lediglich um einen Realakt, nicht jedoch um eine auf Rechtsfolgen gerichtete Willenserklärung handelt.

Auch bei der Bestimmung durch den Schuldner ist aber der rechtliche Gestaltungsakt im Sinne des § 315 BGB nicht entbehrlich, jedenfalls soweit der Vertrag beziehungsweise der Leistungsinhalt selbst noch präzisiert werden muss, um ihm eine vorhandene Unbestimmtheit zu nehmen. Die Unbestimmtheit der vertraglichen Grundlage besteht unabhängig davon, wem das Recht zur Bestimmung des noch offenen Inhalts eingeräumt worden ist. Infolgedessen kann die Rechtsnatur der Lückenfüllung nicht von der Person des Bestimmungsberechtigten abhängig gemacht werden, so dass man im einen Fall ein Rechtsgeschäft annehmen müsste, im anderen einen Realakt. Aus diesem Grund ist auch bei der inhaltlichen Bestimmung durch den Schuldner eine Willenserklärung erforderlich. Diese Anforderung lässt sich dadurch erfüllen, dass eine Willenserklärung nicht nur ausdrücklich, sondern desgleichen konkludent, das heißt durch schlüssiges Verhalten abgegeben werden kann[37]. Bei der Bestimmung durch den Schuldner gemäß § 243 BGB ist deshalb davon auszugehen, dass die Erklärung konkludent bei der tatsächlichen Erbringung der Leistungshandlung miterfolgt.

Im Übrigen stellt ein veränderter Entscheidungsmaßstab, wie ihn *Schiemann* annimmt, die Rechtsnatur als Gestaltungsrecht noch nicht in Abrede, da diesem Maßstab nur zu entnehmen ist, an welchen Interessen die Bestimmung auszurichten ist. In diesem Sinne stellt auch § 315 Abs. 1 BGB nur eine Auslegungsregel für Zweifelsfälle auf[38], so dass rechtsgeschäftliche Leistungsbestimmung durchaus auch mit anderem Maßstab möglich ist. Im Ergebnis kann deshalb die bestimmende Wil-

[36] Staudinger - *Schiemann*, BGB, § 243 Rn 16.

[37] Soergel - *Wolf*, BGB, § 315 Rn 33.

[38] Bamberger / Roth - *Gehrlein*, BGB, § 315 Rn 5; Jauernig - *Stadler*, BGB, § 315 Rn 1; Palandt - *Heinrichs*, BGB, § 315 Rn 5; Staudinger - *Rieble*, BGB, § 315 Rn 11.

lenserklärung des Schuldners in dem tatsächlichen Vorgang der Konkretisierung enthalten sein, selbst wenn der Maßstab auf eine Qualität von mittlerer Art und Güte gerichtet ist.

3. Zwischenergebnis

Leistungsbestimmung kann also als eine konkretisierende Maßnahme erfolgen, indem ein vorher bestehender abstrakter Leistungsrahmen durch die Bestimmung mit einem konkreten Inhalt gefüllt wird. Die echte Leistungsbestimmung ist ein Rechtsgeschäft und hat durch Willenserklärung zu erfolgen. Das bedeutet jedoch nicht, dass eine ausdrückliche Erklärung abgegeben werden muss, sondern die notwendige Erklärung kann ebenso konkludent, also durch schlüssiges Verhalten, vorgenommen werden. Dies ist auf Arbeitszeitmodelle mit Kernzeitenregelung zu übertragen: Indem der Arbeitnehmer seine Arbeit zu einem bestimmten Zeitpunkt unter Beachtung des vorgegeben Zeitrahmens aufnimmt und später wieder beendet, legt er seine, zunächst nur allgemein bestimmbare Arbeitszeit auf einen ganz bestimmten Zeitraum fest.

II. Die Einteilung der Gestaltungsrechte in einbrechende und ausfüllende nach *Bötticher*

Wenn auch Leistungsbestimmung unter dem Aspekt der Konkretisierung erklärt werden kann, so muss sich diese Konkretisierung, verstanden als Ausfüllung eines vorgegebenen Rahmens, auch mit der Dogmatik der Gestaltungsrechte vereinbaren lassen, ist doch das Leistungsbestimmungsrecht selbst der übergeordneten Gattung des Gestaltungsrechts zuzuordnen.

Ein Gestaltungsrecht ist das Recht, ohne Mitwirkung des anderen Teils, des Gestaltungsgegners, durch Willenserklärung ein Rechtsverhältnis zustande zu bringen, inhaltlich näher zu bestimmen, zu ändern oder aufzuheben[39]. Diese Definition gibt über die Voraussetzungen, die an die inhaltliche Gestaltung im Wege der Leistungsbestimmung gestellt werden, noch keinen Aufschluss. Dennoch lässt sich eine Unterscheidung treffen zwischen solchen Rechten, die den Bestand des Rechtsverhältnisses betreffen und solchen, die sich nur auf den Inhalt beziehen. Für diese Formen der bestands- und der inhaltsbezogenen Gestaltung

---

[39] *Becker*, AcP 188 (1988), S. 24 (25); *Enneccerus / Nipperdey*, BGB AT I,1, § 73 I 3 (S. 441); *Esser / Schmidt*, Schuldrecht I / 1, § 5 III (S. 91); *Köhler*, BGB AT, § 17 Rn 12; *Kress*, Schuldrecht AT, § 3, 1 (S. 15); *Larenz / Wolf*, BGB AT, § 15 Rn 65.

hat *Bötticher* die Begriffe vom „einbrechenden" und vom „ausfüllenden" Gestaltungsrecht geprägt[40]. Die „einbrechenden Gestaltungsrechte" seien danach solche, die „auf ein eindeutiges Ziel gerichtet sind"[41], vor allem die rechtsvernichtenden, aber ebenso auch die rechtsbegründenden[42]. Es handele sich somit um einen „Einbruch in das materielle Vertrags- bzw. Mitwirkungsprinzip"[43] oder, noch bildlicher gesprochen, um Gestaltungsrechte, die „gegen den Strom schwimmen"[44]. Demgegenüber fehle es den „ausfüllenden Gestaltungsrechten" an einem eindeutigen Ziel[45], vielmehr müsse die passendste aus einer „Vielzahl denkbarer Lösungen" gefunden werden[46]. Das Gestaltungsrecht schwimmt insofern mit dem Strom[47]. Ein Hauptanwendungsfall dafür sei das Leistungsbestimmungsrecht nach § 315 und § 317 BGB[48].

Welche Antwort lässt sich daraus für die Frage gewinnen, inwiefern die Umsetzung einer Rahmenregelung ein Leistungsbestimmungs-, also Gestaltungsrecht sein kann? Die Bezeichnung als „ausfüllende Gestaltungsrechte" sowie der Umstand, dass sich mehrere Entscheidungsmöglichkeiten eröffnen sollen, spricht dafür, dass die Leistungsbestimmung als ein derartiges Gestaltungsrecht durch die bloße Ausfüllung eines vorgegebenen Rahmens möglich ist. Angesichts des Vergleichs mit den „einbrechenden Gestaltungsrechten" scheint bei den „ausfüllenden" allerdings eine Durchbrechung des materiellen Vertragsprinzips entbehrlich zu sein, obwohl gerade diese Durchbrechung als Wesensmerkmal des Gestaltungsrechts festgestellt worden ist[49]. Über die bestehende Vereinbarung hinausgehende neue Vertragsinhalte würden somit durch die Leistungsbestimmung nicht mehr geschaffen, sondern bereits vorhandene Inhalte lediglich deutlicher artikuliert werden.

Ein Blick auf weitere Stellungnahmen *Böttichers* widerlegt diesen ersten Anschein: Auch die „ausfüllenden" müssen zugleich „einbrechende" Gestaltungsrechte sein. Formal kommt dies zunächst dadurch zum Ausdruck, dass *Bötticher* zum einen von „einbrechenden Gestaltungsrechten" und „ausfüllenden Gestaltungsrechten" spricht, also den gesam-

---

40 *Bötticher*, FS Dölle Bd. I (1963), S. 41 (51).
41 *Bötticher*, FS Dölle Bd. I (1963), S. 41 (51).
42 *Bötticher*, FS Dölle Bd. I (1963), S. 41 (45).
43 *Bötticher*, FS Dölle Bd. I (1963), S. 41 (45).
44 *Bötticher*, FS Dölle Bd. I (1963), S. 41 (51).
45 *Bötticher*, FS Dölle Bd. I (1963), S. 41 (51).
46 *Bötticher*, Gestaltungsrecht und Unterwerfung im Privatrecht, S. 33.
47 *Bötticher*, FS Dölle Bd. I (1963), S. 41 (51); *ders.*, Gestaltungsrecht und Unterwerfung im Privatrecht, S. 7.
48 *Bötticher*, FS Dölle Bd. I (1963), S. 41 (51).
49 Siehe Teil 2, A I 2.

ten Ausdruck in Anführungszeichen setzt[50], zum anderen aber die Notwendigkeit eines „einbrechenden" Gestaltungsrechts betont, wenn er verdeutlicht, wann das Direktionsrecht des Arbeitgebers als Leistungsbestimmungsrecht ein Gestaltungsrecht sei[51]. Hierin liegt zugleich eine inhaltliche Feststellung, dass nämlich auch die „ausfüllenden" nur dann echte Gestaltungsrechte sind, wenn ihnen ein „einbrechendes" Element innewohnt. *Bötticher* hat dies später an anderer Stelle noch deutlicher zum Ausdruck gebracht, indem er der Weisung des Arbeitgebers bezüglich der Arbeitspflicht die Rechtsgeschäftsqualität abgesprochen hat: Die Arbeit nach Weisung sei bereits eine bestimmte Leistung und mache das Wesen abhängiger Arbeit aus[52]. Es fehlt ihm hier also an einer Neubestimmung, die inhaltlich über die bereits bestehenden Pflichten hinausgeht.

Im Ergebnis ist deshalb echte Leistungsbestimmung auf die Weise möglich, dass ein vorgegebener Leistungsrahmen inhaltlich näher bestimmt wird, dabei aber stets eine materielle Durchbrechung erforderlich ist. Das bedeutet, dass in einem konstitutiven Akt ein Inhalt festgelegt werden muss, der so noch nicht Bestandteil der gemeinsamen Vereinbarung gewesen ist.

III. Funktion und Grenzen des Leistungsbestimmungsrechts

Welche Bedeutung diesem konstitutiven und auch dem konkretisierenden Element eines Leistungsbestimmungsrechts neben der zugleich vorhandenen abstrakten vertraglichen Vereinbarung überhaupt noch zukommt, zeigt ein Blick auf Funktion und Grenzen des Leistungsbestimmungsrechts beim Vertragsschluss. Die Vereinbarung eines Leistungsbestimmungsrechts gibt den Parteien die Möglichkeit, nicht von vornherein alle Inhalte des Vertrags ganz genau regeln zu müssen. Der betroffene Vertragsinhalt kann mithin an die jeweils gegebenen Umstände angepasst oder Entscheidungen können schnell, weil einseitig, getroffen werden. Dadurch wohnt dem Rechtsverhältnis ein gewisses Maß an Flexibilität inne. Dennoch kann auch das Bestimmungsrecht den Vertragsschluss an sich, das heißt die Einigung über die essentialia negotii, nicht ersetzen[53]. Ob eine Einigung über die essentialia negotii erzielt worden ist, hängt maßgeblich von der Bestimmtheit oder Bestimmbarkeit dieser

---

50 *Bötticher*, FS Dölle Bd. I (1963), S. 41 (51 f.).
51 *Bötticher*, FS Dölle Bd. I (1963), S. 41 (52).
52 *Bötticher*, ArbuR 1967, S. 321 (326).
53 MünchKomm - *Gottwald*, BGB, § 315 Rn 1, 12; Soergel - *Wolf*, BGB, § 315 Rn 8; Staudinger - *Rieble*, BGB, § 315 Rn 93.

wesentlichen Vertragsbestandteile ab[54]. Wenn Vertragspunkte sich nicht unmittelbar aus der Abmachung der Parteien ergeben, sich aber auf anderem Wege ermitteln lassen, handelt es sich um einen Fall der Bestimmbarkeit der Leistung. Dafür steht neben der Auslegung der vorhandenen Erklärungen gemäß §§ 133, 157 BGB[55] die Vereinbarung eines Leistungsbestimmungsrechts[56] zur Verfügung. Soll der noch offene Vertragsgegenstand durch die Erklärung einer Partei oder eines Dritten festgelegt werden, so tritt das Leistungsbestimmungsrecht im Sinne der §§ 315 ff. BGB also gerade an die Stelle der Bestimmtheit der Leistung. Dementsprechend ist es die Funktion des Leistungsbestimmungsrechts, diese Hauptleistungspflichten zu benennen, so dass der Vertrag nicht wegen Unbestimmtheit dieser Inhalte unwirksam ist[57]. Dabei ist es die Aufgabe des Bestimmungsberechtigten, die noch offenen Fragen mit Inhalt zu füllen. Hier finden sich also wiederum Ansätze für die konkretisierende Leistungsbestimmung.

Schwerer zu beantworten ist demgegenüber die Frage nach dem konstitutiven Element. So bleibt unklar, ob bei einer solchen Ausfüllung der Hauptleistung stets das Prinzip der gemeinsamen Willensübereinstimmung durchbrochen wird oder ob nicht schon mit der notwendigen abstrakten Einigung eine hinreichende Übereinstimmung erzielt worden ist, die für rechtserhebliche einseitige Gestaltung keinen Raum mehr lässt. Diese Frage kann im Übrigen gleichermaßen bei den weniger bedeutenden Inhalten des Vertrags auftreten, wenn nämlich ein schon recht präziser Rahmen vereinbart worden ist, so dass es schwer fällt, noch eine weitergehende materielle Bestimmungsmacht auszumachen. Man muss daher in jedem Einzelfall die Frage aufwerfen, ob die Konkretisierung mit der vereinbarten abstrakten Grundlage identisch ist oder ob

---

[54] BGHZ (v. 27.1.1971) 55, 248 (250); Bamberger / Roth - *Eckert*, BGB, § 145 Rn 3; *Larenz*, Schuldrecht AT I, § 2 I (S. 8); MünchKomm - *Kramer*, BGB, § 145 Rn 4; Palandt - *Heinrichs*, BGB, § 315 Rn 1; Soergel - *Wolf*, BGB, § 145 Rn 4; Staudinger - *Bork*, BGB, § 145 Rn 17.

[55] BGH (v. 19.3.1975) NJW 1975, S. 1116 (1117); (v. 28.6.1982) NJW 1982, S. 2816 (2817); Erman - *Armbrüster*, BGB, § 145 Rn 2; MünchKomm - *Kramer*, BGB, § 145 Rn 4; Palandt - *Heinrichs*, BGB, Einf v § 145 Rn 3, § 157 Rn 2 f.; Soergel - *Wolf*, BGB, § 154 Rn 6.

[56] BGHZ (v. 2.4.1964) 41, 271 (275); *Flume*, BGB AT Bd. 2, § 34, 6 b (S. 627); *Larenz*, Schuldrecht AT I, § 6 II (S. 80); MünchKomm - *Kramer*, BGB, § 145 Rn 4; Palandt - *Heinrichs*, BGB, Einf v § 145 Rn 3; Soergel - *Wolf*, BGB, § 145 Rn 4, § 154 Rn 6.

[57] BGHZ (v. 2.4.1964) 41, 271 (275); *Flume*, BGB AT Bd. 2, § 34, 6 b (S. 627); *Larenz*, Schuldrecht AT I, § 6 II (S. 80); MünchKomm - *Kramer*, BGB, § 145 Rn 4; Palandt - *Heinrichs*, BGB, Einf v § 145 Rn 3, § 145 Rn 1; Soergel - *Wolf*, BGB, § 145 Rn 4, § 154 Rn 6.

sie sich nur an dieser Grundlage orientiert und ansonsten einen eigenständigen Inhalt schafft.

IV. Das Weisungsrecht des Arbeitgebers als konkretisierende Leistungsbestimmung

Besondere Anwendungsfälle für die aufgeworfene Problematik, die im Hinblick darauf untersucht werden können, ob und wann es sich bei konkretisierenden Bestimmungen um echte Leistungsbestimmung handelt, finden sich im Arbeitsrecht in Gestalt des arbeitgeberseitigen Direktions- oder Weisungsrechts nach § 106 Satz 1 GewO, denn die Funktion dieses Weisungsrechts ist es, Arbeitsinhalt und Arbeitsbedingungen zu konkretisieren[58].

Gelegentlich wird versucht, dieser Form einseitiger Bestimmung oder Anweisung je nach Art und Inhalt stärkere Kontur zu geben, indem prägnantere Kategorien gebildet werden. So unterscheidet *Hromadka* die konkretisierende und die ändernde Leistungsbestimmung[59]; *Wank* grenzt direkt zwischen der „Weisung" auf der einen und der „Änderung der Arbeitsbedingungen" auf der anderen Seite ab[60]. *Leßmann* schließlich teilt ein nach begünstigenden, konkretisierenden und belastenden Weisungen[61]. Und auch bei *von Hoyningen-Huene* und *Söllner* ist die Rede davon, dass der Arbeitgeber mit seinem Weisungsrecht die Leistungspflichten des Arbeitnehmers konkretisieren könne[62].

Während die ändernden Bestimmungsrechte so ausgestaltet sind, dass der Arbeitgeber sich das Recht einräumen lässt, eine feststehende Arbeitsbedingung völlig neu zu regeln, im äußersten Fall sogar abzuschaffen[63], geht es bei den konkretisierenden darum, einen bestehenden Rahmen von Rechten oder Pflichten im Einzelfall auszufüllen, beispielsweise Anordnungen zur Art und Weise der auszuführenden Tätigkeiten

---

58 *von Hoyningen - Huene*, Die Billigkeit im Arbeitsrecht, S. 143; *Söllner*, Einseitige Leistungsbestimmung im Arbeitsverhältnis, S. 44 f.

59 *Hromadka*, DB 1995, S. 1609.

60 *Wank*, Einvernehmliche Änderung von Arbeitsbedingungen, S. 35 (39).

61 *Leßmann*, DB 1992, S. 1137 (1138).

62 *von Hoyningen - Huene*, Die Billigkeit im Arbeitsrecht, S. 143; *Söllner*, Einseitige Leistungsbestimmung im Arbeitsverhältnis, S. 45.

63 So auch in sittenwidriger Weise im Tatbestand zum Urteil des BAG vom 12.12.1984, AP Nr. 6 zu § 2 KSchG 1969; siehe auch Teil 4, A I.

zu treffen[64]. Im Übrigen verweist auch die Rechtsprechung darauf, dass mit dem Direktionsrecht die „nur rahmenmäßig umschriebene Leistungspflicht des Arbeitnehmers im einzelnen [festgelegt wird]"[65], was dem Begriff der Konkretisierung entspricht[66].

1. Konkretisierung von Arbeitsinhalt und Arbeitsbedingungen

Der Arbeitgeber kann mit seinem Direktions- oder Weisungsrecht gemäß § 106 Satz 1 GewO die Arbeitsleistung nach Inhalt, Ort und Zeit festlegen sowie nach § 106 Satz 2 GewO die Ordnung und das Verhalten der Arbeitnehmer im Betrieb bestimmen. Das gilt gleichfalls für Nebenarbeiten, die im Zusammenhang mit der jeweiligen Aufgabe anfallen[67]. Die Bestimmung ist gemäß § 106 Satz 1 BGB nach billigem Ermessen zu treffen.

a. Das Weisungsrecht im Allgemeinen

Der Umfang des Weisungsrechts ist stets an diejenigen Grenzen gebunden, welche durch die bestehenden arbeitsrechtlichen Gestaltungsfaktoren gesetzt worden sind[68]. Das bedeutet, dass der Arbeitgeber bei der Ausübung des Weisungsrechts im Arbeitsvertrag getroffene Vereinbarungen, Bestimmungen einer Betriebsvereinbarung, tarifvertragliche Klauseln sowie gesetzliche Vorschriften beachten muss. Letztere sind

---

[64] *von Hoyningen - Huene*, Die Billigkeit im Arbeitsrecht, S. 143; *Hromadka*, DB 1995, S. 1609; *Leßmann*, DB 1992, S. 1137 (1138); *Söllner*, Einseitige Leistungsbestimmung im Arbeitsverhältnis, S. 45.

[65] BAG v. 27.3.1980, AP Nr. 26 zu § 611 BGB Direktionsrecht (III 1 der Gründe); v. 20.12.1984, AP Nr. 27 zu § 611 BGB Direktionsrecht (B III 2 c bb der Gründe); vom Gesetzgeber in der Begründung zu § 106 GewO übernommen in BT - Drucksache 14 / 8796 v. 17.4.2002, S. 24.

[66] Siehe Teil 5, B I 1.

[67] BAG v. 21.2.1990, AP Nr. 7 zu § 22, 23 BAT Krankenkassen; v. 29.8.1991, AP Nr. 38 zu § 611 BGB Direktionsrecht (III 1 d aa der Gründe); *von Hoyningen - Huene / Linck*, KSchG, § 2 Rn 14; *Hromadka*, DB 1995, S. 2601 (2602); Kittner / Däubler / Zwanziger - *Zwanziger*, KSchR, § 2 KSchG Rn 44.

[68] So schon zur früheren Rechtslage BAG v. 27.3.1980, AP Nr. 26 zu § 611 BGB Direktionsrecht (III 1 der Gründe); v. 20.12.1984, AP Nr. 27 zu § 611 BGB Direktionsrecht (B III 2 c bb der Gründe); v. 24.4.1996, Nr. 48 zu § 611 BGB Direktionsrecht (1 der Gründe); v. 11.2.1998, AP Nr. 54 zu § 611 BGB Direktionsrecht (II 1); v. 7.12.2000, AP Nr. 61 zu § 611 BGB Direktionsrecht (I 2 der Gründe); AR - Blattei (SD) 600 - *Hunold*, Direktionsrecht, Rn 56, 108 f.; *Falkenberg*, DB 1981, S. 1087 (1088 f.); *Hromadka*, DB 1995, S. 2601 (2606); MünchKomm - *Gottwald*, BGB, § 315 Rn 69; Staudinger - *Rieble*, BGB, § 315 Rn 108.

beispielsweise auch Beteiligungsrechte des Betriebsrats[69]. Arbeitsvertragliche Vereinbarungen sind schließlich ebenfalls betroffen, wenn bestimmte Modalitäten der Arbeitserbringung sich durch längere tatsächliche Übung bereits auf einen bestimmten Inhalt konkretisiert haben und der Arbeitnehmer aufgrund besonderer Umstände auf die Fortführung vertrauen durfte[70]. Dies kann etwa bei einer mehrjährigen Ausübung einer Tätigkeit[71] oder infolge betrieblicher Übung der Fall sein[72].

Der Arbeitgeber kann also die lediglich abstrakt oder in weitem Rahmen vereinbarte Arbeitspflichten näher bestimmen und diese somit nach den jeweiligen betrieblichen Erfordernissen mit Inhalt füllen[73]. Dabei ist sein Entscheidungsspielraum um so geringer, je genauer die betroffene Modalität umrissen ist[74]. Verändern kann er die vereinbarten Arbeitspflichten kraft Weisungsrechts dagegen nicht[75]. Hierzu bedarf er vielmehr eines vorbehaltenen, das heißt von vornherein vereinbarten Leistungsbestimmungsrechts oder er muss auf eine Änderungskündigung zurückgreifen[76].

Dennoch gibt es Fälle, in denen der Arbeitnehmer verpflichtet sein kann, aufgrund einer Weisung eine andere als die vertraglich geschuldete Leistung zu erbringen. Nicht nur gleichwertige, sondern vor allem auch geringerwertige Tätigkeiten sind nämlich zur Vertretung eines anderen

69 *Lakies*, BB 2003, S. 364 (368).

70 BAG v. 23.6.1992, AP Nr. 1 zu § 611 BGB Arbeitszeit (II 3 der Gründe); v. 7.12.2000, AP Nr. 61 zu § 611 BGB Direktionsrecht (III 2 der Gründe); Boemke - *Keßler*, GewO, § 106 Rn 18; *Falkenberg*, DB 1981, S. 1086 (1090); *Hromadka*, DB 1995, S. 1609 (1614); KR - *Rost*, § 2 KSchG Rn 40; *Lakies*, BB 2003, S. 364 (365).

71 Boemke - *Keßler*, GewO, § 106 Rn 18; *Falkenberg*, DB 1981, S. 1086 (1090); *Hromadka*, DB 1995, S. 1609 (1614); KR - *Rost*, § 2 KSchG Rn 40; *Lakies*, BB 2003, S. 364 (365).

72 BAG v. 23.6.1992, AP Nr. 1 zu § 611 BGB Arbeitszeit (II 4 der Gründe); v. 7.12.2000, AP Nr. 61 zu § 611 BGB Direktionsrecht (III 3 der Gründe); ErfK - *Preis*, § 611 BGB Rn 270; *Falkenberg*, DB 1981, S. 1086 (1089); *Hromadka*, DB 1995, S. 1609 (1614).

73 *Söllner*, Einseitige Leistungsbestimmung im Arbeitsverhältnis, S. 44 f.

74 ErfK - *Preis*, § 611 BGB Rn 277; *Falkenberg*, DB 1981, S. 1086 (1089); *von Hoyningen - Huene / Linck*, KSchG, § 2 Rn 13 a; Kittner / Däubler / Zwanziger - *Zwanziger*, KSchR, § 2 KSchG Rn 41.

75 *von Hoyningen - Huene / Linck*, KSchG, § 2 Rn 13a; Kittner / Däubler / Zwanziger - *Zwanziger*, KSchR, § 2 KSchG Rn 36 f., 38.

76 *Lakies*, BB 2003, S. 364; Kittner / Däubler / Zwanziger - *Zwanziger*, KSchR, § 2 KSchG Rn 36 f., 57, 62.

Mitarbeiters während dessen Krankheit oder Urlaub zu leisten[77]. Zudem ist der Arbeitnehmer in unvorhersehbaren Fällen, den sogenannten Notfällen, in denen Gefahren für Betriebsanlagen, Arbeitsmittel oder Arbeitsergebnisse drohen, aufgrund der aus § 242 BGB entwickelten arbeitsrechtlichen Treuepflicht dazu verpflichtet, soweit es ihm zumutbar ist, bei der Abwendung dieser Gefahren mitzuhelfen, auch wenn das über die vereinbarte Arbeitspflicht, insbesondere die Arbeitszeitdauer[78], hinausgeht[79].

b. Das Weisungsrecht zur Arbeitszeit

Die Gesamtdauer der Arbeitszeit, die hier von Interesse ist, unterliegt nicht dem einseitigen Weisungsrecht des Arbeitgebers[80]. Sie ist kennzeichnend für den vereinbarten Umfang der Arbeitspflicht, also eine der arbeitsvertraglichen Hauptleistungspflichten, und kann als solche nicht ohne weiteres durch das bloß konkretisierende Direktionsrecht verändert werden[81]. Dementsprechend können beispielsweise Überstunden oder Kurzarbeit nicht im Wege des Direktionsrechts angeordnet werden[82]. Das Weisungsrecht erstreckt sich folglich nur auf die Lage der Arbeits-

---

[77] BAG v. 8.10.1962, AP Nr. 18 zu § 611 BGB Direktionsrecht; *Falkenberg*, DB 1981, S. 1086 (1089); *Hromadka*, DB 1995, S. 2601 (2602 f.).

[78] *Hromadka*, DB 1995, S. 2601 (2604); Kittner / Däubler / Zwanziger - *Zwanziger*, KSchR, § 2 KSchG Rn 48.

[79] BAG v. 8.10.1962, AP Nr. 18 zu § 611 BGB Direktionsrecht; *Falkenberg*, DB 1981, S. 1086 (1089); *Hromadka*, DB 1995, S. 2601 (2602, 2604); Kittner / Däubler / Zwanziger - *Zwanziger*, KSchR, § 2 KSchG Rn 43; *Söllner*, Einseitige Leistungsbestimmung im Arbeitsverhältnis, S. 46 f.; *Zöllner / Loritz*, Arbeitsrecht, § 13 II 2 b (S. 176).

[80] BAG v. 12.12.1984, AP Nr. 6 zu § 2 KSchG 1969 (II 3 b der Gründe); *Hromadka*, DB 1995, S. 2601, 2604; Kittner / Däubler / Zwanziger - *Zwanziger*, KSchR, § 2 KSchG Rn 48.

[81] BAG v. 12.12.1984, AP Nr. 6 zu § 2 KSchG 1969 (II 3 b der Gründe); ErfK - *Preis*, § 611 BGB Rn 275; *Hromadka*, DB 1995, S. 2601; Kittner / Däubler / Zwanziger - *Zwanziger*, KSchR, § 2 KSchG Rn 38.

[82] *F/E/S/T/L*, BetrVG, § 87 Rn 156; GK - Wiese, BetrVG, § 87 Rn 365; H/S/W/G - *Worzalla*, BetrVG, § 87 Rn 184; *Hromadka*, DB 1995, S. 2601 (2604); Kittner / Däubler / Zwanziger - *Zwanziger*, KSchR, § 2 KSchG Rn 48; *Klevemann*, BB 1987, S. 1242; *Richardi*, BetrVG, § 87 Rn 358; Schaub - *Linck*, Arbeitsrechts - Handbuch, § 45 Rn 68; *Zöllner / Loritz*, Arbeitsrecht, § 12 III 2 a (S. 166); *a.A. Söllner*, Einseitige Leistungsbestimmung im Arbeitsverhältnis, S. 73 f.

zeit[83] und damit auch auf die Verteilung am Tag, das heißt die tägliche Dauer[84]. Beispielhaft seien die Festlegung eines Arbeitszeitrahmens, also Beginn und Ende der Arbeitszeit und die Festlegung von Pausen genannt, außerdem die Einführung von Gleitzeit oder Schichtarbeit sowie der Wechsel von Nacht- zu Tagarbeit und umgekehrt[85].

2. Differenzierungen nach der Rechtsnatur der Weisung

Mit dem Weisungsrecht ist somit ein Anwendungsbereich für Konkretisierungen gefunden. Damit steht indes noch nicht fest, dass es sich bei der Weisung des Arbeitgebers auch tatsächlich um ein Leistungsbestimmungsrecht im Sinne des § 315 BGB handelt. Auch wenn das Weisungsrecht im Allgemeinen als besonderer Fall des Leistungsbestimmungsrechts erachtet wird[86], ist dennoch seine Rechtsnatur umstritten. Um eine echte Leistungsbestimmung kann es sich bei der Weisung nur dann handeln, wenn sie ein Rechtsgeschäft darstellt, denn Leistungsbestimmung erfolgt als Rechtsgeschäft durch die Abgabe einer Willenserklärung[87].

a. Die Weisung als Realakt

In der Einordnung der Rechtsnatur der Weisung bietet sich ein breites Meinungsspektrum. *Frey* auf der einen Seite geht davon aus, dass es sich um eine rein tatsächliche Handlung, also um einen Realakt hande-

---

[83] AR - Blattei (SD) 600 - *Hunold*, Direktionsrecht, Rn 224; *Hromadka*, DB 1995, S. 2601 (2604); Kittner / Däubler / Zwanziger - *Zwanziger*, KSchR, § 2 KSchG Rn 49; Münchener Handbuch I - *Richardi*, § 12 Rn 56; dass. - *Blomeyer*, § 48 Rn 143.

[84] AR - Blattei (SD) 600 - *Hunold*, Direktionsrecht, Rn 224; Münchener Handbuch I - *Richardi*, § 12 Rn 56.

[85] *von Hoyningen - Huene / Linck*, KSchG, § 2 Rn 18 a f.; *Hromadka*, DB 1995, S. 2601 (2603).

[86] BAG v. 20.12.1984, AP Nr. 27 zu § 611 BGB Direktionsrecht (B III 2 c bb der Gründe); v. 7.12.2000, AP Nr. 61 zu § 611 BGB Direktionsrecht (I 2 der Gründe); H/W/K - *Lembke*, § 106 GewO Rn 6; *Lakies*, BB 2003, S. 364; MünchKomm - *Gottwald*, BGB, § 315 Rn 69; Soergel - *Wolf*, BGB, § 315 Rn 18; Staudinger - *Rieble*, BGB, § 315 Rn 171 f.

[87] Bamberger / Roth - *Gehrlein*, BGB, § 315 Rn 6; Hromadka, RdA 1992, S. 234 (237); *ders.*, DB 1995, S. 1609 (1610); Münchener Handbuch I - *Blomeyer*, § 46 Rn 24, 26; MünchKomm - *Gottwald*, BGB, § 315 Rn 33; Palandt - *Heinrichs*, BGB, § 315 Rn 11; Soergel - *Wolf*, BGB, § 315 Rn 33.

le[88]. Seine Begründung macht aber deutlich, dass er schon nicht die hier bestätigte Sichtweise von der Existenz auch ausfüllender Gestaltungsrechte zugrunde legt, denn er beschreibt das Direktionsrecht als „einseitige Inhaltsgestaltung des bestehenden Arbeitsverhältnisses durch den Arbeitgeber", was nicht in Einklang mit den ansonsten den Bestand berührenden Gestaltungsrechten zu bringen sei[89].

b. Die Weisung als Rechtsgeschäft oder geschäftsähnliche Handlung

Demgegenüber stehen insbesondere *Adomeit*, *Gottwald*, *von Hoyningen-Huene* und *Hromadka* auf dem genau entgegengesetzten Standpunkt. Ihnen zufolge hat die Weisung stets rechtliche Bedeutung, da sie sich auf die Pflichtenstellung des Arbeitnehmers auswirkt und bei Missachtung unter Umständen eine Kündigung rechtfertigen kann[90]. Eine dazwischenliegende Ansicht vertritt *Schaub*, für den das Weisungsrecht schließlich ohne nähere Begründung eine geschäftsähnliche Handlung ist[91], das heißt eine Erklärung, die kraft Gesetzes Rechtsfolgen auslöst, ohne dass der Erklärende einen diesbezüglichen Rechtsfolgewillen haben muss[92].

c. Der Inhalt der Weisung als Maßstab für ihre Rechtsnatur

Eine Unterscheidung nehmen insbesondere *Bötticher* und *Richardi* unter Zustimmung *Riebles* vor: Ihnen zufolge ist eine rechtsgestaltende Willenserklärung nicht in jedem Fall erforderlich. Gehe es lediglich um die Konkretisierung bereits rechtsverbindlich vereinbarter Pflichten bezüglich der Art der Tätigkeit, so stelle sich die Leistungsbestimmung nicht als Willenserklärung[93] beziehungsweise Rechtsgeschäft[94] dar, sondern sei

---

88 *Frey*, DB 1964, S. 298.

89 *Frey*, DB 1964, S. 298.

90 *Adomeit*, Rechtsquellenfragen im Arbeitsrecht, S. 108; *von Hoyningen - Huene*, Die Billigkeit im Arbeitsrecht, S. 143 f.; *Hromadka*, DB 1995, S. 1609 (1610); MünchKomm - *Gottwald*, BGB, § 315 Rn 69; *a.A. Bötticher*, ArbuR 1967, S. 321 (326); Münchener Handbuch I - *Richardi*, § 12 Rn 53; Staudinger - *Rieble*, BGB, § 315 Rn 173, nach welchen insbesondere ein Arbeitskommando kein Rechtsgeschäft sei.

91 *Schaub*, Arbeitsrechts - Handbuch, § 31 Rn 68.

92 *Köhler*, BGB AT, § 5 Rn 7; Palandt - *Heinrichs*, BGB, Überbl v § 104 Rn 6.

93 Münchener Handbuch I - *Richardi*, § 12 Rn 53.

94 *Bötticher*, ArbuR 1967, S. 321 (326); Staudinger - *Rieble*, BGB, § 315 Rn 173.

eine rein tatsächliche Maßnahme[95]. Rechtsfolgen müssten demnach nicht mehr intendiert sein.

Noch deutlicher wird die Differenzierung, indem *Bötticher* die Arbeit nach Weisung als Inhalt des Arbeitsverhältnisses charakterisiert, die eine bestimmte Leistung sei, welche durch Anweisung lediglich eingezogen werde[96]. Aber auch *Richardi* sieht hier lediglich den bloßen Vollzug einer privatautonom festgelegten Pflicht[97]. Rechtsverbindlichkeit solle hingegen erzeugt werden, wenn der Arbeitgeber einseitig Arbeitsbedingungen beziehungsweise Modalitäten wie Ort, Zeit oder Tätigkeitsbereich anordnen wolle. Dann handle es sich um ein Rechtsgeschäft[98], also Gestaltung[99]. *Bötticher, Richardi* und *Rieble* beurteilen die Weisung also bereits auf Tatbestandsebene je nach ihrem Inhalt als tatsächliche oder rechtliche Maßnahme.

Überträgt man diesen Ansatz auf die Leistungsbestimmung des Arbeitnehmers zu Arbeitszeit, so ist zunächst festzustellen, dass der Arbeitnehmer ebenso wie der Arbeitgeber mit seinem Weisungsrecht nur Bestimmungen zur täglichen Dauer und zur Lage der Arbeitszeit treffen kann. Die Ausübung der Arbeitszeitsouveränität kommt somit derjenigen des Weisungsrechts sehr nahe. Unter diesen Voraussetzungen wäre die Bestimmung zur Arbeitszeit eine Modalität, die durch Rechtsgeschäft festgelegt wird.

3. Differenzierungen nach dem Entscheidungsmaßstab der Weisung

Die vorstehend von *Bötticher*, *Richardi* und *Rieble* nach dem Tatbestand vorgenommene Differenzierung wird in ähnlicher Weise noch auf anderer Ebene durchgeführt. In der arbeitsrechtlichen Literatur sieht man sich zum Teil vor die Frage gestellt, ob tatsächlich jedwede Weisung der Prüfung auf billiges Ermessen gemäß § 315 Abs. 1 BGB zu unterziehen

---

95 Staudinger - *Rieble*, BGB, § 315 Rn 173.
96 *Bötticher*, ArbuR 1967, S. 321 (326).
97 Münchener Handbuch I - *Richardi*, § 12 Rn 53.
98 Münchener Handbuch I - *Richardi*, § 12 Rn 53.
99 *Bötticher*, ArbuR 1967, S. 321 (326).

ist[100] wie es die Rechtsprechung tut[101]. Die Differenzierung erfolgt somit nach dem Entscheidungsmaßstab, an welchem eine Weisung zu messen ist. Unter billigem Ermessen versteht man eine objektiv unter Berücksichtigung der gegebenen Umstände zu ermittelnde Austauschgerechtigkeit[102]. Sinn und Zweck ist, zu gewährleisten, dass die beiderseitigen Interessen angemessen berücksichtigt werden. Der Anwendungsbereich des § 315 BGB eröffnet sich jedoch nur bei rechtsgeschäftlicher Leistungsbestimmung, so dass es wiederum auf die Rechtsnatur der Weisung ankommt.

Der Begriff der Weisung umfasst eine Vielzahl von arbeitsbezogenen und arbeitsbegleitenden Regelungsinhalten, deren unterschiedliche Intensität und Bedeutung durch Umschreibungen wie konkretisierende, begünstigende, belastende, schlichte oder untergeordnete Weisung zum Ausdruck gebracht wird[103]. Inhaltlich will man nun dem jeweiligen Wirkungsgrad einer Weisung gerecht werden, indem nicht in jedem Fall der Maßstab des billigen Ermessens zugrunde gelegt werden soll und somit auch nicht in jedem Fall die Entscheidung gemäß § 315 Abs. 3 Satz 2 BGB durch das Gericht[104] getroffen werden kann, wenn die Bestimmung nicht der Billigkeit entspricht. Dementsprechend soll nach *Brox*, *Hromadka* und *Söllner* jeder Einzelfall daraufhin untersucht werden, welche Bedeutung die Weisung für den Arbeitnehmer hat und welcher Maßstab sinnvoll ist[105] und somit die Auswahl in einer Bandbreite von billigem Ermessen über freies Ermessen bis hin zu freiem Belieben getroffen wer-

[100] *Brox*, Anmerkung zu BAG v. 20.12.1984, AP Nr. 27 zu § 611 BGB Direktionsrecht (1 b); *Hromadka*, DB 1995, S. 1609 (1612); *Leßmann*, DB 1992, S. 1137 (1139); *Söllner*, Einseitige Leistungsbestimmung im Arbeitsverhältnis, S. 118 f.

[101] BAG v. 12.10.1961, AP Nr. 84 zu § 611 BGB Urlaubsrecht (I 5 a der Gründe); v. 15.12.1976, AP Nr. 3 zu § 611 BGB Arzt - Krankenhaus - Vertrag (3 der Gründe); v. 27.3.1980, AP Nr. 26 zu § 611 BGB Direktionsrecht (III 1 der Gründe); v. 20.12.1984, AP Nr. 27 zu § 611 BGB Direktionsrecht (B III 2 c bb der Gründe); v. 7.12.2000, AP Nr. 61 zu § 611 BGB Direktionsrecht (I 2 der Gründe).

[102] Bamberger / Roth - *Gehrlein*, BGB, § 315 Rn 5; MünchKomm - *Gottwald*, BGB, § 315 Rn 30; Soergel - *Wolf*, BGB, § 315 Rn 38; Staudinger - *Rieble*, BGB, § 315 Rn 122.

[103] AR - Blattei (SD) 600 - *Hunold*, Direktionsrecht, Rn 16 - 19; *Brox*, Anmerkung zu BAG v. 20.12.1984, AP Nr. 27 zu § 611 BGB Direktionsrecht (1 b); *Leßmann*, DB 1992, S. 1137 (1138); *Reuter*, BB 1986, S. 385 (388); *Richter*, DB 1989, S. 2378 (2379); Staudinger - *Rieble*, BGB, § 315 Rn 173.

[104] *Berger - Delhey*, DB 1990, S. 2266 (2267); *Brox*, Anmerkung zu BAG v. 20.12.1984, AP Nr. 27 zu § 611 BGB Direktionsrecht (1 b); *Richter*, DB 1989, S. 2378 (2379 f.); *Söllner*, Einseitige Bestimmung im Arbeitsrecht, S. 121.

[105] *Brox*, Anmerkung zu BAG v. 20.12.1984, AP Nr. 27 zu § 611 BGB Direktionsrecht (1 b); *Hromadka* , DB 1995, S. 1609 (1612).

den können[106]. Noch darüber hinausgehend schließen *Berger-Delhey* und *Leßmann* die Billigkeitsgrenze des § 315 Abs. 1 BGB für konkretisierende Weisungen sogar gänzlich aus und stellen auf die allgemeinen vertraglichen Maßstäbe nach § 242 BGB[107] beziehungsweise §§ 134, 138 und § 226 BGB[108] ab.

Allein die Veränderung des Maßstabs, an dem die Bestimmung sich messen lassen muss, schließt jedoch noch nicht aus, dass es sich um ein Gestaltungsrecht handelt, denn § 315 BGB Abs. 1 BGB stellt lediglich eine Auslegungsregel für Zweifelsfälle auf, durch die andere Maßstäbe bei der Leistungsbestimmung keineswegs ausgeschlossen sind[109], so dass die Differenzierung nach dem Entscheidungsmaßstab nicht geeignet ist, der Weisung die Rechtsgeschäftsqualität zu- oder abzusprechen. Die dargestellten Überlegungen zur Differenzierung nach dem Entscheidungsmaßstab machen allerdings deutlich, dass arbeitgeberseitige Weisungen von Fall zu Fall tatsächlich unterschiedliche Intensitäten aufweisen können.

4. Die Merkmale der Weisung gemäß § 106 Satz 1 GewO

Letztlich muss sich das vielfältige Meinungsspektrum zur Rechtsnatur der konkretisierenden Weisung des Arbeitgebers an der vorhandenen gesetzlichen Regelung messen lassen. Nachdem die rechtliche Existenz des Weisungsrechts über Jahre in der Regel aus seiner Wesentlichkeit für das Arbeitsverhältnis[110] beziehungsweise den Arbeitsvertrag[111] hergeleitet und in diesem Sinne als begriffswesentlich[112], immanent[113]

[106] *Hromadka* , DB 1995, S. 1609 (1612); *Söllner*, Einseitige Bestimmung im Arbeitsrecht, S. 118 f.

[107] *Berger - Delhey*, DB 1990, S. 2266 (2267); *Leßmann*, DB 1992, S. 1137 (1139).

[108] *Leßmann*, DB 1992, S. 1137 (1139).

[109] Bamberger / Roth - *Gehrlein*, BGB, § 315 Rn 5; Jauernig - *Stadler*, BGB, § 315 Rn 1; Palandt - *Heinrichs*, BGB, § 315 Rn 5; Staudinger - *Rieble*, BGB, § 315 Rn 11.

[110] *Adomeit*, Rechtsquellenfragen im Arbeitsrecht, S. 99, 101; AR - Blattei (SD) 600 - *Hunold*, Direktionsrecht, Rn 4, 49; *von Hoyningen - Huene*, Die Billigkeit im Arbeitsrecht, S. 145; MünchKomm - *Gottwald*, BGB, § 315 Rn 69; *Reuter*, BB 1986, S. 385 (387).

[111] *Hromadka*, DB 1995, S. 2601; *Reuter*, BB 1986, S. 385 (387); *Richter*, DB 1989, S. 2378 (2379); Staudinger - *Rieble*, BGB, § 315 Rn 285; *Zöllner / Loritz*, Arbeitsrecht, § 6 I 8 (S. 74).

[112] *Adomeit*, Rechtsquellenfragen im Arbeitsrecht, S. 99.

[113] AR - Blattei (SD) 600 - *Hunold*, Direktionsrecht, Rn 49.

oder vertragsimmanent[114] und charakteristisch[115] bezeichnet worden war, wurde zum 1.1.2003 für das Weisungsrecht mit § 106 GewO eine Vorschrift geschaffen, die gemäß § 6 Abs. 2 GewO auf alle Arbeitnehmer Anwendung findet[116].

Bei § 315 Abs. 1 BGB, auf welchen man sich bisher grundsätzlich stützen konnte, ist die Bestimmung nur „im Zweifel" nach billigem Ermessen zu treffen. Es bestand daher durchaus die Möglichkeit, nach anderen Bewertungsmaßstäben zu suchen. Der jetzt für das Weisungsrecht speziellere § 106 Satz 1 GewO spricht hingegen ausdrücklich davon, dass „der Arbeitgeber [...] nach billigem Ermessen näher bestimmen" kann. Die bisherige Praxis der Rechtsprechung[117] ist somit normiert, billiges Ermessen festgelegt.

Infolgedessen ist zum einen kein Raum mehr für Differenzierungen im Entscheidungsmaßstab je nach Intensität oder Bedeutung der Weisung, sondern arbeitgeberseitige Weisungen sind stets nach billigem Ermessen zu erteilen und die Möglichkeit, einen anderen Maßstab auszuwählen, scheidet aus. Zum anderen finden sich ebenso wenig Hinweise darauf, dass die Vorschrift ausschließlich auf echte Leistungsbestimmungs- und somit Gestaltungsrechte beschränkt sein soll, sondern Weisungen, gleich welcher Rechtsnatur, müssen dem billigen Ermessen gerecht werden. § 106 Satz 1 GewO ist im Hinblick auf die Rechtsnatur der Weisung offen, weshalb, anders als noch für die Anwendung des § 315 BGB, die Differenzierung zwischen Rechtsgeschäft und Realakt nunmehr unerheblich ist.

5. Zwischenergebnis

Was lässt sich nun im Ergebnis für die Rechtsnatur der Arbeitgeberweisung festhalten? *Bötticher*, *Richardi* und *Rieble* bestätigen mit ihrer Ansicht der Sache nach, was bereits generell für die Gestaltungsrechtsqualität der konkretisierenden Leistungsbestimmung erarbeitet werden konnte: Es muss stets gefragt werden, ob im betreffenden Fall eine neue Pflicht begründet oder ob lediglich eine bereits hinreichend konkrete Pflichtenlage mit Inhalt gefüllt wird[118]. Tatsächlichen Charakter sprechen

---

[114] *Zöllner / Loritz*, Arbeitsrecht, § 6 I 8 (S. 74).
[115] MünchKomm - *Gottwald*, BGB, § 315 Rn 69.
[116] BGBl I v. 30.8.2002, S. 3412 (3414).
[117] Siehe Teil 5, B IV 3.
[118] Siehe Teil 5, B II zur Einteilung Böttichers in einbrechende und ausfüllende Gestaltungsrechte; Teil 5, B III.

sie Weisungen zur Arbeitspflicht, das heißt zu den Arbeitsinhalten zu, wohingegen sonstige Modalitäten der Arbeit mit rechtlicher Wirkung angeordnet werden, es sich also um Gestaltungsrechte handeln soll.

Der Standpunkt *Adomeits*, *Gottwalds* und *Hromadkas*, nach welchen dem Weisungsakt stets rechtliche Bedeutung zukomme, da der Arbeitnehmer verpflichtet sei, der Anordnung Folge zu leisten, hebt demgegenüber einseitig die Unterworfenheit des Arbeitnehmers beziehungsweise Überlegenheit des Arbeitgebers hervor. Dies ist in der Tat ein Merkmal des Gestaltungsrechts[119]. Neben dem rechtlichen Verhältnis der Parteien zueinander kommt es aber ebenso auf die Inhalte des betreffenden einseitigen Akts an, das heißt darauf, ob es sich tatsächlich um echte rechtliche Gestaltung handelt. So hat beispielsweise auch das Vertragsangebot für den Anbietenden rechtliche Bedeutung, da es sich auf seine Pflichtenstellung insofern auswirkt, als er mit Zugang an seine Willenserklärung gebunden ist und ein anderer es von da an in der Hand hat, den Vertrag zustande zu bringen. Dennoch stellt die Möglichkeit des Gegners, durch die Annahme ein Vertragsverhältnis zu begründen, kein Gestaltungsrecht dar[120].

Die Schwierigkeit, die Arbeitsinhalte beziehungsweise -pflicht treffend zu erfassen, liegt darin begründet, dass es sich bei dieser Pflicht um die Hauptleistungspflicht des Arbeitnehmers handelt, so dass von vornherein eine hinreichende Bestimmtheit vonnöten ist, damit es überhaupt zum Vertragsschluss kommt[121]. Insbesondere beim Arbeitsverhältnis als Dauerschuldverhältnis soll in der Regel langfristig eine Vielzahl unterschiedlicher Aufgaben bewältigt werden, die sich nicht von vornherein einzeln bestimmen lassen. Dementsprechend ist nach hergebrachter Definition Arbeitnehmer, wer weisungsgebunden vertraglich geschuldete Leistung im Rahmen einer von seinem Vertragspartner bestimmten Arbeitsorganisation erbringt[122]. Als vertragliche Vorgabe, an die auch das Weisungsrecht gebunden ist, wird der Tätigkeitsbereich oder die berufliche Bezeichnung im Arbeitsvertrag zugrunde gelegt, das ist die vom Arbeitnehmer geschuldete Leistung, bei der es sich um eine begründete, aber inhaltlich noch offene Pflicht handelt. Der Arbeitnehmer ist dementsprechend von vornherein verpflichtet, alle Aufgaben, die in diesem Rahmen anfallen und angeordnet werden, zu erfüllen. Der Inhalt

---

[119] Siehe Teil 2, A I 2.
[120] Siehe Teil 2, B I 1.
[121] Siehe Teil 5, B III.
[122] BAG v. 16.2.2000, AP Nr. 70 zu § 2 ArbGG 1979 (II 2 b aa der Gründe); v. 9.10.2002, AP Nr. 114 zu § 611 BGB Abhängigkeit (II 1 der Gründe); *Hueck / Nipperdey*, Arbeitsrecht I, § 9 II, III 3 (S. 34 f., 41).

der Pflicht ist somit eindeutig, sie muss nur noch stets aufs Neue tatsächlich mit Inhalt gefüllt werden. Kommt der Arbeitnehmer einer diesbezüglichen Weisung nicht nach, so verletzt er also die bereits beim Vertragsschluss begründete Pflicht und nicht eine solche, die sich erst später im Verlauf der vertraglichen Beziehung ergeben hat. Die Vorgaben zur Arbeitspflicht umfassen bereits von vornherein alle Aufgaben, die diesem Rahmen entsprechen und müssen deshalb nur noch tatsächlich, nicht jedoch rechtlich aktualisiert werden.

Die tägliche Dauer und Lage der Arbeitszeit sind hingegen keine Hauptleistungspflichten. Sie brauchen daher beim Vertragsschluss überhaupt nicht bestimmt zu werden. Fehlt es aus diesem Grund an Vorgaben, so begründet die einseitige Festlegung durch den Arbeitgeber überhaupt erst rechtsverbindliche Anwesenheitszeiten. Der tatbestandlichen Differenzierung wie sie *Bötticher*, *Richardi* und *Rieble* vornehmen, ist demnach zuzustimmen.

V. Fazit für die Leistungsbestimmung durch den Arbeitnehmer

Einer Bestimmung, die eine bereits bestehende Rahmenregelung mit Inhalt füllt, kommt eine konkretisierende Funktion zu. Allein der Umstand der näheren inhaltlichen Ausgestaltung belegt jedoch noch nicht, dass es sich diesbezüglich auch wirklich um ein Leistungsbestimmungsrecht, das heißt ein Gestaltungsrecht, handelt. Zum Ausgangspunkt wurde deshalb die Frage genommen, in welchem Maße Leistungsbestimmung als Gestaltungsakt stets einen konstitutiven Akt voraussetzt oder ob es ausreicht, wenn eine bereits vorhandene, vom Einzelfall aber noch losgelöste Vereinbarung einseitig mit Inhalt gefüllt wird.

Die Lösung stellt sich als eine Kombination beider Elemente dar. Denn grundsätzlich handelt es sich auch dann um Gestaltung in Form eines Leistungsbestimmungsrechts, wenn eine vereinbarte Rahmenregelung näher mit Inhalt ausgefüllt, das heißt konkretisiert wird. Dabei kann allerdings nur dann die Rede von rechtserheblicher Leistungsbestimmung sein, wenn die zusätzliche Voraussetzung erfüllt ist, dass es sich materiellrechtlich um eine Abweichung vom Prinzip der vertraglichen Einigung handelt. Das bedeutet, dass Vertragsinhalte geschaffen werden müssen, die so zuvor noch nicht rechtsverbindlich vereinbart worden sind. Folglich muss der ausfüllende stets zugleich auch ein rechtsbegründender Akt sein[123]. Dementsprechend ist die Bestimmung der Arbeitszeit im flexiblen Modell mit Kernzeitenregelung dann gestaltende Leistungsbestimmung, wenn durch sie ein neuer rechtverbindlicher Inhalt erzeugt wird.

Im Hinblick auf die Leistungsbestimmung des Arbeitnehmers steht die Frage im Raum, ob durch Rahmenvereinbarungen zur Arbeitszeit die Verbindlichkeit bereits vorweggenommen wird, so dass keine Gestaltung mehr erforderlich ist. Die Antwort hängt von den Inhalten der Rahmenvereinbarung ab. Sind bestimmte Zeiträume am Tag als Anwesenheitszeiten festgelegt, so besteht von vornherein, entsprechend den starren Arbeitszeiten, eine Pflicht, welche für jeden Arbeitstag diese Zeit als Arbeitszeit festlegt. Weitere Bestimmungen oder Eingrenzungen sind nicht mehr nötig, die Pflicht ist bereits ganz konkret.

Gegensätzlich stellt sich die Lage für die außerhalb einer solchen Kernzeit liegenden Zeiten dar. Insoweit besteht ein Rahmen, innerhalb dessen die übrige tägliche Arbeitszeit platziert werden kann. Eine konkrete Pflicht, die Arbeit aufzunehmen, lässt sich dem jedoch nicht entnehmen, so dass noch Raum für ein Leistungsbestimmungsrecht ist. Anders verhält es sich im Zusammenhang mit der Arbeitsleistung: Zur Leistung der versprochenen Dienste ist der Arbeitnehmer auf jeden Fall bereits aufgrund seines Vertrags verpflichtet, auch wenn diese inhaltlich noch näher ausgeführt werden müssen.

C. Der Interessenausgleich als Voraussetzung des Leistungsbestimmungsrechts

Im Weiteren schließt *Schüren* von dem Umstand, dass der Arbeitnehmer selbständig keinen Interessenausgleich mehr herbeiführen muss, auf das Fehlen des Gestaltungsakts und davon wiederum auf das Fehlen der Leistungsbestimmung[124]. Eine derartige Argumentation baut darauf auf, dass die Interessenabwägung eine Voraussetzung des Leistungsbestimmungsrechts ist.

---

[123] Im Urteil des BAG v. 10.5.1960, AP Nr. 1 zu § 315 BGB (II der Gründe) ist die Rede davon, dass die arbeitsrechtliche Leistungsverpflichtung mit „konstitutiver Wirkung konkretisiert" worden sei.

[124] *Schüren*, ArbuR 1996, S. 381 (382).

I. Die Anforderungen des § 315 Abs. 1 BGB

Wenn einer Vertragspartei das Recht zur Leistungsbestimmung zusteht, dann kann sie Regelungen zur Leistung oder zu Modalitäten derselben wie beispielsweise Zeit, Ort, Art und Weise, treffen[125]. Der Berechtigte erhält damit die Macht, Rechte und Pflichten des Vertragsverhältnisses nach seinem Willen unmittelbar festzulegen oder zu ändern[126]. Kern dieser Definition sind Rechtsnatur und Rechtsfolgen der Leistungsbestimmung, von billigem Ermessen sowie einem vorzunehmenden Interessenausgleich ist keine Rede.

Die einzige in dieser Angelegenheit allgemein vorhandene Regelung, § 315 Abs. 1 BGB[127], besagt, „dass die Bestimmung nach billigem Ermessen zu treffen ist", wenn „die Leistung durch einen der Vertragsschließenden bestimmt werden [soll]". Nach § 315 Abs. 3 Satz 1 BGB „ist die getroffene Bestimmung für den anderen Teil [überdies] nur verbindlich, wenn sie der Billigkeit entspricht". Die Abwägung der Interessen nach billigem Ermessen stellt mithin zwar eine inhaltliche Maßgabe dar, für die Leistungsbestimmung ist diese Bedingung jedoch nur erheblich, damit die getroffene Bestimmung Verbindlichkeit entfaltet. Der Norm lässt sich hingegen nicht im Sinne eines Tatbestandsmerkmals entnehmen, dass die (billige) Abwägung konstituierendes Merkmal des Akts der Leistungsbestimmung an sich ist, vielmehr ist zu unterscheiden zwischen Vorgang und sachlichem Gehalt der Bestimmung auf der einen und der Kontrolle dieses Inhalts auf der anderen Seite. Infolgedessen wird der Akt der Bestimmung der Leistung durch einen unbilligen Interessenausgleich gar nicht in Frage gestellt.

Im Übrigen ist in § 315 Abs. 1 BGB ausdrücklich die Rede davon, dass die Bestimmung nur „im Zweifel" nach billigem Ermessen zu treffen ist. § 315 Abs. 1 BGB stellt also eine Auslegungsregel dar, die vorgibt, nach welchem Maßstab im Zweifelsfall die Bestimmung vorzunehmen ist[128]. Die Norm kommt deshalb nur dann zur Anwendung, wenn sich explizit aus dem Wortlaut oder durch unzweifelhafte Auslegung der betref-

---

125 Jauernig - *Stadler*, BGB, § 315 Rn 9; MünchKomm - *Gottwald*, BGB, § 315 Rn 23; Soergel - *Wolf*, BGB, § 315 Rn 13; Staudinger - *Rieble*, BGB, § 315 Rn 106.

126 MünchKomm - *Gottwald*, BGB, § 315 Rn 3, 33; Soergel - *Wolf*, BGB, § 315 Rn 31; Staudinger - *Rieble*, BGB, § 315 Rn 73.

127 Ebenso aber auch § 317 Abs. 1, § 319 Abs. 1 Satz 1 BGB für die Bestimmung durch einen Dritten.

128 Bamberger / Roth - *Gehrlein*, BGB, § 315 Rn 5; Jauernig - *Stadler*, BGB, § 315 Rn 1; Palandt - *Heinrichs*, BGB, § 315 Rn 5; Staudinger - *Rieble*, BGB, § 315 Rn 11.

fenden zugrunde liegenden Regelung kein anderer Entscheidungsmaßstab ergibt[129].

II. Der Gestaltungsakt als Ersatz für die vertragliche Einigung

Der Argumentation, dass auch ein unbilliger Bestimmungsakt rechtsgeschäftliche Leistungsbestimmung sein kann, mag man entgegenhalten, dass das einseitige Gestaltungsrecht gerade die gemeinsame Willensbildung ersetzt. Auf dem Weg zu einer solchen gemeinsamen Willensbildung müssen die jeweils eigenen Interessen und möglicherweise gegenläufigen Vorstellungen der einzelnen Beteiligten allerdings soweit ausgehandelt werden, bis der notwendige Kompromiss gefunden ist[130]. Ziel ist es, die individuellen Interessen soweit auszugleichen, bis sich beide auf den vorgesehenen Inhalt einlassen. Man könnte insofern verlangen, dass das Gestaltungsrecht diesem Grundgedanken mehrseitiger Rechtsverhältnisse aus Gründen der Akzeptanz durch den und der Rechtfertigung gegenüber dem Unterlegenen gerecht werden muss, da es gerade die Funktion der zweiseitigen Einigung übernimmt.

Dieser Sichtweise liegt ein Idealbild der vertraglichen Einigung zugrunde, das von vollständig ausgewogenen Verträgen und demnach auch von identischer Verhandlungsstärke ausgeht. Abgesehen von zwingenden Grenzen wie § 134, § 138 oder § 242 BGB und auch den §§ 305 ff. BGB[131] hat der Einzelne aufgrund der Vertragfreiheit jedoch das Recht, frei über Abschluss, Partner und Inhalt eines Vertrags zu entscheiden[132]. Folge der gewährten Freiheit ist es deshalb auch, dass sich Einfluss und Durchsetzungsfähigkeit der Beteiligten im Vertrag widerspiegeln und dessen Inhalt prägen. Ein unausgewogenes Kräfteverhältnis stellt deshalb nicht von vornherein ein Problem für den Vertrag dar[133]. Bis zur Grenze der genannten Normen muss also bei einer vertraglichen Einigung ein Ausgleich der Interessen nicht zwingend gegeben sein, weshalb sich auch für das Gestaltungsrecht in dessen Funktion keine

[129] *Leßmann*, DB 1992, S. 1137; *Reuter*, BB 1986, S. 385; *Söllner*, Einseitige Leistungsbestimmung im Arbeitsverhältnis, S. 118 f.

[130] *Medicus*, BGB AT, Rn 472.

[131] Bamberger / Roth - *Eckert*, BGB, § 145 Rn 8; *Köhler*, BGB AT, § 5 Rn 2, § 13 Rn 8; *Medicus*, BGB AT, 480 - 485; *ders.*, Schuldrecht I, Rn 46, 49; Palandt - *Heinrichs*, BGB, Einf v § 145 Rn 13; Soergel - *Wolf*, BGB, Vor § 145 Rn 38.

[132] Bamberger / Roth - *Eckert*, BGB, § 145 Rn 8; *Köhler*, BGB AT, § 5 Rn 1; Maunz / Dürig - *Di Fabio*, GG, Art. 2 Abs. 1 Rn 101; *Medicus*, Schuldrecht I, Rn 64 - 68; Soergel - *Wolf*, Vor § 145 Rn 19.

[133] *Larenz*, Schuldrecht AT I, § 6 I (S. 79).

solche Notwendigkeit ergibt. Demzufolge erweist sich die Verbindung von Interessenausgleich und Leistungsbestimmung, so wie *Schüren* sie vornimmt, als nicht tragfähig. Um Leistungsbestimmung handelt es sich auch in Fällen, in denen kein solcher Ausgleich im Sinne des § 315 Abs. 1 BGB vorgenommen werden muss, so dass auch hier kein Argument gegen die rechtsgeschäftliche Leistungsbestimmung bei Kernzeitenregelungen zu finden ist.

D. Die Arbeitszeit als relevante Modalität der Arbeitsleistung

Des Weiteren ist fraglich, ob die Arbeitszeit nur eine untergeordnete Modalität der Arbeitsleistung darstellt und deshalb nicht der echten Leistungsbestimmung unterfallen soll wie es *Schüren* zum Ausdruck bringt, wozu er sich zwecks Veranschaulichung der Leistungszeit bei der Erfüllung eines Kaufvertrags bedient[134]. Lässt sich die Leistungszeit des Arbeitsvertrags wirklich mit derjenigen des Kaufvertrags vergleichen? Im Arbeitsvertrag verpflichtet sich der Arbeitnehmer, Arbeitsleistungen gegen Vergütung zu erbringen[135]. Wann und in welchem Umfang dies geschehen soll, richtet sich nach der Arbeitszeit[136]. Die konkrete Arbeitsleistung pro Tag wird durch Dauer und Lage der Arbeitszeit innerhalb des täglichen Rahmens von 24 Stunden begrenzt. Die Leistungszeit spielt somit im Arbeitsrecht eine maßgebliche Rolle zur näheren Bestimmung einer der Hauptleistungspflichten, das heißt der Arbeitspflicht.

Das Vorhandensein fester Arbeitszeiten sowie die Existenz von Kern- beziehungsweise Service- und Funktionszeiten im Rahmen vieler flexibler Modelle belegt zudem, dass die Erbringung der Arbeitsleistung nicht zu beliebigen Zeiten erfolgen kann, sondern es für eine nutzbare Leistung auf die Einhaltung bestimmter Zeitpunkte und -räume ankommt. Anders als im Kaufvertrag ist die Leistungszeit somit nicht eine Modalität, die neben die Hauptleistungspflicht tritt, ohne sich auf den Inhalt dieser Pflicht selbst auszuwirken. Zwar kommt es bei einem Kaufvertrag unter Umständen ebenfalls auf rechtzeitige Leistung an, die Hauptleistung des Verkäufers ist aber ansonsten losgelöst vom Zeitpunkt ihrer Erbringung.

---

[134] *Schüren*, ArbuR 1996, S. 381 (382).

[135] Münchener Handbuch I - *Blomeyer*, § 48 Rn 1; Palandt - *Weidenkaff*, BGB, Einf v § 611 Rn 1, 7; *Schaub*, Arbeitsrechts - Handbuch, § 29 Rn 1, 3; Staudinger - *Richardi*, BGB, Vorbem. zu §§ 611 ff. Rn 167.

[136] *Linnenkohl / Rauschenberg / Gressierer / Schütz*, Arbeitszeitflexibilisierung, S. 15; Münchener Handbuch I - *Blomeyer*, § 48 Rn 101; *Richardi*, FS Merz (1992), S. 481 (483, 496); Schaub - *Linck*, Arbeitsrechts - Handbuch, § 45 Rn 46; *Zöllner / Loritz*, Arbeitsrecht, § 12 III 2 a (S. 165 f.).

Damit ist der Aspekt der Fixschuld angesprochen. Bei einem Fixgeschäft hängt das Erfüllungsinteresse des Gläubigers sowie das Erreichen des Leistungszwecks davon ab, dass eine bestimmte Leistungszeit eingehalten wird[137]. Beim sogenannten absoluten Fixgeschäft führt die Nichteinhaltung der Leistungszeit sogar zur dauernden Unmöglichkeit[138]. Während einem Rechtsgeschäft und somit auch dem Kauf ein solcher Fixschuldcharakter grundsätzlich nicht von sich aus innewohnt, sondern der Vereinbarung oder mittels Auslegung zu entnehmen sein muss[139], handelt es sich bei der Arbeitsleistung demgegenüber in der Regel um ein solches Fixgeschäft[140], so dass hier eindeutig ein Schwerpunkt auf der Leistungszeit liegt.

Zusammengefasst handelt es sich im Arbeitsverhältnis bei der Zeit um eine Modalität, die unmittelbar mit der Hauptleistungspflicht des Arbeitnehmers verbunden ist und sich gleichzeitig mit dieser konkretisiert. Mit ihrer eingrenzenden Funktion ist die Leistungszeit im Arbeitverhältnis also ein bedeutsamer Faktor bei der Erbringung der Arbeitsleistung, der nicht anhand der Leistungszeit im Kaufvertrag erklärt werden und durchaus Inhalt eines Leistungsbestimmungsrechts sein kann.

E. Konsequenzen für die rechtliche Einordnung der Bestimmung der Arbeitszeit durch den Arbeitnehmer bei Kernzeitenregelungen

Im Modell der Einfachen Gleitzeit stellt die Kernzeit einen Zeitraum dar, zu dem die Arbeitnehmer auf jeden Fall zur Anwesenheit am Arbeitsplatz verpflichtet sind[141]. Vor und nach diesem Zeitraum liegen die sogenannten Gleitspannen, in denen die Arbeit aufgenommen beziehungsweise beendet werden muss. Auch bei der Qualifizierten Gleitzeit sowie darauf aufbauenden Modellen kommen Kernzeiten vor; diese werden hier in der

---

137 Bamberger / Roth - *Grothe*, BGB, § 323 Rn 23; Palandt - *Heinrichs*, BGB, § 323 Rn 19 f.

138 Bamberger / Roth - *Grothe*, BGB, § 323 Rn 25; Palandt - *Heinrichs*, BGB, § 323 Rn 19.

139 Bamberger / Roth - *Grothe*, BGB, § 323 Rn 24; Palandt - *Heinrichs*, BGB, § 323 Rn 20.

140 BAG v. 17.3.1988, AP Nr. 99 zu § 626 BGB (II 4 d der Gründe); Motive Band II, S. 461, § 561; vom absoluten Fixgeschäft ist die Rede bei Münchener Handbuch I - *Blomeyer*, § 57 Rn 9; Staudinger - *Richardi*, BGB, § 611 Rn 336; *Zöllner / Loritz*, Arbeitsrecht, § 18 I 1 (S. 227 f.).

141 Siehe Teil 3, B II 5 a; Münchener Handbuch II - *Anzinger*, § 218 Rn 54; dass. Ergänzungsband - *Schüren*, § 168 Rn 8; *Schaub*, Arbeitsrechts - Handbuch, § 160 Rn 1; *Schliemann*, ArbZG, § 3 Rn 55.

Regel als Funktions- oder Servicezeiten bezeichnet[142]. Damit kommt zum Ausdruck, zu welchen Zeiten die Anwesenheit der Arbeitnehmer erforderlich ist, um einen reibungslosen Betriebsablauf zu gewährleisten oder den Kundenwünschen nach Verfügbarkeit von Personal gerecht zu werden. Lautet die Leistungspflicht, jedenfalls zur Kernzeit anwesend zu sein, dann erfüllt der Arbeitnehmer, wenn er im vorgegeben Zeitrahmen seine Arbeit erbringt, diese Pflicht. Insoweit ist *Schüren* zuzustimmen. Weil der Arbeitnehmer Schuldner der Arbeitsleistung ist, können bei ihm die Rolle des Erbringenden und diejenige des Bestimmenden der Leistung zusammenfallen, im Gegensatz zum Arbeitgeber, der hinsichtlich der Arbeitsleistung und ihrer Modalitäten lediglich Bestimmender sein kann. Es kommt nunmehr darauf an, inwiefern Bestimmung und Gestaltung durch den Arbeitnehmer bei solchen feststehenden Kernzeiten möglich sind und ob es sich dabei um konstitutive Leistungsbestimmung handelt.

I. Kein Hindernis für Leistungsbestimmung durch die abschließende Regelung der Arbeitgeberinteressen

Schüren geht davon aus, dass der zur Leistungsbestimmung erforderliche Interessenausgleich bereits in der Gleitzeitregelung selbst, nämlich in der Fixierung der Kernzeit, vorweggenommen sei[143]. Aus diesem Grund lehnt er es ab, die Verteilung der Arbeitszeit durch den Arbeitnehmer als Ausübung eines Leistungsbestimmungsrechts zu verstehen[144].

Nach § 315 Abs. 1 BGB ist die Leistung im Zweifel nach billigem Ermessen zu treffen. Demgegenüber legt die Kernzeitenregelung fest, wann der Arbeitgeber die Leistung des Arbeitnehmers auf jeden Fall zur Verfügung haben will. Muss der Arbeitnehmer zu den feststehenden Zeiten anwesend sein, dann verbirgt sich dahinter, dass seine Zeitbestimmung gerade dann interessengerecht ist, wenn er sich an die Kernzeiten hält. Folglich lässt sich im Wege der Auslegung ermitteln, woran die Bestimmung zu orientieren ist, so dass ein Zweifelsfall nach § 315 Abs. 1 BGB gar nicht gegeben ist.

---

[142] Siehe Teil 3, B II 5 b; *Heinze*, NZA 1997, S. 681 (687); *Kutscher / Weidinger / Hoff*, Flexible Arbeitszeitgestaltung, S. 152; Münchener Handbuch II - *Anzinger*, § 218 Rn 58; *Schliemann*, ArbZG, § 3 Rn 57.

[143] *Schüren*, ArbuR 1996, S. 381 (382).

[144] *Schüren*, ArbuR 1996, S. 381 (382).

Wie außerdem bereits festgestellt, ist die Abwägung der Interessen kein Merkmal, welches zwingende Voraussetzung für den Tatbestand der Leistungsbestimmung an sich ist, sondern es muss zwischen dem Bestimmungsakt auf der einen und dem Inhalt der getroffenen Bestimmung auf der anderen Seite unterschieden werden[145]. Demzufolge kann man der Bestimmung der täglichen Arbeitszeit durch den Arbeitnehmer nicht bereits deshalb die Gestaltungsrechtsqualität absprechen, weil der Arbeitgeber seine Interessen, die er hierbei berücksichtigt haben möchte, bereits in einer Rahmenregelung fixiert hat. An die Stelle des von *Schüren* verlangten Abwägens tritt vielmehr die Pflicht zur Berücksichtigung der betreffenden Zeiträume in der Arbeitszeitplanung des Arbeitnehmers. Im Ergebnis schließt die Kernzeitenvorgabe deshalb jedenfalls nicht aus, dass der Arbeitnehmer die Möglichkeit zur echten rechtlichen Gestaltung des Arbeitsverhältnisses durch ein Leistungsbestimmungsrecht hat.

Die Kontroverse um die Notwendigkeit einer Interessenabwägung stellt sich hingegen dann nicht, wenn der Arbeitnehmer außerhalb der Kernzeiten, in der Gleitspanne oder Bandbreite, zusätzlich auf die Beachtung des betrieblichen Interesses verpflichtet wird. Das kommt insbesondere bei der Qualifizierten Gleitzeit und der Vertrauensarbeitszeit in Frage, bei welchen die tägliche Dauer der Arbeitszeit variabel vom Arbeitnehmer gestaltet werden kann, denn in diesen Fällen kann es nicht mehr ausreichen, die vorgegebenen Zeiten einzuhalten, sondern die darüber hinausgehenden Interessen privater und betrieblicher Natur müssen nach dem vereinbarten oder dem § 315 Abs. 1 BGB zu entnehmenden Maßstab des billigen Ermessens abgewogen werden.

II. Die Erzeugung von Rechtsverbindlichkeit durch den Arbeitnehmer

In Frage steht schließlich, ob es aufgrund der Kernzeitenregelung überhaupt noch einer Leistungsbestimmung des Arbeitnehmers bedarf, die Rechtsverbindlichkeit erzeugt, oder ob der Arbeitnehmer nicht schlichtweg eine bereits bestehende Leistungspflicht erfüllt.

1. Der Zeitpunkt der Arbeitsleistung

Die Arbeitszeit umgrenzt die Arbeitspflicht und ist somit eine wesentliche

145 Siehe Teil 5, C I.

und nicht lediglich untergeordnete Modalität des Arbeitverhältnisses[146]. Während die Arbeitspflicht bereits die Verpflichtung, überhaupt am Arbeitsplatz zu erscheinen, begründet, lässt sich erst der Festlegung einer bestimmten Arbeitszeit entnehmen, wann genau sich diese Anwesenheits- und Arbeitspflicht aktualisieren soll. Die Arbeitszeit als Zeit der Anwesenheit am Arbeitsplatz erschöpft sich folglich nicht vollständig in der vereinbarten Pflicht zur Arbeitsleistung. Dementsprechend ist hier noch Raum, um Verbindlichkeit zu erzeugen, weshalb letztlich auch Weisungen des Arbeitgebers zur Arbeitszeit echte Leistungsbestimmungen sind[147].

Um zu untermauern, dass es sich bei der Arbeitsaufnahme in der Gleitspanne um die schlichte Erfüllung der arbeitsvertraglichen Leistungspflicht handele und ein Gestaltungsakt entbehrlich sei, verweist *Schüren* im Übrigen auf den Fall eines Arbeitnehmers, der seine Arbeitsaufnahme für den nächsten Tag mündlich auf 8.30 Uhr festlege und dann erwartungswidrig und schuldlos aufgrund einer Verzögerung erst um 9.00 Uhr mit Beginn der Kernzeit erscheine[148]. Bei einer solchen Verspätung hätte der Arbeitnehmer im starren Arbeitszeitmodell seinen Entgeltanspruch gemäß § 616 Satz 1 BGB aufrechterhalten können[149]. Infolge der fixierten Kernzeit reicht es aber aus, ist also noch rechtzeitig, wenn der Arbeitnehmer erst zu Beginn der Kernzeit erscheint[150]. Zuvor kommt ein Vergütungsanspruch aus dem Arbeitsvertrag in Verbindung mit § 616 Satz 1 BGB nicht in Betracht. Fraglich ist, wie dieser Umstand mit einer gestaltenden Wirkung und insofern mit der Verbindlichkeit der Erklärung des Arbeitnehmers zu vereinbaren sein soll.

a. Die zeitweilige Verhinderung an der Arbeitsleistung nach § 616 Satz 1 BGB

Schüren zufolge ist in dem genannten Beispiel eine Befugnis des Arbeitnehmers, sich wegen der Verspätung auf § 616 Satz 1 BGB zu berufen, nicht vorgesehen[151]. Gemäß § 616 Satz 1 BGB wird der zur Dienstleistung Verpflichtete „des Anspruchs auf die Vergütung nicht dadurch verlustig, dass er für eine verhältnismäßig nicht erhebliche Zeit durch einen in seiner Person liegenden Grund ohne sein Verschulden an der Dienst-

[146] Siehe Teil 5, D.
[147] Siehe Teil 5, B IV 5.
[148] *Schüren*, ArbuR 1996, S. 381 (382).
[149] Münchener Handbuch Ergänzungsband - *Schüren*, § 165 Rn 66.
[150] *Schüren*, ArbuR 1996, S. 381 (382).
[151] *Schüren*, ArbuR 1996, S. 381 (382).

leistung verhindert wird". Aus diesem Grund muss die Befugnis, den Entgeltanspruch aufrechtzuerhalten, gar nicht besonders vorgesehen sein, sondern sie kommt bereits von Gesetzes wegen in Betracht.

aa. Die Intention des Gesetzgebers

Erbringt der Arbeitnehmer seine Arbeitsleistung nicht, so entfällt nach dem Grundsatz „Ohne Arbeit kein Lohn" nach den §§ 275 Abs. 1, 326 Abs. 1 Satz 1 BGB sein Anspruch auf die Gegenleistung, die Vergütung. § 616 Satz 1 BGB hält in Abweichung davon den Vergütungsanspruch des Arbeitnehmers aus dem Arbeitsvertrag aufrecht[152]. Diese Regelung gehört dem BGB bereits seit seinem Inkrafttreten an[153]. In den Motiven zum BGB findet sich dazu unter § 562 die Erläuterung, dass die Abweichung von dem oben genannten Grundsatz „auf sozialpolitischen Rücksichten und auf Gründen der Humanität" beruhe[154]. Zusätzlich wird auf gemeinrechtliche Sichtweisen verwiesen, nach welchen geringfügige Verhinderungen nicht zu einem Abzug berechtigen sollen[155]. Dementsprechend wird es dem Arbeitgeber zugemutet, die Gegenleistungsgefahr bei Unmöglichkeit der Arbeitsleistung zu tragen[156]. In einem Urteil vom 18.12.1959 hat der Große Senat des BAG hervorgehoben, dass § 616 BGB somit einen Interessenausgleich zwischen Arbeitgeber und Arbeitnehmer vorwegnehme[157].

bb. Relevante Leistungshindernisse

Relevant sind für den Tatbestand des § 616 Satz 1 BGB nur subjektive Leistungshindernisse, das sind solche, die der persönlichen Sphäre des Arbeitnehmers entstammen[158]. Anderenfalls würde dem Arbeitgeber ein

---

[152] Erman - *Belling*, BGB, § 616 Rn 10; Münchener Handbuch I - *Boewer*, § 80 Rn 1; MünchKomm - *Henssler*, BGB, § 616 Rn 1 f.; Soergel - *Kraft*, BGB, § 616 Rn 2; Staudinger - *Oetker*, BGB, § 616 Rn 18, 20.

[153] Reichs - Gesetzblatt v. 18.8.1896, S. 299.

[154] Motive Band II, S. 463, § 562, Zeitweilige Verhinderung des Dienstverpflichteten.

[155] Motive Band II, S. 464, § 562, Zeitweilige Verhinderung des Dienstverpflichteten; Staudinger - *Oetker*, BGB, § 616 Rn 15 f. stellt allein hierauf ab.

[156] Münchener Handbuch I - *Boewer*, § 80 Rn 1.

[157] BAG (GS) v. 18.12.1959, AP Nr. 22 zu § 616 BGB (B II 4 der Gründe).

[158] BAG v. 8.12.1982, AP Nr. 58 zu § 616 BGB; Bamberger / Roth - *Fuchs*, BGB, § 616 Rn 6; ErfK - *Dörner*, § 616 BGB Rn 4 f.; Erman - *Belling*, BGB, § 616 Rn 20; Münchener Handbuch I - *Boewer*, § 80 Rn 2; MünchKomm - *Henssler*, BGB, § 616 Rn 17; Soergel - *Kraft*, BGB, § 616 Rn 13; Staudinger - *Oetker*, BGB, § 616 Rn 53.

allgemeines Risiko überbürdet. Beispiele sind familiäre Ereignisse wie der Tod naher Angehöriger, die eigene Hochzeit oder die Niederkunft der Ehefrau, überdies die Pflege plötzlich erkrankter naher Angehöriger, dazu persönliche Unglücksfälle wie Brand oder ein unverschuldeter Unfall und schließlich die Ausübung eines Ehrenamtes und auch Termine bei Behörden und Gerichten[159].

cc. Die Abdingbarkeit des Anspruchserhalts

Die Geltung des § 616 Satz 1 BGB bedarf zwar keiner besonderen Vereinbarung, dennoch ist die Norm abdingbar, das heißt sie steht zur Disposition sowohl der Tarifvertrags- als auch der Arbeitsvertragsparteien, was aus § 619 BGB zu schließen ist[160]. Dieser erklärt nämlich lediglich die vorstehenden § 617 und § 618 BGB für unabdingbar. Abweichungen von beziehungsweise ein Ausschluss der gesetzlichen Bestimmung können sowohl zugunsten als auch zu Lasten des Arbeitnehmers erfolgen[161]. Geschieht der Ausschluss konkludent, so muss dem BGH zufolge die stattdessen geltende Regelung einer umfassenden Interessenwürdigung standhalten[162]. Auf diese Weise wird der Ausgleich, den bisher § 616 Satz 1 BGB vorgenommen hat, einer Vertragsinhaltskontrolle nach § 242 BGB unterstellt[163]. Andere verlangen bei gänzlichem Ausschluss eine sachliche Rechtfertigung, insbesondere durch besondere Verhältnisse im Betrieb oder Wirtschaftszweig[164]. Gegen eine solche abgestufte Abdingbarkeit spricht, dass nicht nachvollziehbar ist, warum diese gerade in einem Fall an besondere Sachgründe gebunden sein soll[165], zumal das Leistungshindernis aus der ganz persönlichen Sphäre des Arbeitnehmers selbst stammt, er also nicht vor Betriebs- oder Wirtschaftsrisiken geschützt werden muss[166]. Überdies sind die von § 616 Satz 1 BGB erfassten Verhinderungen nur solche, die während einer

159 Statt vieler ErfK - *Dörner*, § 616 BGB Rn 6 - 13; Münchener Handbuch - Boewer, BGB, § 80 Rn 15.

160 BAG (GS) v. 18.12.1959, AP Nr. 22 zu § 616 BGB (B II 3 der Gründe); Bamberger / Roth - *Fuchs*, BGB, § 616 Rn 4; ErfK - *Dörner*, § 616 BGB Rn 19; Erman - *Belling*, BGB, § 616 Rn 11; H/W/K - *Krause*, § 616 BGB Rn 49; Münchener Handbuch I - *Boewer*, § 80 Rn 8; MünchKomm - *Henssler*, BGB, § 616 Rn 60; Soergel - *Kraft*, BGB, § 616 Rn 4; Staudinger - *Oetker*, BGB, § 616 Rn 141.

161 ErfK - *Dörner*, § 616 BGB Rn 19.

162 BGH (v. 6.4.1995) NJW 1995, S. 2629.

163 Ebenso Münchener Handbuch I - *Boewer*, § 80 Rn 9.

164 *Däubler*, Das Arbeitsrecht 2, Rn 854; Schaub - *Linck*, Arbeitsrechts - Handbuch, § 97 Rn 20.

165 Staudinger - *Oetker*, BGB, § 616 Rn 144.

166 Erman - *Belling*, BGB, § 616 Rn 15.

„verhältnismäßig nicht erhebliche[n] Zeit" auftreten, so dass die finanziellen Einbußen bei vollständiger Abdingbarkeit für den Arbeitnehmer ohnehin relativ gering sind.

b. Die Anwendbarkeit des § 616 Satz 1 BGB bei Arbeitszeitsouveränität

§ 616 Satz 1 BGB schützt den Arbeitnehmer also davor, in Fällen, in denen es ihm aus persönlichen Gründen und unverschuldet unzumutbar ist, der Arbeitspflicht nachzukommen und die Arbeit aufzunehmen, zu einer Vor- oder Nacharbeit der versäumten Zeit verpflichtet zu sein, um seinen regulären Vergütungsanspruch aufrechterhalten zu können[167]. Voraussetzung des Anspruchserhalts ist deshalb, dass für den betreffenden Tag bereits eine verbindliche Regelung für die konkrete Arbeitszeit vorhanden ist[168], denn von versäumter Zeit kann nur gesprochen werden, wenn überhaupt ein Zeitraum mit Anwesenheitspflicht fixiert ist[169]. Wird die Planung bei flexibler Arbeitszeit durch den Arbeitgeber bestimmt, das ist in der Regel bei der Abrufarbeit der Fall[170], muss der Arbeitnehmer rechtzeitig Bescheid geben, wenn er schon im Voraus weiß, dass er zu bestimmten Terminen unverschuldet an der Arbeitsleistung verhindert sein wird. Ergibt sich die Überschneidung dagegen erst nachdem die Arbeitszeitplanung verbindlich geworden ist, kommt wie im starren System § 616 Satz 1 BGB zur Anwendung. Das wirft die Frage auf, ob sich an dieser Systematik etwas ändert, wenn der Arbeitnehmer selbst die konkrete Zeitverteilung vornehmen kann.

Als insofern relevante Unterschiede zwischen der Bestimmung durch den Arbeitgeber und derjenigen durch den Arbeitnehmer lassen sich im Hinblick auf § 616 Satz 1 BGB die folgenden aufzeigen: Die flexible Bestimmung, die der Arbeitgeber vornimmt, steht der einmaligen Festlegung einer starren Zeit, bei welcher § 616 Satz 1 BGB unstreitig zur Anwendung kommt, nicht fern, denn die Bestimmung von Dauer und Lage der täglichen Arbeitszeit unterliegt ohnedies seinem Weisungsrecht[171]. Bei der Abrufarbeit tritt nur zusätzlich noch die Variabilität hinzu.

---

[167] Münchener Handbuch Ergänzungsband - *Schüren*, § 165 Rn 66 f.

[168] Münchener Handbuch Ergänzungsband - *Schüren*, § 165 Rn 67.

[169] H/W/K - *Krause*, § 616 BGB Rn 9.

[170] Siehe Teil 1, C IV 1; Teil 4, A.

[171] AR - Blattei (SD) 600 - *Hunold*, Direktionsrecht, Rn 224; *Hromadka*, DB 1995, S. 2601 (2604); Kittner / Däubler / Zwanziger - *Zwanziger*, KSchR, § 2 KSchG Rn 49; Münchener Handbuch I - *Richardi*, § 12 Rn 56; dass. - *Blomeyer*, § 48 Rn 143.

Wie bei der starren Arbeitszeit richten sich die Arbeitszeiten beim Abruf nach den betrieblichen Notwendigkeiten[172]. Persönliche Interessen des Einzelnen kommen, abgesehen von den zwingenden Vorgaben des § 12 TzBfG für die Abrufarbeit, nicht vor. Das bedeutet aber auch nicht, dass die Bedürfnisse des Arbeitnehmers gänzlich unberücksichtigt blieben. Allerdings sind in solchen Fällen einer einseitigen Leistungsbestimmung die Interessen der Parteien nicht gleichwertig gegeneinander abzuwägen, sondern es handelt sich um einen innervertraglichen Beurteilungsmaßstab[173]. Entsprechend der zugrunde liegenden Regelung sind dann die betrieblichen Bedürfnisse für die Anwesenheit im Betrieb ausschlaggebend und erst zweitrangig ist nach eventuellen Interessen des Arbeitnehmers zu fragen[174]. Demzufolge ist es naheliegend, auf § 616 Satz 1 BGB, welcher Unzumutbarkeiten und somit das äußerste Interesse des Arbeitnehmers berücksichtigt, auch bei flexibler Zeitverteilung zurückzugreifen, wenn eine verbindliche Planung getroffen worden ist und der Arbeitnehmer persönliche Zeitbedürfnisse nicht (mehr) einbringen kann.

In Arbeitszeitmodellen, in denen die Arbeitnehmer selbst Zeitentscheidungen treffen, spiegeln sich die betrieblichen Interessen in den Kernzeiten wider. Insoweit ist es zumindest für den Bereich der Kernzeiten richtig, wenn § 616 BGB hier anspruchserhaltend zur Geltung kommt. Allgemein bedeutet dies, dass der Anwendungsbereich des § 616 BGB also immer dann eröffnet sein kann, wenn ein bereits fixiertes betriebliches Interessen mit zeitlichen Notwendigkeiten des Arbeitnehmers kollidiert.

Außerhalb der Kernzeiten kann der Arbeitnehmer seine Interessen, unter Umständen in Abwägung mit betrieblichen Belangen, in bestimmtem Maße in die Tagesplanung einfließen lassen. Demnach besteht bereits ein Freiraum für private Angelegenheiten, der im Übrigen noch über die Voraussetzungen des § 616 Satz 1 BGB hinausgeht, da Letzterer ausschließlich auf unverschuldete Gründe in der Person des Arbeitnehmers angelegt ist, wohingegen es bei der von vornherein eigenverantwortlichen Verteilung der Zeit für den Arbeitgeber unerheblich ist, ob der Arbeitnehmer die Zeit verschuldet oder unverschuldet für seine privaten Belange einsetzt. Vergleichbar verhält es sich zudem, wenn wie bei den speziellen Funktions- oder Servicezeiten teilweise üblich, nicht der Ein-

---

[172] *Linnenkohl / Rauschenberg / Gressierer / Schütz*, Arbeitszeitflexibilisierung, S. 68, 84.

[173] Buschmann / Dieball / Stevens = Bartol - *Buschmann*, TZA, § 12 TzBfG Rn 52; *Schüren*, ArbuR 1996, S. 381 (384); ebenso Münchener Handbuch Ergänzungsband - *Schüren*, § 162 Rn 130, § 168 Rn 32.

[174] Münchener Handbuch Ergänzungsband - *Schüren*, § 162 Rn 130, § 168 Rn 32.

zelne zur permanenten Anwesenheit in dieser Kernzeit verpflichtet ist, sondern lediglich gewährleistet sein muss, dass die Abteilung oder Einheit durchgängig besetzt ist. Dann sind zwar die betrieblichen Interessen für bestimmte Zeiträume festgelegt, der Arbeitnehmer ist aber dennoch nicht persönlich auf diese verpflichtet.

Allein dadurch, dass im Arbeitsverhältnis ein flexibles Arbeitszeitmodell praktiziert wird, ist der Anwendungsbereich des § 616 Satz 1 BGB im Ergebnis nicht ausgeschlossen. Die Charakteristika der Zeitflexibilität deuten aber darauf hin, dass für die Anwendbarkeit des § 616 Satz 1 BGB entscheidend sein kann, wie viel Freiraum dem Arbeitnehmer zur Verteilung von Freizeit und Arbeitszeit zugestanden wird. Ausschlaggebendes Kriterium ist in diesem Sinne das Maß der Arbeitszeitsouveränität, das heißt, inwieweit der Arbeitnehmer seine persönlichen Interessen also bereits selbst berücksichtigen und einfließen lassen kann. Davon sind, wie bereits angedeutet, diejenigen Zeiträume betroffen, für die der Arbeitgeber seine Interessen gerade noch nicht endgültig und abschließend zum Ausdruck gebracht hat, denn für diese Zeiten steht es dem Arbeitnehmer offen, auch seine eigenen Interessen noch im Rahmen der Planung einzubringen[175]. In solchen Konstellationen kann die Geltung des § 616 Satz 1 BGB ausgeschlossen sein.

Nach *Schüren* wiederum soll die Zeitsouveränität hingegen nicht so weit gehen, dass von Seiten der Arbeitnehmer bereits getroffene Zeitbestimmungen beliebig geändert werden dürften. Er bringt vor, dass gerade dann, wenn die Arbeitnehmer selbst die Zeitplanung vornehmen, eine nachträgliche Planänderung zur Vermeidung von Entgeltansprüchen, für die zusätzlich nun doch § 616 Satz 1 BGB herangezogen werden müsste, nicht in Frage kommen soll, da der Arbeitnehmer auf diese Weise entgegen der Wertung des Gesetzgebers zur Vor- und Nacharbeit verpflichtet werde[176].

Flexible Arbeitszeitmodelle als gängige Arbeitszeitformen haben sich zunehmend erst seit den 80er Jahren verbreitet[177]. § 616 Satz 1 BGB wurde vom ersten Gesetzgeber des BGB also in den ursprünglichen Kontext noch unflexibler Arbeitszeitmodelle hinein geschaffen. Die Norm wirkte dabei dem Umstand entgegen, dass bei starren Arbeitszeiten die Anwesenheitspflicht unabänderlich feststeht und der Arbeitnehmer in der Regel bei Arbeitsversäumnis keine Vergütung erhält. Speziell

175 Im Ergebnis ebenfalls für die partielle oder totale Abbedingung des § 616 BGB *Reichold*, NZA 1998, S. 393 (398).
176 Münchener Handbuch Ergänzungsband - *Schüren*, § 165 Rn 71.
177 Siehe Teil 3, B II 3 a.

persönliche und unverschuldete Belange sollten ihm aber nicht angelastet werden, so dass ihm in diesem Bereich ein Vorteil in Form eines Anspruchserhalts auch ohne Vor- oder Nacharbeit gewährt worden ist.

Wird ein „Versäumnis" aus der Eingleitspanne des Vormittags am Nachmittag in der Ausgleitspanne nachgeholt oder aber wird eine bereits verplante Zeit aus persönlichen Gründen des Arbeitnehmers neuverteilt, so lastet dem nicht das Wesen einer Vor- oder Nacharbeit an. Arbeitszeitsouveränität führt vielmehr dazu, dass der Arbeitnehmer, wenn er zu einer bestimmten Zeit nicht erscheint, gar nicht erst in Gefahr gerät, seinen Anspruch zu verlieren und dieser dann aufrechterhalten werden müsste. Die Arbeitszeit ist von vornherein in einer Weise geregelt, die dem Arbeitnehmer die Möglichkeit verschafft, seine persönlichen Belange so zu platzieren, dass es gar nicht erst zu einer Kollision mit der Verpflichtung zur Anwesenheit am Arbeitsplatz kommen kann. Vor- oder Nacharbeit implizieren demgegenüber, dass diese Arbeitsleistungen außerhalb der regulären persönlichen Arbeitszeiten erbracht werden sollen, um die versäumte Arbeitszeit wieder auszugleichen. Arbeit in den Gleitspannen oder Bandbreiten liegt jedoch nicht außerhalb der normalen Arbeitszeiten, sondern gerade genau innerhalb des Rahmens, der die generellen Arbeitsmöglichkeiten umgrenzt. Darüber hinaus darf nicht außer Acht gelassen werden, dass in der Mehrzahl der flexiblen Arbeitszeitmodelle nicht nur die Verteilung am Tag, sondern ebenfalls die tägliche Dauer zur Disposition des Arbeitnehmers steht. Er kann dadurch sein Arbeitszeitvolumen auf den zugrunde liegenden Bemessungszeitraum verteilen oder muss erst am Ende eines Ausgleichszeitraums überhaupt seine durchschnittliche Arbeitszeit erreicht haben[178]. Diese Modelle sind folglich schon darauf angelegt, dass es auch einmal zu Arbeitsversäumnissen kommen kann, die an anderen Tagen wieder ausgeglichen werden.

Zusammengefasst werden, nach der Interessenwürdigung im Sinne des BGH[179], die berührten Interessen der Arbeitnehmer durch eine Gleitzeitregelung selbst berücksichtigt. Wird im Arbeitsverhältnis ein flexibles Arbeitszeitmodell mit Arbeitszeitsouveränität praktiziert, so kann deshalb für Zeiten außerhalb der Kernzeiten von einem konkludenten Ausschluss der Regelung des § 616 Satz 1 BGB ausgegangen werden.

Hinsichtlich der Einfachen Gleitzeit ist noch zu berücksichtigen, dass einzig die Lage der Arbeitszeit flexibel ist, nicht hingegen die tägli-

---

178 Siehe Teil 3, B II 1 b bb (3), (4).
179 Siehe Teil 5, E II 1 a cc.

che Dauer. Aus diesem Grund kann § 616 Satz 1 BGB dann jedenfalls doch einmal zur Anwendung kommen, wenn das Versäumnis am Tag so groß ist, dass es nicht am selbigen bereits wieder ausgeglichen werden kann, womit also ein echtes Arbeitsversäumnis gegeben ist. Demgegenüber kann der Ausgleich in Fällen, in welchen die tägliche Dauer außerhalb der Kernzeiten gleichfalls flexibel verteilbar ist, auch noch zu einem späteren Zeitpunkt erfolgen, ohne dass § 616 Satz 1 BGB bemüht werden muss. Ist allerdings im Einzel- oder Kollektivvertrag ausdrücklich die zusätzliche Freizeitgewährung für persönliche Belange wie beispielsweise Hochzeit oder Todesfälle vorgesehen, so ist der Arbeitnehmer in jedem Fall für den Bezugszeitraum seiner Arbeitszeit für die durchschnittliche Tagesarbeitszeit und ohne Vergütungseinbuße freizustellen[180].

Schüren beurteilt die Regelung des § 616 Satz 1 BGB für die Gleitspannen außerhalb der Kernzeiten als nicht sachgemäß. Seiner Ansicht nach soll die Zeitverteilung in diesem Rahmen beliebig sein, so dass es sich um die schlichte Erfüllung der arbeitsvertraglichen Leistungspflicht handele[181]. Im Ergebnis ist ihm insoweit zuzustimmen, als es den Ausschluss des § 616 Satz 1 BGB betrifft. Die bloße Nichtgeltung der Norm in diesen Fällen belegt aber keineswegs, dass ein Leistungsbestimmungsakt entbehrlich ist. Sondern der Umstand, dass die Gleitspanne noch völlig offen ist, bringt zum Ausdruck, dass sich dem Arbeitnehmer gerade hier noch Raum bietet, seine Interessen einzubringen und eine rechtsverbindliche Bestimmung zu treffen. Anders verhält es sich hingegen innerhalb der Kernzeiten, wo auch die zeitliche Pflicht bereits vom Arbeitgeber fixiert worden ist.

2. Die Person des Bestimmungsberechtigten

Wie bereits zur Bedeutung der Arbeitszeit im Arbeitsverhältnis sowie zur Konkretisierung nach § 243 Abs. 2 BGB festgestellt, kann immer dann, wenn der Schuldner selbst eine bestimmte Leistungshandlung vornehmen soll, der dahinterstehende Rechtsakt nicht ganz eindeutig zu erkennen sein, dieser vielmehr mit der tatsächlichen Erbringung zusammenfallen[182]. In Anlehnung an diese Ergebnisse ist daher ein Leistungsbestimmungsakt nicht deshalb ausgeschlossen, weil der zur Bestimmung Berechtigte gleichzeitig auch der tatsächlich Ausführende ist. Dem Arbeitnehmer, der seine Arbeitszeit entsprechend dem praktizierten Modell

[180] *Schüren*, ArbuR 1996, S. 381 (385).
[181] *Schüren*, ArbuR 1996, S. 381 (382).
[182] Siehe Teil 5, B I 2, 3.

selbst regeln kann, kommt auf diese Weise eine zweifache Aufgabe zu, nämlich zum einen, den zugrunde liegenden Vertrag durchzuführen und dafür zu im jeweiligen Maße selbstbestimmten Zeiten tatsächlich anwesend zu sein und zum anderen, die zu diesem Zweck noch notwendige rechtliche Gestaltung vorzunehmen. Insofern ist die konkrete rechtliche Fixierung dann selbst Teil der arbeitsvertraglichen Leistungspflicht.

III. Die Verbindlichkeit des Gestaltungsakts

Übt er seine Arbeitszeitsouveränität aus, trifft der Arbeitnehmer den bisherigen Ausführungen zufolge also eine ausdrückliche oder konkludente Bestimmung, durch welche er einen bestehenden Arbeitszeitrahmen mit Inhalt füllt. Eine solche konkretisierende Festsetzung kann der Rechtsfigur des Leistungsbestimmungsrechts zugeordnet werden, da mit ihr ein eigenständig verbindlicher Inhalt geschaffen wird. Jedenfalls wenn Festsetzung und tatsächliche Leistungserbringung übereinstimmen, ist davon auszugehen.

Ein Problem zeigt möglicherweise aber doch der von *Schüren* geschilderte Fall auf, in welchem der Arbeitnehmer im Voraus eine Erklärung zur geplanten Arbeitszeit abgegeben und diese dann nicht eingehalten hat[183]. Es stellt sich nämlich die Frage, wie mit dem hier zutage tretenden Auseinanderfallen von rechtlicher Erklärung und tatsächlicher Arbeitsaufnahme umzugehen ist. Eine vom Arbeitgeber vorgegebene Zeit behält ihre Verbindlichkeit auch, wenn der Arbeitnehmer nicht erscheint. Etwaige Arbeitsversäumnisse werden deshalb gegebenenfalls mit der Regelung des § 616 Satz 1 BGB überbrückt. Im Unterschied dazu kann innerhalb der Gleitspannen und gegebenenfalls sogar an einem anderen Tag schlichtweg eine neue Arbeitszeit bestimmt werden, wenn der Arbeitnehmer selbst die Konkretisierung vornehmen darf so wie im Beispielsfall geschehen. Handelt es sich bei der Bestimmung um einen rechtlichen Gestaltungsakt, dann kann der Arbeitnehmer die einmal durch Willenserklärung festgelegte Arbeitszeit indes gar nicht mehr eigenmächtig verschieben, denn nach der Gestaltung ist die Erklärung unwiderruflich sowie die vorhandene Rechtsmacht verbraucht[184], somit eine konkret fixierte Arbeitszeit gegeben.

---

[183] *Schüren*, ArbuR 1996, S. 381 (382).
[184] Siehe Teil 2, A I 2.

1. Der Verbrauch der Gestaltungsmacht

Im Dauerschuldverhältnis verhält es sich nun aber so, dass das Leistungsbestimmungsrecht als Gestaltungsrecht nach seiner Ausübung nicht erlischt, sondern fortbesteht[185]. Möglicherweise kann daher der Arbeitnehmer die erste Bestimmung doch widerrufen beziehungsweise eine Neubestimmung vornehmen. Auch im Dauerschuldverhältnis ist der Widerruf des Leistungsbestimmungsakts aber nicht unbegrenzt möglich. Nach der Rechtsprechung ist der Berechtigte an seine Bestimmung jedenfalls solange gebunden, wie sich die tatsächlichen Verhältnisse nicht geändert haben[186]. Im Beispielsfall wird der Arbeitnehmer aufgehalten und kann deshalb erst später als zunächst angenommen an seinem Arbeitsplatz erscheinen. Der Formulierung der Rechtsprechung zufolge könnte man sich auf den Standpunkt stellen, dass insoweit eine Veränderung der tatsächlichen Verhältnisse gegeben ist, die zu einem abändernden Leistungsbestimmungsakt berechtigt. Eine solche Sichtweise würde es dem Bestimmungsberechtigten generell ermöglichen, die tatsächlichen Umstände zu beeinflussen oder sich auf Schwierigkeiten aus seiner Sphäre zu berufen, um auf diese Weise die Grundlage für eine Neubestimmung zu schaffen. Der Verbrauch sowie die Unwiderruflichkeit eines Gestaltungsakts dienen hingegen gerade dazu, den Erklärungsempfänger vor Unklarheiten, welche sich durch wechselnde Rechtslagen ergeben können, zu schützen[187]. Gleichzeitig ist im Dauerschuldverhältnis aber eine fortlaufende Regelungsbedürftigkeit entsprechend der tatsächlichen Umstände anzuerkennen, um die schnelle Anpassung an sich ändernde Rahmenbedingungen zu ermöglichen. Berücksichtigt man beide Aspekte, so kann die Zulässigkeit einer Neubestimmung nicht an der bloßen Veränderung der tatsächlichen Verhältnisse festgemacht werden, sondern zutreffender ist es, auf den fortlaufenden Charakter des Dauerschuldverhältnisses abzustellen[188]. Der Verbrauch der Gestal-

---

[185] BAG v. 21.6.1971, AP Nr. 13 zu § 315 BGB (II 1 der Gründe); v. 11.3.1981, AP Nr. 2 zu § 39 TV Angestellte Bundespost; *Bötticher*, Gestaltungsrecht und Unterwerfung im Privatrecht, S. 6; *Hromadka*, DB 1995, S. 1609 (1613 f.); MünchKomm - *Gottwald*, BGB, § 315 Rn 34, 69; *Söllner*, Einseitige Leistungsbestimmung im Arbeitsverhältnis, S. 29 f.; Soergel - *Wolf*, BGB, § 315 Rn 43; Staudinger - *Rieble*, BGB, § 315 Rn 265.

[186] BAG v. 10.5.1969, AP Nr. 1 zu § 315 BGB (II der Gründe); v. 21.6.1971, Nr. 13 zu § 315 BGB (II 1 der Gründe).

[187] BAG v. 21.6.1971, AP Nr. 13 zu § 315 BGB (II 1 der Gründe); *Bötticher*, Gestaltungsrecht und Unterwerfung im Privatrecht, S. 6; Bruns, ZZP 78 (1965), S. 264 (273 f.); *Larenz / Wolf*, BGB AT § 15 Rn 73, 75 f.; *Medicus*, BGB AT, Rn 90; Palandt - *Heinrichs*, BGB, Überbl v § 104 Rn 17.

[188] *Bötticher*, Gestaltungsrecht und Unterwerfung im Privatrecht, S. 6 f.; MünchKomm - *Gottwald*, BGB, § 315 Rn 34.

tungsmacht beschränkt sich dann auf die betreffende Situation[189], wohingegen zukünftige abweichende Bestimmungen weiterhin möglich bleiben[190].

2. Das Recht zur Abänderung der getroffenen Gestaltung

Nichtsdestotrotz kann ein einseitig gestaltender Akt aufgehoben werden, auch wenn die Gestaltungsmacht verbraucht ist. Möglich wird dies durch eine Vereinbarung zwischen den Beteiligten[191]. Diesbezüglich können nun weitere Gedanken *Schürens* - wenn auch in anderem Zusammenhang - nutzbar gemacht werden, und zwar, dass der Arbeitgeber die betrieblichen Interessen durch die Kernzeitenregelung abschließend eingebracht habe und dass das Erscheinen des Arbeitnehmers zu jedem Zeitpunkt innerhalb der Gleitzeit rechtzeitig sei[192]. Der Arbeitgeber hat sich somit also nur für die Kernzeiten verbindlich festgelegt, die restlichen Zeiträume hingegen dem Arbeitnehmer zur Einteilung überlassen. Dabei handelt es sich um eine konkretisierende Bestimmung, die der Arbeitnehmer zu treffen hat und die zur Durchführung des Vertrags noch erforderlich ist. Da im Vorhinein bereits der äußerste Rahmen, den diese Bestimmung inhaltlich zu beachten hat, vereinbart worden ist, ist das Maß, in welchem der Arbeitgeber als Gestaltungsgegner vor Unklarheiten beziehungsweise wechselnden Rechtslagen geschützt werden muss, ein schwächeres, als es beispielsweise bei den Gestaltungsrechten zur Aufhebung eines Rechtsverhältnisses wie Anfechtung oder Kündigung der Fall ist, denn diese müssen nicht zwingend erfolgen. Dieser Umstand sowie die in der Rahmenregelung bestimmte Interessenlage des Arbeitgebers sprechen dafür, dass es außerhalb der Kernbereiche der konkludenten Zustimmung des Arbeitgebers unterliegt, wenn der Arbeitnehmer seine getroffene zeitliche Festlegung abändern möchte, zumal die angesprochene Problematik nur in dem speziellen Fall einer bereits zuvor zugegangenen Erklärung auftritt. Eine andere Beurteilung wird man für die Fälle treffen müssen, in denen eine bisher unangemessene Zeitverteilung zugunsten des Arbeitgebers korrigiert wird. In diesem Fall ist ein besonderer Schutz vor den Nachteilen der ausgeübten Entscheidungs-

---

189 MünchKomm - *Gottwald*, BGB, § 315 Rn 34; Staudinger - *Rieble*, BGB, § 315 Rn 266.

190 *Söllner*, Einseitige Leistungsbestimmung im Arbeitsverhältnis, S. 114; Staudinger - *Rieble*, BGB, § 315 Rn 266.

191 LAG Düsseldorf (v. 16.1.1975) DB 1975, S. 1081; *Bötticher*, Gestaltungsrecht und Unterwerfung im Privatrecht, S. 6; *Larenz / Wolf*, BGB AT, § 15 Rn 75.

192 *Schüren*, ArbuR 1996, S. 381 (382).

kompetenz nicht erforderlich, weshalb auch eine einseitige Neuvornahme möglich ist[193].

Letztlich sind noch die Fälle zu überdenken, in welchen die Gleitzeiträume nicht der gänzlich freien Verfügung des Arbeitnehmers unterliegen, sondern dieser betriebliche und private Belange gegeneinander abzuwägen hat. Auch unter diesen Umständen kann man es dem Arbeitnehmer als gestattet erachten, seine Bestimmung mit einem erneuten Gestaltungsakt zu ändern, da es gerade ihm übertragen ist, eine richtige Abwägung zwischen den berührten Interessen zu treffen. Der Bestimmungsakt an sich ist damit gleichfalls abänderbar. In diesem Zusammenhang kann folglich erneut zwischen dem Bestimmungsakt auf der einen und der inhaltlich getroffenen Entscheidung auf der anderen Seite unterschieden werden. Nicht die Änderung des Gestaltungsakts, sondern deren Inhalt berührt die Interessen des Arbeitgebers, so dass die vorgenommene Neufestlegung durchaus treuwidrig sein kann, wenn sie den betrieblichen Belangen nicht hinreichend Rechnung trägt.

F. Ergebnis: Gestaltungsrecht trotz Kernzeitenregelung

Im Ergebnis schließen Kern- beziehungsweise Service- oder Funktionszeiten nicht aus, dass der Arbeitnehmer ein Leistungsbestimmungsrecht zur Gestaltung seiner täglichen Arbeitszeit ausübt. Maßgebliches Kriterium für den Akt der Leistungsbestimmung ist nicht, dass der Berechtigte bestimmte Interessen gegeneinander abwägt, sondern dass dieser die Macht hat, Rechte oder Pflichten innerhalb des Vertragsverhältnisses unmittelbar festzulegen oder zu ändern. Dies ist auch dann noch möglich, wenn bereits vertraglich einige Vorgaben für die zu bestimmenden Inhalte getroffen worden sind. Die Ausfüllung eines solchen Rahmens stellt sich als sogenannte konkretisierende Leistungsbestimmung dar. Als Rechtsgeschäft muss das Gestaltungsrecht allerdings auf einen rechtlichen Erfolg gerichtet sein. Aus diesem Grund ist es erforderlich, dass durch den Berechtigten Bestimmungen getroffen werden, deren Inhalt aufgrund der abstrakten Rahmenregelung noch keine Rechtsverbindlichkeit erlangt hatte. Während sich für die vorgegebenen Kernzeiten eine Anwesenheitspflicht bereits aus der zugrunde liegenden Rahmenregelung ergibt, ist die darüber hinausgehende tägliche Arbeitszeit als Eingrenzung der Arbeitspflicht hingegen noch nicht verbindlich geregelt. Demzufolge ist es dem Arbeitnehmer eröffnet, diese Modalität innerhalb

[193] BAG v. 21.6.1971, AP Nr. 12 zu § 315 BGB (II 1 der Gründe).

des Arbeitsverhältnisses selbständig, nämlich in Ausübung eines Leistungsbestimmungsrechts festzulegen.

Teil 6. Ergebnisse der Arbeit

Im Arbeitsrecht werden dem einzelnen Arbeitnehmer in einigen Bereichen selbständige Entscheidungskompetenzen eingeräumt. Dies eröffnet ihm einen eigenverantwortlichen Spielraum, der den Inhalt seines Arbeitsverhältnisses betrifft. Angesichts einer solchen Entwicklung ist für die vorliegende Arbeit von Interesse, in welchen speziellen Angelegenheiten ein Arbeitnehmer selbständig Regelungen treffen kann, ohne dass zusätzlich der Arbeitgeber als Vertragspartner mitwirken muss. Entscheidend ist deshalb, ob die Bestimmung, die ein Arbeitnehmer treffen kann, rechtsgeschäftlichen Charakter hat und deshalb Verbindlichkeit gegenüber dem Arbeitgeber erzeugen kann, oder ob es sich vielmehr nur um eine faktische Erklärung handelt, der es im Konfliktfall zwischen den Arbeitsvertragsparteien an rechtlicher Durchsetzungsmacht fehlt.

Das allgemeine rechtliche Instrument, mit dem einseitige Bestimmungen vorgenommen werden können, ist das Gestaltungsrecht. Es kann sowohl zur Begründung als auch zur Beendigung eines Rechtsverhältnisses eingesetzt werden. Darüber hinaus sind aber ebenfalls inhaltliche Bestimmungen, insbesondere aufgrund eines sogenannten Leistungsbestimmungsrechts im Sinne der §§ 315 ff. BGB, möglich, welche den Bestand des Verhältnisses nicht berühren. Diese inhaltlichen Bestimmungen stehen im Mittelpunkt der Überlegungen, so dass es also um Entscheidungen des Arbeitnehmers innerhalb eines bestehenden Arbeitsverhältnisses geht. Infolgedessen ist die zugrunde liegende Frage zunächst, welche inhaltlichen Gestaltungsmöglichkeiten dem einzelnen Arbeitnehmer kraft Gesetzes eingeräumt werden, sodann primär jedoch, in welchen Bereichen vertraglich eingeräumte Leistungsbestimmungsrechte zu finden sind wie es die Ausgangsbeispiele zu arbeitsrechtlichen Zielvereinbarungen, flexiblen Arbeitszeitmodellen und Cafeteria-Systemen zur Vergütung andeuten.

Als das weiteste Feld arbeitnehmerseitiger Leistungsbestimmung stellt sich die Arbeitszeit dar. Ursprünglich ist dies ein Gebiet gewesen, in welchem nur der Arbeitgeber mittels seines Weisungsrechts Anordnungen zu Lage und Dauer der täglichen Arbeitszeit getroffen hat. Im Zuge der Bemühungen, Arbeitsbedingungen zu flexibilisieren und dadurch anpassungsfähig an die jeweiligen Wirtschaftsbedingungen zu machen, haben sich hier jedoch verschiedene Arbeitszeitmodelle entwickelt, in denen in jeweils unterschiedlichem Maße Arbeitszeitsouveränität, das heißt zeitliche Leistungsbestimmung durch die Arbeitnehmer, praktiziert wird. Zusammengefasst haben die vorgenommenen Untersuchungen im Wesentlichen folgende Ergebnisse hervorgebracht:

1. Die einseitige Überlegenheit einer Vertragspartei kann sowohl faktischer als auch rechtlicher Natur sein. Letztere entfaltet sich in den Gestaltungsrechten, denn es handelt sich dabei um die gesetzlich oder vertraglich eingeräumte Rechtsmacht, den anderen Vertragspartner dem eigenen Willen zu unterwerfen. Faktische Gestaltung kommt zum Tragen, wenn eine der Vertragsparteien ein gewichtiges inhaltliches Mitspracherecht erhält, ohne aber das verfolgte Ziel selbständig rechtlich umsetzen zu können wie es ein Gestaltungsrecht ermöglicht. (Teil 2, A I, III der Arbeit)

2. Gestaltungsrechte zur inhaltlichen Ausgestaltung einer Rechtsbeziehung sind das Wahlrecht nach den §§ 262 - 265 BGB und das Leistungsbestimmungsrecht im Sinne des § 315 BGB. Für selbständige Entscheidungen eines Arbeitnehmers ist das Leistungsbestimmungsrecht am geeignetsten, da es den Berechtigten im Unterschied zum Wahlrecht nicht nur auf eine Auswahl unter vorgegebenen Varianten beschränkt, sondern eine grundsätzlich freie Entscheidung ermöglicht. (Teil 2, B II 3, 4 der Arbeit)

3. Von Gesetzes wegen wird dem Arbeitnehmer ein Leistungsbestimmungsrecht lediglich zur Inanspruchnahme von Elternzeit gemäß § 15 Abs. 1 - 3, § 16 BErzGG gewährt. Dadurch kann er bei Vorliegen der gesetzlichen Voraussetzungen seine Arbeitspflicht bis zur Vollendung des 3. Lebensjahres des Kindes suspendieren. Eine ähnliche Suspendierung der Arbeitspflicht wohnt außerdem der Teilnahme an einem rechtmäßigen Streik inne, wobei es sich aber nur um eine vorübergehende Einwirkung handelt. Diese rechtliche Macht kann nicht unmittelbar auf ein Gesetz gestützt werden, sondern sie ergibt sich richterrechtlich als Ausprägung der Koalitionsfreiheit nach Art. 9 Abs. 3 Satz 1 GG. (Teil 3, A IV 4, V der Arbeit)

4. Daneben darf die bloß faktische Macht in ihren Wirkungen nicht unterschätzt werden. Dass nämlich einseitige Bestimmungsbefugnisse auch ohne ein dahinterstehendes Gestaltungs- beziehungsweise Leistungsbestimmungsrecht dem Arbeitnehmer bei der Verwirklichung seiner inhaltlichen Vorstellungen von Nutzen sein können, zeigt sich vor allem im Fall des § 8 TzBfG und des § 7 Abs. 1 BUrlG sowie in schwächerer Form auch bei den Ansprüchen auf Teilzeitarbeit nach § 15 Abs. 6 und 7 BErzGG und § 81 Abs. 5 Satz 3 SGB IX. Die Rechtsmacht, das dort jeweils geregelt Verlangen nach Verkürzung der Arbeitszeit beziehungs-

weise nach Erholungsurlaub umzusetzen, hat zwar der Arbeitgeber inne, da dieser seine Mitwirkung aber einzig aus den nach § 8 Abs. 4 Satz 1 TzBfG beziehungsweise § 7 Abs. 1 Satz 1 BUrlG gesetzlich vorgesehenen Gründen versagen kann, kommt dem Arbeitnehmer ein bestimmender Einfluss auf die Verkürzung und Neuverteilung seiner Arbeitszeit beziehungsweise auf seinen Urlaubstermin zu. Auf diese Weise ist es dem Arbeitnehmer möglich, den Inhalt der zeitlichen Regelung nicht nur zu beeinflussen, sondern maßgeblich zu „bestimmen". Insofern handelt es sich um faktische Leistungsbestimmung, der sich die rechtliche Umsetzungsmacht des Arbeitgebers gegebenenfalls beugen muss. (Teil 3, A II 1 f, 2 c, 3, IV 1 b ee, VII der Arbeit)

5. Ein Instrument, um Arbeitnehmer intensiver in die Organisation der Arbeitsabläufe einzubinden und Selbständigkeit und Eigenverantwortung der Mitarbeiter zu fördern, sind arbeitsrechtliche Zielvereinbarungen. Da das Instrument dazu dient, Engagement und Einsatzfreude der Mitarbeiter zugunsten des Betriebs zu heben, ist primär entscheidend, dass den Arbeitnehmern im Betriebsalltag in tatsächlicher Hinsicht die zugesagte Freiheit in der praktischen Gestaltung der Arbeitsabläufe gewährt wird. Die Beschränkung der Zielvereinbarung auf bestimmte Inhalte ist dafür nicht erforderlich. Infolge ihrer Vertragsfreiheit steht es den Parteien zu, die Freiheit des Arbeitnehmers in Mitteln und Wegen der Zielerreichung grundsätzlich als Leistungsbestimmungsrecht auszugestalten. Fehlt es an eindeutigen Hinweisen, so kann jedoch aus dem Abschluss einer arbeitsrechtlichen Zielvereinbarung sowie aus einer zurückhaltenden Ausübung des Weisungsrechts durch den Arbeitgeber nicht auf das Vorhandensein eines solchen Rechts geschlossen werden, da selbständiges Arbeiten nicht per se ein rechtliches Element ist, sondern eine tatsächliche Eigenschaft, welche den Arbeitnehmer auszeichnet. Es ist dann wiederum von bloß faktischer Bestimmungsmacht auszugehen. (Teil 3, B I 1 der Arbeit)

6. Weder Leistungsbestimmungsrechte des Arbeitnehmers noch rechtliche Gestaltung überhaupt finden sich bezüglich der Vergütung. Zum einen kommen leistungsbezogene Entgelte vor, bei welchen sich die Vergütung am Ergebnis und nicht an der erbrachten Arbeitszeit orientiert. Für diese schafft der Arbeitnehmer durch seine Arbeit lediglich tatsächliche Anhaltspunkte zur Entgeltbemessung. Zum anderen existieren sogenannte Cafeteria-Systeme, die dem Arbeitnehmer eine Auswahl aus vorgegeben Vergütungskomponenten ermöglichen. Um ein gestaltendes Wahlrecht handelt es sich insofern allerdings nicht, da die Arbeitsleistung von Gesetzes wegen nach § 107 Abs. 1 GewO grundsätzlich in Geld zu vergüten ist, so dass von vornherein eine Leistungsart

bestimmt ist. Vielmehr ist von einer Ersetzungsbefugnis des Arbeitnehmers auszugehen, welcher jedoch keine Gestaltungsrechtsqualität zukommt. (Teil 3, B III 1 d, 2 b, c der Arbeit)

7. Ebenso wie bei den gesetzlichen Möglichkeiten beschränkt sich das Anwendungsfeld für vereinbarte arbeitnehmerseitige Leistungsbestimmung auf nur wenige Bereiche. Vergleichbar allerdings den gesetzlichen Regelungen, nach denen sich rechtliche und faktische Bestimmungsmöglichkeiten für Arbeitnehmer hauptsächlich im Hinblick auf Arbeitszeitfragen eröffnen, spielen vertragliche Leistungsbestimmungsrechte des Arbeitnehmers gerade bei der Arbeitszeitverteilung eine Rolle. (Teil 3, A VII, B II 4 der Arbeit)

8. Durch Lage und tägliche Dauer der Arbeitszeit wird die Arbeitspflicht des Arbeitnehmers begrenzt. Sind diese Größen nicht betriebseinheitlich starr vorgegeben, sondern können sie jeweils neu festgelegt werden, handelt es sich um flexible Arbeitszeit. Diese Flexibilität allein impliziert noch nicht, dass dem Arbeitnehmer ein Leistungsbestimmungsrecht zusteht. Des Weiteren ist Arbeitszeitsouveränität erforderlich, das heißt gerade dem Arbeitnehmer selbst muss das Recht eingeräumt sein, Lage und / oder tägliche Dauer seiner Arbeitszeit festzulegen. Auf diese Weise soll nicht nur die Eigenverantwortung der Mitarbeiter angeregt werden, sondern zugleich können in Abwägung mit den betrieblichen Interessen persönliche zeitliche Bedürfnisse, etwa die Betreuung von Kindern, besser zur Geltung gebracht werden. (Teil 3, B II 1 b bb, 2, 3 b, c der Arbeit)

9. In flexiblen Arbeitszeitmodellen wird das vereinbarte Arbeitszeitvolumen entsprechend dem betrieblichen Bedarf und persönlichen Belangen auf einen bestimmten Bemessungszeitraum verteilt beziehungsweise muss das Volumen nach einem bestimmten Zeitraum, dem Ausgleichszeitraum, im Durchschnitt erreicht worden sein. Der betriebliche Bedarf orientiert sich an der Nachfrage, so dass entsprechend der Auftragslage relativ mehr oder weniger gearbeitet werden soll. Die Flexibilität, das heißt die Anpassungsfähigkeit, ist eine dem Arbeitsverhältnis immanente und lässt sich somit gegenüber betriebsbedingten Kündigungen oder Befristung abgrenzen, welche das Arbeitsverhältnis in seinem Bestand berühren. Zugunsten des Arbeitgebers entfallen darüber hinaus grundsätzlich vergütungspflichtige Überstunden, da ein ausgeglichenes Arbeitszeitkonto anzustreben ist. (Teil 3, B II 1 b bb (3), (4), 3 b der Arbeit)

10. Arbeitszeitsouveränität kann auch einer Gesamtheit von Arbeitnehmern übertragen werden, wodurch die Leistungsbestimmung zur Bestimmung durch einen Dritten im Sinne des § 317 Abs. 1 BGB, nämlich die Gruppe, wird. Es handelt sich dann um eine teilautonome Arbeitsgruppe, welche ihre Arbeitszeit selbständig steuern kann. Teilautonomie bedeutet, dass der Arbeitgeber sein Weisungsrecht für bestimmte Regelungsbereiche auf die betroffenen Arbeitnehmer überträgt. Diese Autonomie ist somit nicht auf Arbeitszeitregelungen begrenzt, sondern kann ebenfalls die Organisation oder Art und Weise der Arbeitserbringung betreffen. (Teil 3, B I 2 b der Arbeit)

11. Flexible Arbeitszeiten mit Arbeitszeitsouveränität, also einem Leistungsbestimmungsrecht des Arbeitnehmers, werden durch fünf unterschiedliche Modelle, die flexiblen Arbeitszeitmodelle, umgesetzt. Darunter fallen Einfache Gleitzeit, Qualifizierte Gleitzeit, Vertrauensarbeitszeit, Telearbeit, Arbeitsplatzteilung, das heißt Job Sharing und unter Umständen auch Job Pairing. Die einzelnen Modelle unterscheiden sich unter anderem nach dem Maß, in welchem Lage und Dauer der Arbeitszeit jeweils veränderbar sind. Die Vertrauensarbeitszeit entspricht hinsichtlich der Verteilung der Arbeitszeit der Qualifizierten Gleitzeit, es entfällt lediglich die betrieblich veranlasste Auswertung der erbrachten Arbeitszeit, sofern diese aufgezeichnet worden ist. (Teil 3, B II 5 der Arbeit)

12. Die Möglichkeiten echter und nicht bloß faktischer Leistungsbestimmung des Arbeitnehmers beschränken sich auf den Bereich der Arbeitszeit. Aus diesem Grund sind Leistungsbestimmungsrechte des Arbeitnehmers bisher nicht tendenziell als gleichrangig neben das Weisungsrecht und sonstige Leistungsbestimmungsrechte des Arbeitgebers getreten. (Teil 3, C der Arbeit)

13. Die Leistungsbestimmung des Arbeitnehmers zur Arbeitszeit ist auf die Lage und die tägliche Dauer der Arbeitszeit begrenzt. Sie betrifft nur die Verteilung einer bestimmten Arbeitszeitmenge, wohingegen das Arbeitszeitvolumen feststeht. Das lässt sich in der Auseinandersetzung mit einem richtungsweisenden Urteil des BAG vom 12.12.1984 - AP Nr. 6 zu § 2 KSchG 1969 - nachvollziehen, in welchem das Gericht entschied, dass ein Arbeitgeber nicht im Wege der Leistungsbestimmung die Arbeitszeit einseitig nach Bedarf reduzieren dürfe. Damit ist die Dauer der Arbeitszeit als Arbeitszeitvolumen angesprochen. Im Hinblick auf die Dauer der Arbeitszeit ist nämlich zu differenzieren zwischen der täglichen Dauer, die sich aus der Differenz von Beginn und Ende der täglichen Arbeitszeit ergibt und der Dauer verstanden als Arbeitszeitvolumen, in welchem sich ein Arbeitnehmer bezogen auf einen bestimmten Zeit-

raum zur Arbeitsleistung verpflichtet und die entsprechend vergütet wird. Eine Vereinbarung mit welcher dem Arbeitgeber ein solches einseitiges Recht eingeräumt werde, sei gemäß § 134 BGB nichtig. Begründet wurde dies mit der änderungskündigungsähnlichen Wirkung unter Umgehung des Kündigungsschutzes sowie der Überbürdung des Beschäftigungsrisikos auf die Arbeitnehmer. Das Gericht hat indes verkannt, dass eine Änderungskündigung und ein änderndes Leistungsbestimmungsrecht unterschiedlichen Kriterien folgen, weshalb sich eine Nichtigkeit nicht auf ein Umgehungsgeschäft stützen lässt. Kritisch zu betrachten ist nicht die Form, in welcher die Änderung herbeigeführt wird, sondern vielmehr der materielle Inhalt der Änderung. Ausschlaggebend ist daher die Verlagerung des Beschäftigungsrisikos auf die Arbeitnehmer. (Teil 4, A III 1, D II der Arbeit)

14. Das Beschäftigungsrisiko ist das Wirtschaftsrisiko des Arbeitgebers, die Arbeitnehmer auch dann entlohnen zu müssen, wenn ihre Arbeitsleistung für ihn wirtschaftlich sinnlos ist, weil er sie nicht finanzieren oder nicht verwerten kann. Es kommt zum Ausdruck in § 615 Satz 1 BGB, aus welchem der Grundsatz „Lohn auch ohne Arbeit" abgeleitet wird. Einerseits ist dieses Wirtschaftsrisiko vertraglich abdingbar, andererseits kann die Überbürdung auf die Arbeitnehmer aber auch gegen die guten Sitten gemäß § 138 Abs. 1 BGB verstoßen. Letzteres ist der Fall, wenn sich zulasten des Arbeitnehmers eine Äquivalenzbeeinträchtigung zwischen Leistung und Gegenleistung ergibt. Bei einem offenen Arbeitszeitvolumen liegt eine solche Beeinträchtigung darin, dass für den Arbeitnehmer zum einen stets unsicher ist, ob und in welchem Umfang er zur Arbeitsleistung herangezogen wird. Zum anderen bringt die synallagmatische Koppelung von Leistung und Gegenleistung Entgeltschwankungen mit sich, die ihm die relativ verlässliche Schaffung und Erhaltung einer finanziellen Lebensgrundlage unmöglich machen. (Teil 4, D II 2, 3, III 1 der Arbeit)

15. Die Sittenwidrigkeit der Arbeitszeitregelung entfällt jedoch, wenn der Arbeitgeber eine gleichwertige Belastung übernimmt, so dass der bestehende Nachteil für den Arbeitnehmer durch eine angemessene Gegenleistung ausgeglichen wird. Daraus erklärt sich, warum flexible Arbeitszeiten als die flexible Verteilung eines vereinbarten Arbeitszeitvolumens definiert werden, denn die schwankende Verteilung eines bestimmten Volumens wird den Interessen beider Parteien zugleich gerecht, da sowohl Arbeitskräfte bedarfsorientiert eingesetzt werden können als auch den Arbeitnehmern aufgrund des festen Arbeitszeitvolumens Entgeltsicherheit zugestanden werden kann. Die erforderliche an-

gemessene Gegenleistung erfolgt somit in Form einer feststehenden Vergütung. (Teil 4, D III 2 der Arbeit)

16. Da auch ein Arbeitnehmer seine Leistungsbestimmung zur Arbeitszeit unter Berücksichtigung des Arbeitsanfalls, also des Bedarfs im Betrieb, treffen muss, unterliegt die Verteilung flexibler Arbeitszeit durch den Arbeitnehmer denselben Voraussetzungen wie diejenige durch den Arbeitgeber, denn Nachteile ergeben sich für die Arbeitnehmer nicht aus dem Bestimmungsakt an sich, sondern infolge der Risikoverteilung. Da diese sich durch den bloßen Austausch der Bestimmungsberechtigung nicht verändert, ist das gefundene Ergebnis zum Bestimmungsrecht des Arbeitgebers auf die Fälle von Arbeitszeitsouveränität zu übertragen. (Teil 4, D IV 1 der Arbeit)

17. Ein Sonderfall eines flexiblen Arbeitszeitvolumens ist gegeben, wenn sich für Arbeitnehmer in gehobenen Positionen die Arbeitszeit nach der jeweiligen Aufgabe richtet, wobei gleichzeitig allerdings eine feststehende Vergütung gezahlt wird. Die Problematik um das Beschäftigungsrisiko ist hier nicht einschlägig, da sich das Entgelt bei geringerer Arbeitsauslastung nicht verringert und ein gewisses Maß an „Überarbeit" in höheren Positionen von einem entsprechenden Entgelt bereits mitabgedeckt wird. Nichtsdestotrotz fordert auch in diesen Fällen umfangreicherer Aufgaben die Achtung vor der Persönlichkeit, dass dem Arbeitnehmer stets ein gewisser Anteil an Freizeit verbleibt. (Teil 4, D IV 2 der Arbeit)

18. Zusätzlich zu dem Erfordernis einer bestimmten Arbeitszeitmenge wird die Leistungsbestimmung des Arbeitnehmers zur Arbeitszeit durch sogenannte Kern-, Service- oder Funktionszeiten beschränkt. Diese stellen einen vorgegebenen abstrakten Zeitrahmen dar, der bei der Festlegung der individuellen Arbeitszeit beachtet werden muss. (Teil 3, B II 5 a - d, Teil 5, A der Arbeit)

19. Eine vereinbarte Rahmenregelung kann mit Hilfe eines Leistungsbestimmungsrechts näher mit Inhalt gefüllt werden. Es handelt sich insofern um eine konkretisierende Leistungsbestimmung. Leistungsbestimmung setzt als Gestaltungsrecht allerdings stets einen konstitutiven Akt voraus, so dass in jedem Einzelfall entscheidend ist, ob durch die konkretisierende Maßnahme zugleich ein eigenständiger, so bisher noch nicht verbindlich geregelter Inhalt geschaffen wird. Demzufolge muss der ausfüllende stets also auch ein rechtsbegründender Akt sein. Hingegen kommt es für die Leistungsbestimmung nicht notwendig darauf an, dass

der Gestaltende bestimmte Interessen der Vertragsparteien gegeneinander abwägt. (Teil 5, B I, II, C der Arbeit)

20. Im Arbeitsrecht kommen konkretisierende Maßnahmen beim Weisungsrecht des Arbeitgebers vor. Um eine konstitutive Leistungsbestimmung handelt es sich dabei zwar, wenn Dauer und Lage der täglichen Arbeitszeit von ihm näher bestimmt werden, Weisungen, durch welche die Arbeitspflicht mit Inhalt gefüllt wird, sind hingegen rein tatsächlicher Natur, da sie sich auf eine bereits begründete Pflicht beziehen. (Teil 5, B IV der Arbeit)

21. Die Arbeitszeit ist als Leistungszeit ein bedeutender Faktor bei der Erbringung der Arbeitsleistung, denn sie umgrenzt die tägliche Arbeitspflicht und somit die Hauptleistung des Arbeitnehmers. In flexiblen Arbeitszeitmodellen besteht eine konkrete Anwesenheitspflicht jedoch nur innerhalb der Kernzeiten. Die Gleitspannen stellen hingegen lediglich einen abstrakten Rahmen auf, innerhalb dessen die übrige Arbeitszeit zu platzieren ist, ohne dass bereits eine konkrete Pflicht, die Arbeit aufzunehmen, gegeben ist. Hier ist also noch Raum für konstitutive Leistungsbestimmung. Deshalb handelt es sich ebenso um solche konstitutiven Maßnahmen, wenn der Arbeitnehmer selbst die entsprechenden Bestimmungen zur Arbeitszeit treffen kann, denn erst aus der Festlegung ergibt sich seine jeweilige und somit konkrete Arbeitszeit. Kern- beziehungsweise Service- oder Funktionszeiten schließen somit nicht aus, dass der Arbeitnehmer ein Leistungsbestimmungsrecht zur Gestaltung seiner täglichen Arbeitszeit ausübt. (Teil 5, D, E I, II der Arbeit)

22. Die Rechtsnatur einer konkretisierenden Bestimmung hängt im Übrigen nicht davon ab, welcher der Vertragspartner, das heißt der Schuldner oder der Gläubiger, die Bestimmung trifft. Die für eine rechtsgeschäftliche Leistungsbestimmung erforderliche Willenserklärung kann auch konkludent zusammen mit der tatsächlichen Leistungshandlung erfolgen. Dem Arbeitnehmer, der seine Arbeitszeit entsprechend dem praktizierten Modell selbst regeln kann, fällt auf diese Weise eine zweifache Rolle zu, nämlich sowohl die des zunächst Bestimmenden als auch die des sodann Erbringenden der Leistung. Trotz vorgegebener Kern-, Service- oder Funktionszeiten handelt es sich bei der Festlegung der individuellen Arbeitszeit durch den Arbeitnehmer in flexiblen Arbeitszeitmodellen um ein Leistungsbestimmungsrecht. (Teil 5, B I 2, E 2 der Arbeit)

Abkürzungsverzeichnis

A.	Auflage
AGBG	AGB-Gesetz
ArbZG	Arbeitszeitgesetz
AZO	Arbeitszeitordnung
BeschFG	Gesetz über arbeitsrechtliche Vorschriften zur Beschäftigungsförderung
BR	Bürgerliches Recht
dass.	dasselbe
ders.	derselbe
dies.	dieselben
EAG	Einheitliches Gesetz über den Abschluss von internationalen Kaufverträgen über bewegliche Sachen
EFZG	Entgeltfortzahlungsgesetz
EuGVVO	Verordnung des Rates über die gerichtliche Zuständigkeit und die Anerkennung und Vollstreckung von Entscheidungen in Zivil- und Handelssachen
FernAbsG	Fernabsatzgesetz
Gesamthochsch.	Gesamthochschule
GK	Gemeinschaftskommentar
KAPOVAZ	Kapazitätsorientierte variable Arbeitszeit
KSchR	Kündigungsschutzrecht
LPartG	Lebenspartnerschaftsgesetz
NachwG	Nachweisgesetz
SachenRBerG	Sachenrechtsbereinigungsgesetz
TZA	Teilzeitarbeitsrecht
TzBfG	Teilzeit- und Befristungsgesetz
u.a.	und andere
UN - KaufAbk	Übereinkommen der Vereinten Nationen über Verträge über den internationalen Warenkauf
Univ.	Universität
v.	vom; vor

Im Übrigen entsprechen die weiteren gewählten Abkürzungen

Kirchner, Hildebert / Butz, Cornelie: Abkürzungsverzeichnis der Rechtssprache, 5. Auflage; Berlin 2003

Literaturverzeichnis

Adamski, Bernhard: Vertrauensarbeitszeit ... oder mehr Vertrauen in die Arbeitszeit, AuA 1999, S. 154 - 156

ders.: Arbeitszeitkonten / Ihre Bedeutung für Zeitwirtschaft und -management, AuA 1999, S. 305 f.

Adomeit, Klaus: Gestaltungsrechte, Rechtsgeschäfte, Ansprüche / Zur Stellung der Privatautonomie im Rechtssystem, Berlin 1969

ders.: Rechtsquellenfragen im Arbeitsrecht, München 1969

Annuß, Georg / Thüsing, Gregor: Teilzeit- und Befristungsgesetz / Kommentar, Heidelberg 2002

Anzinger, Rudolf: Das Arbeitszeitgesetz / Festschrift für Otfried Wlotzke zum 70. Geburtstag (Hrsg.: Anzinger / Wank), München 1996, S. 427 - 444

Baeck, Ulrich / Deutsch, Ulrich: Arbeitszeitgesetz / Kommentar, 2. Auflage, München 2004

Ballerstedt, Kurt: Arbeitskampf und Lohnrisiko, ArbuR 1966, S. 225 - 235

Bamberger, Heinz Georg / Roth, Herbert: Kommentar zum Bürgerlichen Gesetzbuch / Band 1 / Gesamtsachverzeichnis / §§ 1 - 610, München 2003

dies.: dass. / Band 2 / §§ 611 - 1296, ErbbauVO, WEG, München 2003

Bauer, Jobst - Hubertus / Diller, Martin / Göpfert, Burkard: Zielvereinbarungen auf dem arbeitsrechtlichen Prüfstand, BB 2002, S. 882 - 887

Baumbach, Adolf / Lauterbach, Wolfgang / Albers, Jan / Hartmann, Peter: Zivilprozessordnung mit Gerichtsverfassungsgesetz und anderen Nebengesetzen, 63. Auflage, München 2005

Becker, Friedrich / Hillebrecht, Wilfried: Gemeinschaftskommentar zum Kündigungsschutzgesetz und zu sonstigen kündigungsschutzrechtlichen Vorschriften, 7. Auflage, München, Unterschleißheim 2004, *zitiert: KR - Bearbeiter*

Becker, Manfred / Schwarz, Volker: Führen durch Zielvereinbarung bei dezentral organisierten Unternehmen, Personalwirtschaft 9 / 1998, S. 56 - 61

Becker, Michael: Gestaltungsrecht und Gestaltungsgrund, AcP 188, Tübingen 1988, S. 24 - 68

Behrens, Walther / Rinsdorf, Hauke: Beweislast für die Zielerreichung bei Vergütungsansprüchen aus Zielvereinbarungen, NZA 2003, S. 364 - 366

Berger - Delhey, Ulf: Die Leitungs- und Weisungsbefugnis des Arbeitgebers, DB 1990, S. 2266 - 2270

Berkowsky, Wilfried: Änderungskündigung, Direktionsrecht und Tarifvertrag - Zur Dogmatik der „überflüssigen Änderungskündigung“, NZA 1999, S. 293 - 299

Birk, Rolf: Die arbeitsrechtliche Leitungsmacht, Köln, Berlin, Bonn, München 1973

Birk, Rolf / Konzen, Horst / Löwisch, Manfred / Raiser, Thomas / Seiter, Hugo: Gesetz zur Regelung kollektiver Arbeitskonflikte / Entwurf und Begründung, Tübingen 1988

Boemke, Burkhard: Gewerbeordnung / Kommentar zu §§ 105 - 110 / Arbeitsvertragsgestaltung / Direktionsrecht / Entgelt / Arbeitszeugnis / Wettbewerbsverbot, Heidelberg 2003

Boewer, Dietrich: Teilzeit- und Befristungsgesetz (TzBfG) / Kommentar für die Praxis, Frechen 2002

Bosch, Aida / Ellguth, Peter / Promberger, Markus: Gleitzeit: Wieviel Zeitautonomie ist gefragt?, WSI - Mitteilungen 1992, S. 51- 59

Bötticher, Eduard: Einseitige Leistungsbestimmung im Arbeitsverhältnis (Zugleich eine Besprechung der gleichnamigen Schrift von Alfred Söllner), ArbuR 1967, S. 321 - 326

ders.: Gestaltungsrecht und Unterwerfung im Privatrecht, Berlin 1964

ders.: Besinnung auf das Gestaltungsrecht und das Gestaltungsklagerecht / Vom Deutschen zum Europäischen Recht / Festschrift für Hans Dölle (Hrsg.: Caemmerer / Nikisch / Zweigert) / Band I / Deutsches Privat- und Zivilprozessrecht / Rechtsvergleichung, Tübingen 1963, S. 41 - 77

Breisig, Thomas: Entlohnen und Führen mit Zielvereinbarungen / Orientierungs- und Gestaltungshilfen für Betriebs- und Personalräte sowie für Personalverantwortliche, 2. Auflage, Frankfurt am Main 2001

Brors, Christiane: Die individualrechtliche Zulässigkeit von Zielvereinbarungen, RdA 2004, S. 273 - 281

Brox, Hans: Anmerkung zum Urteil des BAG vom 20.12.1984, AP Nr. 27 zu § 611 BGB Direktionsrecht

Brox, Hans / Rüthers, Bernd: Arbeitskampfrecht / Ein Handbuch für die Praxis, 2. Auflage, Stuttgart, Berlin, Köln, Mainz 1982

Bruns, Rudolf: „Funktionaler“ und „instrumentaler“ Gehalt der Gestaltungsrechte und Gestaltungsklagerechte / Zu Eduard Bötticher: „Gestaltungsrecht und Unterwerfung im Privatrecht“, ZZP 78 (1965), S. 264 - 286

Buchner, Herbert: Die Umsetzung der Tarifverträge im Betrieb / Bewältigtes und Unbewältigtes aus dem Spannungsverhältnis tariflicher und betrieblicher Regelungsbefugnis, RdA 1990, S. 1 - 18

Busch, Mathias: Aus für die Arbeit auf Abruf, NZA 2001, S. 593 f.

Buschmann, Rudolf / Dieball, Heike / Stevens - Bartol, Eckart: TZA / Das Recht der Teilzeitarbeit / Kommentar für die Praxis, 2. Auflage, Frankfurt am Main 2001

Buschmann, Rudolf / Ulber, Jürgen: Arbeitszeitgesetz / Basiskommentar mit Nebengesetzen, 4. Auflage, Frankfurt am Main 2004

Büssing, André: Autonomie und Flexibilität in der Arbeitszeitgestaltung / Sozialverträgliche Arbeitszeitgestaltung (Hrsg.: Büssing / Seifert), München, Mering 1995, S. 81 - 102

Canaris, Claus - Wilhelm: Die Feststellung von Lücken im Gesetz, 2. Auflage, Berlin 1983

Cantauw, Jutta: Bedarfsorientierte Jahresarbeitszeit, Diss. 2002, Münster, Univ., Baden - Baden 2003

Danne, Harald Theodor: Das Job - sharing / Seine arbeits- und sozialversicherungsrechtliche Beurteilung nach Inkrafttreten des Beschäftigungsförderungsgesetzes 1985, Diss. 1985, Giessen, Univ., Neuwied, Darmstadt 1986

Däubler, Wolfgang: Das geplante Teilzeit- und Befristungsgesetz, ZIP 2000, S. 1961 - 1969

ders.: Das Arbeitsrecht 2 / Leitfaden für Arbeitnehmer, 11. Auflage, Reinbek bei Hamburg 1998

Däubler, Wolfgang / Kittner, Michael / Klebe, Thomas: BetrVG / Betriebsverfassungsgesetz mit Wahlordnung, §§ 121 - 128 InsO und EBR - Gesetz / Kommentar für die Praxis, 9. Auflage, Frankfurt am Main 2004, *zitiert: DKK - Bearbeiter*

Dercks, Achim / Heikaus, Achim: Individuell und flexibel - Wettbewerbsfaktor Arbeitszeitgestaltung / Ergebnisse einer DIHK - Unternehmensbefragung Herbst 2004, BArbBl 2005, Nr. 2, S. 4 - 7

Dieterich, Thomas / Müller - Glöge, Rudi / Preis, Ulrich / Schaub, Günter: Erfurter Kommentar zum Arbeitsrecht, 5. Auflage, München 2005, *zitiert: ErfK - Bearbeiter*

Dieterich, Thomas / Neef, Klaus / Schwab, Brent: Arbeitsrecht - Blattei / Systematische Darstellungen (AR - Blattei SD), 140. Lieferung, Heidelberg 2005

Dobberahn, Peter: Das neue Arbeitszeitgesetz in der Praxis / Grundregeln und Rechtsquellen des Arbeitszeitrechts, 2. Auflage, München 1996

Drexel, Ingrid: Zielvereinbarungen und Interessenvertretung - ein Instrument dezentraler Leistungs- und Entlohnungspolitik in der Praxis, WSI - Mitteilungen 2002, S. 341 - 346

Duden / Band 1 / Die deutsche Rechtschreibung, 23. Auflage, Mannheim, Leipzig, Wien, Zürich 2004

dass. / Band 5 / Das Fremdwörterbuch , 8. Auflage, Mannheim, Leipzig, Wien, Zürich 2005

dass. / Band 8 / Das Synonymwörterbuch, 3. Auflage, Mannheim, Leipzig, Wien, Zürich 2004

dass. / Band 10 / Das Bedeutungswörterbuch, 3. Auflage, Mannheim, Leipzig, Wien, Zürich 2002

dass. / Das große Wörterbuch der deutschen Sprache / Band 1: A - Bedi, 3. Auflage, Mannheim, Leipzig, Wien, Zürich 1999

dass. / Das große Wörterbuch der deutschen Sprache / Band 5: Impu - Leim, 3. Auflage, Mannheim, Leipzig, Wien, Zürich 1999

dass. / Das große Wörterbuch der deutschen Sprache / Band 8: Schl - Tace, 3. Auflage, Mannheim, Leipzig, Wien, Zürich 1999

Dycke, Axel / Schulte, Christof: Cafeteria - Systeme / Ziele, Gestaltungsformen, Beispiele und Aspekte der Implementierung, DBW 1986, S. 577 - 589

Engelhardt, Norbert: Flexible Jahresarbeitszeit und Arbeitszeitkonten / Entscheidungsgrundlagen und Praxishinweise für betriebliche Regelungen, AiB 2000, S. 466 - 477

Enneccerus, Ludwig / Nipperdey, Hans Carl: Lehrbuch des Bürgerlichen Rechts / Erster Band / Allgemeiner Teil des Bürgerlichen Rechts / Erster Halbband: Allgemeine Lehren, Personen, Rechtsobjekte, 15. Auflage, Tübingen 1959

Erasmy, Walter: Ausgewählte Rechtsfragen zum neuen Arbeitszeitrecht (I), NZA 1994, S. 1105 - 1111

Erler, Joachim: Wahlschuld mit Wahlrecht des Gläubigers und Schuld mit Ersetzungsbefugnis des Gläubigers, Köln, Berlin 1964

Erman, Walter: Bürgerliches Gesetzbuch / Handkommentar mit EGBGB, ErbbauVO, HausratsVO, LPartG, ProdHaftG, UKlaG, VAHRG und WEG / Band I / §§ 1 - 811, 11. Auflage, Köln, Münster 2004

ders.: dass. / Handkommentar mit AGBG, EGBGB, ErbbauVO, HausratsVO, HausTWG, ProdHaftG, SachenRBerG, SchuldRAnpG, VerbrKrG / Band I / §§ 1 - 853, 10. Auflage, Köln, Münster 2000

Esser, Josef / Schmidt, Eike: Schuldrecht / Band I / Allgemeiner Teil / Teilband 1: Entstehung, Inhalt und Beendigung von Schuldverhältnissen, 8. Auflage, Heidelberg 1995

dies.: dass. / Teilband 2: Durchführungshindernisse und Vertragshaftung, Schadensausgleich und Mehrseitigkeit beim Schuldverhältnis, 8. Auflage; Heidelberg 2000

Fabricius, Fritz / Kraft, Alfons / Wiese, Günther / u.a.: Betriebsverfassungsgesetz / / Band II / §§ 74 - 132 mit Kommentierung des BetrVG 1952 / Gemeinschaftskommentar, 7. Auflage, Neuwied, Kriftel 2002, *zitiert: GK - Bearbeiter*

Falkenberg, Rolf - Dieter: Gegenstand und Grenzen des arbeitgeberseitigen Weisungsrechts, DB 1981, S. 1087 - 1092

Fauth - Herkner, Angela / Wiebrock, Stefanie: Flexible Modelle / Auswahl und erfolgreiche Umsetzung, AuA 1999, S. 148 - 152

Federlin, Gerd: Arbeitsgruppen im Betrieb als neue Größe der Betriebsverfassung, NZA Sonderheft 2001, S. 24 - 28

Fitting, Karl / Engels, Gerd / Schmidt, Ingrid / Trebinger, Yvonne / Linsenmaier, Wolfgang: Betriebsverfassungsgesetz / Handkommentar, 22. Auflage, München 2004, *zitiert: F/E/S/T/L*

Flume, Werner: Allgemeiner Teil des Bürgerlichen Rechts / Zweiter Band / Das Rechtsgeschäft, 4. Auflage, Berlin, Heidelberg, New York 1992

ders.: Rechtsgeschäft und Privatautonomie, Hundert Jahre Deutsches Rechtsleben / Festschrift zum hundertjährigen Bestehen des Deutschen Juristentages 1860 - 1960 (Hrsg.: Caemmerer / Friesenhahn / Lange) / Band I, Karlsruhe 1960, S. 135 - 238

Frankfurter Allgemeine Zeitung; ohne Verfasser: Familienpolitik kann Stellen schaffen / Flexiblere Arbeitszeiten sorgen Studien zufolge für mehr Wachstum, 7.7.2005, S. 10, *zitiert: FAZ*

Frey, Erich: Gleichbehandlungsfragen bei Ausübung des Direktionsrechts, DB 1964, S. 298 - 301

Frey, Helmut: Flexible Arbeitszeit / Zeitgemäße Vertragsformen bei wechselndem betrieblichen Personalbedarf, München 1985

Friedhofen, Peter / Weber, Ulrich: Flexibler Personaleinsatz - Direktionsrecht oder Änderungskündigung / Die Erweiterung des Direktionsrechts durch einzelvertragliche Vereinbarung, NZA 1986, S. 145 - 147

Fröhlich, Klaus - Peter: Vertrauensgleitzeit / Wie sie bei der Siemens AG gehandhabt wird, AuA 1999, S. 159 - 161

Gamillscheg, Franz: Kollektives Arbeitsrecht / Ein Lehrbuch / Band 1: Grundlagen / Koalitionsfreiheit / Tarifvertrag / Arbeitskampf und Schlichtung, München 1997

Gaul, Dieter: Rechtsprobleme der Akkordentlohnung, BB 1990, S. 1549 - 1556

Geramanis, Olaf: Vertrauensarbeitszeit - die verpasste Chance?, WSI - Mitteilungen 2002, S. 347 - 352

Gerauer, Alfred: Das Selbstbeurlaubungsrecht des Arbeitnehmers, NZA 1988, S. 154 - 156

Geyer, Fabian: Der Anspruch auf Teilzeitarbeit - eine einseitige Angelegenheit, FA 2001, S. 162 - 165

Gotthard, Michael: Teilzeitanspruch und einstweiliger Rechtsschutz, NZA 2001, S. 1183 - 1189

Grobys, Marcel / Bram, Rainer: Die prozessuale Durchsetzung des Teilzeitanspruchs, NZA 2001, S. 1175 - 1183

Gutzeit, Martin: Die Mitbestimmung des Betriebsrats bei Fragen der Arbeitszeit, BB 1996, S. 106 - 112

Halbach, Günter: Erziehungsurlaub ab 1986, DB 1986, Beilage 1, S. 1 - 20

Hamm, Ingo: Arbeiten im Zeitgeist: Die Vertrauensarbeitszeit hält Einzug in den Unternehmen, AiB 2000, S. 152 - 161

Hansen, Jessica / Kelber, Markus / Zeißig, Rolf: Neues Arbeitsrecht / Teilzeit- und Befristungsgesetz / Bundeserziehungsgeldgesetz / Schwerbehindertenrecht / Neue Formvorschriften, München 2002

Heilmann, Joachim: Gefahrstoffe am Arbeitsplatz / Basiskommentar Gefahrstoffverordnung, 2. Auflage, Köln 1995

Heinze, Meinhard: Die arbeitsrechtliche Zulässigkeit der Einführung von Kurzarbeit, RdA 1998, S. 14 - 23

ders.: Flexible Arbeitszeitmodelle, NZA 1997, S. 681 - 689

Henssler, Martin / Willemsen, Heinz Josef / Kalb, Heinz - Jürgen: Arbeitsrecht Kommentar, Köln 2004, *zitiert: H/W/K - Bearbeiter*

Hess, Harald / Schlochauer, Ursula / Worzalla, Michael / Glock, Dirk: Kommentar zum Betriebsverfassungsgesetz, 6. Auflage, München, Unterschleißheim 2003, *zitiert: H/S/W/G - Bearbeiter*

Hiekel, Hans - Jürgen: Die Durchsetzung des Urlaubsanspruchs, NZA 1990, Beilage 2, S. 32 - 39

Hoyningen - Huene, Gerrick von: Die Einführung und Anwendung flexibler Arbeitszeiten im Betrieb, NZA 1985, S. 9 - 15

ders.: Rechtliche Gestaltungsmöglichkeiten beim Job - sharing - Arbeitsverhältnis, BB 1982, S. 1240 - 1246

ders.: Die Billigkeit im Arbeitsrecht / Ein Beitrag zur rechtsdogmatischen Präzisierung der Billigkeit im Zivilrecht - dargestellt am Beispiel des Arbeitsrechts, München 1978

Hoyningen - Huene, Gerrick von / Linck, Rüdiger: Kündigungsschutzgesetz / Kommentar, 13. Auflage, München 2002

Hromadka, Wolfgang: „Die Arbeitszeit richtet sich nach der Aufgabe“, AuA 2000, S. 533 - 536

ders.: Das Leistungsbestimmungsrecht des Arbeitgebers, DB 1995, S. 1609 - 1615

ders.: Das allgemeine Weisungsrecht, DB 1995, S. 2601 - 2606

ders.: Arbeitsrecht / Handbuch für die betriebliche Praxis, 2. Auflage, Stuttgart 1994

ders.: Tarifdispositives Recht und Tarifautonomie / „KAPOVAZ“ per Tarifvertrag?, Arbeitsrecht in der Bewährung / Festschrift für Otto Rudolf Kissel zum 65. Geburtstag (Hrsg.: Heinze / Söllner), München 1994, S. 417 - 431 *ders.*: Änderung von Arbeitsbedingungen, RdA 1992, S. 234 - 265

Hromadka, Wolfgang / Maschmann, Frank: Arbeitsrecht Band 1 / Individualarbeitsrecht, 2. Auflage, Berlin, Heidelberg, New York 2002

dies.: Arbeitsrecht Band 2 / Kollektivarbeitsrecht + Arbeitsstreitigkeiten, 3. Auflage, Berlin, Heidelberg, New York 2004

Hueck, Alfred / Nipperdey, Hans Carl: Lehrbuch des Arbeitsrechts / Erster Band, 7. Auflage, Berlin, Frankfurt am Main 1963

dies.: dass., 6. Auflage, Berlin, Frankfurt am Main 1959

Hueck, Götz: Die Teilkündigung im Arbeitsrecht, RdA 1968, S. 201 - 208

Hunold, Wolf: Bedarfsgerechter Personaleinsatz: Aktuelle Probleme bei sog. Pool - Lösungen und Arbeit auf Abruf, NZA 2003, S. 896 - 899

Jahr, Günther: Die Einrede des bürgerlichen Rechts, JuS 1964, S. 293 - 305

Jauernig, Othmar: Bürgerliches Gesetzbuch, 11. Auflage, München 2004

Joussen, Jacob: Elternzeit und Verringerung der Arbeitszeit, NZA 2005, S. 336 - 341

ders.: Das Gestaltungsrecht des Dritten nach § 317 BGB, AcP 203, Tübingen 2003, S. 429 - 463

Junker, Abbo: Brennpunkte im Arbeitszeitgesetz, ZfA 1998, S. 105 - 130

Kaiser, Dagmar: Anspruch auf Teilzeitbeschäftigung wegen Kindererziehung gem. § 15b Abs. 1 Unterabs. 1 lit. a BAT, ZTR 1996, S. 107 - 117

Kilz, Gerhard / Reh, Dirk A.: Innovative Arbeitszeitsysteme nach dem neuen Arbeitszeitrecht, Berlin 1996

Kittner, Michael / Däubler, Wolfgang / Zwanziger, Bertram: KSchR / Kündigungsschutzrecht / Kommentar für die Praxis und zu Kündigungen und anderen Formen der Beendigung des Arbeitsverhältnisses, 6. Auflage, Frankfurt am Main 2004

Klein, Rüdiger: Die zeitliche Lage des Urlaubs, BB 1960, S. 251 - 255

Klenner, Christina: Läßt sich mit Zeitkontenmodellen mehr Zeitsouveränität verwirklichen?, WSI - Mitteilungen 1997, S. 254 - 265

Klevemann, Joachim: Zum Leistungsbestimmungsrecht des Arbeitgebers nach Art. 1 § 4 BeschFG 1985, ArbuR 1987, S. 292 - 303

ders.: KAPOVAZ und Überstunden, BB 1987, S. 1242 - 1246

ders.: Die Mitbestimmungsrechte des Betriebsrats bei der „Flexibilisierung" der Arbeitszeit, AiB 1984, S. 90 - 94, S. 107 - 112

Kliemt, Michael: Der neue Teilzeitanspruch / Die gesetzliche Neuregelung der Teilzeitarbeit ab dem 1.1.2002, NZA 2001, S. 63 - 71

Kluge, Friedrich: Etymologisches Wörterbuch der deutschen Sprache, 23. Auflage, Berlin, New York 1995

Köhler, Helmut: BGB / Allgemeiner Teil, 28. Auflage, München 2004

Köppen, Martina: Rechtliche Wirkungen arbeitsrechtlicher Zielvereinbarungen, DB 2002, S. 374 - 379

Köst, Ewald: Ausgewählte Fragen des Urlaubsrechts, BB 1956, S. 564 - 567

Kornblum, Udo: Die Rechtsnatur der Bestimmung der Leistung in den §§ 315 - 319 BGB, AcP 168, Tübingen 1968, S. 450 - 469

Kothe, Wolfhard / Micklitz, Hans - W. / Rott, Peter / Tonner, Klaus / Willingmann, Armin: Das neue Schuldrecht / Kompaktkommentar, Neuwied, München 2003

Kress, Hugo: Lehrbuch des Allgemeinen Schuldrechts, München 1929

Künzl, Reinhard: Befristung des Urlaubsanspruchs, BB 1991, S. 1630 - 1633

Kutscher, Jan / Weidinger, Michael / Hoff, Andreas: Flexible Arbeitszeitgestaltung / Praxis - Handbuch zur Einführung innovativer Arbeitszeitmodelle, Wiesbaden 1996

Lakies, Thomas: Das Weisungsrecht des Arbeitgebers (§ 106 GewO) - Inhalt und Grenzen, BB 2003, S. 364 - 369

Larenz, Karl: Methodenlehre der Rechtswissenschaft, 6. Auflage, Berlin, Heidelberg, New York 1991

ders.: Lehrbuch des Schuldrechts / Erster Band / Allgemeiner Teil, 14. Auflage, München 1987

ders.: dass. / Zweiter Band / Besonderer Teil / 1. Halbband, 13. Auflage, München 1986

Larenz, Karl / Wolf, Manfred: Allgemeiner Teil des Bürgerlichen Rechts, 9. Auflage, München 2004

Leinemann, Wolfgang: Handbuch zum Arbeitsrecht, 277. Lieferung, Neuwied 2005, *zitiert: HzA - Bearbeiter*

Leinemann, Wolfgang / Linck, Rüdiger: Urlaubsrecht, 2. Auflage, München 2001

Leipold, Dieter: Anmerkung zum Urteil des BAG vom 18.12.1986, AP Nr. 10 zu § 7 BUrlG

Lepke, Achim: Die Gewährung gesetzlichen Erholungsurlaubs, DB 1988, Beilage Nr. 10, S. 1 - 8

Leßmann, Jochen: Der Anspruch auf Verringerung der Arbeitszeit im neuen Bundeserziehungsgeldgesetz, DB 2001, S. 94 - 100

ders.: Die Grenzen des arbeitgeberseitigen Direktionsrechts, DB 1992, S. 1137 - 1142

Lindecke, Christiane / Lehndorff, Steffen: Aktuelle Tendenzen flexibler Arbeitszeitorganisation / Ein Überblick über neuere Betriebsvereinbarungen, WSI - Mitteilungen 1997, S. 471 - 480

Lindemann, Viola: Flexible Gestaltung von Arbeitsbedingungen nach der Schuldrechtsreform, Diss. 2003, Köln, Univ., Köln 2003

Linnenkohl, Karl / Rauschenberg, Hans - Jürgen: Arbeitszeitgesetz / Taschenkommentar, 2. Auflage, Baden - Baden 2004
ders.: Begriff und Bedeutung der „Arbeitszeitflexibilisierung, BB 1985, S. 1920 - 1924
Linnenkohl, Karl / Rauschenberg, Hans - Jürgen / Gressierer, Christine / Schütz, Regina: Arbeitszeitflexibilisierung / Die Unternehmen und ihre Modelle, 4. Auflage, Heidelberg 2001
Löwisch, Manfred: Änderungen der Betriebsverfassung durch das Betriebsverfassungs - Reformgesetz / Teil II: Die neuen Regelungen zur Mitwirkung und Mitbestimmung, BB 2001, S. 1790 - 1798
ders.: Arbeits- und sozialrechtliche Hemmnisse einer weiteren Flexibilisierung der Arbeitszeit, RdA 1984, S. 197 - 214
Luke, Joachim: § 615 Satz 3 BGB - Neuregelung des Betriebsrisikos?, NZA 2004, S. 244 - 247
Lüke, Gerhard / Wax, Peter: Münchener Kommentar zur Zivilprozessordnung mit Gerichtsverfassungsgesetz und Nebengesetzen / Band 3 / §§ 803 - 1066 / EGZPO, GVG, EGGVG, Internationales Zivilprozeßrecht, 2. Auflage, München 2001, *zitiert: MünchKomm - ZPO - Bearbeiter*
Mauer, Reinhold: Zielbonusvereinbarungen als Vergütungsgrundlage im Arbeitsverhältnis, NZA 2002, S. 540 - 549
Maunz, Theodor / Dürig, Günter: Grundgesetz / Kommentar / Band I / GG - Text - 11, 43. Lieferung, München 2004
dies.: dass. / Band II / Art. 12 - 20, 43. Lieferung, München 2004
Medicus, Dieter: Schuldrecht I / Allgemeiner Teil, 16. Auflage, München 2005
ders.: Allgemeiner Teil des BGB, 8. Auflage, Heidelberg 2002
ders.: Bürgerliches Recht, 19. Auflage, Köln, Berlin, Bonn, München 2002
ders.: Die konkretisierte Gattungsschuld, JuS 1966, S. 297 - 306
Meinel, Gernod / Heyn, Judith / Herms, Sascha: Teilzeit- und Befristungsgesetz / Kommentar, 2. Auflage, München 2004
Mölders, Heinz - Willi: Arbeitsrechtliche Rahmenbedingungen für Cafeteria - Systeme, DB 1996, S. 213 - 219
Molitor, Erich: Zur Theorie des Urlaubs / Festschrift für Hans Carl Nipperdey zum 60. Geburtstag 21. Januar 1955 (Hrsg.: Dietz / Hueck / Reinhardt), München, Berlin 1955, S. 83 - 97
Motive zu dem Entwurfe eines Bürgerlichen Gesetzbuches für das Deutsche Reich / Band II / Recht der Schuldverhältnisse, Berlin, Leipzig 1888
Münch, Ingo von / Kunig, Philip: Grundgesetz - Kommentar / Band 1 / Präambel bis Art. 19, 5. Auflage, München 2000

Munz, Eva / Bauer, Frank / Groß, Hermann: Regelung und Praxis von Arbeitszeitkonten, WSI - Mitteilungen 2002, S. 334 - 340

Neumann, Dirk / Biebl, Josef: Arbeitszeitgesetz / Kommentar, 14. Auflage, München 2004

Neumann, Dirk / Fenski, Martin: Bundesurlaubsgesetz nebst allen anderen Urlaubsbestimmungen des Bundes und der Länder, 9. Auflage, München 2003

Odiorne, George Stanley: Management by Objectives / Führung durch Vorgabe von Zielen, München 1967

Olzen, Dirk / Wank, Rolf: Die Schuldrechtsreform / Eine Einführung, Köln, Berlin, Bonn, München 2002

Palandt, Otto: Bürgerliches Gesetzbuch, 64. Auflage, München 2005

Picker, Eduard: Betriebsrisikolehre und Arbeitskampf / Thesen zu einer Rückbesinnung, JZ 1979, S. 285 - 294

Pieroth, Bodo / Schlink, Bernhard: Grundrechte / Staatsrecht II, 20. Auflage, Heidelberg 2004

Plander, Harro: Die Rechtsnatur arbeitsrechtlicher Zielvereinbarungen, ZTR 2002, S. 155 - 162

Plüm, Joachim: Die tarifliche Erweiterung von Leistungsbestimmungsrechten des Arbeitgebers, DB 1992, S. 735 - 739

Preis, Ulrich: Grundfragen der Vertragsgestaltung im Arbeitsrecht, Neuwied, Kriftel, Berlin 1993

Preis, Ulrich / Elert, Nicole: Erweiterung der Mitbestimmung bei Gruppenarbeit?, NZA 2001, S. 371 - 375

Preis, Ulrich / Gotthardt, Michael: Das Teilzeit- und Befristungsgesetz, DB 2001, S. 145 - 152

Raiser, Ludwig: Vertragsfreiheit heute, JZ 1958, S. 1 - 8

Rebmann, Kurt / Säcker, Franz Jürgen: Münchener Kommentar zum Bürgerlichen Gesetzbuch / Band 3 / Schuldrecht Besonderer Teil I / §§ 433 - 606 / Finanzierungsleasing, VerbrKrG, HausTWG, Erbschaft- u. Schenkungssteuergesetz, MHG, HeizkostenV, 3. Auflage, München 1995, *zitiert: MünchKomm - Bearbeiter*

Rebmann, Kurt / Säcker, Franz Jürgen / Rixecker, Roland: dass. / Band 1 / Allgemeiner Teil / §§ 1 - 240, AGB - Gesetz, 4. Auflage, München 2001, *zitiert: MünchKomm - Bearbeiter*

dies.: dass. / Band 2 a / Schuldrecht Allgemeiner Teil / §§ 241 - 432, 4. Auflage, München 2003, *zitiert: MünchKomm - Bearbeiter*

dies.: dass. / Band 4 / Schuldrecht Besonderer Teil II / §§ 611 - 704 / EFZG / TzBfG / KSchG, 4. Auflage, München 2005, *zitiert: MünchKomm - Bearbeiter*

Reinecke, Gerhard: Der Anspruch auf Entgeltfortzahlung beim Zusammentreffen mehrer Verhinderungsgründe, DB 1991, S. 1168 - 1175

Reichold, Hermann: Die reformierte Betriebsverfassung 2001 / Ein Überblick über die neuen Regelungen des Betriebsverfassungs - Reformgesetzes, NZA 2001, S. 857 - 865

ders.: Zeitsouveränität im Arbeitsverhältnis: Strukturen und Konsequenzen, NZA 1998, S. 393 - 400

Reuter, Dieter: Das Gewissen des Arbeitnehmers als Grenze des Direktionsrechts des Arbeitsgebers, Kritische Anmerkung zu BAG, Urteil vom 20.12.1984, BB 1986, S. 385 - 391

Richardi, Reinhard: Betriebsverfassungsgesetz mit Wahlordnung, 9. Auflage, München 2004

ders.: Arbeitszeitflexibilisierung - kollektive Arbeitszeitregelung und individuelle Arbeitszeitsouveränität / Festschrift für Franz Merz zum 65. Geburtstag am 3. Februar 1992 (Hrsg.: Gerhardt / Henckel / Kilger / Kreft), Köln 1992, S. 481 - 496

ders.: Arbeitszeitverlängerung nach der Tarifvertragsregelung in der Metallindustrie, DB 1990, S. 1613 - 1618

Richardi, Reinhard / Wlotzke, Otfried: Münchener Handbuch zum Arbeitsrecht / Band 1 / Individualarbeitsrecht I, 2. Auflage, München 2000, *zitiert: Münchener Handbuch I - Bearbeiter*

dies.: dass. / Band 2 / Individualarbeitsrecht II, 2. Auflage, München 2000, *zitiert: Münchener Handbuch II - Bearbeiter*

dies.: dass. / Band 3 / Kollektives Arbeitsrecht, 2. Auflage, München 2000, *zitiert: Münchener Handbuch III - Bearbeiter*

dies.: dass. / Ergänzungsband Individualarbeitsrecht, 2. Auflage, München 2001, *zitiert: Münchener Handbuch Ergänzungsband - Bearbeiter*

Richter, Helmut: Die Änderung von Arbeitsbedingungen kraft des Direktionsrechts des Arbeitgebers unter Beachtung der Beteiligung des Betriebsrats (I), DB 1989, S. 2378 - 2382

Rieble, Volker: Widerspruch nach § 613 a VI BGB - die (ungeregelte) Rechtsfolge, NZA 2004, S. 1 - 9

ders.: Flexible Gestaltung von Entgelt und Arbeitszeit im Arbeitsvertrag, NZA 2000, Beilage 3, S. 34 - 44

Roggendorff, Peter: Arbeitszeitgesetz / Erläuterte Textausgabe mit Einführung und amtlicher Begründung sowie ergänzenden Rechtsvorschriften, München 1994

Rolfs, Christian: Das neue Recht der Teilzeitarbeit, RdA 2001, S. 129 - 143

Roth, Herbert: Die Einrede des Bürgerlichen Rechts, München 1988

Rüthers, Bernd: Rechtsprobleme des Zeitlohnes an taktgebundenen Produktionsanlagen, ZfA 1973, S. 399 - 423

Schaub, Günter / Koch, Ulrich / Linck, Rüdiger: Arbeitsrechts - Handbuch / Systematische Darstellung und Nachschlagewerk für die Praxis,11. Auflage, München 2005

dies.: dass.,10. Auflage, München 2002

Schiek, Dagmar / Buhr, Kornelia / Dieball, Heike / Fritsche, Ulrike / Klein - Schonnefeld, Sabine / Malzahn, Marion: Frauengleichstellungsgesetze des Bundes und der Länder / Kommentar für die Praxis zum Frauenfördergesetz für den Bundesdienst und zu den Frauenfördergesetzen u.a., Köln 1996, *zitiert: S/B/D/F/K=S/M - Bearbeiterin*

Schiltz, Christoph B.: Zahl der Überstunden auf Rekordtief, DIE WELT v. 2.1.2004, S. 11

Schliemann, Harald: Arbeitszeitgesetz / Kommentar mit Nebenrecht, 7. Lieferung, Neuwied, Kriftel, Berlin 2004

Schmalenberg, Werner: Die Tatbestandsvoraussetzungen des Betriebsübergangs gemäß § 613a BGB, NZA 1989, Beilage 3, S. 14 - 25

Schmidt, Klaus / Koberski, Wolfgang / Tiemann, Barbara / Wascher, Angelika: Heimarbeitsgesetz / Kommentar, 4. Auflage, München 1998

Schmidt - Bleibtreu, Bruno / Klein, Franz: Kommentar zum Grundgesetz, 10. Auflage, Neuwied, München 2004

Schüren, Peter: Gleitzeitsysteme - Inhaltsschranken der „Zeitsouveränität", ArbuR 1996, S. 381 - 386

ders.: Anmerkung zum Urteil des BAG vom 12.3.1992, DB 1992, S. 1786 - 1787

ders.: Anmerkung zum Urteil des BAG vom 12.12.1984, SAE 1985 S. 362 - 364

ders.: Job Sharing / Arbeitsrechtliche Gestaltung unter Berücksichtigung amerikanischer Erfahrungen, Diss. 1982 / 83, Freiburg, Univ., Heidelberg 1983

Seckel, Emil: Die Gestaltungsrechte des bürgerlichen Rechts, Darmstadt 1954

Seifert, Hartmut: Arbeitszeitgestaltung jenseits der Normalarbeitszeit, Köln 1993, S. 271 - 288

Seiter, Hugo: Streikrecht und Aussperrungsrecht / Ein Arbeitskampfrechtssystem auf der Grundlage subjektiv - privater Kampfrechte, Tübingen 1975

Senne, Holger: Flexible Arbeitszeiten und Mitbestimmung / Ein Plädoyer für betriebsnahe Regelungen, BB 1996, S. 1609 - 1612

Sievers, Jochen: TzBfG / Kommentar zum Teilzeit- und Befristungsgesetz, München, Neuwied 2003

Soergel, Hans Theodor: Bürgerliches Gesetzbuch mit Einführungsgesetz und Nebengesetzen / Band 2 / Allgemeiner Teil 2 / §§ 104 - 240, 13. Auflage, Stuttgart, Berlin, Köln, Mainz 1999

ders.: dass. / Band 2 / Schuldrecht I / §§ 241 - 432, 12. Auflage, Stuttgart, Berlin, Köln 1990

ders.: dass. / Band 3 / Schuldrecht II / §§ 433 - 515 / AGB - Gesetz, AbzG, EAG, EKG, UN - KaufAbk,12. Auflage, Stuttgart, Berlin, Köln 1991

ders.: dass. // Band 4 / 1 // Schuldrecht III / 1 // § 516 - 651 / Gesetz zur Regelung der Miethöhe / Verbraucherkreditgesetz, 12. Auflage, Stuttgart, Berlin, Köln 1997

Söllner, Alfred: Einseitige Leistungsbestimmung im Arbeitsverhältnis, Mainz 1966

Stahlhacke, Eugen / Bachmann, Bernward / Bleistein, Franzjosef / Berscheid, Ernst - Dieter: Gemeinschaftskommentar zum Bundesurlaubsgesetz (GK - BUrlG), 5. Auflage, Neuwied, Berlin, Kriftel 1992, *zitiert: GK - BUrlG - Bearbeiter*

Staudinger, Julius von: Kommentar zum Bürgerlichen Gesetzbuch mit Einführungsgesetzen und Nebengesetzen / Buch 1 / Allgemeiner Teil / §§ 134 - 163 (Allgemeiner Teil 4), Neubearbeitung 2003, Berlin 2003

ders.: dass. / Zweites Buch / Recht der Schuldverhältnisse / Einleitung zu §§ 241 ff; §§ 241 - 243,13. Bearbeitung, Berlin 1995

ders.: dass. / Zweites Buch / Recht der Schuldverhältnisse / §§ 255 - 314, Neubearbeitung 2001, Berlin 2001

ders.: dass. / Buch 2 / Recht der Schuldverhältnisse / §§ 315 - 326 (Leistungsstörungsrecht II), Neubearbeitung 2001, Berlin 2004

ders.: dass. / Zweites Buch / Recht der Schuldverhältnisse / §§ 611 - 615, 13. Bearbeitung, Berlin 1999

ders.: dass. / Buch 2 / Recht der Schuldverhältnisse / §§ 616 - 630, Neubearbeitung 2002, Berlin 2002

ders.: Kommentar zum Bürgerlichen Gesetzbuch / Erstes Buch / §§ 90 - 240, 12. Auflage, Berlin 1980

Stege, Dieter / Schiefer, Bernd: Bildungsurlaub auf dem Prüfstand / Entwicklung des Bildungsurlaubs und aktuelle Problematik, NZA 1992, S. 1061 - 1068

Stehl, Heinrich: Gesamtschuldnerische Haftung der Arbeitnehmer einer Akkordkolonne wegen Schlechtarbeit (I), DB 1969, S. 348 - 352

Steinbeck, Anja Verena: Die Übertragbarkeit von Gestaltungsrechten, Diss. 1992, Mainz, Univ., Berlin 1994

Stevens - Bartol, Eckart: § 1 BeschFG, §§ 1, 2 KSchG / Kapovaz und kein Ende? Anmerkung zum Urteil des LAG München vom 20.9.1985, AiB 1986, S. 259 f.

ders.: Probleme der „Kapovaz“ - Anmerkung zu Art. 1 § 4 des Beschäftigungsförderungsgesetzes, AiB 1985, S. 122 - 124

Stürzl, Wolfgang: Lean Production in der Praxis / Spitzenleistungen durch Gruppenarbeit, 3. Auflage, Paderborn 1993

Thomas, Heinz / Putzo, Hans: Zivilprozessordnung mit Gerichtsverfassungsgesetz, den Einführungsgesetzen und europarechtlichen Vorschriften, 26. Auflage, München 2004

Tondorf, Karin: Zielvereinbarungen - die Basis von Beurteilung und Leistungsvergütung, AiB 1998, S. 322 - 327

Trittin, Wolfgang: Umbruch des Arbeitsvertrags: Von der Arbeitszeit zum Arbeitsergebnis, NZA 2001, S. 1003 - 1011

Wahrig, Gerhard: Deutsches Wörterbuch, 7. Auflage, Gütersloh, München 2000

Wank, Rolf: Einvernehmliche Änderung von Arbeitsbedingungen / Änderung von Arbeitsbedingungen (Hrsg.: Hromadka), Heidelberg 1990, S. 35 - 71

ders.: Arbeitnehmer und Selbständige, München 1988

Weber, Hansjörg: Die Ansprüche auf Urlaub, Urlaubsentgelt und Urlaubsabgeltung, RdA 1995, S. 229 - 235

Wedde, Peter: Telearbeit / Arbeitsrecht - Sozialrecht - Datenschutz, 3. Auflage, München 2002

Weiss, Manfred / Weyand, Joachim: Anmerkung zu den Urteilen des BAG vom 22.5.1985, AP Nr. 6, 7 zu § 1 TVG Tarifverträge: Bundesbahn

Wiedemann, Herbert: Tarifvertragsgesetz mit Durchführungs- und Nebenvorschriften / Kommentar, 6. Auflage, München 1999

Wiegand, Bernd: Kommentar zum Bundeserziehungsgeldgesetz / BErzGG, 9. Auflage, Wiesbaden 2003

Wiese, Günther: Die Mitbestimmung des Betriebsrats über Grundsätze zur Durchführung von Gruppenarbeit nach § 87 Abs. 1 Nr. 13 BetrVG, BB 2002, S. 198 - 203

Wieser, Eberhard: Prozessrechtskommentar zum BGB, 2. Auflage, Köln 2002

Willemsen, Heinz Josef / Lembke, Mark: Die Neuregelung von Unterrichtung und Widerspruchsrecht der Arbeitnehmer beim Betriebsübergang, NJW 2002, S. 1159 - 1165

Wolf, Christian: Variable Vergütung in Form eines Cafeteria - Plans, BB 1993, S. 928 - 936

Wolf, Manfred / Horn, Norbert / Lindacher, Walter F.: AGB - Gesetz / Gesetz zur Regelung des Rechts der Allgemeinen Geschäftsbedingungen / Kommentar, 4. Auflage, München 1999

Worzalla, Michael / Will, Patricia / Mailänder, Uwe / Worch, Andrea / Heise, Dietmar: Teilzeitarbeit und befristete Arbeitsverträge / Wann besteht Rechtsanspruch auf Teilzeitarbeit? Wann ist der befristete Arbeitsvertrag gültig?, Freiburg 2001, *zitiert: W/W/M/W/H - Bearbeiter*

Ziegler, Karl - Heinz: Die Wertlosigkeit der allgemeinen Regeln des BGB über die sog. Wahlschuld (§§ 262 - 265 BGB), AcP 171, Tübingen 1971, S. 193 - 217

Zoellner, Klaus - Peter: Leistung durch Zielvereinbarung, AuA 1992, S. 216 - 218

Zöllner, Wolfgang: Vorsorgende Flexibilisierung durch Vertragsklauseln, NZA 1997, S. 121 - 129

ders.: Immanente Grenzen arbeitsvertraglicher Regelungen, RdA 1989, S. 152 - 162

ders.: Die Festsetzung des Urlaubs und ihre Erzwingung, DB 1957, S. 508 - 511

Zöllner, Wolfgang / Loritz, Karl - Georg: Arbeitsrecht, 5. Auflage, München 1998

Schriften zum Arbeitsrecht und Wirtschaftsrecht

Herausgegeben von Abbo Junker

Band 1 Christoph-N. Lerche: Der Europäische Betriebsrat und der deutsche Wirtschaftsausschuß. Eine vergleichende Analyse der betrieblichen Mitwirkung der Arbeitnehmer vor dem Hintergrund der Globalisierung der Märkte. 1997.

Band 2 Christian Walter Mecke: Zur rechtlichen Verbindlichkeit kollektiver Vereinbarungen in England. 1997.

Band 3 Katja Francke: Die betriebliche Mitwirkung der Arbeitnehmer in Belgien. Unter Berücksichtigung vergleichender Aspekte zum deutschen Betriebsverfassungsrecht. 1997.

Band 4 Christian Schulze: Die Zulässigkeit einstweiliger Verfügungen gegen Betriebsänderungen. 1998.

Band 5 Stefan Miersch: Die Rechtsfolgen mitbestimmungswidriger Maßnahmen für das Arbeitsverhältnis. Eine zivilrechtsdogmatische Untersuchung. 1998.

Band 6 Heike Wegner: Internationaler Verbraucherschutz beim Abschluß von Timesharingverträgen: § 8 Teilzeitwohnrechtegesetz. 1998.

Band 7 Julia Wichmann: Dienstleistungsfreiheit und grenzüberschreitende Entsendung von Arbeitnehmern. 1998.

Band 8 Johann-Volker Peter: Société par actions simplifiée (S.A.S.). Die Vereinfachte Aktiengesellschaft in Frankreich, eine Rechtsform für die Kooperation von Unternehmen. 1999.

Band 9 Sylvia Schnelle: Der Europäische Betriebsrat in Spanien. Zugleich eine Einführung in das spanische Recht der Arbeitnehmervertretung. 1999.

Band 10 Viktoria Bornhagen: Die Zumutbarkeit als Rechtsgedanke im Arbeitsrecht. 1999.

Band 11 Thorsten Schacht: Der Übereilungsschutz beim arbeitsrechtlichen Aufhebungsvertrag. Arbeitnehmerschutz bereits de lege lata? 2000.

Band 12 Marcus Hellmann: Immobilienkauf nach spanischem Recht. 1999.

Band 13 Nicolaus Johannes Ehinger: Die juristischen Personen des öffentlichen Rechts als herrschende Unternehmen. 2000.

Band 14 Alexander Lentz: Das kollektive Arbeitsrecht der Republik Südafrika. Eine Untersuchung mit Bezügen zum deutschen Recht. 2000.

Band 15 Michaela Brunssen: Der Arbeitgeberverbandswechsel. Tarifrechtliche und arbeitskampfrechtliche Konsequenzen. 2000.

Band 16 Morten Petersenn: Das Recht des Grundstückskaufs in Südafrika. 2000.

Band 17 Stefan Krüger: Die umwandlungsrechtliche Haftungsregelung bei der Betriebsaufspaltung und ihre Analogiefähigkeit. 2001.

Band 18 Jürgen Kitzinger: Der GmbH-Geschäftsführer zwischen Arbeits- und Gesellschaftsrecht. Im Blickpunkt: Zuständigkeit der Arbeitsgerichte. 2001.

Band 19 Anja Ruge: Die Lohnersatzansprüche ehemaliger Zwangsarbeiter gegen deutsche Industrieunternehmen. 2001.

Band 20 Michael Knoll: Die Sozialauswahl im Arbeitsrecht. 2001.

Band 21 Britta Albrecht: Mediation im Arbeitsrecht. Individualarbeitsrecht und Betriebsverfassungsrecht. 2001.

Band 22 Annusch Barten: Das System der Arbeitnehmervertretung in Frankreich. 2001.

Band 23 Diane Westera: Der Wiedereinstellungsanspruch nach wirksamer Kündigung. 2001.

Band 24 Kristin Doerlich: Die Tariffähigkeit der Gewerkschaft. Eine Analyse der Mächtigkeitsrechtsprechung des Bundesarbeitsgerichts im Lichte neuerer Erfahrungen. 2002.

Band 25 Tina Witten: Vertragsgestaltung und Gesetzesbindung im Recht der Zeitarbeit. 2002.

Band 26 Martin Hellfeier: Die Leistungszeit im Arbeitsverhältnis. Eine Untersuchung zum Fixschuldcharakter der Arbeitspflicht und zu den Folgen ihrer Nichterfüllung. 2003.

Band 27 Almut Maulshagen: Betriebliche Arbeitskampfregelungen. 2003.

Band 28 Maren Band: Tarifkonkurrenz, Tarifpluralität und der Grundsatz der Tarifeinheit. 2003.

Band 29 Manuela Schulz: Der Bereitschaftsdienst in öffentlich-rechtlich organisierten Krankenhäusern. Eine rechtliche Bewertung. 2003.

Band 30 Felix Benedikt: Die Kürzung von Tariflöhnen zur Sanierung. Eine verfassungskonforme Auslegung des § 3 III TVG entsprechend § 626 BGB. 2003.

Band 31 Tim Kaden: Individuelle Bündnisse für Arbeit und Günstigkeitsprinzip. 2003.

Band 32 Simone Kreiling: Die Erstreckung betrieblicher und betriebsverfassungsrechtlicher Tarifnormen auf Außenseiter. 2004.

Band 33 Carsten Beck: Betriebliche Mitbestimmung und Kündigungsschutz. Die Funktionen betrieblicher Mitbestimmung im und deren Einfluß auf den Kündigungsschutz nach dem KSchG. 2004.

Band 34 Jost Eder: Die Regelungsabrede als Alternative zur Betriebsvereinbarung bei der Gestaltung materieller Arbeitsbedingungen. 2004.

Band 35 Christian Pfab: Wirkungsweise und Reichweite tarifvertraglicher Öffnungsklauseln. 2004.

Band 36 Julia Amlang: Die unternehmerische Entscheidungsfreiheit bei „betriebsbedingten Kündigungen" im europäischen Rechtsvergleich. Kündigung aus wirtschaftlichen Gründen in Deutschland, Frankreich, Spanien, Großbritannien und Schweden. 2005.

Band 37 Alida Milthaler: Das Fragerecht des Arbeitgebers nach den Vorstrafen des Bewerbers. 2006.

Band 38 Doreen Peter: Nebentätigkeiten von Arbeitnehmern. Interessenkollisionen von Arbeitgebern und Arbeitnehmern. 2006.

Band 39 Julia V. C. Bartlog: Das Verhältnis von Gesetz und Tarifvertrag. 2006.

Band 40 Michael Fuhlrott: Der geschädigte Arbeitnehmer. Zur Verfassungsmäßigkeit des Ausschlusses von Schmerzensgeld in der Unfallversicherung sowie zur Herleitung der Haftung bei Eigenschäden im Hinblick auf das Verschuldensprinzip. 2006.

Band 41 Femke Reinecke: Leistungsbestimmung des Arbeitnehmers. 2006.

www.peterlang.de

Dirk Schäfer

Der europäische Rahmen für Arbeitnehmermitwirkung

Frankfurt am Main, Berlin, Bern, Bruxelles, New York, Oxford, Wien, 2005. 269 S.
Studien zum Arbeitsrecht und zur Arbeitsrechtsvergleichung.
Herausgegeben von Manfred Weiss und Spiros Simitis. Bd. 10
ISBN 3-631-53146-X · br. € 45.50*

Die neue Rahmen-Richtlinie 2002/14/EG zur Information und Anhörung der Arbeitnehmer bildet den vorläufigen Abschluss der nahezu dreißigjährigen Entwicklung des zuvor lediglich fragmentarisch geregelten Rechts der Arbeitnehmerbeteiligung in der EG. Aufgabe dieser Arbeit ist es, eine Einführung in diesen speziellen Bereich europäischer Sozialpolitik zu gewähren, aktuelle Entwicklungen aufzuarbeiten und das durch die Rahmen-Richtlinie begründete Modell einer „europäischen Betriebsverfassung" einer kritischen Würdigung zu unterziehen. Berücksichtigt werden dabei auch die vorhergehenden Richtlinien über Massenentlassungen, Betriebsübergänge, Europäische Betriebsräte und der Arbeitnehmerbeteiligung in der Europäischen Aktiengesellschaft. Im Vordergrund steht die Frage, inwieweit die neue Richtlinie tatsächlich das Recht der Arbeitnehmermitwirkung überzeugend konsolidiert und die bis dato bestehenden Lücken zu schließen geeignet ist.

Aus dem Inhalt: Die Entwicklung europäischer Sozialpolitik · Mitwirkungsrechte der Arbeitnehmer nach den Richtlinien über Massenentlassungen, Betriebsübergänge, Europäische Betriebsräte und der Beteiligung der Arbeitnehmer in der SE · Regelungen der Rahmen-Richtlinie 2002/14/EG · Durchsetzung der Beteiligungsrechte und Ziele der Rahmen-Richtlinie · Verhältnis zu anderen Richtlinien und nationalem Recht · Fallstudien (Massenentlassungen bei Renault, Vilvoorde 1997 und BMW, Longbridge 2000) · Gemeinschaftsrechtliche Anforderungen an die nationale Umsetzung · Information und Anhörung als soziales Grundrecht nach der Gemeinschaftscharta der sozialen Grundrechte der Arbeitnehmer und der Grundrechtecharta der EU · Thesen

Kolibri 360 GmbH
Ferdinand-Jühlke-Straße 7
99095 Erfurt, Deutschland
produktsicherheit@kolibri360.de

Druck:
CPI Druckdienstleistungen GmbH
im Auftrag der
Kolibri 360 GmbH
Ferdinand-Jühlke-Str. 7
99095 Erfurt